2024~
2025

証券外務員

学習テキスト

［一種・二種対応］

J-IRIS●編

ビジネス教育出版社

このテキストについて

◆本書中の『2024年版　外務員必携』からの転載、又は参照とした箇所の著作権は、日本証券業協会にあります。

◆本書の内容に関する一切の責は、株式会社日本投資環境研究所及び株式会社ビジネス教育出版社に帰属します。
内容についてのご不明な点は、ビジネス教育出版社までお問い合わせ下さい。

◆本書の内容は、2024年3月末時点の法令諸規則等に則したものです。

◆本書は､「一種 外務員（証券外務員）資格試験」「二種 外務員（証券外務員）資格試験」を受験される方のための学習教材です。
各試験の出題範囲の中から、頻出の内容をもとに構成しています。

◆試験制度や法令諸規則等の変更及び誤植等に関する情報につきましては、ビジネス教育出版社ホームページにて随時ご案内致しますのでご確認下さい（https://www.bks.co.jp）。

～ はじめに ～

外務員（証券外務員）資格試験は、外務員として持つべき知識について問う試験です。試験に合格するためには、日本証券業協会の『外務員必携』（以下『必携』）の理解が必要となります。しかし、書籍にすると4冊分（二種の試験範囲は3冊分）もある『必携』の内容を理解するためには、膨大な労力を要します。

本書『**2024～2025 証券外務員 学習テキスト**』は、一種及び二種外務員資格試験を受験される方のために、2024年２月発行の「2024年版外務員必携」を、過去に出題された問題や制度の改正を踏まえて単元ごとに要約するとともに、ポイントをまとめた参考書です。

試験では、例えば、金融商品取引業者（証券会社）が取り扱う株式業務など、各分野の基礎的知識があるか、また、近年特に重要視されているコンプライアンスについて理解しているかどうかが問われます。

業務分野からは、主に「株式業務」「債券業務」が出題され、「投資信託及び投資法人に関する業務」も出題されます。**株式のPERやPBR、EV/EBITDA倍率、債券の利回り**などの**計算問題も頻出**です（計算問題は配点も高くなります）。

コンプライアンスについては、有価証券に関する基本法である「金融商品取引法」「日本証券業協会及び取引所の定款・諸規則」等が問われます。これらの法令等の目的が、「投資者保護」にあることを前提に考えれば、理解しやすいでしょう。

また、株式会社を規定している「会社法」、企業分析に不可欠な「財務諸表」、「株式投資等の税制」についても、理解を深めることが必要です。

なお、一種外務員資格試験を受験される方は、一種特有の分野（信用取引、先物取引、オプション取引、スワップ取引等）についての学習も必要不可欠です。

重要語句の暗記用に**赤シート**を付けていますので、赤字を隠してご利用ください。

本『学習テキスト』と合わせて、当社編集の『2024～2025　証券外務員　［一種］対策問題集』『2024～2025　証券外務員　［二種］対策問題集』を活用することをお薦めします。問題を解いてから、不正解だったところや知識があいまいだったところを中心に、再び『学習テキスト』により内容を確認することで、理解を深めていただきたいと思います。

本書と問題集を有効に活用して、外務員資格試験合格をぜひ勝ち取ってください。

2024年４月
日本投資環境研究所

外務員資格とは

金融商品取引業者等で金融商品取引業務を行う者を、「外務員」といいます。

日本証券業協会の協会員としては、会員、特別会員、特定業務会員があります。この各協会員の外務員資格にはいくつかの種類があり、資格によって取り扱うことのできる商品が異なります。ここでは、会員の外務員資格についてみてみましょう。

【会員外務員の各資格】

資格名	取り扱うことのできる業務	受験資格
一種外務員資格	二種で扱う商品の他、先物取引、オプション取引、信用取引、仕組債 など	なし（誰でも受験可能）【注1】
二種外務員資格	株式、債券、投資信託 など	
内部管理責任者資格	支店等の営業活動が、金商法その他の法令等に準拠し適正に遂行されているか、適切な内部管理が行われているか など	協会員の役員、一種外務員資格を有する者【注2】

【注1】受験資格は特に設けられておりませんので、受験を希望する方は、年齢などにかかわらず、どなたでも受験することができます。
ただし、一級不都合行為者、二級不都合行為者として取り扱われることとなった日から５年間を経過していない者、不合格による受験待機期間中（不合格となった試験の受験日の翌日から起算して30日間）の者及び不正受験等による受験排除期間中の者のいずれかに該当する者は受験することはできません。

【注2】日本証券業協会の協会員である金融商品取引業者又は登録金融機関の役職員及びその採用予定者、金融商品仲介業者及び金融商品仲介業者の役職員並びにその採用予定者等に限られます。

外務員になるためには、金融商品取引業者等に所属し、その氏名等を外務員登録原簿に登録することが、金融商品取引法により義務付けられています。この登録手続きが終了しなければ、外務員として活動できません。

さらに、この登録を受ける前提として「外務員資格」を保有していることが必要になります。

受験手続

外務員資格試験は、日本証券業協会が実施しています。この試験に合格し、外務員登録原簿に登録を受けなければ、外務員の職務を行うことはできません。

外務員試験の申込みは、日本証券業協会の試験等を実施している「プロメトリック（株）」で行います。

受験手続は、以下のとおりです。なお、協会員（証券会社、銀行等）を通して、受験手続を行う場合は、別な手続となります。

受験資格	年齢などにかかわらず、誰でも受験できる
受験手続き	プロメトリック（株）のホームページから申し込む https://www.prometric-jp.com/examinee/test_list/archives/17
試験実施日	原則として月～金曜日（土日祝、年末年始等を除く） ※試験会場によって実施日が異なりますので、申込みの際に確認しましょう。
試験会場	全国主要都市に設置されているプロメトリック（株）の試験会場（テストセンター）
受験料	13,860円（消費税10％込）

詳しい受験手順等は、プロメトリック(株)のホームページで紹介されています。
プロメトリック（株）ホームページ：http://www.prometric-jp.com/

試験内容・合否

試験内容に関しては、以下のとおりです。

	【一　種】	【二　種】
試験形式	①○×方式 ②五肢選択方式（五肢択一方式、五肢択二方式）	
出題数	合計100問 （○×方式70問、五肢選択方式30問）	合計70問 （○×方式50問、五肢選択方式20問）
配点	○×方式１問２点 五肢選択方式１問10点（五肢択二は各５点）	
試験方法	試験の出題、解答等はすべてＰＣにより行われます。 操作はマウスを使用します（電卓はＰＣの電卓を用います）。 なお、筆記用具や携帯電話の持ち込みは禁止されています。	
試験時間	２時間40分	２時間
合否判定基準	440点満点のうち７割（308点）以上の得点で合格	300点満点のうち７割（210点）以上の得点で合格

合否結果　《一般受験の場合》

試験終了後、正答率が画面上に表示されます。

なお、受験結果通知はウェブサイトで確認（印刷）できます。

なお、不合格の場合、不合格となった試験の受験日の翌日から起算して30日間は受験することができません。

《協会員を通した受験の場合》

試験日の２営業日後に、担当者に通知されます。

なお、不合格の場合、不合格となった試験の受験日の翌日から起算して30日間は受験することができません。

出題科目

一種及び二種外務員資格試験の出題科目は、以下のとおりです。（2023年３月時点）

法令・諸規則	○金融商品取引法及び関係法令 ○金融商品の勧誘・ 販売に関係する法律 ○協会定款・諸規則 ○取引所定款・諸規則	予想配点 ●一種 94点／440点 ●二種 84点／300点
商品業務	○株式業務 ○債券業務 ○投資信託及び 投資法人に関する業務【※1】 ○付随業務 ○デリバティブ取引 （一種試験のみ）【※2】	予想配点 ●一種 242点／440点 ●二種 114点／300点
関連科目	○証券市場の基礎知識 ○株式会社法概論 ○経済・金融・財政の常識 ○財務諸表と企業分析 ○証券税制 ○セールス業務	予想配点 ●一種 104点／440点 ●二種 102点／300点

【※１】「投資信託及び投資法人に関する法律」が含まれます。
【※２】2016年４月１日以降、「先物取引」、「オプション取引」及び「特定店頭デリバティブ取引等」が統合され、「デリバティブ取引」となりました。

本書の使い方

『証券外務員』シリーズは、「**覚えるべきポイントを絞り込み、確実に習得すること**」をねらいとしています。

1　章扉を確認しましょう

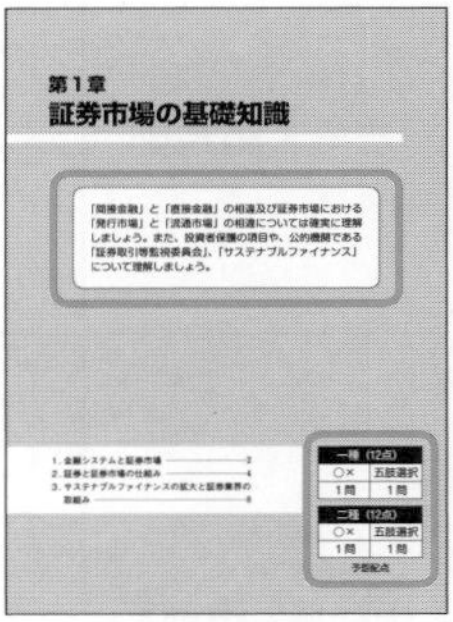
第1章
証券市場の基礎知識

各章（科目）から出題される問題数と配点傾向をチェックして、勉強時間の配分の参考としましょう。さらに、各科目で押さえておくポイントをチェックすることで効率的に勉強を進めることができます。

2　各章ごとに内容を理解していきましょう

試験に出題される傾向の高い部分を抽出したシンプルな構成となっています。重要事項は**赤太字**や**黒太字**で示し、特におさえておくべき項目については、２つのアイコンで表示しています。

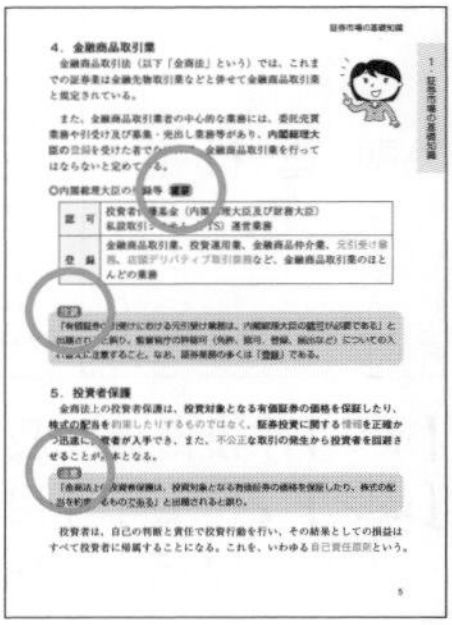

≪アイコンの種類≫

重要	試験での頻出度が高く、理解を深めておきたい大切な項目です
注意	語句の入れ替え問題や引っかけ問題の事例を取り上げています。試験に出やすいため、チェックしておきましょう

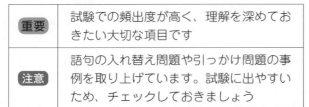

3　演習問題に挑戦しましょう

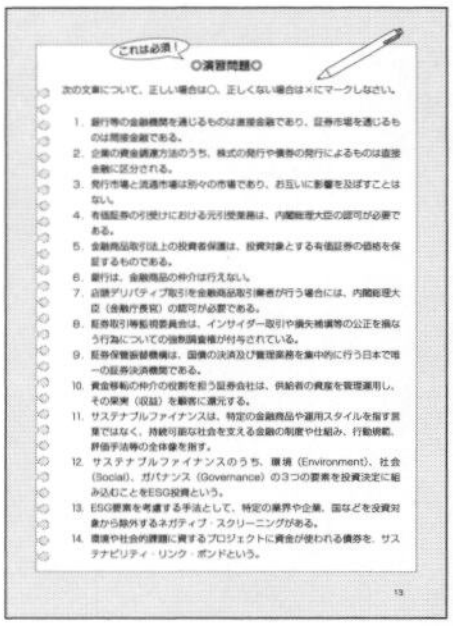
○演習問題○

テキストの内容の理解を深めるために、各章の最後に○×方式の演習問題を掲載しています。さらに、計算問題が出題される科目については、説明文の後に計算問題編を掲載しています。

つまずいたところを見直して、確実に実力を付けていきましょう。

インターネット講義（ポイント解説と10点問題〈五択〉対策）　購読者特典

本書には、購読者特典として、『インターネット講義（無料）』を付属しています。

これは、監修者による効率的な学習のためのポイントと配点10点の五肢選択問題の対策を解説した講義映像です。

講義は、当社（ビジネス教育出版社）のホームページ上にて、視聴することができます。

使　い　方

①当社ホームページ
「インターネット講義」にアクセス
→ https://www.bks.co.jp/net-seminar

②本書の表紙画像をクリックし、ログイン画面で受講に必要な下記のＩＤとパスワードを入力（半角英数）※アルファベットは小文字。

ＩＤ（名前）：2024K
パスワード　：1079

●収録講義は科目別にご用意していますので、視聴したい科目のみ選択することができます。
●講義の視聴回数に制限はありません。
●詳しくは、当社ホームページをご覧ください。

収録テーマ一覧
（講義時間 一種：約180分／二種：約140分）

収録テーマ	一種	二種
外務員試験の概要と合格の秘訣	○	○
証券市場の基礎知識	○	○
金融商品取引法	○	○
金融商品の勧誘・販売に関係する法律	○	○
経済・金融・財政の常識	○	○
セールス業務	○	○
協会定款・諸規則	○	○
取引所定款・諸規則	○	○
株式業務【注】	○	○
債券業務	○	○
投資信託及び投資法人に関する業務	○	○
付随業務	○	○
株式会社法概論	○	○
財務諸表と企業分析	○	○
証券税制	○	○
デリバティブ取引の概説	○	
デリバティブ取引の商品	○	

【注】一種……「信用取引」を含む
二種……「信用取引」を除く

※インターネット講義の動画再生はYoutubeのサービスを使用しております。
<推奨環境>
■YouTube推奨環境
YouTube 動画を見るには、以下の環境が必要です。
Google Chrome、Firefox、Internet Explorer、MS Edge、Safari、又は Opera
500 Kbps 以上のインターネット接続
■映像が閲覧できない場合は、「Youtubeのシステム要件」をご確認ください。

目　次

第1章
証券市場の基礎知識

「間接金融」と「直接金融」の相違及び証券市場における「発行市場」と「流通市場」の相違については確実に理解しましょう。また、投資者保護の項目や、公的機関である「証券取引等監視委員会」、「サステナブルファイナンス」について理解しましょう。

一種（12点）	
○×	五肢選択
1問	1問

二種（12点）	
○×	五肢選択
1問	1問

予想配点

1 金融システムと証券市場

1．金融市場の機能

各経済主体（家計・企業・政府）は、経済活動を営むに当たって資金の調達・供給・運用を行っている。経済主体間の資金需要額と供給額は、全体としては一致するが、**部門別では必ずしも一致しない**。

2．金融市場の分類

金融市場は、大きなくくりでいえば、不特定多数の参加者が取引する市場型取引市場と、預金者と銀行など、特定の参加者の間で取引する相対型取引市場に分かれる。

金融市場	**市場型取引市場**	証券（株式・公社債等）の発行→取得（購入）→流通（売買＝資金供給者の交替）という証券市場（市場取引）
	相対型取引市場	銀行・信託銀行（あるいは信託会社）・保険会社等の金融機関を通じて、預金等→貸付け（又は証券等の保有）、又は金融機関同士の間での貸借取引（相対取引）

3．金融の二つのチャネル（直接金融と間接金融）

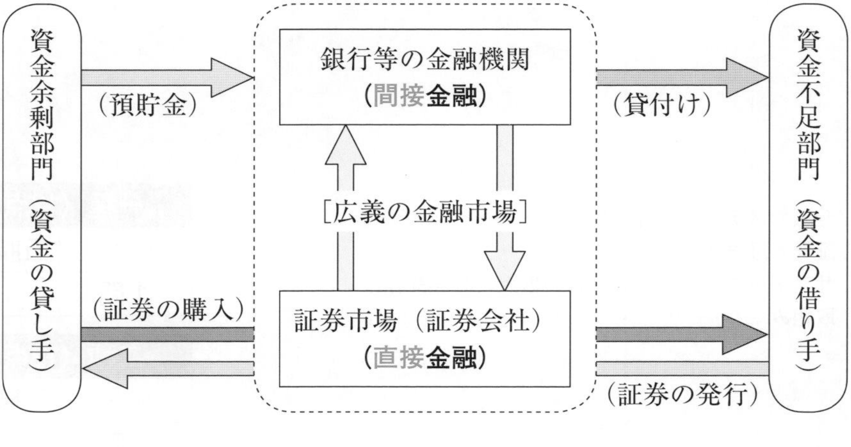

資金供給者（出し手）から資金需要者（取り手）に資金が流れるチャネル（経路）は、次の２つに大別される。

重要

直接**金融**	**証券市場**を通じるもの （株式の発行・債券の発行によるもの）
間接**金融**	銀行・保険会社等の**金融機関**を通じるもの

直接金融と間接金融の相違は、資金の最終的出し手と資金の最終的取り手との間に、銀行等の金融仲介機関が介在するかどうかによって区別されるのが一般的である。**間接金融では金融仲介機関が資金回収にかかわるリスクを負うのに対して、直接金融では資金の最終的出し手（投資者）がリスクを負う。**

<市場型間接金融>

金融機関が、資金供給者から預かった資金を直接企業に融通するのではなく、公開市場で証券（社債、CP、証券化商品など）に投資することを意味する。

金融機関による証券取得は、間接金融に分類される。

４．銀行と証券会社

銀行等の金融機関	・集めた資金をその**金融機関が自らの責任で管理運用**し、得た果実を利子等の形で資金の供給者（預金者）に還元する ・個別の金融機関の信用や経営の健全性が重視される
証券会社	・資金の供給者のために投資に関する各種の情報提供、勧誘行為等は行うが、**証券を取得する判断と責任はすべて供給者（投資者）に帰属する** ・取引の自由と透明性を確保するためのディスクロージャー制度や、公正な市場取引を確保するための「市場のルール」が、市場の基盤として重視される

銀行、証券ともに、資金の出し手と取り手の間に立って、資金移転等の仲介機能を果たしている。

2 証券と証券市場の仕組み

1．証券とは

一般に証券又は有価証券とは、証券市場での取引の対象となる資本証券（狭義の有価証券）を指す。

資本証券には、株券、債券など投資に伴う諸権利請求権証券がある。

2．発行市場と流通市場

証券市場は、機能面から**発行市場**と**流通市場**に分類される。

発行市場	資金調達の目的で**新規に発行**される証券を、発行者から直接あるいは仲介者を介して投資者が**第１次取得**する市場
流通市場	取得されて**既発行**となった証券が第１次投資者から第２次、第３次の投資者に**転々と流通（売買）**する市場

発行市場にとっては、公正で継続的な価格形成と換金の可能性が高い（流動性が高い）流通市場が不可欠であり、両市場は有機的に結びついている。

注意

「発行市場と流通市場は、別々の市場であり、お互いに影響を及ぼすことはない」と出題されると誤り。両市場は、有機的に結びついている。

3．取引所取引と店頭取引

流通市場は、取引所取引と店頭取引に分類される。

取引所取引	金融商品取引所が開設する金融商品市場（取引所金融商品市場）における売買
店頭取引	金融商品市場（取引所金融商品市場）以外の市場（店頭市場、証券会社が営むPTS）

4．金融商品取引業

金融商品取引法（以下「金商法」という）では、これまでの証券業は金融先物取引業などと併せて金融商品取引業と規定されている。

また、金融商品取引業者の中心的な業務には、委託売買業務や引受け及び募集・売出し業務等があり、**内閣総理大臣の登録を受けた者でなければ**、金融商品取引業を行ってはならないと定めている。

◎内閣総理大臣の登録等　重要

認　可	投資者保護基金（内閣総理大臣及び財務大臣） 私設取引システム（PTS）運営業務
登　録	金融商品取引業、投資運用業、金融商品仲介業、元引受け業務、店頭デリバティブ取引業務など、金融商品取引業のほとんどの業務

注意

「有価証券の引受けにおける元引受け業務は、内閣総理大臣の認可が必要である」と出題されると誤り。監督官庁の許認可（免許、認可、登録、届出など）についての入れ替えに注意すること。なお、証券業務の多くは「登録」である。

5．投資者保護

金商法上の投資者保護は、**投資対象となる有価証券の価格を保証したり、株式の配当を約束したりするものではなく、証券投資に関する情報を正確かつ迅速に投資者が入手**でき、また、**不公正な取引の発生から投資者を回避させる**ことが基本となる。

注意

「金商法上の投資者保護は、投資対象となる有価証券の価格を保証したり、株式の配当を約束するものである」と出題されると誤り。

投資者は、自己の判断と責任で投資行動を行い、その結果としての損益はすべて投資者に帰属することになる。これを、いわゆる自己責任原則という。

<預金者保護>
預金は、いわゆる元本保証、つまり、銀行が元利金を保証している。
預金者保護は、銀行の経営破綻から生じる預金の返済不可能というリスクを回避するのが基本であり、銀行の信用や経営の健全性が重視され、返済不可能な事態が現実に発生した場合は、銀行の合併や預金保険制度を通じて預金、特に零細預金の保護を図ることとなる。

6．主要証券関係機関

(1)　公的規制機関と自主規制機関

金融商品取引業界には、証券取引等監視委員会に代表される公的規制機関のほかに、「自主規制機関」と呼ばれる特有の業界団体がある。

公的規制機関	自主規制機関
証券取引等監視委員会	各金融商品取引所 **日本証券業協会** 投資信託協会
証券検査、犯則事件の調査が主な業務。インサイダー取引や、有価証券報告書の虚偽記載など、市場や取引の公正を損なう行為についての**強制調査権**が**付与**され、**違反者は捜査当局に告発**される	広範な**自主規制の権限**を金融商品取引法によって付与され、定款・諸規則等において細かな規定が設けられている

注意
「証券取引等監視委員会は、証券検査、取引調査、開示検査及び犯則事件の調査を主な業務としている」と出題されると正しい。

(2)　証券保管振替機構

証券保管振替機構は、**国債以外**の有価証券の決済及び管理業務を集中的に行う日本で唯一の証券決済機関で、**有価証券の振替制度を運営**している。
株式等の配当金の支払いにおいては、**全銘柄の配当金を同一の預金口座で受領する方法**や、**証券会社を通じて配当金を受領する方法**を選択することができる。

（3） 投資者保護基金

投資者保護基金は、証券会社の経営破綻により、金銭、有価証券等を寄託している顧客が被る損失を補償するなどの業務を行うことにより、投資者の保護を図り、証券取引に対する信頼性を維持することを目的とした基金である。

重要

補償対象は、**機関投資家等のプロを除く顧客**の預り資産で、補償限度額は、**顧客１人当たり1,000万円**とされている。

（4） 日本証券金融

日本証券金融は、金融商品取引法に基づいて内閣総理大臣の免許を受けた証券金融会社である。

＜主要業務＞

・信用取引の決済に必要な金銭や有価証券を、取引所の決済機構を利用して貸し付ける業務

・**金融商品取引業者に対する金銭の貸付け業務**　など

７．証券市場を巡る環境変化

（1） 株式売買委託手数料の自由化

株式売買委託手数料は、完全に自由化されている。

（2） 新規参入

金融商品仲介業は、一般事業会社や個人も参入することができ、**銀行も金融商品の仲介を行うことができる。**

注意

「銀行は、金融商品の仲介は行えない」と出題されると誤り。銀行も、金融商品の仲介ができる。

（3） 投資信託の拡大

投資信託は、証券会社だけでなく、銀行や郵便局等で販売されている。

3 サステナブルファイナンスの拡大と証券業界の取組み

1．拡大するサステナブルファイナンス

2006年にPRI（Principles for Responsible Investment＝責任投資原則）が発足した。

PRIは機関投資家に**ESG投資**、つまり**環境**（**Environment**）、**社会**（**Social**）、**ガバナンス**（**Governance**）**の３つの要素**（**ESG要素**）**を投資決定に組み込む**ことを求めている。

注意

「サステナブルファイナンスのうち、教育（Education）、社会（Social）、ガバナンス（Governance）の３つの要素を投資決定に組み込むことをESG投資という」と出題されると誤り。ESGのEは、教育（Education）ではなく、環境（Environment）である。

2015年に国連総会で**SDGs**（Sustainable Development Goals＝**持続可能な開発目標**）が採択された。

金融庁においてもサステナブルファイナンスの推進が提言されている。

サステナブルファイナンスは、特定の金融商品や運用スタイルを指す言葉ではなく、**持続可能な社会を支える金融の制度や仕組み、行動規範、評価手法等の全体像**を指す。

2．サステナブルファイナンスの代表的な投資手法

ESG要素を考慮した投資手法（7分類）

投資手法	概要
ESGインテグレーション	運用機関が、環境、社会、ガバナンスの要因を、財務分析に体系的かつ明示的に組み込むこと。
コーポレートエンゲージメントと議決権行使	企業行動に影響を与えるために株主の権利を用いること。これには直接的なコーポレートエンゲージメント（経営陣や取締役会とのコミュニケーション）、単独あるいは共同の株主議案提出、包括的なESGガイドラインに沿った委任状による議決権行使などがある。
国際規範に基づくスクリーニング	国連、ILO、OECD、NGO（トランスペアレンシー・インターナショナルなど）が公表する国際的規範に基づいて、企業の事業や発行体の活動を最低限の基準と照らし合わせてスクリーニングすること。
ネガティブ/除外スクリーニング	**投資対象外と考える活動に基づいて、特定のセクター、企業、国、その他の発行体を、ファンドやポートフォリオから除外すること。**（規範や価値観に基づく）除外基準には、例えば、製品カテゴリー（例：武器、タバコ）、企業活動（例：動物実験、人権侵害、汚職）、問題のある事業行為（controversies）などが該当する
ポジティブ/ベストクラス・スクリーニング	同業他社比でESGパフォーマンスが優れており、定められた閾値以上の評価を達成したセクター、企業あるいはプロジェクトへの投資。
サステナビリティ・テーマ型投資	環境・社会での持続可能な解決策に、具体的に貢献するテーマや資産への投資（例：持続可能な農業、グリーンビルディング、低炭素ポートフォリオ、ジェンダー平等、ダイバーシティ）。
インパクト/コミュニティ投資	インパクト投資 社会、環境にポジティブな影響を与えるための投資。そのインパクトを測定して報告し、投資家と投資対象資産/企業がその意図を明示して、また、投資家が貢献結果を示すことが必要。 コミュニティ投資 十分なサービスを受けていない個人やコミュニティに資金を提供する、あるいは社会・環境について明確な目的を持った事業に資金を提供する投資。一部のコミュニティ投資はインパクト投資でもあるが、コミュニティ投資はより幅広いものであり、他の形態の投資やコミュニティを対象とした融資活動なども含む。

注意

「ESG要素を考慮する手法として、特定の業界や企業、国などを投資対象から除外するネガティブ・スクリーニングがある」と出題されると正しい。

３．ESG関連金融商品

ESG要素を考慮した投資信託や、環境や社会課題に資するプロジェクトに資金が使われる債券など、サステナブルファイナンスの推進に資する金融商品も増えている。

（１） ESG要素を考慮した投資信託

ESG投信とは、投資信託の名称若しくは愛称、有価証券届出書の「ファンドの特色」に原則としてESG、SRI、環境、企業統治、CSR、SDGs、社会課題の解決、インパクト投資、女性活躍、人材のいずれかの語、又はそれに類する語が含まれるものをいう。

こうしたESG投信の新規設定が増加していることが指摘されている。

また、東京証券取引所に上場するETF及びETNにも、ESGの要素を考慮していると考えられる指標に連動するものが増えている。

（２） SDGs債（資金使途を限定して発行する債券）

①グリーンボンド

環境にポジティブなインパクトを与えるプロジェクトに資金使途を限定して発行

②ソーシャルボンド

社会にポジティブなインパクトを与えるプロジェクトに資金使途を限定して発行

③サステナビリティボンド

環境にも社会にもポジティブなインパクトを与えるプロジェクトに資金使途を限定して発行

（3） SDGs債（資金使途を限定しないで発行する債券）

①サステナビリティ・リンク・ボンド

サステナビリティ・リンク・ボンドは、**SDGs債のように資金使途を限定しない代わりに、発行体が自らのサステナビリティ戦略に基づくKPI**（Key Performance Indicator=重要業績評価指標）**を投資家に対し明示し、KPI毎に1つ若しくはそれ以上のSPT(s)**（Sustainability Performance Target(S)）**を設定した上で、SPTの達成状況に応じて利払いや償還等の条件を変える債券**である。発行体がSPT(s)を達成できなかった場合、発行体は投資家に金利を多く支払う（若しくは償還金を多く支払う）ことが一般的である。

注意

「環境や社会的課題に資するプロジェクトに資金が使われる債券を、サステナビリティ・リンク・ボンドという」と出題されると誤り。この債券は、サステナビリティボンドである。

②トランジション（移行）ボンド

トランジションボンドは、脱炭素化に時間を要する、温室効果ガスを大量に排出する産業（鉄鋼、化学、電力、ガス、石油、セメント、製紙・パルプ等）の利用を想定したものである。

パリ協定に整合的な中・長期目標を策定し、その目標を達成するための計画、ガバナンス体制を構築すること等を投資家に開示し、トランジションボンド発行による資金調達が自社の脱炭素化に必要であると示すことが求められる。

4．ESG評価・データ提供機関に係る行動規範

金融庁は、2022年12月に「ESG評価・データ提供機関に係る行動規範」を公表した。

原則１ 品質の確保	ESG評価・データ提供機関は、提供するESG評価・データの品質確保を図るべきであり、このために必要な基本的手続き等を定めるべきである。
原則２ 人材の育成	ESG評価・データ提供機関は、自らが提供する評価・データ提供サービスの品質を確保するために必要な専門人材等を確保し、また、自社において、専門的能力の育成等を図るべきである。
原則３ 独立性の確保・利益相反の管理	ESG評価・データ提供機関は、独立して意思決定を行い、自らの組織・オーナーシップ、事業、投資や資金調達、その他役職員の報酬等から生じ得る利益相反に適切に対処できるよう、実効的な方針を定めるべきである。 利益相反については、自ら、業務の独立性・客観性・中立性を損なう可能性のある業務・場面を特定し、潜在的な利益相反を回避し、又はリスクを適切に管理・低減するべきである。
原則４ 透明性の確保	ESG評価・データ提供機関は、透明性の確保を本質的かつ優先的な課題と認識して、評価等の目的・基本的方法論等、サービス提供に当たっての基本的考え方を一般に明らかにするべきである。 また、提供するサービスの策定方法・プロセス等について、十分な開示を行うべきである。
原則５ 守秘義務	ESG評価・データ提供機関は、業務に際して非公開情報を取得する場合には、これを適切に保護するための方針・手続きを定めるべきである。
原則６ 企業とのコミュニケーション	ESG評価・データ提供機関は、企業からの情報収集が評価機関・企業双方にとって効率的となり、また必要な情報が十分に得られるよう、工夫・改善すべきである。 評価等の対象企業から開示される評価等の情報源に重要又は合理的な問題提起があった場合には、ESG評価・データ提供機関は、これに適切に対処すべきである。

5．証券業界とSDGs

証券業界では、次の３つのテーマを設け、を推進している。

①サステナブルファイナンスの普及・促進に関する取組み

「サステナブルファイナンス推進宣言」を公表している。

②働き方改革・ダイバーシティ推進に関する取り組み

③子どもの貧困問題の解決に向けた取組み

これは必須！

◎演習問題◎

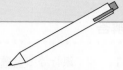

次の文章について、正しい場合は○、正しくない場合は×にマークしなさい。

1．銀行等の金融機関を通じるものは直接金融であり、証券市場を通じるものは間接金融である。
2．企業の資金調達方法のうち、株式の発行や債券の発行によるものは直接金融に区分される。
3．発行市場と流通市場は別々の市場であり、お互いに影響を及ぼすことはない。
4．有価証券の引受けにおける元引受業務は、内閣総理大臣の認可が必要である。
5．金融商品取引法上の投資者保護は、投資対象とする有価証券の価格を保証するものである。
6．銀行は、金融商品の仲介は行えない。
7．店頭デリバティブ取引を金融商品取引業者が行う場合には、内閣総理大臣（金融庁長官）の認可が必要である。
8．証券取引等監視委員会は、インサイダー取引や損失補填等の公正を損なう行為についての強制調査権が付与されている。
9．証券保管振替機構は、国債の決済及び管理業務を集中的に行う日本で唯一の証券決済機関である。
10．資金移転の仲介の役割を担う証券会社は、供給者の資産を管理運用し、その果実（収益）を顧客に還元する。
11．サステナブルファイナンスは、特定の金融商品や運用スタイルを指す言葉ではなく、持続可能な社会を支える金融の制度や仕組み、行動規範、評価手法等の全体像を指す。
12．サステナブルファイナンスのうち、環境（Environment）、社会（Social）、ガバナンス（Governance）の3つの要素を投資決定に組み込むことをESG投資という。
13．ESG要素を考慮する手法として、特定の業界や企業、国などを投資対象から除外するネガティブ・スクリーニングがある。
14．環境や社会的課題に資するプロジェクトに資金が使われる債券を、サステナビリティ・リンク・ボンドという。

解答

1．× 銀行等の金融機関を通じるものは間接金融であり、証券市場を通じるものが直接金融である。

2．○

3．× 両市場は、有機的に結びついている。

4．× 内閣総理大臣の登録が必要である。

5．× 投資者保護は、投資対象とする有価証券の価格を保証するものではなく、証券投資に関する情報を正確かつ迅速に入手でき、また、不公正な取引の発生から投資者を回避させることである。

6．× 銀行は、金融商品の仲介を行うことができる。

7．× 内閣総理大臣の登録が必要である。

8．○

9．× 証券保管振替機構は、国債以外の有価証券の決済等を行う。

10. × 証券会社は資金移転等の仲介機能を果たしているが、証券を取得する判断と責任はすべて供給者に帰属するものであり、供給者の資産を運用管理しない。

11. ○

12. ○

13. ○

14. × サステナビリティ・リンク・ボンドは、資金使途を限定せず、発行体が自らのサステナビリティ戦略に基づくKPIを投資家に明示し、KPIごとに1つもしくはそれ以上のSPT(s)を設定したうえで、SPTの達成状況に応じて利払いや償還等の条件を変える債券である。
なお、問題文は、サステナビリティボンドの記述である。

第2章
金融商品取引法

金融商品取引法は、専門用語が多く、内容も多岐にわたります。金融商品取引業者及び役職員の禁止行為は、すべて覚える必要はなく「投資者保護」の視点から判断しましょう。例外規定があることも論点とされます。市場阻害行為の規制（特に内部者取引）、企業内容等開示制度も覚えておきましょう。

一種（32点）	
○×	五肢選択
6問	2問

二種（30点）	
○×	五肢選択
5問	2問

予想配点

1 総　論

1．金融商品取引法の目的

金融商品取引法（以下「金商法」という）１条は、金商法の目的を次のように規定している。

重要

「この法律は、企業内容等の開示の制度を整備するとともに、金融商品取引業を行う者に関し必要な事項を定め、**金融商品取引所の適切な運営**を確保すること等により、有価証券の発行及び金融商品等の取引等を公正にし、有価証券の流通を円滑にするほか、資本市場の機能の十全な発揮による**金融商品等の公正な価格形成等を図り**、もって**国民経済の健全な発展及び投資者の保護**に資することを目的とする。」

ここで、国民経済の健全な発展と投資者の保護は、公正な価格形成が確保されることの結果であることが示されている。

注意

「金商法の目的は、金融商品取引業者の健全な発展である」と出題されると誤り。金商法の目的は、国民経済の健全な発展及び投資者保護に資することである。

2　金商法上の有価証券

重要

◎**金商法上の有価証券**

金商法では、有価証券を列挙しているが、**約束手形**や**小切手**は、含まれない。

注意

「約束手形や小切手は、金融商品取引法上の有価証券である」と出題されると誤り。

第一項有価証券 (旧来の有価証券)	**国債**証券、地方債証券、社債券、**株券**、新株予約権証券、**投資信託**の受益証券、投資法人の投資証券、貸付信託の受益証券、抵当証券　など
第二項有価証券 (みなし有価証券)	信託の受益権、合名会社・合資会社・合同会社の社員権、**集団投資スキーム**（ファンド）**持分**、収益分配を受ける権利を有する者が出資した暗号等資産【※】（金銭とみなす）　など

【※】いわゆる「仮想通貨」のこと

なお、有価証券に表示されるべき権利（有価証券表示権利）は、株券不発行株式や振替社債など、**その有価証券が発行されていなくても、その権利を有価証券とみなす**。

3．デリバティブ取引及び金融商品・金融指標

金商法の適用対象には、一定のデリバティブ取引が含まれる。

デリバティブ取引の基礎となる原資産を金融商品といい、これには有価証券のほかに通貨や暗号等資産なども含まれる。

◆金商法の適用対象となるデリバティブ取引

市場デリバティブ取引	金融商品市場において、金融商品市場を開設する者の定める基準及び方法に従って行われる取引をいう 金融商品・金融指標の先物取引、オプション取引、スワップ取引、**商品関連市場デリバティブ取引**、クレジット・デリバティブ取引が含まれる
店頭デリバティブ取引	市場デリバティブ取引と同様の取引を、金融商品市場及び外国金融商品市場によらないで行う取引をいう 商品等に係る取引は含まれない
外国市場デリバティブ取引	外国金融商品市場において行う取引であって、市場デリバティブ取引と類似の取引をいう 商品等に係る取引は含まれない

2 金融商品取引業者

1．金融商品取引業者とは

金融商品取引業者とは、**内閣総理大臣**の**登録**を受け、金融商品取引業を営む者をいう。

2．金融商品取引業の意義

（1） 金融商品取引業の内容

金融商品取引業とは、次に掲げる行為等を業として行うことをいう。

①自己の計算で行う有価証券の売買、市場デリバティブ取引又は外国市場デリバティブ取引（自己売買）

②有価証券の売買、市場デリバティブ取引又は外国市場デリバティブ取引の**媒介**、**取次ぎ**又は**代理**

◆媒介、取次ぎ、代理とは 重要

媒　介	他人間の取引の成立に尽力することをいう
取次ぎ	**自己**【※1】**の名**をもって**委託者**【※2】**の計算**で有価証券を買い入れ又は売却すること等を引き受けることをいい、ブローカー業務といわれる
代　理	**委託者の計算**で、**委託者の名**で有価証券の売買等を行うことを引き受けることをいう

【※1】自　己：金融商品取引業者

【※2】委託者：顧客

注意

取次ぎを「委託者の名をもって自己の計算で…」と出題されると誤り。自己と委託者、取次ぎと代理の入れ替えに注意すること。

③**店頭デリバティブ取引**又はその取引の媒介、取次ぎ若しくは代理

④**有価証券の引受け**

引受けとは、有価証券の募集若しくは売出し又は私募若しくは特定投資家向け売付け勧誘等に際し、発行体・売出人のためにその販売を引き受ける契約を締結することをいう。

買取引受け	有価証券の全部又は一部を取得する
残額引受け	売れ残りがあった場合にそれを取得する

引受けのうち、**発行者・売出人から直接引き受けることを**、特に元引受けといい、金融商品取引業者が元引受けを行う場合には、**第一種金融商品取引業者**として**内閣総理大臣の登録を受けなければならない**。

⑤有価証券の売出し 重要

有価証券の売出しとは、既に発行された有価証券の**売付け**の申込み又はその**買付け**の申込みの勧誘のうち、第一項有価証券については、多数の者（50**名以上**）を相手方として行う場合のうち、一定の要件を満たす場合をいう。

なお、既に発行された有価証券の勧誘行為であって売出しに該当しないものを私売出しという。

⑥有価証券の募集 重要

有価証券の募集とは、新たに発行される有価証券の取得の申込みの勧誘のうち、第一項有価証券については、多数（50**名以上**）の者を相手方として行う場合をいう（特定投資家のみを相手とする場合を除く）。

注意

売出しと募集の入れ替えに注意すること。募集は「新発（新たに発行される）」、売出しは「既発（既に発行された）」の有価証券である。

⑦特定投資家向け売付け勧誘等

多数の者を相手方として行う既発行の第一項有価証券の売付け勧誘等のうち、以下の要件を満たすもので、取引所金融商品市場等における売買取引に係るもの以外をいう。

- 特定投資家のみを相手方とすること
- 金融商品取引業者が顧客からの委託により又は自己のために行うこと
- 取得者から特定投資家等以外の者に譲渡されるおそれの少ない場合に該当するもので取引所金融商品市場等における売買取引に係るもの以外のもの

⑧私　募

新たに発行される有価証券の取得の申込みの勧誘であって募集に該当しないものをいい、適格機関投資家私募（プロ私募）、特定投資家私募、及び少人数私募がある。

「**他の者に譲渡されるおそれが少ないもの**」という要件がある。

⑨私設取引システム（PTS）運営業務

有価証券の売買又はその媒介、取次ぎ若しくは代理であって、電子情報処理組織を使用して、同時に多数の者を一方の当事者又は各当事者として規定された売買価格の決定方法又はこれに類似する方法により行うものをいう。

金融商品取引業者が私設取引システム（PTS）運営業務を行う場合には、**内閣総理大臣の認可**を受けなければならない。

【第８章　株式業務　p.193参照】

⑩従来の保護預り

有価証券取引等又はデリバティブ取引に関して、顧客から金銭、有価証券又は電子記録移転権利の預託を受けること。

（２）　金融商品取引業の分類

金商法は、金融商品取引業への参入規制については、原則として登録制として以下の４つに分類し、財務の健全性確保、コンプライアンスの実効性、経営者の資質等について異なった要件を定めている。

①**第一種金融商品取引業**	……従来の**保護預りを含む証券業**、金融先物取引業等
②**第二種金融商品取引業**	……従来の商品投資販売業、信託受益権販売業等
③**投資助言・代理業**	……従来の投資顧問業等
④**投資運用業**	……従来の**投資一任契約に係る業務**、**投資法人資産運用業、投資信託委託業等**

（３）　金融商品取引業以外の業務

第一種金融商品取引業者又は投資運用業を行う者は、以下の金融商品取引業以外の業務を行うことができる。

付随業務	金融商品取引業に付随する業務として、**内閣総理大臣への届出、承認なしに行うことができる** ・**信用取引に付随する金銭の貸付け** ・**累積投資契約の締結**　など
届出業務	内閣総理大臣に届け出て行うことができる ・商品市場における取引等に係る業務　など
承認業務	付随業務、届出業務以外の業務で、内閣総理大臣の承認を受けて行うことができる

3．金融商品取引業者の登録と認可等

（1） 金融商品取引業の登録制 重要

金融商品取引業は、**内閣総理大臣**の**登録**を受けた者でなければ、行うことができない。

金商法制定により、金融商品取引業に関する参入規制は、**私設取引システム（PTS）運営業務を行う場合（認可）を除き、登録制に統一**されている。なお、上場株券等の私設取引システム運営業務の認可を受けた日本証券業協会の会員（金融商品取引業者）を「認可会員」という。

業務の態様に従い登録又は認可の条件として、最低資本金及び営業保証金の額が定められている。

注意

「金融商品取引業者は、PTS（私設取引システム）を行うに当たって内閣総理大臣の登録が必要である」と出題されると誤り。PTSを行うには、認可が必要である。

（2） 登録申請手続

金融商品取引業の登録を受けるためには、金商法に規定する事項を記載した登録申請書及び添付書類を内閣総理大臣に提出しなければならない。

（3） 登録拒否要件

内閣総理大臣は、法に定める登録拒否要件のいずれかに該当するとき等は、その登録を拒否しなければならない。

（4） 無登録業者による広告・勧誘行為の禁止

無登録業者は、金融商品取引業を行う旨の表示、又は金融商品取引業を行うことを目的として契約締結の勧誘を行ってはならない。

（5） 変更登録等

金融商品取引業者は、登録申請書又は添付書類の記載事項に変更があったときには、登録申請書の場合はその日から２週間以内に、添付書類の場合は遅滞なく、その旨を内閣総理大臣に届け出なければならない。

（6） 自己資本規制比率

金融商品取引業者は、**自己資本規制比率が120％を下回らないようにしなければならない。**

3 外務員制度

1．外務員とは

外務員とは、勧誘員、販売員、外交員その他いかなる名称を有する者であるかを問わず、金融商品取引業者等の役員又は使用人のうち、その金融商品取引業者等のために一定の行為（有価証券の売買、媒介、取次ぎ、代理、勧誘等）を行う者をいう。

金融商品取引業者等は、**登録外務員以外の者に、外務員の職務（外務行為）を行わせてはならない。**

2．外務員の登録

重要

金融商品取引業者等は、外務員の氏名、生年月日その他所定の事項について、内閣府令で定める場所（認可金融商品取引業協会又は認定金融商品取引業協会）に備える**外務員登録原簿に登録**を受けなければならない。

注意

「登録外務員以外の者は、営業所内であれば外務行為を行ってもよい」と出題されると誤り。営業所内外を問わず登録外務員以外の者は外務行為が許されない。

内閣総理大臣は、登録の申請に係る外務員が以下のいずれかに該当するとき、又は登録申請書若しくはその添付書類のうちに虚偽の記載があり、若しくは重要な事実の記載が欠けているときは、その登録を**拒否**しなければならない。

1．**欠格事由のいずれかに該当する**者
2．監督上の処分により外務員の登録を取り消され、その取消しの日から**5年**を経過しない者
3．**登録申請者以外の金融商品取引業者等**若しくは金融商品仲介業者又は金融サービス仲介業者に所属する外務員として**登録**されている者
4．金融商品仲介業者に登録されている者、又は金融サービス仲介業者の登録を受けている者

注意

「外務員登録の取消しの日から3年を経過しない者」と出題されると誤り。5年が正しいが、年数を変えた問題が出題される。

内閣総理大臣は、登録を受けている外務員が以下のいずれかに該当する場合には、その**登録を取り消し**、又は**2年以内の期間**を定めてその**職務の停止**を命ずることができる。

1. **欠格事由のいずれかに該当**することとなったとき、又は登録の当時既に欠格事由のいずれかに該当していたことが判明したとき
2. 金融商品取引業のうち外務員の職務又は付随業務に関し法令に違反したとき、又はその他外務員の職務に関して著しく不適当な行為をしたと認められるとき
3. 過去5年間に退職その他の理由により登録を抹消された場合において、当該登録を受けていた間の行為が法令に違反したとき、又は著しく不適当な行為をしたと認められるとき

登録取消し等が行われた場合、外務員に関する登録が抹消される。

注意

「外務員の登録は、どのようなことがあっても取り消されることはない」と出題されると誤り。上記の状態になった場合等には取り消される。

3. 外務員の法的地位

(1) 代理権

重要

外務員は、その所属する金融商品取引業者等に代わって、外務員の職務に関し、**一切の裁判外の行為を行う権限を有する**ものとみなされる。この結果、外務員の行為の効果は直接金融商品取引業者等に帰属し、金融商品取引業者等は**外務員の負った債務について直接履行する責任を負う**。

金融商品取引業者等は、金商法に違反する悪質な行為を外務員が行った場合に、そうした行為が**代理権の範囲外であることを理由として監督責任を免れることはできない**。

(2) 顧客の悪意

金融商品取引業者等は、外務員の行った営業行為につき責任を負うが、もし**相手方である顧客に悪意があるときは適用されない**。

4 金融商品取引業の行為規制

1．一般的義務

（1） 誠実・公正義務

金融商品取引業者等並びにその役員及び使用人は、顧客に対して誠実かつ公正に、その業務を遂行しなければならない。

（2） 広告規制

金商法では、金融商品取引業者等が、その行う金融商品取引業の内容について広告等（広告及び広告類似行為）をする場合に、一定の表示を義務付けるとともに、**利益の見込み等について著しく事実に相違する表示又は著しく人を誤認させる表示をすることを禁止**している。

広告類似行為の対象	郵便、信書便、ファクシミリ、**電子メール**、ビラ・パンフレット配布等
広告等の表示事項	○手数料等 ○元本損失又は元本超過損が生ずるおそれがある旨、その原因となる指標及びその理由 ○重要事項について顧客の不利益となる事実
広告等の表示方法	特にリスク情報については、広告で使用される最も大きな文字・数字と著しく異ならない大きさで表示する

注意

「多数の者に対して同様の内容で行う情報の提供であっても、販売資料は、広告規制の対象とならない」と出題されると誤り。

（3） 書面交付義務及び説明義務並びに情報提供義務 重要

①契約締結前の書面交付義務

金融商品取引業者等は、金融商品取引契約を締結しようとするときは、あらかじめ、顧客に対し、次に掲げる事項を記載した**書面**（**契約締結前交付書面**）**を交付**しなければならない。

ただし、投資者の保護に支障を生じることがない場合として内閣府令で定める場合は、この限りではない。

◆契約締結前の書面交付義務の概要

契約締結前交付書面の記載事項	○金融商品取引業者等の商号・名称・住所・登録番号 ○金融商品取引契約の概要 ○手数料・報酬等の金融商品取引契約に関して顧客が支払うべき対価に関する事項であって内閣府令で定めるもの ○顧客が行う金融商品取引行為で、金利、通貨の価格、金融商品市場の相場等の変動により損失が生ずるおそれがあるときは、その旨　等
契約締結前交付書面の記載方法	○契約締結前交付書面の内容を十分に読むべき旨及び顧客の判断に影響を及ぼす特に重要な事項を12ポイント以上の文字･数字を用いて最初に平易に記載する ○手数料等の概要、元本損失・元本超過損が生ずるおそれがある旨、クーリング・オフの規定の適用の有無などを枠の中に12ポイント以上の文字・数字を用いて明瞭かつ正確に記載する　等
契約締結前の書面交付義務の適用除外	○上場有価証券の売買について、**過去1年以内に包括的な書面(上場有価証券等書面)を交付している場合** ○**過去1年以内に同種の内容の金融商品取引契約について契約締結前交付書面を交付している場合** ○顧客に対し契約締結前交付書面に記載すべき事項の全てが記載されている目論見書を交付している場合　等

注意

「契約締結前交付書面を顧客に交付さえすれば、契約締結前交付書面交付義務を果たしたことになる」と出題されると誤り。顧客の適合性を踏まえた説明義務を履行しなければならない。

注意

「過去1年以内に上場有価証券等書面を交付している場合であっても、契約締結前書面を交付する義務がある」と出題されると誤り。過去1年以内に包括的な書面（上場有価証券等書面）を交付している場合は、契約締結前の書面交付義務が免除される。

②契約締結時等の書面交付義務

金融商品取引業者等は、金融商品取引**契約が成立したとき**は、**遅滞なく書面**（**契約締結時交付書面**）を作成し、これを顧客に**交付**しなければならない。

書面交付義務に違反した場合には、**行政処分**の対象になるほか、**違反行為者と法人が処罰**の対象となる。

注意
「書面交付義務に違反すると違反行為者は処罰の対象となるが、法人は行政処分の対象とならない」と出題されると誤り。法人も行政処分、処罰の対象となる。

③書面による解除（クーリング・オフ）
金融商品取引業者等と政令で定める金融商品取引契約（投資顧問契約）を締結した顧客は、金融商品取引契約に係る書面を受領した日から起算して**10日**を経過するまでの間、書面又は電磁的記録により当該金融商品取引契約を解除することができる。

④**不招請勧誘**の禁止
金融商品取引業者等は、投資者の保護を図ることが特に必要なものとして政令で定めるもの（**店頭金融先物取引や個人を相手方とする店頭デリバティブ取引**）の締結の**勧誘の要請をしていない顧客**に対し、訪問し又は電話をかけて、金融商品取引契約の締結を勧誘してはならない。

⑤顧客の勧誘受諾意思確認義務及び再勧誘の禁止
金融商品取引業者等は、投資者の保護を図ることが特に必要なものとして政令で定めるもの（金利・通貨等の店頭デリバティブ取引及び市場デリバティブ取引、商品関連市場デリバティブ取引等）**の締結につき**、その勧誘に先立って、顧客に対し、その**勧誘を受ける意思の有無を確認せずに勧誘してはならない**。
また、勧誘を受けた顧客が**契約を締結しない旨の意思を表示したにもかかわらず勧誘を継続してはならない**。
なお、個人向けの店頭デリバティブ取引全般について、不招請勧誘の禁止、顧客の勧誘受諾意思確認義務及び再勧誘の禁止に係る規定の適用対象とされている。

注意
「金融商品取引業者等は、金融商品取引契約のうち、信用取引に限り、顧客があらかじめ契約を締結しない旨の意思を表示したにもかかわらず、当該契約の勧誘を継続してはならない」と出題されると誤り。不招請勧誘等の禁止は、信用取引には適用されない。

⑥金融サービスの提供に関する法律上の説明義務
【第３章　金融商品の勧誘・販売に関係する法律　p.62参照】

⑦取引態様の事前明示義務

金融商品取引業者等は、顧客から有価証券の売買又は店頭デリバティブ取引に関する注文を受けた場合、あらかじめ、顧客に対し自己がその相手方となって当該売買を成立させるのか（**仕切り注文**）、又は媒介し、取次ぎし、若しくは代理して当該売買若しくは取引を成立させるのか（**委託注文**）の別を明らかにしなければならない。

（4） 適合性の原則の遵守義務 重要

金融商品取引業者等は、金融商品取引行為について、顧客の知識、経験、財産の状況及び金融商品取引契約を締結する**目的**に照らして不適当と認められる勧誘を行って投資者の保護に欠けることのないように業務を行わなければならない。

（5） 最良執行義務 重要

有価証券の売買等に関する顧客の注文について、**最良の取引の条件で執行するための方針及び方法を**「最良執行方針等」といい、金融商品取引業者等には以下のような義務がある。

ア）最良執行方針等を定める
イ）最良執行方針等を公表する
ウ）最良執行方針等に従い有価証券等取引に関する注文を執行する
エ）顧客より注文を受けようとする場合には、あらかじめ当該取引に係る最良執行方針等を記載した書面を交付する（電子交付可）
オ）注文を執行した後に、一定の期間内に当該顧客から求められたときは、当該注文が最良執行方針等に従って執行された旨を説明した書面を、当該顧客に交付する（電子交付可）

（6） 担保同意書の徴求

金融商品取引業者等は、顧客の計算において自己が所有する有価証券又は顧客から預託を受けた有価証券を担保に供する場合又は他人に貸し付ける場合には、当該顧客から**書面による同意**を得なければならない。

商品関連市場デリバティブ取引における商品等を担保に供する場合等も同様である。

書面による同意は、所定の電磁的方法で行うことができる。

（7） 損失補塡等の禁止 重要

金融商品取引業者等は、顧客から受託した有価証券の売買取引等について次の行為を行い、又は第三者を通じて行わせてはならない。

①損失**保証**・利回**保証**
有価証券の売買その他の取引等について、顧客に損失が生ずることとなり、又はあらかじめ定めた額の利益が生じないこととなった場合にはこれを補塡し、又は補足するため財産上の利益を提供する旨を、当該顧客等に対し、あらかじめ申し込み、又は約束する行為

②**損失補塡の**申込み・約束
有価証券の売買その他の取引等について、既に生じた顧客の損失を補塡し、又は利益を追加するため財産上の利益を提供する旨を、当該顧客等に対し、申し込み、又は約束**する行為**

③**損失補塡の**実行
有価証券の売買その他の取引等について生じた顧客の損失を補塡し、又は利益を追加するため、当該顧客等に対し、財産上の利益を提供する行為

顧客である投資者は、金融商品取引業者等に対して損失補塡又は利益を補足するため財産上の利益を提供させる行為を要求して約束をさせた場合は、処罰の対象となる。

注意
「損失補塡を要求し約束をさせる顧客の行為は、処罰の対象とならない」と出題されると誤り。

ただし、上記①～③までの場合については、その補塡が事故**に起因するもの**であることについて、金融商品取引業者等があらかじめ**内閣総理大臣から**確認**を受けている場合**やその他内閣府令で定めている場合には、単なる事故処理として扱われ、**損失補塡に当たらない**ものとされている。

なお、内閣府令で定める事故とは、未確認売買、誤認勧誘、事務処理ミス、システム障害、その他の法令違反行為をいう。

注意
「損失補塡は禁止されているので、たとえ事故であっても顧客の損失を補塡することはできない」と出題されると誤り。

(8) 分別管理義務

①金融商品取引業者等は、顧客資産が適切かつ円滑に返還されるよう、顧客から預託を受けた有価証券及び金銭を**自己の固有財産と分別して管理**しなければならない。なお、商品関連デリバティブ取引取次ぎ等については、区分管理義務が課される。

②金融商品取引業等を廃止した場合等に顧客に返還すべき金銭を**顧客分別金**として、信託会社等に信託しなければならない。

③金融商品取引業者は、分別管理の状況について、定期的に**公認会計士又は監査法人の監査を受けなければならない**。

(9) 特定投資家制度

①基本的な考え方

金商法では、投資家を**特定投資家**（いわゆるプロ）と**一般投資家**（いわゆるアマ）に区分し、この区分に応じて金融商品取引業者等の行為規制の適用に差異を設けることにより、規制の柔軟化を図ることとしている。

②特定投資家と一般投資家の区分

一般投資家に移行できない特定投資家	**適格機関投資家**（銀行等、金融商品取引業者、保険会社等）、**国**及び**日本銀行**
選択により一般投資家に移行可能な特定投資家	政府系機関、**投資者保護基金**、預金保険機構、外国法人、**上場会社**、資本金5億円以上と見込まれる株式会社　等
選択により特定投資家に移行可能な一般投資家	**地方公共団体**、特定投資家以外の法人等一定の要件を満たす個人
特定投資家に移行できない一般投資家	上記に該当しないすべての個人

③**特定投資家が相手方になる場合の行為規制**の適用関係

○適用除外の行為規制

業者と顧客との間の情報格差の是正を目的とする行為規制で、具体的には次のものがある。

- 金融商品取引業者等が行う契約締結の勧誘の相手方が特定投資家である場合

  広告等の規制、不招請勧誘の禁止、勧誘受諾意思の確認義務、再勧誘の禁止及び適合性原則

- 金融商品取引業者等が契約の申込みを受け、又は取引を行う相手方が特定投資家である場合

  取引態様の事前明示義務、契約締結前の書面交付義務、契約締結時等の書面交付義務、保証金の受領に係る書面交付義務、書面による解除、最良執行方針等記載書面の事前交付義務、及び顧客の有価証券を担保に供する行為等の制限　　など

※契約締結時等の書面交付義務及び運用報告書の交付義務については、顧客からの個別取引に関する照会に対して速やかに回答できる体制が整備されていない場合には、適用除外とならない。

○適用除外されない行為規制

虚偽告知の禁止、断定的判断の提供等の禁止、損失補塡等の禁止等の市場の公正確保を目的とする行為規制

2．業態・業務状況に係る行為規制

（1）　名義貸しの禁止

金融商品取引業者等が、自己の名義をもって他人に金融商品取引業を行わせることは禁じられている。

（2）　回転売買等の禁止

金融商品取引業者等が、あらかじめ顧客の注文の内容（意思）を確認することなく、頻繁に売買等を行うことは禁じられている。

（3）　過当な引受競争を行う営業の禁止

金融商品取引業者等が、引受けに関する自己の取引上の地位を維持し又は有利にさせるために、著しく不適当と認められる数量、価格その他の条件により有価証券の引受けを行うことは禁じられている。

（4）　引受人の信用供与の制限

有価証券の引受人となった金融商品取引業者は、その有価証券を売却する場合において、引受人となった日から6ヵ月を経過する日までは、その買主に対し買入代金を貸し付けてはならない。

本来、金融商品取引業者が自ら負担すべき引受リスクを顧客に転嫁するのを防ぐためである。

3．投資勧誘・受託に関する行為規制

（1） 断定的判断の提供による勧誘の禁止

金融商品取引業者等は、顧客に強い期待を抱かせるような断定的判断の提供による勧誘は禁止されている。

①断定的判断の提供による勧誘が**結果的に的中したとしても、違法性がなくなるわけではない**。

②騰貴し又は下落する価格又は価格帯、その時期を**具体的に指示**することは禁止されている。

③「必ず」とか「きっと」といった言葉を使わなくても、断定的判断の提供となり得る場合がある。

④**元本欠損額は顧客の被った損害と推定**され、業者の責任は**無過失責任**とされている。

注意

「断定的判断の提供により損失を被った場合、業者は元利金相当額の賠償責任を負う」と出題されると誤り。賠償額は元本欠損額である。

（2） 虚偽の告知等の禁止

①虚偽告知の禁止

金融商品取引業者等又はその役員若しくは使用人は、金融商品取引契約の締結又はその勧誘に関して、顧客に対し虚偽のことを告げる行為は禁止されている。

②虚偽の表示の禁止

金融商品取引業者等又はその役員若しくは使用人は、金融商品取引契約の締結又はその勧誘に関して、虚偽の表示をし、又は重要な事項について誤解を生ぜしめるような表示をすることは禁止されている。

これは**「勧誘」行為がなくても適用される**。

特に必要な表示を欠く不作為も誤解を生ぜしめる表示となり、禁止されている。

条文は表示行為自体を禁止しているので、**故意・過失の有無は問わない**。

注意

「虚偽の表示等の禁止は、勧誘が伴わない場合適用されない」、「特に必要な表示を欠いたものは虚偽表示とはならない」、「虚偽表示してもそれが過失であれば許容される」と出題されると、いずれも誤り。

（3） 特別の利益の提供等禁止

金融商品取引業者等又はその役員若しくは使用人は、金融商品取引契約につき、顧客若しくはその指定した者に対し、**特別の利益の提供を約し**、又は顧客若しくは第三者に対し**特別の利益を提供してはならない**。

なお、**社会通念上のサービス**と考えられるものは含まれない。

注意

「社会通念上のサービスも含め、顧客に対し特別の利益を提供してはならない」と出題されると誤り。社会通念上のサービスは含まれない。

（4） 大量推奨販売の禁止

金融商品取引業者等又はその役員若しくは使用人は、特定かつ少数の銘柄の有価証券又はデリバティブ取引について、不特定かつ多数の顧客に対し、買付け若しくは売付け又はその委託等を**一定の期間継続して**一斉に**かつ**過度**に勧誘する行為**で、公正な価格形成を損なうおそれがあるものを行ってはならない。

特に、その銘柄が現にその金融商品取引業者等が保有している有価証券である場合の推奨販売行為は、**厳しく**禁じられている。

こうした行為は、そのまま相場操縦に該当する可能性もあり得る。

注意

「大量推奨販売は禁止されているが、金融商品取引業者等が保有している有価証券の場合は除外される」と出題されると誤り。特に金融商品取引業者等が保有している有価証券の場合は、厳しく禁じられる。

（5） インサイダー取引注文の受託の禁止

金融商品取引業者等又はその役員若しくは使用人は、顧客の取引がインサイダー取引であることを知りながら、あるいはそのおそれがあることを知りながら、当該売買取引の相手方となり、又は当該取引の受託等をしてはならない。この規定に違反すれば行政処分の対象となることはもとより、インサイダー取引の幇助犯として刑事責任を問われる可能性もある。

（6） 法人関係情報の提供による勧誘の禁止

金融商品取引業者等又はその役員若しくは使用人は、有価証券の売買その他の取引等につき、**顧客に対して当該有価証券の発行者の法人関係情報を提供して勧誘を行ってはならない**。

(7) 自己又は他の顧客の利益を図るための過度の勧誘の禁止

金融商品取引業者等又はその役員若しくは使用人は、顧客の取引に基づく価格、指標、数値又は対価の額の変動を利用して自己又は当該顧客以外の第三者の利益を図ることを目的として、不特定かつ多数の顧客に対し、有価証券の買付け若しくは売付け若しくはデリバティブ取引又はこれらの委託等を一定期間継続して一斉にかつ過度に勧誘してはならない。

(8) 無登録の信用格付業者を利用する際の説明義務

金融商品取引業者等又はその役員若しくは使用人は、顧客に対し、信用格付業者以外の信用格付業を行う者の付与した信用格付について、当該信用格付を付与した者が登録を受けていない者である旨等を告げることなく提供して、金融商品取引契約の締結の勧誘を行ってはならない。

4. 市場価格歪曲に係る市場阻害行為

(1) フロントランニングの禁止

顧客から有価証券の買付け又は売付けや市場デリバティブ取引の委託等を受け、その委託に係る売買等を成立させる前に自己の計算において、その有価証券と同一の銘柄の売買等を成立させることを目的として、当該顧客の委託等に係る価格と同一又はそれよりも有利な価格で買付け又は売付けする行為は、売買注文情報の不正利用行為であり、顧客の注文の執行コストを高くする行為として顧客に対する**誠実義務に反する**として禁じられている。

(2) 無断売買の禁止

金融商品取引業者等又はその役員若しくは使用人は、**あらかじめ顧客の同意を得ることなく、当該顧客の計算により有価証券等の売買等をしてはならない。**

顧客との間に、継続的な取引関係がある場合でも、顧客の意思を確認することなく売買を行うことや、**あらかじめ買付けをしておいて後から顧客の承認（事後承諾）を得ようとする行為は禁止**されている。

注意

「顧客との間に継続的な取引関係がある場合は、あらかじめ顧客の同意を得ることなく、当該顧客の計算により有価証券等の売買等を行っても、顧客による事後承諾があれば差し支えない」と出題されると誤り。無断売買は禁止されている。

(3)　作為的相場形成等の禁止

金融商品取引業者等又はその役員若しくは使用人は、**主観的な目的の有無を問わず**、特定の銘柄の有価証券等について、実勢を反映しない作為的相場が形成されることを知りながら、売買取引の受託等を行うことは禁止されている。

(4)　信用取引における客向かい行為の禁止

金融商品取引業者は、顧客から信用取引の委託を受けたときは、その委託に対し、自己がその相手方となって信用取引を成立させてはならない。

商品関連市場デリバティブ取引も同様である。

(5)　役職員の地位利用・投機的利益の追求

個人である金融商品取引業者又は金融商品取引業者等の役員若しくは使用人は、職務上の地位を利用して知り得た特別の情報に基づいて売買等を行い、又は専ら投機的利益の追求を目的として売買等を行ってはならない。

注意

「金融商品取引業者等は、職務上知り得た特別の情報に基づいて売買を行うことは、専ら投機的利益の追求を目的としなければ差し支えない」と出題されると誤り。専ら投機的利益の追求を目的としなくても、職務上知り得た特別の情報により売買等を行ってはならない。

(6)　引受金融商品取引業者による安定操作期間中の自己買付け等の禁止

安定操作を行うことができる金融商品取引業者は、募集・売出しに係る有価証券の発行者の発行する株券等で、金融商品取引所に上場されており、又は店頭売買有価証券に該当するものについて、安定操作**期間中に自己の計算による買付け**や、他の金融商品取引業者に対する買付けの委託等**を行ってはならない**。

(7)　法人関係情報の利用取引

金融商品取引業者等又はその役員若しくは使用人は、**法人関係情報に基づいて、自己の計算において有価証券の売買その他の取引等を行ってはならない**。

(8)　金融商品取引業者と親子関係にある法人との取引制限

金融商品取引業者と親子関係にある法人との取引において、顧客の利益が不当に害されることのないように必要な措置を講じなければならない。

5．有価証券店頭デリバティブ取引の証拠金規制

個人を相手方とする**有価証券店頭デリバティブ取引**について、**証拠金の預託を受けずに取引をすることは禁止**されている。

これは、顧客が不測の損害を被るおそれ、顧客の損失が証拠金を上回ることにより業者の財務の健全性に影響が出るおそれ、過当投機を助長するおそれなどの弊害を防止するためである。

6．NISAを利用する取引の勧誘に係る留意事項【第14章　証券税制 p.370参照】

NISA（少額投資非課税制度）とは、年間360万円（つみたて投資枠120万円、成長投資枠240万円）及び非課税保有限度額（つみたて投資枠と成長投資枠を合わせて1,800万円まで、うち成長投資枠は1,200万円まで）の範囲内で購入した金融商品の投資収益を無期限に非課税とする制度である。

2023年末で一般NISA・つみたてNISA・ジュニアNISAともに制度は終了となったが、非課税期間終了までは引き続き運用可能である。

NISA制度を利用する取引の勧誘等に際しては、中長期投資や分散投資の効果等の投資に関する基礎的な情報を適切に提供するよう努めるとともに、適合性原則を踏まえ、必要に応じて顧客に誤解を与えることのないよう正確にわかりやすく説明することが求められる。

＜NISAのポイントと注意点＞

①同一年において**一人1口座**に限られる。

②「つみたて投資枠」と「成長投資枠」の併用ができる。

③保有分の売却により非課税保有限度額が復活し、翌年以降に**再利用が可能**である。

④NISA口座での**損失はないものとされる**ため、特定口座や一般口座で保有する他の有価証券の売買益や配当金との**損益通算**ができず、当該損失の**繰越控除も**できない。

⑤株式投資信託の分配金のうち元本払戻金（特別分配金）は、そもそも非課税であり、NISAにおいては制度上のメリットを享受できない。また、当該分配金の再投資を行う場合には、年間投資枠が費消されてしまう。

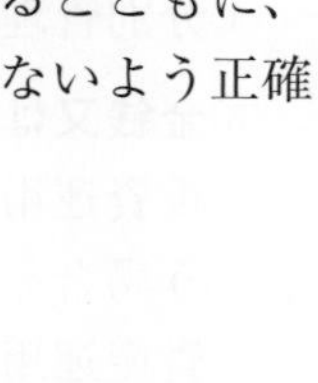

5 金融商品取引業等

1．投資運用業

従来の投資法人の資産運用会社の業務、投資信託委託会社の業務、旧投資顧問業法上の投資一任契約に係る業務は、金商法上の投資運用業となる。

◎投資運用業に関する行為規制

金融商品取引業者等が投資運用業を行う場合は、投資運用業に関する特則が適用される。

①忠実義務・善管注意義務

②禁止行為
　自己取引の禁止、スカルピング行為の禁止　など

③運用権限の委託（自己執行義務）

④分別管理義務

⑤**金銭又は有価証券の預託**の受入れ等の**禁止**
　投資運用業を行う金融商品取引業者等は、有価証券等管理業務として行う場合その他政令で定める場合を除くほか、投資信託及び投資法人との資産運用契約、又は**投資一任契約に関して、いかなる名目によるかを問わず、顧客から金銭若しくは有価証券の預託を受けてはならない**。
　ただし、投資運用業に関し、顧客のために所定の行為を行う場合において、これらの行為による**取引の決済のために必要なときは、この限りではない**。

⑥金銭又は有価証券の貸付け等の禁止

⑦運用報告書の交付義務

2．ファンドの規制

金商法は、新たに包括的な定義として、いわゆる集団投資スキーム持分についての規定を設け、これまで規制の対象から外れていた各種のファンドに規制の網をかぶせている。

◆**集団投資スキーム持分及び除外される権利**

集団投資スキーム持分	組合契約に基づく権利、匿名組合契約に基づく権利、投資事業有限責任組合契約に基づく権利、有限責任事業組合契約に基づく権利、**社団法人の社員権**、暗号等資産（金銭とみなす）
集団投資スキーム持分に該当しないもの	株券、投資信託の受益証券、合同会社の社員権、信託受益権等、金商法上有価証券として取り扱われることとなる権利

3．金融機関と金融商品取引業

銀行、協同組織金融機関等の金融機関は、原則として、有価証券関連業又は投資運用業を行うことができない。しかし、一定の条件の下でこの規制も緩和されている。

金融機関は、内閣総理大臣の登録を受けて書面取次ぎ行為、有価証券関連業務の一部、有価証券関連デリバティブ取引等以外のデリバティブ取引等、投資助言・代理業務、有価証券等管理業務等を営むことができる。

4．金融商品仲介業制度

（1）　金融商品仲介業とは

第一種金融商品取引業者、投資運用業者若しくは登録金融機関の委託を受けて、有価証券の売買の媒介等を当該金融商品取引業者等のために行う業務をいう。

（2）　金融商品仲介業の登録

銀行、**協同組織金融機関その他政令で定める金融機関以外の者は**、内閣総理大臣の登録を受けて、（**法人、個人を問わず**）金融商品仲介業を営むことができる。

（3）　業務に関する規制

金融商品仲介業者は、いかなる名目によるかを問わず、顧客から金銭若しくは有価証券の預託を受けてはならない。

銀行等は、株券、社債券、外国国債等の**金融商品仲介業務を行うことができる**。ただし、株券等は、金融商品取引業者からの委託を受けて行うものに限られる。

6 その他の金融商品取引法上の機関

1．信用格付業者

（1） 信用格付とは

金融商品又は法人の信用状態に関する評価（信用評価）の結果について、記号又は数字を用いて表示した等級をいう。

（2） 信用格付業とは

信用格付を付与し、かつ、提供し又は閲覧に供する行為を業として行うことをいう。

（3） 信用格付業の登録制度

信用格付業を行う法人は、**内閣総理大臣の登録**を受けることができる。
内閣総理大臣の登録を受けた者を、**信用格付業者**という。

無登録業者の格付の利用に際して金融商品取引業者等に説明義務を課すことにより、金融・資本市場において重要な影響を及ぼし得る格付会社の登録を確保する仕組みを整備している。

注意
「金融商品取引業者等は、無登録業者の格付けを自由に利用できる」と出題されると誤り。

（4） 信用格付業者の業務

名義貸しの禁止	信用格付業者は、自己の名義をもって、他人に信用格付業を行わせてはならない
格付方針等の公表	信用格付業者は、信用格付を付与し、かつ、提供し又は閲覧に供するための方針及び方法（格付方針等）を定め、公表しなければならない

2．高速取引行為者

（1） 高速取引行為

高速取引行為とは、有価証券の売買又は市場デリバティブ取引等の行為において、当該行為を行うことについての判断が電子情報処理組織により自動的に行われ、かつ当該行為を行うために必要な情報の金融商品取引所その他の内閣府令で定める者に対する伝達が、情報通信の技術を利用する方法であって、当該伝達に通常要する時間を短縮するための方法として内閣府令で定める方法を用いて行われるものをいう。

（2） 高速取引行為者の登録制度

金融商品取引業者等及び取引所取引許可業者以外の者は、高速取引行為を行おうとするときは、**内閣総理大臣の登録**を受けなければならない。

また、内閣総理大臣は登録の申請があった場合、一定の登録拒否事由に該当する場合を除き、高速取引行為者登録簿に登録しなければならない。

（3） 業務管理体制の整備義務

高速取引行為者は、その行う高速取引行為に係る業務を適確に遂行するため、内閣府令で定めるところにより、業務管理体制を整備しなければならない。

（4） 取引記録の作成・保存、業務報告書の作成・提出

高速取引行為者は、内閣府令で定めるところにより、その業務に関する帳簿書類を作成しこれを保存しなければならない。

また、事業年度ごとに事業報告書を作成し、毎事業年度経過後３ヵ月以内に、これを内閣総理大臣に提出しなければならない。

（5） 監督上の処分

内閣総理大臣は、高速取引行為者が登録拒否事由に該当することになったときや、法令に基づいてする行政官庁の処分に違反したとき等は、当該行為者の登録を取り消し、又は６ヵ月以内の期間を定めて業務の全部若しくは一部の停止を命ずることができる。

3．投資者保護基金

（1） 意　義

金融商品取引業者は、証券市場機能の担い手としての重責を果たしている。万が一、分別管理義務を怠った金融商品取引業者が破綻したときには、市場機能が著しく阻害されたり、投資判断とは関わりのない予期せぬ損害を投資家に与えたりすることになる。

このような場合に、投資者を救済し、かつ、市場機能の連続性を維持するために、金商法は、**投資者保護基金**という制度を設けている。

重要

投資者保護基金の設立には、**内閣総理大臣及び財務大臣**による設立の**認可**を受けなければならない。

なお、投資者保護基金の会員となる者は、**金融商品取引業者に限定される**。

（2） 補償対象債権

重要

投資者保護基金が一般顧客（適格機関投資家等を除く顧客）に支払う金額は、顧客が有する債権[※]の額を元に算出した一定の金額となり、支払**最高限度額は、一顧客当たり1,000万円**である。

【※】保護預り対象の金銭又は有価証券、先物取引の証拠金、信用取引の保証金として預託を受けた金銭及び有価証券等

注意

「投資者保護基金が補償をする対象債権は、破綻業者の適格機関投資家を含む顧客が、当該金融商品取引業者に対して有する債権である」と出題されると誤り。適格機関投資家等のプロを除く一般顧客の債権である。

4．金融商品取引所

金融商品取引所とは、内閣総理大臣の免許を受けて、金融商品市場を開設する金融商品会員制法人又は株式会社をいう。

無免許で有価証券の売買を行う市場を開設することは厳に禁止されている。

5. 証券金融会社

(1) 意 義

証券金融会社は、金融商品取引所の会員等又は認可金融商品取引業協会の協会員に対し、信用取引の決済に必要な金銭又は有価証券をその金融商品取引所が開設する取引所金融商品市場の決済機構を利用して貸し付ける業務を行う会社で、**内閣総理大臣の免許**を受けた者である。

注意

「金融商品取引清算機関は、信用取引の決済に必要な金銭又は有価証券を貸し付ける業務を行う会社をいう」と出題されると誤り。

(2) 業 務

証券金融会社は、次の4つを主たる業務としている。

貸借取引貸付け	取引所の会員等である金融商品取引業者に対し、信用取引の決済に必要な金銭又は有価証券を貸し付けること
公社債貸付け	金融商品取引業者に対し、国債等の公社債を担保に公社債の売買及び引受けのため、一時的に必要とする資金を貸し付けること及び金融商品取引業者の顧客に対し、公社債を担保に公社債の購入及び保有のための資金を貸し付けること
一般貸付け	金融商品取引業者又はその顧客に対し、有価証券又は金銭を担保として金銭又は有価証券を貸し付けること
債券貸借の仲介	金融商品取引業者及び金融機関等の間の債券の貸借の仲介を行うため、債券の借入れ及び貸付けを行うこと

2・金融商品取引法

6．指定紛争解決機関

金融分野における裁判外紛争解決制度を「金融ADR」という。

（1） 紛争解決機関の指定

内閣総理大臣は、一定の要件を備える者を、その**申請**により、紛争解決等業務を行う者として**指定**できる。

（2） 指定の申請

紛争解決機関の指定を受けようとする者は、所定の事項を記載した指定申請書を内閣総理大臣に提出しなければならない。

（3） 指定紛争解決機関の業務規程等

指定紛争解決機関は、金商法及び業務規程の定めるところにより、紛争解決等業務を行う。

金融ADR制度において、指定紛争解決機関の自主性を尊重し、苦情処理・紛争解決の手続きについては、法律において詳細な手続規定は設けられておらず、業務規程や手続実施基本契約等においてその具体的内容を規定することとなっている。

（4） 苦情処理手続及び紛争解決手続

指定紛争解決機関は、加入金融商品取引関係業者の顧客から金融商品取引業等業務関連苦情について解決の申立てがあったときは、その相談に応じ、当該顧客に必要な助言をし、当該金融商品取引業等業務関連苦情に係る事情を調査するとともに、当該加入金融商品取引関係業者に対し、当該金融商品取引業等業務関連苦情の内容を通知してその迅速な処理を求めなければならない。

（5） 指定紛争解決機関の監督

指定紛争解決機関は、商号又は名称、住所、役員等の**変更があったときは**、その旨を内閣総理大臣に**届け出**なければならない。

7．取引情報蓄積機関等

当局による**店頭デリバティブ取引**に係る平時のモニタリングを強化するとともに、危機時における迅速・適切な対応を可能とし、かつ、当局が一部の情報を市場に提供することで市場の透明性・予測可能性を高めることを目的として、取引情報の保存・報告制度が導入されている。

7 市場阻害行為の規制（不公正取引の規制）

1．包括規定

（1） 不公正取引禁止の包括規定

何人（なんぴと）も、有価証券の売買その他の取引又はデリバティブ取引等について、不正の手段、計画又は技巧をしてはならない。

これは不公正取引に関する包括規定であり、重い**刑事罰**（懲役10年以下、罰金1,000万円以下、法人罰金7億円以下、利得目的は個人罰金3,000万円以下、犯罪により得た財産は没収・追徴）がある。

風説の流布、偽計取引、相場操縦も同様である。

（2） 虚偽又は不実の表示の使用の禁止

何人も、有価証券の売買その他の取引又はデリバティブ取引等について、重要な事項について虚偽の表示があり、又は誤解を生じさせないために必要な重要な事実の表示が欠けている文書その他の表示を使用して、金銭その他の財産を取得してはならない。

（3） 虚偽の相場の利用の禁止

何人も、有価証券の売買その他の取引又はデリバティブ取引等を誘引する目的をもって、**虚偽の相場を利用してはならない**。これは、虚偽の相場を利用することによる相場操縦【次ページ参照】の一種といえる。

2．風説の流布・偽計取引

何人も有価証券の募集、売出し、売買その他の取引若しくはデリバティブ取引等のため、又は有価証券等の相場の変動を図る目的をもって、**風説を流布し、偽計を用い、又は暴行若しくは脅迫をしてはならない**。

相場の変動を図る目的をもって風説を流布するとの部分は、事実上の相場操縦規定である。

これに違反した者は懲役若しくは罰金に処せられ、又はこれを併科される。

犯罪によって得た財産は、没収・追徴の対象となる。

また、風説の流布・偽計取引によって相場を変動させた場合には、さらに課徴金が科せられる。

3．相場操縦

相場操縦とは、有価証券やデリバティブ取引に係る市場における価格形成を人為的に歪曲する行為であり、その市場阻害性のゆえに厳しく禁止される。何人**も、相場操縦を行った場合には懲役若しくは罰金**に処せられる。

さらに、犯罪によって得た財産は、没収・追徴の対象になる。

また、相場操縦を行った者は、これにより損害を受けた者に賠償しなければならない。

相場操縦の成立のためには、それにより投資者の利益が害されること、利益の獲得を目的にしていることは必要ではない。市場の公正な価格形成を人為的に歪曲する意思のみで相場操縦とされる。

注意

「相場操縦が成立するためには、市場の公正な価格形成を人為的に歪曲する意思のみでなく、それにより利益の獲得を目的にしていること、また投資家が害されることが必要である」と出題されると誤り。

（1） 相場操縦（仮装取引、馴合（なれあい）取引） 重要

①**仮装取引**（仮装売買）

仮装取引とは、上場有価証券等の売買等について、取引状況に関し、他人に誤解を生じさせる目的をもって、権利の移転、金銭の授受等を目的としない仮装の取引をすることである。

②**馴合取引**（馴合売買）

馴合取引とは、仮装取引と同様の目的をもって、自己が行う売付け若しくは買付けと同時期に、それと同価格で他人がその金融商品の買付け若しくは売付けを行うことをあらかじめその者**と**通謀して、その売付け若しくは買付けを行うことである。

注意

仮装取引と馴合取引の入れ替えに注意すること。馴合取引のキーワードは「他人」と「通謀」である。つまり、1人でもできるのが仮装取引、2人以上必要なのが馴合取引である。

③現実取引による相場操縦

上場有価証券等の売買等の取引を誘引する目的をもって、有価証券売買等が繁盛であると誤解させ、又は取引所金融市場における上場金融商品等の相場を変動させるべき一連の有価証券売買等又はその申込み、委託等若しくは受託等をすることは禁止されている。

また、証券会社が売買の申込みを行うことによって相場操縦を行ういわゆる「見せ玉(みせぎょく)【※】」も、刑事罰及び課徴金の対象となる相場操縦行為として禁止されている。

【※】見せ玉とは、約定させる意図のない注文を出して売買が成立しそうになると取り消すといった行為をいう。

④市場操作情報の流布

何人も、**取引を誘引する目的をもって**、取引所金融商品市場における上場金融商品等の相場が自己又は他人の操作によって**変動するべき旨を流布**することは、相場操縦の一類型として禁止されている。

⑤虚偽情報による相場操縦

何人も、有価証券売買等を行うにつき、取引を誘引する目的をもって、重要な事項について虚偽であり、又は誤解を生じさせるべき表示を故意に行うことは、相場操縦として禁止されている。

(2) 安定操作取引

取引所金融商品市場における上場金融商品等の相場をくぎ付けにし、固定し、又は安定させる目的で、一連の有価証券売買等又はその申込み、委託等若しくは受託等をすることは禁止されている。

しかし、**企業による資金調達の便宜を優先させて、このような取引が緊急避難的に認められる場合があり、これを安定操作取引**という。

金商法は、**何人も**政令で定めるところに違反して安定操作を行ってはならないと規定している。

(3) 空売りの規制 【第８章　株式業務　p.182参照】

有価証券を有しないで売付けを行うことは、投資判断の裏付けを欠いた取引であり、原則として価格形成に関与すべき取引とはいえず、また、相場操縦にも利用されがちであるので、行ってはならないものとされている。

有価証券を借り入れて売付け又は売付けの委託若しくは受託をする場合も、空売り規制の対象となる。

なお、信用取引・先物取引のように定型化され、一定の規制方式が確立した取引その他の取引は許容されている。

4．内部者取引（インサイダー取引）

有価証券の発行会社の役職員など会社関係者や、そうした**会社関係者**から当該会社に関する**重要事実の情報**を容易に入手できる立場にある者が、その立場を利用して入手した情報を利用して、それが**公表される前**に当該会社が発行する有価証券に係る取引（内部者取引）を行うことは、証券市場における**公正な価格形成を妨げる取引として禁止**されている。

取引により損失が出たとしても内部者取引に該当する。

合併又は会社分割による上場会社等の特定有価証券の承継も、原則として内部者取引規制の対象となる。

注意

重要事実が公表された後であれば、当該会社の有価証券の売買は禁止されない。

（1） 内部者取引の要件

①会社関係者

- **上場会社等**[※1]の役員、代理人、使用人その他の従業者（役員等[※2]）
- **上場会社等の帳簿閲覧権を有する株主や社員**
- 当該上場会社等と契約を締結している者又は締結の交渉をしている者（**取引銀行**、**公認会計士**、引受人、**顧問弁護士**等）
- 現在は会社関係者ではないが、以前会社関係者であり、**会社関係者でなくなってから1年**以内の者　　など

【※1】株券、**新株予約権証券**、投信法に規定する投資証券、投資法人債券等で、金融商品取引所に上場されているものを発行する会社、投資法人等。

【※2】親会社、子会社の役員等も含まれる。

注意

会社関係者でなくなって「1年」以内の者は会社関係者である。半年、2年など数字の入れ替えに注意すること。

なお、会社関係者より情報を受けた者（第一次情報受領者）も会社関係者と同様に内部者取引規制の対象となる。

②**重要事実**

上場会社等の業務等に関する重要事実とは、以下のア～イに掲げる事実をいう。

なお、**子会社に生じた重要事実**についても親会社同様規制対象となる。また、**上場投資法人等**についても上場会社等と同様規制対象となる。

ア）**上場会社等の決定事実**

当該上場企業等の業務執行を決定する機関が、次の事項を行う**決定**をしたこと、又は、いったん行うと**決定した事項**（公表されたものに限る）**を行わないことを決定**したこと

- 募集株式・新株予約権の募集　・**資本金の額の減少**
- 資本準備金・利益準備金の額の減少　・自己の株式の取得
- 株式無償割当て又は新株予約権無償割当て　・**株式の分割**
- 剰余金の配当　・株式交換　・株式移転　・**株式交付**
- **合併**　・会社の分割　・**事業の全部又は一部の譲渡・譲受**
- 解散　・新製品又は新技術の企業化　・業務上の提携など

イ）上場会社等の発生事実

次の事実が発生したこと

- 災害に起因する損害又は業務遂行の過程で生じた損害
- **主要株主**（総株主等の**議決権の100分の10以上の議決権を保有している株主**）の異動
- 特定有価証券等の上場廃止等の原因となる事実　　など

上記のほか上場会社等の決算情報及びバスケット条項がある

注意

「主要株主とは所有する株式数が上位10位までの者をいう」と出題されると誤り。総株主等の議決権の100分の10以上の議決権を有する株主である。

③**重要事実の公表**

次のいずれかの場合には、重要事実が公表されたものとみなされる。

ア）当該上場会社等若しくはその子会社を代表すべき取締役等により、当該重要事実が日刊紙を販売する新聞社や通信社又は放送機関等の**２以上の報道機関**に対して公開され、かつ、公開した時から**12時間以上経過**した場合は重要事実が公表されたとみなされる。

注意

６時間、24時間、３日間など数字の入れ替えに注意すること。

イ）金融商品取引所が運営、利用するTDnet（適時開示情報伝達システム）**への掲載によって、公衆縦覧に供される**とともに、直ちに**公表されたことになる**（この場合には12時間ルールは適用されない）。

ウ）当該上場会社等が提出した**有価証券報告書**、訂正届出書等に業務等に関する**重要事実が記載**され、当該書類が金商法の規定に従い公衆の縦覧**に供された場合**も公表されたとみなされる。

④適用除外

内部者取引の要件に該当する場合であっても、次の場合のように投資判断の形成自体が、情報面での優位を「利用して」なされていない場合は、違法とはならない。

ア）株式の割当てを受ける権利を有する者が当該権利の行使により株券を取得する場合

イ）**新株予約権を有する者が新株予約権行使により株券を取得する場合**

ウ）株式買取請求権等に基づき売買等をする場合

エ）株式累積投資を通じた買付けのうち一定の要件を満たすもの　など

注意

「会社役員がいわゆるストックオプションの権利行使による株券を取得する場合は、内部者取引が適用される」と出題されると誤り。適用除外である。

⑤共犯

自ら内部者取引を行わない場合でも、他人の内部者取引に関与する行為は、共犯として処罰される場合がある。

（2）　会社の役員及び主要株主の報告義務

上場会社等の役員及び主要株主は、自己の計算において当該上場会社等の株券、新株予約権証券、社債券等（**特定有価証券**）の買付け又は売付け、又は特定有価証券に係るオプションを表示する有価証券等に係る買付け等又は売付け等をした場合、内閣府令で定める場合を除いて、その売買等に関する報告書を内閣総理大臣に提出しなければならない。

注意

この規定は内部者取引を把握するためにあるので、売買があれば損失が出たときでも報告義務がある。

（3）　役員又は主要株主の短期売買規制

上場会社等の役員又は主要株主が、当該上場会社等の特定有価証券等について、自己の計算において買付け（又は売付け）等をした後**６ヵ月以内に売付け**（又は買付け）等を行って**利益を得たときは**、当該上場会社等は、その者に対し、**得た利益の提供を請求できる**。

注意

３ヵ月、１年など数字の入れ替えに注意すること。

（4）　役員又は主要株主による自社株の空売り等の禁止

上場会社等の役員又は主要株主は、自社株の空売り及びそれと同様の効果を有する取引（特定取引）をすることが絶対的に禁止されている。

５．その他の不公正取引

（1）　虚偽相場の公示等の禁止

何人も、有価証券等の**相場を偽って公示**し、又は、公示若しくは頒布する目的をもって有価証券等の**相場を偽って記載した文書を作成**し、若しくは**頒布してはならない**。

（2）　有利買付け等の表示の禁止

何人も、有価証券の募集又は売出しに際し、不特定かつ多数の者に対して、これらの者の取得した当該有価証券を、自己又は他人が、特定額以上の価格で買い付ける旨又は特定額以上の価格で売り付けることをあっせんする旨の表示をし、又はこれらの趣旨と誤認されるおそれがある表示をしてはならない。

（3）　一定配当等の表示の禁止

何人も、有価証券の募集又は売出しの際、「１株当たり年○○円又は年○割の配当を継続する」等、一定の額又はこれを超える額の金銭の供与が行われる旨の表示をしてはならない。

６．暗号等資産の取引に関する規制

暗号等資産の取引に関しても包括規定、風説の流布・偽計取引、相場操縦に関する規定が設けられている。

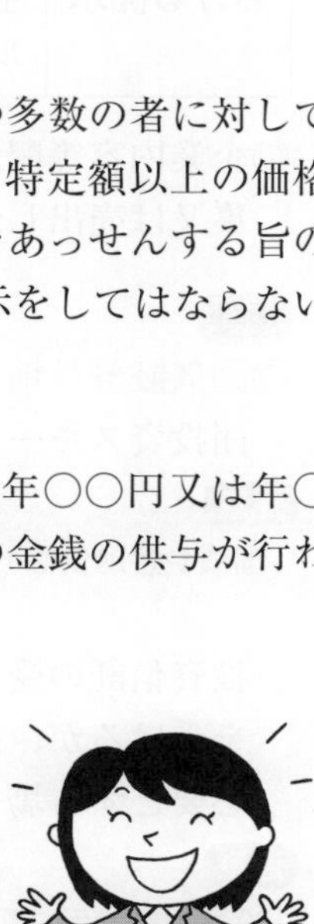

8 情報開示・会計・監査・内部統制

大量の有価証券が一般公衆に対して募集され、また、売り出され又は流通する場合、投資者が十分に投資判断を下すことができるように、発行会社の事業の状況、財政状態、経営成績等に関する情報を開示させる必要がある。

1．企業内容等開示制度（ディスクロージャー制度）

企業内容等開示制度は、発行市場における開示と、流通市場における開示とに大別される。

発行市場における開示	**有価証券届出書**によって内閣総理大臣に対して募集・売出しの届出を行い、行政による審査を経た後、届出の効力発生により、投資者に取得させ、又は売り付けることが可能になるが、それには**目論見書**（もくろみしょ）を交付することによって、投資者に直接情報を開示しなければならない
流通市場における開示	金商法上、事業年度ごとに提出する**有価証券報告書**、四半期ごとに提出する四半期報告書、一定の重要情報が発生したときに提出する**臨時報告書**、金融商品取引所のルールである適時開示の各制度がある

◎企業内容等開示制度の対象となる有価証券は、基本的に発行段階では募集又は売出しが行われる有価証券（株券、新株予約権証券等）である。

重要

◎**国債証券**、**地方債証券**、**金融債**、政府保証債及び流動性の低い一定の集団投資スキーム持分等には、企業内容等開示制度が**適用されない**。

注意

「国債や金融債は、企業内容等開示制度が適用される」と出題されると誤り。

◎投資信託の受益証券等は「**特定有価証券**」として特別の開示規制の適用を受けるが、商品の仕組みから個々の資産の内容等の一切の情報開示を必要とする場合もあり得る。

注意

「投資信託の受益証券は、企業内容等開示制度の適用外である」と出題されると誤り。

2. 発行市場における開示制度

(1) 募集・売出しの意義

①有価証券の募集

有価証券の募集とは、新たに**発行される**有価証券の取得の申込勧誘のうち、次の場合をいう。

第一項有価証券 (有価証券、有価証券表示権利、特定電子記録債権、一定の電子記録移転権利)	•**多数の者(50名以上)**を相手方として行う場合 •**プロ私募、特定投資家私募又は少人数私募のいずれにも該当しない場合**
第二項有価証券 (みなし有価証券)	募集に係る有価証券を相当程度多数の者(500名以上)が所有することとなる場合

②有価証券の売出し

有価証券の売出しとは、(原則) 既に**発行された**有価証券の売付けの申込み又はその買付けの申込み勧誘のうち、次の場合をいう。

第一項有価証券	**多数の者**(**50名以上**)を相手方として行う場合
第二項有価証券	売出しに係る有価証券を相当程度多数の者(500名以上)が所有することとなる場合

ポイント

募　集……**新たに発行される**有価証券の取得の申込勧誘
売出し……(原則) **既に発行された**有価証券の売付けの申込み

(2) 募集又は売出しに際しての届出

有価証券の募集又は売出しは、発行者が当該募集又は売出しに関し、内閣総理大臣に届出をしているものでなければ、することができない。
(**国債、地方債**、また私募・私売出しに該当すれば**届出義務はない**)

届出が行われると、その内容は直ちに公衆の縦覧に供され、当該募集又は売出しをしようとしている有価証券について、販売資料や目論見書を使って**投資勧誘を行うことができる**。ただし、**実際に有価証券を取得させたり、売り付けたりするには、届出の効力が発生していなければならない。**

届出を内閣総理大臣が受理すると、原則として、その日から**15日**を経過した日にその効力が発生する。

（3） 有価証券届出書

有価証券の募集・売出しの届出をする場合には、内閣総理大臣に対して有価証券届出書を提出しなければならない。

（4） 目論見書（もくろみしょ）

重要

目論見書は、有価証券の募集若しくは売出し、適格機関投資家取得有価証券一般勧誘又は特定投資家等取得有価証券一般勧誘の際、当該有価証券の**発行者の事業その他の事項に関する説明を記載する文書**であって、**直接相手方に交付**し、**又は相手方からの交付の請求があった場合に交付**すべきものである。

発行者、売出人、引受人、金融商品取引業者等又は、金融商品仲介業者又は金融サービス仲介業者は、届出を要する有価証券又は既に開示された有価証券を募集又は売出しにより取得させ又は売り付ける場合には、目論見書をあらかじめ**又は**同時に投資者に交付しなければならない。

ただし、**適格機関投資家に取得**させ又は売り付ける場合、**当該有価証券と**同一**の銘柄を所有する者**又はその同居する者が既に当該目論見書の交付を受け、あるいは確実に交付を受けると見込まれる者が、当該目論見書の交付を受けないことについて同意した場合に、その者に当該有価証券を取得させ又は売付ける場合には、目論見書は交付しなくてよい。

なお、有価証券に関して、既に開示が行われている場合における当該有価証券の売出しについては、**発行者、発行者の関係者及び引受人**以外の者が行う場合は、目論見書の交付が免除される。

発行者、発行者の関係人及び引受人は、引続き目論見書を交付しなければならない。

注意

「既に開示が行われている場合における有価証券の売出しについては、内閣総理大臣（金融庁長官）へ届出を行えば、発行者は目論見書の交付が免除される」と出題されると誤り。発行者以外の者が行う場合は、目論見書の交付は免除されるが、発行者等は引き続き目論見書の交付が要求される。

3．流通市場における開示制度

◎流通開示の適用対象会社

①上場有価証券発行会社（**上場会社**）、店頭売買有価証券発行会社

②①以外の者で募集・売出しにつき内閣総理大臣に届出を要した有価証券の発行者（ただし、当該事業年度を含む前**5事業年度**のすべての末日における所有者数が**300名未満**の場合は、内閣総理大臣の承認を得ることで提出を免れることができる）

③**外形基準**による会社（資本金と株主数を基準）

①、②以外の者で、**資本金が5億円以上**で、かつ、最近5事業年度のいずれかの末日において株主名簿上の**株主数が1,000人以上**の会社、ただし、300人を下回ると不適用となる

各種報告書は、一定期間内に内閣総理大臣に提出しなければならない。

有価証券報告書	事業年度ごとに作成する企業情報の外部への開示資料であり、企業の概況、事業の状況、経理の状況等から構成される。当該**事業年度経過後3ヵ月**以内に提出
半期報告書	半期（6ヵ月）経過後**45**日以内に提出
確認書	**有価証券報告書等の記載内容が金融商品取引法令に基づき適正であることを経営者が確認した旨を記載した確認書**を当該有価証券報告書等と併せて提出
臨時報告書	**財政状態や経営成績等に著しい影響を与える事象が発生した場合**等は、発行会社は、その内容を記載した**臨時報告書**を遅滞なく提出
親会社等状況報告書	親会社等の事業年度終了後3ヵ月以内に提出
自己株券買付状況報告書	上場会社は、自己株式の取得に関する株主総会の決議又は取締役会の決議があった場合に、各月ごとに提出
訂正届出書・訂正報告書	有価証券届出書、有価証券報告書等の提出後、**重要事項に変更等がある場合**に提出

【注】2024年4月1日以後に開始する事業年度から四半期報告書が廃止された。

4. 公衆縦覧

有価証券報告書や有価証券届出書等は、一定の場所に備え置かれ各々の書類ごとに定められた期間、公衆の縦覧に供される。

なお、公衆縦覧期間は、有価証券届出書、有価証券報告書、内部統制報告書及び親会社等状況報告書は、受理した日から５年を経過する日まで、半期報告書は、受理した日から３年を経過する日までと定められている。

5. 企業内容等の開示制度の電子化

有価証券報告書等の電子開示手続は、**EDINET**を使用して行われる。

EDINETは、金融庁のウェブサイトからアクセス可能である。

注意

「有価証券報告書等の電子開示は、TDnetを使用する」と出題されると誤り。EDINETを使用して行われる。

6. フェア・ディスクロージャー・ルール

発行者（上場会社等）は、未公表の決算情報などの重要情報を証券アナリストなどに提供した場合、意図的な伝達の場合は同時に、意図的でない伝達の場合は速やかに、当該重要情報を公表しなければならない。

7. 金融商品取引法における監査制度

財務諸表等については、**上場会社等監査人名簿への登録**を受け、かつ、当該法人と**特別の利害関係を持たない公認会計士、監査法人による監査証明を受けなければならない**。

注意

「財務諸表は監査役による監査を受ければよい」と出題されると誤り。公認会計士、監査法人による監査証明を受けなければならない。

8. 内部統制報告制度

有価証券報告書提出義務のある会社は、事業年度ごとに、当該会社の属する企業集団及び当該会社に係る財務計算に関する書類その他の情報の適正性を確保するために必要な体制について評価した報告書（内部統制報告書）を有価証券報告書と併せて内閣総理大臣に提出しなければならない。

9 公開買付け

1. 意　義

公開買付け（TOB：Take Over Bid）とは、不特定かつ多数の者に対し、公告により株券等の買付け等の申込み又は売付け等の申込みの勧誘を行い、**取引所金融商品市場外**で株券等の買付け等を行うことである。

2. 発行者以外の者による公開買付け

(1) 規制の適用範囲

当該**発行者以外の者が行う買付け等**であって、**市場外**で60日間に11名以上の者から株券等を買付け、その買付後の**株券等所有割合**が**5％を超える**場合等は、原則として公開買付けによらなければならない。

(2) 公開買付けの届出

○公開買付けによって株券等の買付け等を行う者（公開買付者）は、公開買付けの目的、買付価格、買付予定株券等の数、買付期間、その他の事項を公告しなければならない。

○公開買付者は、当該公告を行った日に、上記事項を記載した**公開買付届出書**を**内閣総理大臣に提出**しなければならない。

○公開買付者は、**公開買付届出書**の提出後、直ちにその写しを当該公開買付の対象会社等に送らなければならない。

○公開買付届出書等は、内閣総理大臣に提出された日から**買付期間終了後5年を経過する日までの間、公衆の縦覧に供される**。

(3) 行為規制

○公開買付けの途中で、買付価格を引き上げることはできるが、**引き下げることは原則できない**。

○公開買付者は、いわゆる**別途買付け**は、原則として**禁止**される。

○公開買付者は、原則として公開買付けを撤回することはできない。

○公開買付者は、公開買付け後の**株券等所有割合**が**3分の2以上となる場合**には、**応募株式の全部を買付けなければならない**。

3. 発行会社による公開買付け

発行会社による自己株式の公開買付けは、発行者以外の者による公開買付けと同様の手続きを要する。

10 株券等の大量保有の状況に関する開示制度

重要

1．意　義

上場会社等が発行する株券等の保有者でその**株券等保有割合が5％を超えるもの**（**大量保有者**）は、株券等保有割合、取得資金、保有目的、その他の内閣府令で定める事項を記載した報告書（**大量保有報告書**）を、大量保有者となった日から**5日以内**（日曜・休日は算入しない）に**内閣総理大臣に提出**しなければならない。

これを大量保有報告制度、一般に「**5％ルール**」という。

2．5％ルールの概要

（1）　対象有価証券

株券等の対象有価証券には、**株券**（議決権のないものを除く）、**新株予約権証券**及び**新株予約権付社債券**、投資証券等及び新投資口予約権証券等が含まれる。

また、**自己株式は対象にはならない**。

（2）　株券等保有割合

株券等保有割合とは、**保有者の保有する株券等の数に共同保有者の保有する株券等の数を加え、それを発行済株式総数で除した割合**をいう。

$$株券等保有割合 = \frac{保有する株券等の数}{発行済株式総数}$$

発行済株式総数には、**自己株式も含まれる**。

共同保有者とは、保有者と共同して株券等の取得・譲渡又は議決権行使等をすることを合意している他の保有者をいい、夫婦関係や親子会社関係者などがある場合には、共同保有者とみなされる。

（3） 大量保有報告書

大量保有報告書は、**内閣総理大臣**（実際には関東財務局長等）に提出されるが、**EDINET**による提出が義務付けられている。また、当該株券等の発行者には、**大量保有報告書の写しを送付しなければならない**。

ただし、EDINETを通じて提出された大量保有報告書については発行者への写しの送付義務が免除される。

注意
大量保有報告書のキーワードは「5」である。5％、5日以内、5年間と「5」が並ぶ。変更報告書のみ1％になる。

（4） 変更報告書

大量保有報告書を提出すべき者は、大量保有者となった後に株券等保有割合が**1％以上増減等した場合**には、その日から**5日以内に変更報告書を提出**しなければならない。

（5） 特例報告

証券会社、投資運用会社、銀行、信託銀行、保険会社などの大量保有報告制度の事務負担を合理的な範囲で軽減するために、特例報告制度がある。特例報告期限は、おおむね2週間ごと5日以内である。

なお、「発行者の事業活動に重大な変更を加え、又は重大な影響を及ぼす行為として政令で定めるものを行うことを保有の目的」とする場合は、特例報告は利用できない。また、株券等保有割合が10％を超える場合にも、特例報告制度は利用できない。

（6） 大量保有報告書等の公衆縦覧

大量保有報告書又は変更報告書は、**5年間公衆の縦覧**に供される。

（7） 課徴金

2008年改正により、大量保有報告書等の不提出についても課徴金制度の対象とされ、課徴金の額は提出すべき大量保有報告書等に係る株券等の発行者の時価総額の10万分の1と定められている。

（8） 刑事罰

大量保有報告書の不提出や虚偽記載については、5年以下の懲役若しくは500万円以下の罰金が科され、又はこれが併科される。

11 市場の監視・監督

1．総　論

（1）　わが国の金融行政機関

わが国の金融行政は、内閣府の外局である金融庁が担っている。

（2）　権限の委任

金商法は、金商法に係る法令上の行政機関の諸権限を内閣総理大臣に付与している。

内閣総理大臣は、行政機関の諸権限を金融庁長官に委任している。

金融庁長官は、内閣総理大臣から委任を受けた権限のうち、一部をさらに証券取引等監視委員会に委任している。【第１章　証券市場の基礎知識 p.6参照】

2．課徴金

課徴金は、一定の不公正取引があった場合に、内閣総理大臣が一定の手続に基づいて、不公正取引に応じて決められた額の課徴金を国庫に納めるよう命ずる制度である。

3．法令違反行為を行った者の氏名等の公表

内閣総理大臣は、公益又は投資者保護のために必要かつ適当であると認めるときは、内閣府令で定めるところにより、法令違反行為を行った者の氏名その他法令違反行為による被害の発生若しくは拡大を防止し、又は取引の公正を確保するために必要な事項を一般に公表することができる。

これは必須！

◎演習問題◎

次の文章について、正しい場合は○、正しくない場合は×にマークしなさい。

1. 有価証券の売買の媒介とは、自己の名をもって委託者の計算で、有価証券を買い入れ又は売却すること等を引き受けることをいう。
2. 金融商品取引業者が元引受けを行うには、第一種金融商品取引業者として内閣総理大臣の登録を受けなければならない。
3. 過去１年以内に上場有価証券等書面を交付している場合は締約締結前の書面交付義務は免除される。
4. 有価証券の引受人となった金融商品取引業者は、その有価証券を売却する場合において、引受人となった日から１年を経過する日までは、その買主に対し買入代金を貸し付けたりしてはならない。
5. 金融商品取引業者は、事後の承諾を得ることを前提に、あらかじめ顧客の同意を得ることなく、当該顧客の計算により有価証券等の売買をしてはならない。
6. 投資運用業を行う金融商品取引業者は、投資一任契約に関して、いかなる名目によるかを問わず、顧客から金銭若しくは有価証券の預託を受けてはならない。
7. 内部者取引規制において、会社関係者は、重要事実が公表されてから６ヵ月間は当該上場会社等の株券等の売買をしてはならない。
8. 内部者取引規制の重要事実に、資本金の額の減少や主要株主の異動は含まれる。
9. 企業内容等開示制度が適用される有価証券には、国債証券、地方債証券のほか、投資信託の受益証券及び新株予約権証券も含まれる。
10. 財務諸表等については、当該法人と特別の利害関係を持たない公認会計士、監査法人による監査証明を受けなければならない。
11. 大量保有報告書は、大量保有者となった日から10日以内に内閣総理大臣に提出しなければならない。
12. 大量保有報告書を提出すべき者は、大量保有者となった後に株券等保有割合が１％以上増減等した場合には、その日から５日以内に変更報告書を提出しなければならない。

解答

1．× 有価証券の売買の媒介とは、他人間の取引の成立に尽力することである。問題文は、取次ぎの説明である。

2．○

3．○

4．× 引受人となった日から6ヵ月を経過する日までは、その買主に対し買入代金を貸し付けたりしてはならない。

5．○

6．○ なお、投資運用業に関し、顧客のために所定の行為を行う場合において、これらの行為による取引の決済のために必要なときはこの限りでない。

7．× 内部者取引規制において、会社関係者は、重要事実が公表される前に当該上場会社等の株券等の売買をしてはならない。重要事実が公表された後であれば、売買は可能である。

8．○

9．× 企業内容等開示制度が適用される有価証券には、投資信託の受益証券及び新株予約権証券は含まれるが、国債証券、地方債証券は適用されない。

10. ○ なお、上場会社等監査法人名簿への登録を受けた公認会計士・監査法人でなければならない。

11. × 大量保有報告書は、大量保有者となった日から5日以内に内閣総理大臣に提出しなければならない。

12. ○

第3章
金融商品の勧誘・販売に関係する法律

金融サービス提供法と消費者契約法が中心となります。「損害賠償」と「契約の取消し」がどちらの法律で適用されるかを確実に覚えましょう。説明義務違反や断定的判断を行って顧客が損失を被った場合、無過失責任とされ、損害賠償責任が生じます。また、消費者を誤認させる又は困惑させる行為が行われた場合、取消権が生じます。

一種（6点）	
○×	五肢選択
3問	—

二種（6点）	
○×	五肢選択
3問	—

予想配点

1 金融サービスの提供に関する法律

1．概要・趣旨

金融サービスの提供に関する法律（以下「金融サービス提供法」という）は、2021年11月1日に金融商品の販売等に関する法律が改正されたもので、金融サービスの提供を受ける顧客の保護を図り、もって国民経済の健全な発展に資することを目的としている。

①金融商品販売業者等が金融商品を販売する際の顧客に対する**説明義務**

②説明義務違反により顧客に損害が生じた場合の**損害賠償責任**及び損害額の推定

③その他の金融商品の販売等に関する事項

④金融サービス仲介業を行う者について登録制度を実施し、その業務の健全かつ適切な運営を確保すること

2．適用対象・範囲

説明義務を負うのは「金融商品の販売等」を業として行う者、つまり、金融商品販売業者等である。

「金融商品の販売」とは、預金等の受入を内容とする契約、有価証券を取得させる行為、市場・店頭デリバティブ取引などを指す。

「金融商品の販売等」とは、金融商品の販売のほか、その取次ぎ又はこれらの代理若しくは媒介を意味する。

3．説明義務 重要

金融商品販売業者等は、金融商品の販売等を業として行うときは、金融商品の販売が行われるまでの間に、顧客に対して**重要事項の説明**を行わなければならない。

重要事項の説明は、**書面の交付**による方法でも可能だが、顧客の知識、経験、財産の状況及び当該金融商品の販売に係る契約を締結する目的に照らして、当該顧客に理解されるために必要な方法及び程度によるものでなければならない。重要事項の説明義務は、特定顧客（**特定投資家**）**である場合は適用されない。また、重要事項について説明を要しない旨の顧客の意思の表明があった場合は、商品関連市場デリバティブ取引等の場合を除き、免除される。**

なお、**金商法上の説明義務は免除されない**ので、注意が必要である。

◆重要事項と説明内容

重要事項	直接の原因	説明内容
市場リスク	金利、通貨の価格、市場の相場その他の指標に係る変動	・「元本欠損のおそれ」「当初元本を上回る損失が生ずるおそれ」がある場合は、その旨及び当該指標 ・取引の仕組みの重要な部分
信用リスク	販売者その他の者の業務または財産の状況の変化	・「元本欠損のおそれ」「当初元本を上回る損失が生ずるおそれ」がある場合は、その旨及び当該者 ・取引の仕組みの重要な部分
期間の制限	権利行使期間の制限及びクーリングオフ期間の制限があるときはその旨	

4．因果関係・損害額の推定 重要

説明すべき重要事項の説明を行わなかった場合や断定的判断の提供の禁止に違反する行為を行った場合には、損害賠償責任が生じる。

重要事項の説明義務違反	故意、過失の有無を問わない （無過失責任）
不法行為と損害の発生の因果関係及び損害額	・金融商品取引業者側に立証責任 ・損害額は元本欠損額と推定

5．勧誘方針の策定・公表義務

金融サービス提供法において、金融商品販売業者等は、一定事項を記載した勧誘方針の策定及び公表が義務付けられている。

【勧誘方針に記載すべき事項】

①勧誘の対象となる者の知識、経験、財産の状況及び当該金融商品の販売に係る契約を締結する目的に照らし配慮すべき事項

②勧誘の方法及び時間帯に関し勧誘の対象となる者に対し配慮すべき事項

③①及び②のほか、勧誘の適正の確保に関する事項

6. 金商法における適合性原則・説明義務との関係

金商法上の適合性原則や実質的説明義務違反の帰結は、当該義務を怠った金融商品取引業者等に対する行政処分であるのに対して、金融サービス提供法における説明義務違反については、私法上の効果（損害賠償義務、因果関係・損害額の推定）を生じさせるものである点が異なる。

7. 顧客の「説明不要」の意思表示

金融サービス提供法において、「重要事項について説明を要しない旨の顧客の意思の表示があった場合」、商品関連市場デリバティブ取引及びその取次ぎの場合を除き原則免除されるが、特定投資家に該当しない顧客に対しては金商法の実質的説明義務自体を免れるわけではない。

8. 金融サービス仲介業について

「金融サービス仲介業」とは、預金等媒介業務、保険媒介業務、有価証券等仲介業務又は貸金業貸付媒介業務のいずれかを業として行うことをいう。

電子金融サービス仲介業務を行う金融サービス仲介業者は、一定の要件の下、電子決済等代行業を行うことができる。

◆金融サービス提供法と消費者契約法の相違

	金融サービス提供法	消費者契約法
保護対象	一般投資家（個人・法人）	事業の契約を除く個人
適　用	・重要事項の説明義務違反 ・断定的判断の提供	・重要事項を誤認させた ・困惑させる行為
効　果	損害賠償	契約取消し

個人の場合、金融サービス提供法と消費者契約法の両法を併用してトラブルに対応することも可能である。

2 消費者契約法

1．概要・趣旨 重要

消費者保護の観点から、消費者を誤認させる行為又は消費者を困惑させる行為が行われた場合、消費者による取消権や不当な契約条項の無効を定める法律である。

2．適用対象・範囲

（1） 消費者契約法の適用

消費者契約法が適用されるのは、消費者契約である。

消費者とは、個人のうち、「事業として又は事業のために契約の当事者となる場合におけるもの」を除いた者である。

また、契約の直接の相手方ではなく、契約の相手方から媒介の委託を受けた者や代理権の授与を受けた者による勧誘などの行為も適用される。

（2） 消費者契約とは

消費者契約とは、消費者と事業者との間で締結される契約である。

金融サービス提供法の対象となる金融商品の販売等に関する契約も、消費者と事業者との間で締結される限り、消費者契約に含まれる。

3．消費者契約法による契約の取消し

（1） 取消の対象となる契約

重要

消費者契約法では、金融商品取引業者が、**顧客を誤認させる行為又は困惑させる行為**を行った場合、顧客は**契約を取り消す**ことができる。

①重要事項の不実告知

消費者に対して重要事項について事実と異なることを告げたことにより、告げられた内容が事実であると誤認した場合

②断定的判断の提供

消費者契約の目的となるものに関し、将来における変動が不確実な事項につき断定的判断を**提供**することにより、消費者が提供された断定的判断の内容が確実であると誤認した場合

③不利益事実の故意又は重大過失による不告知

消費者に対し、重要事項等について消費者の利益となる旨を告げ、かつ、重要事項について消費者の不利益となる事実を故意又は重大な過失によって告げなかったことにより、事実が存在しないと誤認をした場合

④その他取消の対象となる契約

不退去、退去妨害、勧誘することを告げずに退去困難な場所へ同行し勧誘した場合、威迫する言動を交え相談の連絡を妨害した場合、社会生活上の経験不足の不当な利用、恋愛感情等に乗じた人間関係の濫用、加齢等による判断能力の低下の不当な利用、霊感等を用いた告知、契約前に義務の内容を実施することで原状回復を著しく困難とする行為、事業者が契約前に締結を目指して実施した事業活動を、消費者のために特に実施したものであること及び損失補償を請求することを告知する行為、過量取引、同種契約による過量取引

（2） 取消権の行使の方法

消費者が取消権を行使する方法については、相手方に対し、意思表示を取り消す旨を伝えればよいとされる。

（3） 取消権の行使期間

取消権は、追認することができる時から**1年間（霊感等を用いた告知に係る取消権については、３年間）**行使しないとき、又は消費者契約の**締結時から5年（霊感等を用いた告知に係る取消権については、10年間）**を経過したときに消滅する。

（4） 取消しの効果

消費者が取消権を行使した場合、当初にさかのぼって契約が無効であったこととなる。なお、民法上は、無効な行為に基づく債務の履行として給付を受けた者は、相手方を原状に復させる義務を負うこととされるが、消費者契約に基づく債務の履行として給付を受けた消費者は、給付を受けた当時その意思表示が取り消すことができるものであることを知らなかったときは、当該消費者契約によって現に利益を受けている限度において、返還の義務を負うものとされている。

(5) 消費者契約法により無効となる契約(条項)

①消費者に落度のない事業者の損害賠償の責任を免除し、又は当該事業者にその責任の有無を決定する権限を付与する条項
②事業者の債務不履行により生じた消費者の解除権を放棄させ又は当該事業者にその解除権の有無を決定する権限を付与する条項
③事業者に対し、消費者が後見等の開始の審判を受けたことのみを理由とする解除権を付与する消費者契約
④消費者が支払う損害賠償の額を予定する条項
⑤消費者の利益を一方的に害する条項
⑥当該事業者の債務不履行や不法行為責任(故意または重過失の場合を除く)の一部を免責する条項であって、当該条項において事業者又はその代表者、使用人の重大な過失を除く過失による行為にのみ適用されることを明らかにしていないもの

3 個人情報の保護に関する法律

1．概要・趣旨

個人情報取扱事業者に該当する協会員は、個人情報の保護に関する法律（以下「個人情報保護法」という）等に従い、個人情報取扱事業者の義務を遵守しなければならない。

2．適用対象・範囲

個人情報保護法が対象としているのは、個人情報、個人データ、保有個人データ、要配慮個人情報、**仮名加工情報**、**匿名加工情報**及び個人関連情報である。

①要配慮個人情報

本人の人種、信条、社会的身分等その他本人に対する不当な差別、偏見その他の不利益が生じないようにその取扱いに特に配慮を要するものとして政令で定める記述等が含まれる個人情報をいう。

②仮名加工情報

個人情報に含まれる記述等の一部を削除又は置換したり、個人情報に含まれる個人識別符号の全部を削除又は置換する措置を講じて、**他の情報と照合しない限り特定の個人を識別することができない**ように個人情報を加工して得られる個人に関する情報をいう。

③匿名加工情報

個人情報の区分に応じて定められた措置を講じて特定の個人を識別することができないように個人情報を加工して得られる個人に関する情報であって、当該**個人情報を復元することができないようにしたもの**をいう。

④個人関連情報

生存する個人に関する情報であって、個人情報、仮名加工情報及び匿名加工情報のいずれにも該当しないものをいう。

3．「個人情報」に関する義務

「個人情報」とは、生存**する個人**に関する情報であって、氏名、生年月日その他の記述等により特定の個人**を識別することのできるもの**又は**個人識別符号が含まれるもの**をいう。

個人識別符号とは、当該情報単体から特定の個人を識別できるものとして政令で定められた文字、番号、記号その他の符号をいう。

個人情報については、利用目的の特定、利用目的による制限、不適正な利用の禁止、適正な取得、取得に際しての利用目的の通知等に関する義務が規定されている。

重要

(1) 利用目的の特定

個人情報を取り扱うに当たっては、**「利用目的」をできる限り特定しなければならない。**

(2) 利用目的による制限

あらかじめ本人の同意を得ないで、利用目的の達成に必要な範囲を超えて、個人情報を取り扱ってはならない。

(3) 取得に際しての利用目的の通知等

契約締結に伴い契約書等に記載された個人情報を取得する場合は、あらかじめ、本人に対し、その利用目的を明示しなければならない。

あらかじめその利用目的を公表している場合を除き、速やかに、その利用目的を、本人に通知し、又は公表しなければならない。

4.「個人データ」に関する義務

「個人データ」とは、個人データベース等を構成する個人情報をいう。

(1) 安全管理措置、従業者の監督、委託先の監督

個人情報取扱事業者は、その取り扱う個人データの漏えい、滅失又は毀損の防止その他の個人データの安全管理のために必要かつ適切な措置（安全管理措置）を講じなければならない。

(2) 第三者提供の制限

個人情報取扱事業者は、原則として、あらかじめ**本人の同意を得ないで、**個人データを**第三者に提供してはならない。**

以下の場合は、制限が適用されない。

①法令に基づく場合

②人の生命、身体又は財産の保護のために必要がある場合であって、本人の同意を得ることが困難であるとき　など

なお、個人情報取扱事業者から**データを委託され**、当該データを受け取った者は、**第三者に該当しない**。

5．「保有個人データ」に関する義務

「保有個人データ」とは、個人情報取扱事業者が、開示、内容の訂正、追加又は削除、利用の停止、消去及び第三者への提供の停止を行うことのできる権限を有する個人データであって、その存否が明らかになることにより公益その他の利益が害されるものとして政令で定めるもの以外のものをいう。

「保有個人データ」については、保有個人データに関する事項の公表、本人から求められた場合の開示、本人から求められた場合の訂正、本人から求められた場合の利用停止、本人から求められた場合の理由の説明に関する義務が規定されている。

6．「要配慮個人情報」及び「機微（センシティブ）情報」に関する義務

要配慮個人情報の取得及び第三者提供は、原則として本人の同意が必要である。機微情報（労働組合への加入、本籍地等）は、本人の同意があっても、原則として取得、利用又は第三者提供できない。

7．法人情報、公開情報その他

法人情報	個人情報保護法においては対象とされていないが、**法人の代表者個人**や取引担当者個人の氏名、住所、性別、生年月日、容貌の画像等個人を**識別することができる情報**は、**個人情報に該当する**ことに注意が必要である
公開情報	個人情報保護法では、公開・非公開を区別しておらず、公開情報であっても個人情報の定義に該当する限り、個人情報となる

8．マイナンバー法

マイナンバー（個人番号）の提供を受ける際には、その利用目的の通知又は公表が必要となるほか、提供を受ける都度、所定の方法で本人確認が必要である。

4 犯罪による収益の移転防止に関する法律

1．概要・趣旨

犯罪による収益の移転防止に関する法律（以下「犯罪収益移転防止法」という）は、マネー・ローンダリング（資金洗浄）やテロリストに対する資金供与の防止のため、定められている。協会員が、一定の取引を行うに際し、**取引時確認義務**などを課している。

2．取引時確認義務

（1） 取引時確認義務

協会員は、顧客に有価証券を取得させることを内容とする契約を締結する際は、最初に顧客について本人特定事項等の取引時確認を行う必要がある。

- **本人特定事項**（自然人の場合：氏名、住居、生年月日）
- **取引を行う目的**
- 職業

なお、**代理人が取引を行う場合には、本人の取引時確認に加えて代理人についても本人特定事項の確認**が必要である。また、会社の経理担当者が会社のために預金口座を開設する場合は、会社のみならず、経理担当者についても本人特定事項の確認が必要である。

ただし、**ハイリスク取引**については、既に取引時確認をしたことのある顧客との取引であっても、改めて取引時確認を行う必要がある。

簡素な顧客管理を行うことが許容される取引については、取引時確認が必要となる対象取引から除かれる。

顧客等から、特定事業者が提供するソフトウェアを使用して、本人確認用画像情報の送信を受ける方法等、オンラインにより完結する取引時確認の方法等が許容される。

(2) 本人確認書類

個人	運転免許証、個人番号カード（マイナンバーカード）、在留カード、特別永住者証明書、各種健康保険証、国民年金手帳、印鑑登録証明書　など
法人	登記事項証明書、印鑑登録証明書　など

〔本人確認書類の注意事項〕

・有効期限のある証明書
提示又は送付を受ける日において有効なもの

・**有効期限のない証明書**
提示又は送付を受ける日の前**6ヵ月以内に作成**されたもの

3．確認記録の作成・保存義務

協会員は、取引時確認を行った場合は、直ちに確認記録を作成し、当該契約の取引終了日及び取引時確認済み取引に係る取引終了日のうち後に到来する日から**7年間保存**しなければならない。

4．取引記録の作成・保存義務

協会員は、特定取引を行った場合は、直ちに取引記録を作成し、当該取引が行われた日**から7年間保存**しなければならない。

5．疑わしい取引の届出義務

顧客から受け取った財産が犯罪による収益であるなどの場合には、速やかに行政庁に対して**疑わしい取引の届出を行わなければならない。**

なお、疑わしい取引の届出を行おうとすること又は行ったことを、当該疑わしい取引の届出に係る**顧客やその関係者に漏らしてはならない。**

これは必須！

◎演習問題◎

次の文章について、正しい場合は○、正しくない場合は×にマークしなさい。

1．金融サービスの提供に関する法律において、金融商品販売等を業として行うときは、金融商品の販売が行われるまでの間に、原則として顧客に重要事項の説明をしなければならない。

2．犯罪による収益の移転防止に関する法律において、取引時確認を行う際の本人確認書類のうち、有効期限のないものについては、金融商品取引業者が提示又は送付を受ける日の前１年以内に作成されたもののみ認められる。

3．個人情報の保護に関する法律における個人情報取扱事業者は、個人情報を取り扱うに当たっては、その利用目的をできる限り特定しなければならない。

4．金融サービスの提供に関する法律における勧誘方針に記載すべき事項に、勧誘の方法及び時間帯に関し、勧誘の対象となる者に対し配慮すべき事項がある。

5．法人の代表者個人を識別することができる情報は、個人情報に該当する。

6．消費者契約法において、断定的判断により提供された内容が確実であると誤認した場合、契約を取消すことができる。

7．犯罪による収益の移転防止に関する法律において、代理人が取引を行う場合は、本人の取引時確認が必要であるが、代理人については確認の義務はない。

8．疑わしい取引の届出を行おうとするときは、事前に当該疑わしい取引の届出に係る顧客に報告しなければならない。

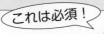

解答

1．○　金融商品の投資勧誘に当たっては、販売が行われるまでに、顧客に重要事項の説明をしなければならない。

2．×　取引時確認を行う際の本人確認書類のうち、有効期限のないものについては、金融商品取引業者が提示又は送付を受ける日の前6ヵ月以内に作成されたもののみ認められる。

3．○　個人情報を取り扱うに当たっては、その利用目的をできる限り特定しなければならない。

4．○

5．○

6．○

7．×　本人の取引時確認に加えて、代理人についても本人特定事項の確認が必要である。

8．×　疑わしい取引の届出を行おうとすること、又は行ったことを、当該疑わしい取引の届出に係る顧客や関係者に漏らしてはならない。

第4章

経済・金融・財政の常識

経済では、GDP（三面等価の原則を含む）、景気関連統計、雇用関連統計、物価関連統計、金融では、金融市場及び日銀の金融政策、財政では、予算、国民負担率、政府支出、プライマリーバランスが重要です。

一種（20点）	
○×	五肢選択
―	2問

二種（20点）	
○×	五肢選択
―	2問

予想配点

1 経　済

1．経済成長とGDP

(1)　国内総生産

・通常、経済成長は、国内総生産（**GDP**：Gross Domestic Product）によって測られる。

・GDPは、一国の経済活動の様子を全体的にとらえる代表的な指標といえ、これは生産（又は付加価値）、分配（又は所得）、支出の3つの側面をもっている。

重要

・**三面等価の原則**：「**生産＝分配＝支出**」が成立する。

・**日本企業の海外支店は、「国内」に含まれない。**

(2)　実質と名目

名目GDPがその年の経済活動水準を市場価格で評価したものであるのに対し、実質GDPは物価による変動分を取り除いたものといえる。

(3)　GDP統計の見方

通常、経済成長率をみる場合、GDPが前の期間（年や四半期）と比べてどの程度増加したかを、その判断の基準とするのが一般的である。

GDP統計は、**内閣府が四半期ごとに発表**している。

ポイント

代表的な統計については、どこが発表しているかを覚えておきたい。

内閣府……GDP統計、景気動向指数
日本銀行…企業短期経済観測調査（日銀短観）、企業物価指数（CGPI）
総務省……消費者物価指数（CPI）

2．経済と景気

(1)　経済成長と景気循環

経済の動向を正確にみるためには、「経済成長」と「景気循環」の2つに分けて考えることが有用である。先進国では、一般的に長期で経済をみた場合、GDPは右肩上がりで推移する（成長トレンドを持つ）。一方、3～5年程度の期間でみると、好景気・不景気の波を繰り返す。つまり、通常の経済変動は、成長トレンドの周りを景気循環の波が取り巻く形で推移する。

◆**経済成長の要因**

供給要因	企業が「モノ」を生産するために投入される資本（設備）、労働力、原材料といった生産要素をどのように手に入れるかである
需要要因	企業が生産した「モノ」がどのような要因で売れるかである

景気循環とは、経済状態を好・不況を交互に繰り返す動きとして捉える見方のことである。

（2） 景気関連統計の見方

①景気動向指数 重要

内閣府は、景気の状況を代表していると思われる指標をいくつか組み合わせて「景気動向指数」と呼ばれる指標を作成し、**毎月公表**している。景気動向指数で採用されている系列は、景気に先行して動く「先行系列」、一致して動く「一致系列」、遅行して動く「遅行系列」に分類され、これらの系列から計算された指数を、**先行指数、一致指数、遅行指数**といい、景気の実態を把握するために用いる。

◆**主な景気動向指数の採用系列（DI・CI共通）**

先行系列	**新設住宅着工床面積、東証株価指数、**マネーストック（M_2）（前年同月比）
一致系列	**有効求人倍率**（学卒を除く）、耐久消費財出荷指数、生産指数（鉱工業）、労働投入量指数
遅行系列	**完全失業率、常用雇用指数、**家計消費支出（前年同月比）

CIは景気の方向感のほか、**景気の量感**（テンポ）も知ることができる。

②全国企業短期経済観測調査（日銀短観）

代表的なサーベイデータ[※]として、日銀が**3ヵ月**に一度公表している「全国企業短期経済観測調査」、いわゆる「**日銀短観**」が挙げられる。

【※】企業等からのアンケートに基づく、景気の見通しや経営計画などについて調査したデータのこと。

3. 経済の見方

(1) 消費関連統計の見方

◆消費関連指標のいろいろ

所得＝雇用者報酬＋財産所得＋混合所得・営業余剰＋社会保障給付等
可処分所得＝所得－所得税等－社会保険料等
重要 **消費性向**＝$\frac{\text{消費支出}}{\text{可処分所得}}$
家計貯蓄＝可処分所得－消費支出
重要 **家計貯蓄率**＝$\frac{\text{家計貯蓄}}{\text{可処分所得}}$

(2) 住宅関連統計の見方

住宅着工統計は、「工事着工ベース」となっている。したがって、新設住宅着工床面積は景気の変動に先行して動く傾向があり、景気先行指標として利用されている。

(3) 雇用関連統計の見方

①雇用関連指標の種類と特徴

重要

- 完全失業率は、労働力人口に占める完全失業者の割合をいい、**常用雇用指数**とともに、景気の動きに**遅行**する。
- 完全失業者は、就業者以外で、調査期間中に求職活動したが、仕事をしなかった者をいう。
- **労働力人口**とは、就業者数に完全失業者数を加えたものであり、15歳**以上**の人のうち、働く意思をもっている者の人口をいう。

重要

- 有効求人倍率は、有効**求人数**を有効**求職者数**で除した比率をいう。
- 有効求人倍率は、**景気が良ければ**上昇、**悪ければ**下降する。
- 有効求人倍率が1を**上回る**ということは、求人が見つからない企業が多いということを意味している。逆に1を**下回る**ということは、仕事が見つからない人が多いということを意味している。

注意

「有効求人倍率が1を上回るということは、仕事が見つからない人が多い」と出題されると誤り。入れ替え問題に注意すること。また、有効求人倍率は一致系列である。

$完全失業率 = \dfrac{完全失業者数}{労働力人口} \times 100(\%)$
労働力人口＝就業者数＋完全失業者数（いずれも15歳以上）
$労働力人口比率 = \dfrac{労働力人口}{15歳以上人口} \times 100(\%)$
$有効求人倍率 = \dfrac{有効求人数}{有効求職者数}(倍)$

②労働生産性と単位労働コスト

・労働生産性とは、**労働投入量**[※] １単位当たりの生産量のことである。

【※】労働投入量とは、労働者（就業者）の数に、１人当たりの総労働時間を掛けたものである。

（4） 物価関連統計の見方

①企業物価指数（CGPI）

企業間で取引される財の価格の水準を指数値で示したものであり、国内企業物価指数、輸出物価指数及び輸入物価指数の３つの基本分類指数と、基本分類指数を組み替えたり、調整を加えた参考指数があり、**日本銀行**から発表されている。

②消費者物価指数（CPI）

家計が購入する約600品目の価格を各品目の平均消費額で加重平均した指数であり、**総務省**から発表されている。**直接税**や**社会保険料**等の非消費支出、**土地**や**住宅等**の価格は、CPIの**対象とされていない**。

③GDPデフレーター 重要

GDPデフレーターは、**名目GDP**を**実質GDP**で除したものである。

$$GDPデフレーター = \frac{名目GDP}{実質GDP} \times 100$$

注意

GDPデフレーターの計算において、名目と実質の入れ替えに注意すること。

４．国際収支

国際収支統計（IMF方式）は、一定期間における一国のあらゆる対外経済取引を体系的に記録した統計で、「経常収支」、「金融収支」及び「資本移転等収支」の３項目から構成されている。

（1） 国際収支表の見方

①経常収支

貿易・サービス収支、第一次所得収支及び第二次所得収支の３項目を合計したもので、一国における対外的な経済取引の収支を表す。

重要 **経常収支＝**   **貿易・サービス収支【※1】＋第一次所得収支【※2】＋第二次所得収支【※3】**

【※１】貿易収支は、商品の輸出から輸入を差し引いたものいう。サービス収支は、輸送、旅行、その他のサービスが計上される。

【※２】第一次所得収支は、雇用者報酬と投資収益、その他第一次所得の受払をいう。

【※３】第二次所得収支は、対価を伴わない物資やサービスの受払の収支をいう。具体的には、食料、医療品などの消費財に係る無償資金援助、国際機関への拠出金などがあげられる。

②金融収支

海外との資本の流れをとらえたものを、金融収支という。

金融収支＝直接投資+証券投資+金融派生商品＋その他投資+外貨準備

注意

経常収支と金融収支の入れ替えに注意すること。

③資本移転等収支

対価の受領を伴わない固定資産の提供、債務免除のほか、非生産・非金融資産の取得処分等の収支状況を示す。

経常収支＋資本移転等収支－金融収支＋誤差脱漏＝０

(2)　外国為替

為替レートとは、外国為替市場において異なる通貨が交換（売買）される際の交換比率であり、例えば、１ドル100円のような表示の仕方を**邦貨建ての為替レート**という。

◆為替レートの変動要因　重要

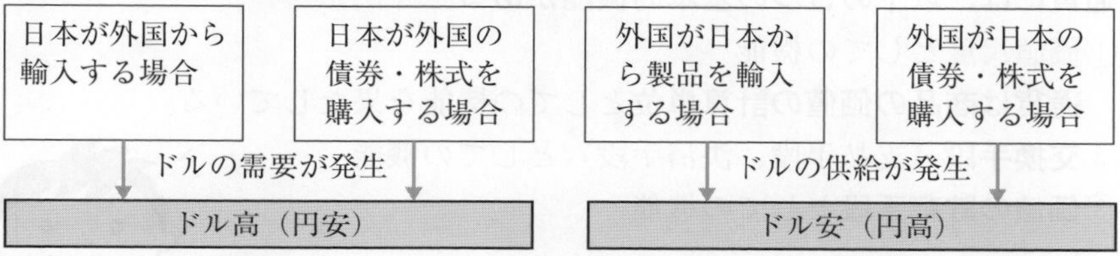

為替レートは常に一定ではなく、１ドル80円や１ドル120円のように変動する。１ドル80円の場合は、１ドル100円の時に比べて、**円の価値が上がっている**ため**『円高』**となる。また、１ドル120円の場合は、１ドル100円の時に比べて、**円の価値が下がった**ため**『円安』**となる。

5. 世界経済の動向

◎世界経済と貿易・資本の流れ

①**貿易依存度**は、自国の貿易額（輸出＋輸入）を名目ＧＤＰで割ったものである。

②資本の流れと金融収支の関係は、次のとおりである。
資本の流れは、貿易の流れとは逆の方向に向かう。

- 経常収支が赤字の国
……その赤字（資金不足）分を補うために外国から資本が流入し、金融収支が赤字となる。
- 経常収支が黒字の国
……その黒字（資金余剰）分を海外で運用するために資本が自国から流出し、金融収支は黒字となる。

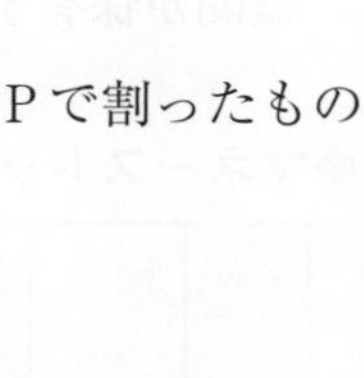

2 金　融

1. 通　貨

(1) 通貨の役割 重要

通貨には、以下の3つの基本的機能がある。

①価値尺度としての機能

通貨は商品の価値の計算単位としての機能を果たしている。

②**交換手段**（支払手段、決済手段）としての機能

③**価値の貯蔵手段**としての機能

(2) マネーストック

重要

マネーストックとは、金融部門から経済全体に供給されている通貨の総量、すなわち、金融機関を除く**一般の法人、個人及び地方公共団体等（民間非金融部門）が保有する**通貨の量のことである。**国や金融機関が保有する預金等は**含まれない。

◆マネーストック統計の各指標

<table>
<tr><td rowspan="5">広義流動性</td><td rowspan="4">M_3</td><td rowspan="2">M_1</td><td>現金通貨</td><td rowspan="4">M_2</td><td rowspan="4">M_3からゆうちょ銀行、農協、労働金庫、信用組合等を除いたもの</td></tr>
<tr><td>預金通貨(普通預金や当座預金等の要求払預金)</td></tr>
<tr><td colspan="2">準通貨(定期預金や外貨預金等)</td></tr>
<tr><td colspan="2">CD（譲渡性預金）</td></tr>
<tr><td colspan="5">投資信託、金融債、金銭の信託、国債、外債　など</td></tr>
</table>

マネーストックの指標は、対象とする金融商品の範囲や金融機関など通貨発行主体の相違等により複数の指標が存在する。指標は狭義の通貨である現金通貨と預金通貨の合計M_1（エムワン）、M_1に定期性預金等の準通貨とCDを加えたM_3（エムスリー）、M_3のうち預金の預入先が国内銀行等に限定されたM_2（エムツー）に分類される。

（3） 通貨の値打ち

①インフレは通貨の価値に対する重大な脅威である。
②名目金利から物価上昇率を差し引いたものを**実質金利**と呼ぶ。
③為替レートにおいて、円安になると輸入物価の上昇からひいては全体的な物価上昇をもたらし、金利上昇につながる可能性がある。

インフレーション（インフレ）	**物価が継続的に上昇する状態のこと** **貨幣価値は下落する**
デフレーション（デフレ）	**物価が継続的に下落する状態のこと** **貨幣価値は上昇する**

通貨の対外的な値打ちは、各国通貨間の交換比率である為替レートによって表される。例えば、円の対ドルレートが200円から100円になれば、円のドルに対する値打ちは２倍（自国通貨建て）になった（円高になった）ことになる。また、円の対ユーロレートが80円から160円になれば、円のユーロに対する値打ちは半減した（円安になった）ことを意味する。

２．日本銀行

日本銀行は日本銀行法に基づいて設立された日本の中央銀行であり、主な機能として次の３つがあげられる。

①発券銀行	銀行券の独占的発行権を有する
②銀行の銀行	市中金融機関を対象に取引を行う
③政府の銀行	政府の出納業務を行う

３．金融市場

金融市場とは、資金の取引が行われる市場であり、１年未満の**短期金融市場**と１年以上の**長期金融市場**とに区分される。

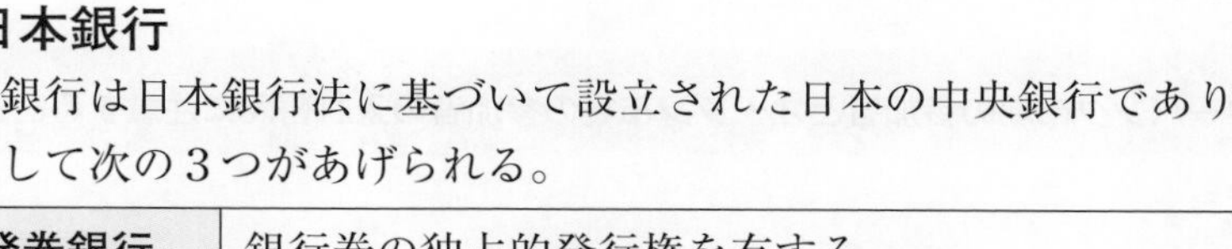

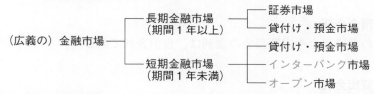

狭義の短期金融市場は、その参加者により**インターバンク市場**と**オープン市場**とに分けられる。

（1）インターバンク市場　重要

インターバンク市場の**参加者**は**金融機関に限られ**、金融機関相互の資金運用・調達の場として利用され、**コール市場**と**手形市場**からなる。

コール市場で取引される翌日物（オーバーナイト物）では、主に**短資会社**が資金の仲介役として重要な役割を果たしている。

（2）オープン市場

オープン市場は、一般事業法人など**非金融機関も参加できる**市場である。

①**レポ市場**（現先・債券レポ）

債券レポ（レポ取引）とは、現金を担保とした債券の貸借取引である。

レポ市場には契約形態によって３種類ある。

②**CD市場**

③**国庫短期証券（T-Bill）市場**

④**CP市場**

⑤**短期金利デリバティブ（OIS）市場**

注意

インターバンク市場の参加者とオープン市場の参加者の入れ替えに注意すること。

４．金　利

（1）基準割引率及び基準貸付利率（旧公定歩合）　重要

日銀の**民間金融機関に対する貸出金**について適用される基準金利のことで、かつては公定歩合と呼ばれていた。

注意

「基準割引率及び基準貸付利率は、<u>金融機関が当座預金に適用する金利</u>をいう」と出題されると誤り。かつての公定歩合のことである。

（2）預金金利

銀行の普通預金や定期預金の金利は、自由金利である。

（3）貸出金利

短期貸出金利の標準となる金利は、最も信用力のある企業に対する最優遇貸出金利である**短期プライムレート（短プラ）**である。

5．金融政策

（1） 金融政策の目的

日銀の金融政策の目的には、**物価の安定**と**金融システムの安定**がある。

（2） 金融政策の手段

日銀の金融政策手段は、**公開市場操作**、**預金準備率操作**の２つが代表的である。日々の金融調節は、日本銀行政策委員会が金融政策決定会合で決定した**金融市場調節方針**に従って、オペレーションによって行われる。

①公開市場操作（略称「オペ」）

日銀が市場で債券や手形の売買等を行って、民間金融機関が日銀に保有する当座預金残高を増減させ、短期金利に影響を与える政策をいう。債券などを買い入れて資金供給する（**買い**オペ）と債券などを売却して資金吸収する（**売り**オペ）がある。

注意

公開市場操作の対象は、債券や手形であり、株式は含まれない。

②預金準備率操作

預金準備率の変更によって金融機関の支払準備を増減させ、金融に影響を与える政策をいう。

◆金融政策と金利変動

公開市場操作		預金準備率操作	
買いオペ	**売りオペ**	準備率引上げ	準備率引下げ
金利低下	**金利上昇**	金利**上昇**	金利**低下**

③日銀の金融政策

2016年１月29日、「マイナス金利付き量的・質的金融緩和」が導入され、さらに同年９月21日には金融緩和強化のための新しい枠組みとして、「長短金利操作付き量的・質的金融緩和」が導入され、「イールドカーブコントロール」と「オーバーシュート型コミットメント」が採用された。2024年３月19日、２％の「物価安定目標」を持続的・安定的に達成できる見通しがたったとして、**マイナス金利政策を解除**し、**イールドカーブコントロールや上場投資信託（ETF）などのリスク資産の新規買い入れを終了**した。また、オーバーシュート型コミットメントについても、その要件を充足した、とした。

3 財　政

1．日本の公共部門

（1） 予算の仕組み

①予算の編成

予算委員会の審議を経て**予算案が衆議院で可決**すると、参議院に送付され、**参議院で予算案が可決すると予算が成立**する。

参議院が衆議院の可決した予算案を受け取ってから**30日以内**に議決しない場合には、予算は自然成立することになっている。

なお、参議院が衆議院の可決した予算案を否決した場合、両院協議会を開くことになっており、両院協議会において意見が一致しない場合には、**衆議院の議決が国会の議決**となる。

②一般会計予算と特別会計予算

国の予算は、最も基本的な**一般会計予算**と財政法13条に基づいて特定の事業を行う場合の**特別会計予算**から構成されている。

ある会計年度に組まれた基本的な予算を本予算（当初予算）といい、本予算が新年度になっても成立しない場合に**暫定予算**が組まれる。

年度途中に、必要に応じて組まれるのが補正予算である。

また、国際協力銀行等の政府関係機関の予算も、国会の審議・議決の必要な政府関係機関予算である。

（2） 財政の範囲・大きさ

国民所得に対する**租税・社会保障負担の**比率のことを**国民負担率**という。

2．政府支出

（1） 基礎的財政収支対象経費

一般会計の歳出から国債費を除いたものを、基礎的財政収支対象経費と呼ぶ。従来の一般歳出と地方交付税交付金を合わせたものである。

（2） 社会保障関係費 重要

基礎的財政収支対象経費及び一般会計で**最も金額の大きな経費**は、**社会保障関係費**である。

3．租税と公債

国の収入の中心は、租税収入である。

（1） 租　税

望ましい税制の条件として、**公平・中立・簡素・低徴税コスト**がある。

また、租税の分け方として、直接税と間接税、国税と地方税、所得課税と消費課税と資産課税等、という具合に分類できる。

なお、公平には、所得の多い者ほど相対的に大きな税負担をすべき（垂直的公平）と所得が等しいなら税負担も等しい（水平的公平）がある。

（2） 公　債

国の歳出は公債・借入金以外の歳入を財源としなければならないが、公共事業費等の財源については、その範囲内において公債発行・借入金によって調達することができる。

（3） 財政投融資

財政投融資とは、政策的な必要性があるものの、民間では対応が困難な長期・固定・低利の資金供給や大規模・超長期プロジェクトの実施を可能とするための投融資活動（資金の融資、出資）のことである。

財政投融資計画とは、公共部門を通ずる資産の流れをコントロールするものであり、公的金融の一部を占めるものである。

現在の**財政投融資は、租税負担によることなく、独立採算で、財投債の発行などにより調達した資金を財源としている。**

（4） 公共財

公共財とは、防衛、警察、司法など政府が供給した方が望ましい財・サービスをいう。

（5） 財政の役割

財政の役割として、次の３つの主要な役割がある。

①資源の効率的配分

②所得再分配

③経済安定化効果

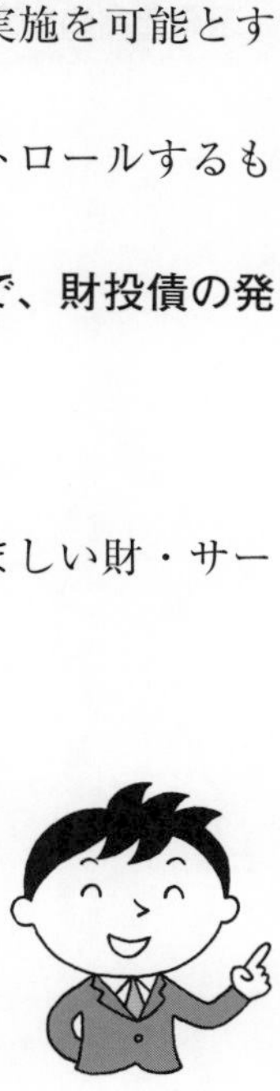

４．財政赤字

◎プライマリーバランス（基礎的財政収支） 重要

プライマリーバランスとは、**公債金収入**（借金）**以外の収入と利払費及び債務償還費を**除いた**支出との収支**のことである。

◆プライマリーバランスのイメージ図

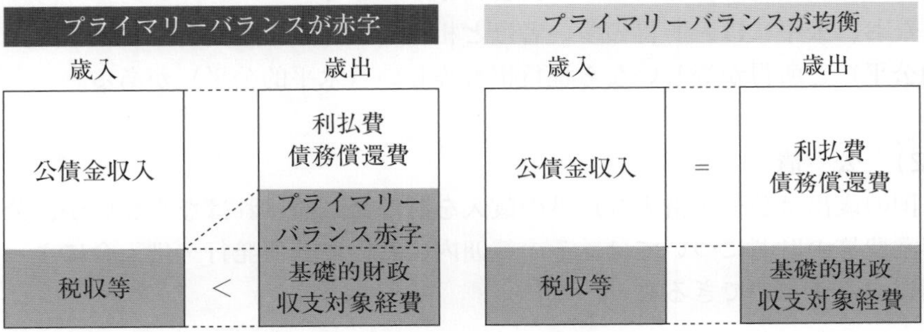

注意
「プライマリーバランスとは、公債金収入（借金）を含めた収入と利払費及び債務償還費を含めた支出との収支のことである」と出題されると誤り。

これは必須！

◎演習問題◎

次の文章について、正しい場合は○、正しくない場合は×にマークしなさい。

1．家計貯蓄率は、可処分所得を家計貯蓄で除して求められる。
2．有効求人倍率が1を上回るということは、仕事が見つからない人が多いということを意味している。
3．有効求人倍率は、有効求職者数を有効求人数で除して求められる。
4．労働投入量とは、労働力（就業者）の数に1人当たりの総労働時間を乗じたものである。
5．GDPデフレーターは、実質GDPを名目GDPで除したものである。
6．円の対ユーロレートが80円から160円になれば、円のユーロに対する値打ちは2倍になったことになる。
7．金融市場のうち非金融機関も参加できる市場は、インターバンク市場である。
8．基準割引率及び基準貸付利率は、金融機関が当座預金に適用する金利をいう。
9．プライマリーバランスとは、公債金収入（借金）を含めた収入と利払費及び債務償還費を含めた支出との収支のことである。
10. GDP（国内総生産）は、生産、分配、支出の3つのどの側面からみても等しいとされ、これを「三面等価の原則」という。
11. 通貨の役割の1つとして、商品の価値を通貨で示すことができる。つまり、商品の価値の計算単位としての機能がある。
12. 日本企業が製品を輸出したり、外国債券を売却したりすると、ドルの需要になる。
13. 衆議院で可決した予算を参議院が否決した場合、両院協議会が開かれ、両院協議会においても意見が一致しない場合は、参議院の議決が国会の議決となり、予算が成立する。
14. 公共財とは、防衛、警察、司法など政府が供給した方が望ましい財・サービスをいう。

解答

1．× 家計貯蓄率は、家計貯蓄を可処分所得で除して求められる。
2．× 有効求人倍率が１を上回るということは、求人が見つからない企業が多いということを意味している。
3．× 有効求人倍率は、有効求人数を有効求職者で除して求められる。
4．○
5．× GDPデフレーターは、名目GDPを実質GDPで除したものである。
6．× 円の対ユーロレートが80円から160円になれば、円のユーロに対する値打ちは半減したことになる。
7．× 一般事業法人など非金融機関も参加できる市場は、オープン市場である。
8．× 日銀の民間金融機関に対する貸出金について適用される基準金利のことで、かつては公定歩合と呼ばれていた。
9．× プライマリーバランスとは、公債金収入以外の収入と利払費及び債務償還費を除いた支出との収支のことである。
10．○
11．○
12．× 日本企業が製品を輸出したり、外国債券を売却した場合は、ドルの供給になる。
13．× 予算案は、参議院が衆議院と異なった議決をしたときは、衆議院の議決が優先される。
14．○

第5章
セールス業務

外務員の倫理観とコンプライアンスについて、具体例を基に出題されることがあります。また、金融庁の「顧客本位の業務運営に関する原則」や日本証券業協会の「モデル倫理コード」が出題されることがありますが、すべて覚える必要はありません。いずれも常識の範囲内で「投資者保護」の立場で判断してください。

一種（10点）	
○×	五肢選択
5問	—

二種（10点）	
○×	五肢選択
—	1問

予想配点

1 外務員の仕事と取り組む姿勢

- 外務員は常に職業人として金融商品取引業者等の有する公共的な役割を個々に認識し、高い**法令遵守意識や職業倫理と自己規律**をもって業務に当たっていくという姿勢が求められる。

- 外務員は刻々と変化する市場の様々な情報を的確に分析し、投資家に対して有用なアドバイスができるように**自己研鑽**に励む必要がある。

- 外務員は、投資家のニーズを的確に分析・把握するとともに、投資方針や投資目的、資産や収入などを勘案し、未来に対する誠実な洞察と豊富な商品知識に基づく有用な投資アドバイスを行うことが求められており、有用なアドバイスを行うことにより、投資家から高い満足度と大きな信頼を得ることができる。

- 外務員の仕事に取り組む姿勢としては、基本動作を大切にする、信用を売るという自覚及び常に**自己研鑽**に励むことが求められる。

- 外務員は常に最新かつ多くの情報を集め、投資家それぞれのニーズに最適な価値を有する商品・サービスを提供できるようにしておくことが必要である。

- 投資環境はもとより、自己の力量に対する現状認識も常に行いながら、知識や技能など自ら補うべきものを把握し研鑽に励むことで、世の中の変化を敏感に察知し、大量の情報を分析する能力が身に付き、投資家に対して満足いくサービスが提供できるようになる。

- 顧客の投資ニーズを知る。そのためには、自分から能動的にコミュニケーションをとり、顧客の事情を探らなければならない。

- **顧客のニーズ**に合った商品を選定し、顧客の納得のうえで実際に購入してもらう。

2 倫理観とコンプライアンス

1. 外務員に求められる倫理観

(1) 倫理観を持つことの必要性

◎外務員は常に金融商品取引業者等の業務に携わるプロフェッショナルとして、その責務の面からも、高い法令順守意識や、職業倫理と自己規律を身に付けて業務に当たっていくという姿勢が求められる。

◎倫理なきビジネスは成立しないため、**たとえルールがなくても、不適切な行為はしない**。

◎外務員はプロフェッショナルとして**リスクや不正の除去のために積極的**に行動する姿勢が強く求められる。

◎外務員は、顧客の立場に立つこと、判断を行うとき、法令やルールに照らし問題がないか、市場の公正性・公平性は保たれるか、社会通念上問題がないか等、複数の観点から検討が必要である。

◎適切な倫理感覚を養うには、まず顧客の立場に立つことが必要である。また、第三者の目線を意識することも重要である。

(2) 不正行為の禁止及び外務員としての自覚

◎外務員は、不正又は不適切な行為を行わないように心がけなければならない。さらにリスクや不正を排除するために積極的に行動する姿勢が強く要求される。

◎外務員が、不正又は不適切な行為を行うことは言語道断だが、これらの行為は、行為者本人のみに損失をもたらすだけではなく、外務員の所属する**会社や業界全体**あるいは**資本市場自体の信頼を大きく傷つける可能性があること**を常に意識しなければならない。

◎金融商品取引業者等と顧客との間では一般的に大きな情報の格差があるため、それらを是正し、顧客が適切かつ十分な情報を得たうえで、**自らの判断に基づいて投資を行うべき**であることを理解する。

◎インサイダー取引、相場操縦などの行為を行った場合には、刑事訴追をされたうえ、厳しい刑事罰が科される。

◎事の大小にかかわらず、違反行為を行ってはならない。違反行為が発覚した場合には、しかるべき部署や機関に**速やかに報告を行う**。さらに大きな事故に結び付く危険があることを心得なければならない。

(3) 倫理コード

日本証券業協会は、協会員に対して、「倫理コード」を**保有することを求めている。**

倫理コードとは、企業や私人が活動するうえでの**道徳的な行動の規範（倫理規範）**を体系的に記述したものである。

(4) 協会員における倫理コードの保有及び遵守に関する規則

①目的

協会員が、資本市場の担い手として、資本市場に対する信頼を確保することを目的としている。

重要

②倫理コードの保有

協会員は、有価証券の売買その他の取引等について、当該協会員が取り扱う金融商品及び取引に応じた協会が別に示すモデル倫理コードの内容を含む倫理規範又はそれと同趣旨の規定（倫理コード）を保有**しなければならない。**

注意

「外務員の意識が高ければ、倫理コードを保有しなくてもよい」と出題されると誤り。

③倫理コードの提出

協会員は、保有する倫理コードについて、協会に提出しなければならず、その内容を変更した場合にも、協会に提出しなければならない。

④報告及び説明義務

協会員は、法令及び規則**等に直接定めはないものの**倫理コード**に照らして望ましくないもの**であると判断する事案について、自主的**に協会に報告する**ものとする。

⑤社内体制の整備

協会員は、倫理コードの実効性を確保するため、運用管理の責任者の設置、役職員に対する教育及び研修の実施並びに違反があった場合の対応等、協会員において必要と認める**社内体制の整備**を行うものとする。

（5） モデル倫理コード

〈モデル倫理コード〉

我々は、国民経済における資金の運用・調達の場である資本市場の担い手として、資本市場における仲介機能という重責を負託されていることを十分に認識し、金融庁より公表されている「**金融サービス業におけるプリンシプル**」の内容に基づいて、協会員の役職員一人ひとりが、職業人として国民から信頼される健全な社会常識と倫理感覚を常に保持し、求められる専門性に対応できるよう、不断の研鑽に努める。

また、良き市民として互いを尊重し、国籍や人種、性別、年齢、信条、宗教、社会的身分、身体障害の有無等を理由とした差別的発言や種々のハラスメントを排除し、防止する。

このため、協会員の役職員が業務を遂行する上での基本的な心構えとして、以下に「**倫理コード**」を定め、その遵守を宣言する。

①社会規範及び法令等の遵守

投資者の保護や取引の公正性を確保するための法令や規則等、金融商品取引に関連するあらゆるルールを正しく理解し、これらを厳格に遵守するとともに、一般的な社会規範に則り、法令や規則等が予見していない部分を補う社会常識と倫理感覚を保持し、実行する。

②利益相反の適切な管理

業務に関し生ずる利益相反を適切に管理しなければならない。また、地位や権限、業務を通じて知り得た情報等を用いて、不正な利益を得ることはしない。

③守秘義務の遵守と情報の管理

法定開示情報など、情報開示に関する規定によって開示が認められる情報を除き、業務上知り得た情報の管理に細心の注意を払い、機密として保護する。

④社会秩序の維持と社会的貢献の実践

良き企業市民として、社会の活動へ積極的に参加し、社会秩序の安定と維持に貢献する。反社会的な活動を行う勢力や団体等に毅然たる態度で対応し、これらとの取引を一切行わない。

⑤顧客利益を重視した行動

投資に関する**顧客の知識**、**経験**、**財産**、目的などを十分に把握し、これらに照らした上で、常に**顧客にとって最善となる利益**を考慮して行動する。

⑥顧客の立場に立った誠実かつ公正な業務の執行

仲介者として、常に**顧客のニーズや利益**を重視し、**顧客の立場**に立って、**誠実かつ公正**に業務を遂行する。

会社での権限や立場、利用可能な比較優位情報を利用することにより、**特定の顧客を有利に扱うことはしない**。また、適切な投資勧誘と顧客の自己判断に基づく取引に徹することにより、自己責任原則の確立に努める。

さらに、顧客との間で締結された契約に基づく受託者責任が生じる場合には、顧客の利益に対して常に誠実に行動する。

⑦顧客に対する助言行為

顧客に対して**投資に関する助言行為**を行う場合、**中立的立場から**、事実と見解を明確に区別した上で、専門的な能力を活かし**助言をする**。

関連する法令や規則等のもとで、投資によってもたらされる価値に影響を与えることが予想される内部情報等の公開されていない情報を基に、顧客に対して**助言行為**を行うことはしない。

⑧資本市場における行為

法令や規則等に定めのないものであっても、社会通念や市場仲介者として求められるものに照らして疑義を生じる可能性のある行為については、**自社の倫理コード**と照らし、その**是非について判断する**。

関連する法令や規則等のもとで、投資によってもたらされる価値に重要な影響を与えることが予想される内部情報等の公開されていない情報を適切に管理する。

⑨**社会的使命の自覚と資本市場の健全性及び信頼性の維持、向上**
資本市場に関する公正性及び健全性について正しく理解し、資本市場の健全な発展を妨げる行為をしない。また、資本市場の健全性維持を通して、果たすべき社会的使命を自覚して行動する。
適正な情報開示を損なったり、公正な価格形成を歪めることにつながる行為に関与する等、協会員に対する信頼を失墜させ、あるいは資本市場の健全性を損ないかねない不適切な行為をしない。

以上

日本証券業協会　モデル倫理コードより

注意
「モデル倫理コード」は、出題されることが多いが、一字一句覚える必要はない。金商法の理念の１つである「投資者保護」に照らして正解を導き出して欲しい。

２．法令・ルールを遵守する（コンプライアンス）

（1）　コンプライアンスとは

◎外務員は法令・ルールの内容はもちろんのこと、その制定された趣旨や背景に至るまで十分熟知し、適法かつ適切な営業活動に徹することが必要である。

重要　〈基本的な倫理規範〉

①**投資家の期待と信頼に応えられるように最善を尽くすこと**
外務員は、投資家の期待と信頼に応えられるよう、知識技能の習得など自己研鑽に励み、**高い倫理観**をもって営業活動に当たらなければならない。

②**投資の最終決定者は投資家自身であること**
投資の最終決定は、あくまで**投資家自身の判断と責任**に基づいて行われるべきものである。

③**正確かつ合理的根拠に基づく営業活動を行うこと**
外務員が投資家に**投資アドバイス**を行う際は、**合理的な根拠に基づき十分な説明を行う必要**があり、また、投資家の誤解を招かないためにも、その説明内容や使用する資料などは正確でなければならない。

④投資方針、投資目的などに配慮した投資アドバイスを行うこと

投資家が投資方針や投資目的、資産や収入などに照らして**明らかに不適切な投資を行おうとした場合、**外務員は投資家に対して**再考を促すよう適切なアドバイス**を与えることが求められている。

(2) 外務員の留意事項

外務員が実際に顧客と金融商品取引を行うに当たって、特に留意すべき点は以下のとおりである。

①反社会的勢力でないことの確認

・口座開設を行う際に、あらかじめ反社会的勢力でない旨の確約を受ける。

・口座開設に際して、顧客が反社会的勢力に該当するか否かをあらかじめ審査する。

②マネー・ローンダリング及びテロ資金供与対策

・マネー・ローンダリング及びテロ資金供与を行う顧客ではないか。法令により金融機関等は、犯罪による収益である疑いがある場合等について、速やかに金融庁長官に届出ることが義務付けられている。

・顧客の資金が犯罪に由来するものでないか確認する等、マネー・ローンダリング及びテロ資金供与を防止する態勢の構築が義務付けられており、金融機関は十分な対策を講じ、実行することが求められている。

③顧客の適合性

・適合性の原則に則った投資勧誘を行っているか。

・特に高齢顧客に対して投資勧誘を行う場合の注意点について理解しているか。

・勧誘開始基準について理解しているか。

④情報提供・勧誘の方法

・顧客に対して、虚偽のない情報を提供し、誤解を生じさせないような公正な資料を提供しているか。

・有価証券等の価格の騰落について、断定的判断を提供していないか。

・顧客が迷惑と感じる時間帯に勧誘していないか。

・顧客と共同計算の売買や、事前に損失補塡の申込みや約束をしたり、事後に損失補塡を実行したりしていないか。また、特別の利益の提供を約束して勧誘していないか。

⑤交付すべき書面

・あらかじめ、顧客に契約締結前書面等を交付しているか（適用除外規定あり）。

・契約締結前交付書面等の交付に関して、適合性の原則に則り、顧客に理解されるために必要な方法及び程度による説明をしているか。

・株式等の募集・売出しの際、顧客に対して事前又は同時に目論見書を交付しているか。株式等の募集・売出しの勧誘に当たって、目論見書の記載と異なる内容の資料を使って勧誘を行っていないか。

⑥受注時等の留意事項

・不特定かつ多数の顧客に対し、特定少数の銘柄の買付け若しくは売付けを一定期間継続して一斉にかつ過度に勧誘することにより、公正な価格形成を損ねるような行為を行ったり、取引に基づく価格等の変動を利用して、自己又は当該顧客以外の第三者の利益を図ったりなど、顧客の注文が相場操縦等の不正な取引となることを知りながら受注していないか。

・顧客に対して、その有価証券の発行会社の法人関係情報を提供して勧誘したり、法人関係情報に基づいて自己の計算において有価証券の売買をしたりしていないか。また、顧客の有価証券の売買が内部者取引（インサイダー取引）に該当すること、又は、該当するおそれがあることを知りながらその売買注文を受託していないか。

・顧客からの有価証券の売買その他の取引等の注文を受ける場合に、本人名義以外の名義（いわゆる仮名・借名）を使用していることを知りながら注文を受けていないか。

・顧客の同意を得ずに、当該顧客の計算により行う無断売買をしていないか。

・重要事項について、当該有価証券の販売が行われるまでの間に説明を行っているか。

・取引時確認を行っているか。

・口座名義人以外の者からの注文について、代理人となる者が満たされなければならない要件を理解しているか。

・事務ミスをしてしまった時の適切な対応について理解しているか。
事務ミスをしてしまった際にはまず、内部管理責任者へ報告し指示を仰ぐ。そのうえで、顧客に対して真摯な対応を行う。くれぐれも事実を隠したり、担当者限りで顧客に追認を求めたりしない。

・投資の最終決定は、投資者自身の判断と責任により行われているかどうか。

⑦商品の特性やリスクの説明

・各商品の特性やリスクとしてどのような事項があるかを理解しているか。

例）外貨建債券の特に新興国通貨建債券の場合は、円と外貨を交換する際のスプレッド（いわゆる為替手数料）が大きく、円貨での手取り金額が顧客の想定以上に目減りすることや流動性が低いことや、為替介入政策がとられることなどにより、思わぬ変動をすることもある。

⑧投資信託の乗換え勧誘

・顧客に対し、投資信託の乗換えを勧誘する場合には、売却する投資信託、買い付ける投資信託のそれぞれについて、乗換えに係る説明を行っているか。

⑨NISA（少額投資非課税制度）

・NISA（少額投資非課税制度）口座開設の勧誘・申込みの受付時や口座開設後に制度の利用に関する説明事項として、どのような事項があるかを理解しているか。

⑩その他

・利益相反取引を回避することについて認識しているか。

・法令違反行為の及ぼす影響について認識しているか。

・金融ADR制度の利用について、顧客に対して十分な周知を図るべきであることを理解しているか。

・金融商品取引業者等が遵守していなければならない個人情報管理について理解しているか。

（3） IOSCOの行為規範原則

IOSCO（証券監督者国際機構）は1990年（平成２年）11月、証券取引のグローバル化を背景に、国際的レベルで証券**業者の行為原則**を共通にする必要があるという考え方に基づいて、７項目の行為規範原則を採択した。

①誠実・公正

業者は、その業務に当たっては、顧客の最大の利益及び市場の健全性を図るべく、誠実かつ公正に行動しなければならない。

②注意義務

業者は、その業務に当たっては、顧客の最大の利益及び市場の健全性を図るべく、相当の技術、配慮及び注意を持って行動しなければならない。

③能力

業者は、その業務の適切な遂行のために必要な人材を雇用し、手続きを整備しなければならない。

④顧客に関する情報

業者は、サービスの提供に当たっては、顧客の資産状況、投資経験及び投資目的を把握するよう努めなければならない。

⑤顧客に対する情報開示

業者は、顧客との取引に当たっては、当該取引に関する具体的な情報を十分に開示しなければならない。

⑥利益相反

業者は、利益相反を回避すべく努力しなければならない。利益相反を回避できないおそれがある場合においても、全ての顧客の公平な取扱いを確保しなければならない。

⑦コンプライアンス（遵守）

業者は顧客の最大の利益及び市場の健全性を図るため、その業務に適用される全ての規則を遵守しなければならない。

(4)　金融サービス業におけるプリンシプル

プリンシプルとは、法令等個別ルールの基礎にあり、各金融機関等が業務を行う際、また、当局（金融庁）が行政を行うに当たって**尊重すべき主要な行動規範・行動原則**と考えられるもの。

金融サービス業におけるプリンシプルについては、金融商品取引業者等の業務に携わる関係者は、その趣旨についても、十分に肝に銘じる必要があるといえる。

(5)　顧客本位の業務運営に関する原則

顧客本位の業務運営に関する原則では、金融事業者が各々の置かれた状況に応じて、形式ではなく実質において顧客本位の業務運営が実現できるよう「**プリンシプルベース・アプローチ**」が採用されている。

金融事業者が「顧客本位の業務運営に関する原則」を採択する場合には、**顧客本位の業務運営を実現するための明確な方針を策定**し、当該**方針に基づいて業務運営を行う**ことが求められている。また、実施しない場合にはそれを実施しない理由や代替案を十分に説明することが求められる。

原則１　**顧客本位の業務運営に関する方針の策定・公表等**

金融事業者は、顧客本位の業務運営を実現するための明確な方針を策定・公表するとともに、当該方針に係る取組状況を定期的に公表すべきである。当該方針は、より良い業務運営を実現するため、定期的に見直されるべきである。

原則２　顧客の最善の利益の追求

金融事業者は、高度の専門性と職業倫理を保持し、顧客に対して誠実・公正に業務を行い、顧客の最善の利益を図るべきである。金融事業者は、こうした業務運営が企業文化として定着するよう努めるべきである。

原則３　利益相反の適切な管理

金融事業者は、取引における顧客との利益相反の可能性について正確に把握し、利益相反の可能性がある場合には、当該利益相反を適切に管理すべきである。金融事業者は、そのための具体的な対応方針をあらかじめ策定すべきである。

原則４　手数料等の明確化

金融事業者は、名目を問わず、顧客が負担する手数料その他の費用の詳細を、当該手数料等がどのようなサービスの対価に関するものかを含め、顧客が理解できるよう情報提供すべきである。

原則５　**重要な情報の分かりやすい提供**

金融事業者は、顧客との情報の非対称性があることを踏まえ、上記原則４に示された事項のほか、金融商品・サービスの販売・推奨等に係る重要な情報を顧客が理解できるよう分かりやすく提供すべきである。

原則６　**顧客にふさわしいサービスの提供**

金融事業者は、顧客の資産状況、取引経験、知識及び取引目的・ニーズを把握し、当該顧客にふさわしい金融商品・サービスの組成、販売・推奨等を行うべきである。

原則７　従業員に対する適切な動機づけの枠組み等

金融事業者は、顧客の最善の利益を追求するための行動、顧客の公正な取扱い、利益相反の適切な管理等を促進するように設計された報酬・業績評価体系、従業員研修その他の適切な動機づけの枠組みや適切なガバナンス体制を整備すべきである。

これは必須！

◎演習問題◎

次の文章について、正しい場合は○、正しくない場合は×にマークしなさい。

1．外務員は、顧客がその投資目的や資金量にふさわしくない投資を行おうとする場合でも、自己責任原則を重視する必要がある。

2．外務員が、不正又は不適切な行為を行うことは、当該行為者本人のみに損失をもたらすだけでなく、当該外務員の所属する会社や業界全体あるいは、資本市場自体の信頼を大きく傷つける可能性がある。

3．協会員は、日本証券業協会が示すモデル倫理コードの内容を含むそれぞれの協会員が定める倫理コードを保有することとされているが、協会員の倫理体制が整っている場合であれば、倫理コードを保有しなくてもよい。

4．外務員は、自社の利益のため法令、諸規則に違反する可能性があっても、確実に違反でなければ積極的に行動すべきである。

5．外務員は、顧客に商品を勧めた時、顧客の意向に合わない商品であっても、自分の提案した商品の有効性や有益性を強く訴える必要がある。

6．インサイダー取引、相場操縦などの行為を行った場合には、刑事訴追をされたうえ、厳しい刑事罰が科される。

7．顧客本位の業務運営に関する原則では、金融機関等が各々の置かれた状況に応じて、形式ではなく実質において顧客本位の業務運営が実現できるよう「プリンシプルベース・アプローチ」が採用される。

解答

1．×　外務員は、顧客がその投資目的や資金量にふさわしくない投資を行おうとする場合には、顧客に対して再考を促すような適切なアドバイスを与えることが求められている。

2．○

3．×　協会員は、必ず倫理コードを保有しなくてはならない。

4．×　外務員は、たとえルールがなくても不適切な行為をしないという姿勢が必要である。

5．×　外務員は、顧客の投資方針・投資目的・投資経験や資産など顧客属性の把握に努め、その意向に沿った投資アドバイスを行う必要がある。

6．○

7．○

第6章
協会定款・諸規則

日本証券業協会が定める自主規制規則が中心となります。投資勧誘・顧客管理規則、従業員規則は、第２章と重複する箇所もあるので関連付けて覚えましょう。禁止行為等は、例外規定もあります。「投資者保護」の立場から考えましょう。外務員資格試験ですから、外務員の資格・登録についても出題されます。

一種（44点）	
○×	五肢選択
7問	3問

二種（38点）	
○×	五肢選択
4問	3問

予想配点

1 日本証券業協会の概要

1. 日本証券業協会の概要

日本証券業協会（以下「協会」という）は、金商法の規定により、内閣総理大臣の登録を受けた者のうち、第一種金融商品取引業を行う者及び、内閣総理大臣の登録を受けた金融機関（以下「登録金融機関」という）をもって組織され、**内閣総理大臣の認可**を受けた、わが国唯一の法人である。

協会は、「各金融商品取引所」、「投資信託協会」などとともに、金商法により**自主規制機関**としての性格を付与されている。

2. 協会員の種類

会　　員	第一種金融商品取引業を行う者（一部を除く）
特定業務会員	特定店頭デリバティブ取引等又は第一種少額電子募集取扱業務又は商品関連市場デリバティブ取引取次ぎ等に係る業務のみを行う者
特 別 会 員	登録金融機関

3. 目　的

協会の目的は、協会員の行う有価証券の売買その他の取引等を公正かつ円滑ならしめ、金融商品取引業の健全な発展を図り、もって**投資者の保護に資すること**である。

4. 自主規制規則等

協会員の営業ルールの確立は、協会の自主規制措置の最も重要な部分である。そのため、定款の規定において、協会は**自主規制規則**、統一慣習規則、紛争処理規則、協会運営規則その他の規則を定めることができることになっている。

自主規制規則	協会員の有価証券の売買その他の取引等に関する公正な慣習を促進して不当な利得行為を防止し、取引の信義則を助長するために定める規則

2 協会員の投資勧誘、顧客管理等に関する規則

1．基本姿勢、自己責任原則、顧客カードの整備

（1） 業務遂行の基本姿勢

協会員は、その業務の遂行に当たっては、常に投資者の信頼の確保を第一義とし、金商法その他の法令諸規則等を遵守し、投資者本位の事業活動に徹しなければならない。

重要

協会員は、**顧客の投資経験、投資目的、資力等を十分に把握し、顧客の意向と実情に適合**した投資勧誘を行うよう努めなければならない（**適合性の原則**）。

また、協会員は、当該協会員にとって新たな有価証券等（有価証券、有価証券関連デリバティブ取引等、特定店頭デリバティブ取引等及び商品関連市場デリバティブ取引取次ぎ等）の販売を行うに当たっては、当該有価証券等の特性やリスクを十分に把握し、**当該有価証券等に適合する顧客が想定できないものは販売してはならない**。

これは合理的根拠適合性による規定である。

注意

「協会員は、新たな有価証券等の販売を行うに当たって、当該有価証券に適合する顧客が想定できないときは、顧客に特性やリスクを十分に説明し、顧客が理解できるようにしなければならない」と出題されると誤り。当該有価証券は、販売してはならない。

（2） 自己責任原則の徹底 重要

協会員は、投資勧誘に当たっては、顧客に対し、「投資は**投資者自身の判断と責任において行う**べきものである（**自己責任原則**）」ことを理解させるものとし、顧客の側にも、この考え方を明確に持ってもらう必要がある。

6・協会定款

（3） 顧客カードの整備等 重要

協会員は、有価証券の売買その他の取引等を行う顧客（特定投資家を除く）について、次に掲げる事項を記載した顧客カード**を備え付けるもの**とされている。

①氏名又は名称	②住所又は所在地及び連絡先
③生年月日（顧客が自然人（個人）の場合に限る。④において同じ）	
④職業	⑤投資目的
⑥資産の状況	⑦投資経験の有無
⑧取引の種類	⑨その他各協会員において必要と認める事項

注意

本籍地、家族構成、学歴などは顧客カードの記載事項ではない。

なお、協会員は、顧客について顧客カード等により知り得た秘密を、他に洩らしてはならない。

2. 勧誘開始基準、取引開始基準、注意喚起文書の交付等、確認書の徴求等

（1） 勧誘開始基準 一種のみ

協会員は、顧客（個人に限り、特定投資家を除く）に対し、次に掲げる販売の勧誘[※]を行うに当たっては、それぞれ**勧誘開始基準**を定め、当該基準**に適合し、かつ、リスクの説明を受けた顧客でなければ、販売の勧誘を行ってはならない。**

①店頭デリバティブ取引に類する複雑な仕組債に係る販売
②店頭デリバティブ取引に類する複雑な投資信託に係る販売
③レバレッジ投資信託に係る販売　など

【※】当該販売の勧誘の要請をしていない顧客に対し、訪問し又は電話により行うもの並びに、協会員の本店、その他の営業所又は事務所において行うものに限る。

◆レバレッジ投資信託の例

ブル型	「ブル」とは「相場の上昇」を意味し、先物の利用により相場の上昇に対し2倍以上の投資利益を目指す投資信託
ベア型	「ベア」とは「相場の下落」を意味し、先物の利用により相場の下落に対し2倍以上の投資利益を目指す投資信託

(2)　高齢顧客に対する勧誘による販売

協会員は、**高齢顧客**（個人に限り、特定投資家を除く）**に有価証券等の勧誘**による販売を行う場合には、当該協会員の業態、規模、顧客分布及び顧客属性並びに社会情勢その他の条件を勘案し、高齢顧客の定義、販売対象となる有価証券等、説明方法、受注方法等に関する社内規則を定め、**適正な投資勧誘**に努めなければならない。

(3)　取引開始基準

協会員は、以下に掲げるハイリスク・ハイリターンな特質を有する取引等を行うに当たっては、**それぞれ取引開始基準を定め、その基準に適合した顧客**との間で当該取引等の契約を締結しなければならない。

①**信用取引**
②外国株式信用取引
③新株予約権証券の売買その他の取引
④**有価証券関連デリバティブ取引等**
⑤**特定店頭デリバティブ取引等**
⑥商品関連市場デリバティブ取引取次ぎ等
⑦店頭取扱有価証券の売買その他の取引　など

この取引開始基準は、顧客の投資経験、顧客からの預り資産その他各協会員において必要と認められる事項について定めなければならない。

注意

「信用取引を行う場合は、日本証券業協会の定める取引開始基準に適合した顧客との間で契約を締結する」と出題されると誤り。取引開始基準は各協会員が定める。

(4)　注意喚起文書の交付等 一種のみ

協会員は、顧客（特定投資家を除く）と以下に掲げる有価証券等の販売に係る契約を締結しようとするときは、あらかじめ、当該顧客に対し、**注意喚起文書を交付**しなければならない。

①有価証券関連デリバティブ取引等（一定の取引を除く）
②特定店頭デリバティブ取引等
③商品関連市場デリバティブ取引取次ぎ等
④店頭デリバティブ取引に類する複雑な仕組債
⑤店頭デリバティブ取引に類する複雑な投資信託

（5） 信用取引の注文を受ける際の確認 一種のみ

協会員は、顧客から信用取引（外国株式信用取引を除く）の注文を受ける際は、その都度、制度信用取引（PTS制度信用取引を含む）、一般信用取引（PTS一般信用取引を含む）の別等について、当該顧客の意向を確認しなければならない。

会員は、顧客から外国株式信用取引の注文を受ける際は、外国証券規則42条の規定を遵守するものとする。

（6） 顧客からの確認書の徴求 一種のみ

協会員は、顧客（特定投資家を除く）と以下に掲げる契約を初めて締結しようとするときは、契約締結前交付書面等に記載された金融商品取引行為についてのリスク、手数料等の内容を理解し、当該顧客の判断と責任において当該取引等を行う旨の確認を得るため、**確認書を徴求**しなければならない。

①**新株予約権証券**、新投資口予約権証券若しくはカバードワラントの売買その他の取引 ②**有価証券関連デリバティブ取引**等 ③**特定店頭デリバティブ取引**等 ④商品関連市場デリバティブ取引取次ぎ等

（7） 信用取引及びデリバティブ取引等の節度ある利用 一種のみ

協会員は、以下に掲げる契約の締結については、各社の規模、業務の実情に応じて、節度ある運営を行うとともに、**過度になることのないよう**常に留意しなければならない。

①信用取引 ②新株予約権証券、新投資口予約権証券の売買その他の取引 ③有価証券関連デリバティブ取引等 ④特定店頭デリバティブ取引等 ⑤商品関連市場デリバティブ取引取次ぎ等

また、協会員は、以下に掲げる取引の建玉、損益、委託証拠金、預り資産等の状況について適切な把握に努めるとともに、当該取引等を重複して行う顧客の評価損益については、**総合的な管理を行わなければならない**。

①有価証券関連デリバティブ取引等 ②特定店頭デリバティブ取引等 ③商品関連市場デリバティブ取引取次ぎ等

(8) 過当勧誘の防止等

①主観的又は恣意的な情報提供となる一律集中的推奨の禁止

協会員は、顧客に対し、主観的又は恣意的な情報提供となる特定銘柄の有価証券又は有価証券の売買に係るオプションの一律集中的推奨をしてはならない。

②信用取引の規制銘柄等に係る信用取引の勧誘の自粛等

協会員は、以下に掲げる措置が採られている銘柄については、**信用取引**（当該信用取引の清算のために行われる反対売買を除く）**の勧誘を自粛**しなければならない。

ア）金融商品取引所又は認可会員が**信用取引の制限又は禁止措置**を行っている銘柄
イ）証券金融会社が**貸株利用等の申込制限又は申込停止措置**を行っている銘柄

また、協会員は、上記の銘柄（ア又はイ）及び金融商品取引所又は証券金融会社により以下に掲げる措置が採られている銘柄（ウ又はエ）について、顧客から信用取引を受託する場合、これらの措置が行われている旨及びその**内容を説明**しなければならない。

ウ）金融商品取引所又は認可会員が信用取引に係る**委託保証金の率の引上げ措置**を行っている銘柄
エ）証券金融会社が貸株利用等に関する注意喚起通知を行った銘柄

③有価証券オプション取引の勧誘の自粛等

協会員は、金融商品取引所が**有価証券オプション取引の制限**又は**禁止措置**を行っている銘柄については、**有価証券オプション取引の勧誘を自粛**しなければならない。また、取引制限又は取引禁止措置を行っている銘柄及び以下の措置が採られている銘柄（ア又はイ）については、これらの措置が行われている旨及びその**内容を説明**しなければならない。

ア）金融商品取引所が有価証券オプション取引に係る建玉に関して注意喚起を行っている銘柄
イ）金融商品取引所が有価証券オプション取引に係る委託証拠金の差入日時の繰上げ、委託証拠金の率の引上げ又は買付代金の決済日前における預託の受入れ措置を行っている銘柄

6・協会定款

④外国株式信用取引の勧誘の自粛等

会員は、外国株式信用取引を取り扱う場合には、外国証券規則44条の規定を遵守するものとする。

（9） 店頭有価証券の投資勧誘の禁止

協会員は、店頭有価証券については、店頭有価証券に関する規則に規定する場合を除き、顧客に対し、投資勧誘を行ってはならない。

注意

「協会員は、例外なく、顧客に対して店頭有価証券の投資勧誘を行ってはならない」と出題されると誤り。適格機関投資家に対する投資勧誘など例外規定がある。

3．顧客管理等

（1） 仮名取引の受託及び名義貸しの禁止

協会員は、顧客から有価証券の売買その他の取引等の注文があった場合において、仮名取引であることを知りながら、当該注文を受けてはならない。

また、会員は、顧客が株券の名義書換えを請求するに際し、**自社の名義を貸与してはならない**。

注意

「協会員は、顧客が株券の名義書換えを請求するに際し、自社の名義を貸与しなければならない」と出題されると誤り。名義貸しは禁止されている。

（2） 内部者登録カードの整備等

協会員は、上場会社等の特定有価証券等に係る売買等を初めて行う顧客が、**上場会社等の役員等**に該当するか否かについて届出を求め、該当する者については、当該上場会社等の特定有価証券等に係る売買等が行われるまでに**内部者登録カード**を備え付けなければならない。

◆内部者登録カードへの記載事項

ア）氏名又は名称
イ）住所又は所在地及び連絡先
ウ）生年月日（顧客が自然人（個人）の場合に限る）
エ）会社名、役職名及び所属部署
オ）上場会社等の役員等に該当することとなる上場会社等の名称及び銘柄コード

（3） 取引の安全性の確保 重要

協会員は、新規顧客、大口取引顧客等からの注文の受託に際しては、あらかじめ当該顧客から**買付代金又は売付有価証券の全部又は一部の預託を受ける等取引の安全性の確保**に努めなければならない。

注意

取引の安全性の確保について預託を受けるのは「全部」と出題されると誤り。「全部又は一部」であることに注意する。

（4） 顧客の注文に係る取引の適正な管理

協会員は、有価証券の売買その他の取引等を行う場合には、**顧客の注文に係る取引と自己の計算による取引とを峻別**し、顧客の注文に係る伝票を速やかに作成のうえ、整理、保存しなければならない。

協会員は、顧客の注文に係る取引の適正な管理に資するため、**打刻機の適正な運用及び管理、コンピュータの不適正な運用の排除**等を定めた社内規則を整備しなければならない。

注意

「協会員は、有価証券の売買その他の取引等を行う場合には、管理上必要と認められている場合に限り、顧客の注文に係る取引と自己の計算による取引とを峻別しなければならない」と出題されると誤り。例外なく峻別しなければならない。

（5） 会員の顧客に対する保証等の便宜の供与

会員は、有価証券の売買その他の取引等に関連し、顧客の資金又は有価証券の借入れにつき行う保証、あっせん等の便宜の供与については、顧客の取引金額その他に照らして過度にならないよう、適正な管理を行わなければならない。

(6)　投資信託等の損益の通知

協会員は、顧客から保管の委託を受けている又は振替口座簿への記載若しくは記録により管理している投資信託等について、当該**投資信託等に係る損益（トータルリターン）を通知しなければならない。**

(7)　顧客管理体制の整備

協会員は、有価証券の売買その他の取引等に係る顧客管理の適正化を図るため、顧客調査、取引開始基準、過当勧誘の防止、取引一任勘定取引の管理体制の整備等に関する社内規則を制定し、これを役職員に遵守させなければならない。

協会員は、当該社内規則に基づき、顧客管理に関する体制を整備し、顧客の有価証券の売買その他の取引等の状況及び役職員の事業活動の状況について的確な把握に努めなければならない。

3 協会員における法人関係情報の管理態勢の整備に関する規則

協会員は、業務上取得する法人関係情報（**非公開の情報**）に関して、その情報を利用した不公正取引を防止するため、協会員における**法人関係情報の管理態勢等の整備**を図らなければならない。

法人関係情報の管理部門の明確化
協会員は、法人関係情報の管理部門を定めなければならない **管理部門とは、法人関係情報を統括して管理する部門**をいう
社内規則の制定
協会員は、法人関係情報の管理に関し、その情報を利用した不公正取引が行われないよう、**法人関係情報を取得した際の手続**に関する事項などについて規定した**社内規則を定めなければならない**
法人関係情報を取得した際の手続
協会員は、法人関係情報を取得した役職員に対し、当該取得した法人関係情報を直ちに管理部門に報告するなど**法人関係情報を取得した際の管理のために必要な手続**を定めなければならない
法人関係情報の管理
協会員は、法人関係部門について、**他の部門から物理的に隔離する**等、法人関係情報が**業務上不必要な部門に伝わらないよう管理**しなければならない **法人関係部門とは**、主として業務（金融商品取引業及びその付随業務又は登録金融機関業務をいう）を行っている部門のうち、主として業務上、**法人関係情報を取得する可能性の高い部門**をいう
管理態勢の充実
協会員は、法人関係情報の管理に関し、社内規則に基づき適切に行われているか否かについて、定期的な検査等の**モニタリングを行わなければならない**

4 有価証券の寄託の受入れ等に関する規則

この規則は、顧客からの有価証券の寄託の受入れ、顧客に対する報告、債権・債務の残高の照合に関する処理方法等について規定したものである。

(1) 寄託の受入れ等の制限

協会員が顧客から有価証券の寄託の受入れ等を行うことができるのは、以下の場合に限定されている。

単純な寄託契約による場合	顧客から有価証券の保管の委託を受け、その有価証券を顧客ごとに個別に保管する場合をいう
委任契約による場合	顧客から有価証券に関する常任代理業務に係る事務の委任を受ける場合をいう
混合寄託契約による場合	複数の顧客から預託を受けた同一銘柄の有価証券を混合して保管し、その返還に当たっては、各自の寄託額に応じて混合物から返還する場合をいう
質権者である場合	協会員が質権者である場合とは、例えば、会員が信用取引等に関して、顧客から有価証券を保証金の代用として預かっている場合、又は立替金の担保として顧客から有価証券を預かっている場合等をいう
消費寄託契約による場合	受託者が寄託物を消費し、後日、それと同種同等、同量のものを返還することを約する寄託である場合をいう

(2) 保護預り契約

①保護預り契約の締結

会員は、顧客から単純な寄託契約又は混合寄託契約により有価証券の寄託を受ける場合には、当該顧客と**保護預り約款に基づく有価証券の寄託（保護預り）に関する契約**を締結しなければならない。

②顧客への通知

会員は、顧客から保護預り口座設定申込書の提出があり、この申込みを承諾した場合には、遅滞なく、保護預り口座を設定し、その旨を当該顧客に**通知**しなければならない。

注意

「会員は、顧客の保護預り口座を設定した場合、その旨を当該顧客に通知する必要はない」と出題されると誤り。通知する義務がある。

③**抽選償還**が行われることのある債券についての保護預り

会員は、抽選償還が行われることのある債券について顧客から混合寄託契約により寄託を受ける場合は、その**取扱方法についての社内規程を設け**、事前にその社内規程について了承を得る必要がある。

注意

「抽選償還が行われることのある債券を混合寄託契約により寄託を受ける場合は、その取扱について、社内規程を設ければ、顧客の了承は必要ない」と出題されると誤り。事前に顧客の了承を得る必要がある。

④保護預り口座による出納保管

会員は、顧客の保護預り口座を設定した場合は、当該顧客から単純な寄託契約又は混合寄託契約により寄託を受けた有価証券を、すべてその口座により出納保管しなければならない。

⑤**保護預り契約の適用除外**

次に掲げる有価証券の寄託については、保護預り契約を締結する必要はない。

重要 ア）**累積投資契約**に基づく有価証券

イ）常任代理人契約に基づく有価証券　など

注意

「会員は、累積投資契約に基づく有価証券の寄託については、顧客と保護預り契約を締結しなければならない」と出題されると誤り。累積投資契約に基づく有価証券は、保護預り契約の適用から除外される。

⑥**保護預り約款**

保護預り約款は、有価証券の「保護預り」に関し、**受託者たる会員**と**寄託者たる顧客**との間の権利義務関係を明確にしたものであり、保護預り証券の出納、保管等について、細目にわたり規定すべきものである。

⑦保護預り証券の保管

・**保護預り証券は、原則として会員が保管**する。

・**金融商品取引所又は決済会社の振替決済に係る保護預り証券**については、**決済会社で混合保管**する。

⑧**取引残高報告書**

約定報告に基づく受渡決済の状況とその後の残高を顧客に報告するための書面である。

原則として、定期的に**1年を3ヵ月以下の期間ごとに区分した期間の末日ごとに**、1回以上交付する。ただし、顧客から請求があったときは、金融商品取引契約の成立又は受渡しの都度交付する。

（3） 照合通知書及び契約締結時交付書面

①照合通知書による報告

会員は、顧客に対する債権債務の残高について、以下に掲げる**顧客の区分に従って、それぞれに定める頻度で、照合通知書により顧客に報告**しなければならない。

有価証券の売買その他の取引のある顧客	1年に1回以上
有価証券関連デリバティブ取引、特定店頭デリバティブ取引又は商品関連市場デリバティブ取引のある顧客	1年に2回以上
金銭又は有価証券の残高がある顧客で、取引又は受渡しが1年以上行われていない顧客	随時

注意

「会員は、顧客に対する債権債務の残高について、半年に1回以上照合通知書により報告しなければならない」と出題されると誤り。顧客の区分に従ってそれぞれに定める頻度で報告しなければならない。

②照合通知書の作成・交付の免除

取引残高報告書を定期的に交付している顧客であり、当該取引残高報告書に照合通知書に記載すべき項目を記載している場合には、照合通知書の作成・交付が免除される。

③照合通知書への記載事項

ア	重要 立替金、貸付金、預り金**又は**借入金**の直近の残高**
イ	重要 単純な寄託契約、委任契約、混合寄託契約又は消費寄託契約に基づき寄託を受けている有価証券及び振替口座簿への記載又は記録等により管理している有価証券（下記ウに掲げるものを除く）**の直近の残高**
ウ	質権の目的物としての金銭又は有価証券の直近の残高
エ	信用取引に係る未決済勘定の直近の残高
オ	発行日取引に係る有価証券の直近の残高
カ	有価証券関連デリバティブ取引及び特定店頭デリバティブ取引に係る未決済勘定の直近の残高

顧客が特定投資家の場合であって、顧客からの照会に対して速やかに回答できる体制が整備されている場合には、照合通知書による報告を省略できる。

重要

会員は、**金銭及び有価証券の残高がない顧客の場合でも、**直前に行った報告以後**1年に満たない期間においてその残高があったもの**については、照合通知書により、**現在その残高がない旨を**報告しなければならない。

注意

「照合通知書の記載事項に、有価証券残高のほか預り金の残高も含まれる」と出題されると正しい。

注意

「金銭及び有価証券の残高のない顧客には照合通知書による報告義務はない」と出題されると誤り。

④照合通知書の作成　重要

照合通知書の作成・交付は、**会員の**検査、監査**又は**管理**を担当する部門**で行う。

⑤照合通知書の交付　重要

会員は、照合通知書を顧客に交付するときは、顧客との直接連絡を確保する趣旨から、当該顧客の住所、事務所の所在地又は当該顧客が指定した場所に郵送**することを原則**としている。

注意

「照合通知書を顧客に交付するときは、顧客との直接連絡を確保する趣旨から、直接顧客に手渡すことを原則としている」と出題されると誤り。郵送が原則である。

⑥顧客からの照会についての回答　重要

顧客から照合通知書に記載する金銭、有価証券の残高について照会があったときは、**会員の**検査、監査**又は**管理**を担当する部門**がこれを受け付け、遅滞なく**回答**しなければならない。

注意

「顧客から金銭、有価証券の残高について照会があったときは、会員の検査、監査又は管理の担当部門がこれを受け付け、営業部門が回答しなければならない」と出題されると誤り。回答するのも検査、監査又は管理を担当する部門である。

⑦契約締結時交付書面の交付

契約締結時交付書面の交付についても、照合通知書の場合と同様、顧客との直接連絡を確保する趣旨から、当該顧客の住所、事務所の所在地又は当該顧客が指定した場所に郵送**することを原則**としている。

注意

契約締結時交付書面も郵送が原則である。

5 内部管理等

1．協会員の内部管理責任者等に関する規則

（1） 内部管理責任者等の制度

金商法その他の法令諸規則等の遵守状況を管理する業務に従事する役員及び従業員を配置することにより、協会員の内部管理態勢を強化し、適正な営業活動を遂行するものである。

内部管理統括責任者	会社全体に責任を有する
営業責任者・内部管理責任者	各営業単位に責任を有する

（2） 内部管理統括責任者

資格要件 登　録	協会員は、内部管理を担当する代表取締役又は代表執行役から、内部管理統括責任者１名を定め、協会が備える内部管理統括責任者登録簿に登録を受ける
責　務	・自ら金商法その他の法令諸規則等を遵守する ・役員又は従業員に対し、金商法その他の法令諸規則等の遵守の営業姿勢を徹底させる ・投資勧誘等の営業活動、顧客管理が適正に行われるよう、内部管理態勢の整備に努める
交代勧告	協会は、内部管理統括責任者及び内部管理統括補助責任者の交代を勧告することができる

（3） 営業責任者及び内部管理責任者

営業責任者	協会員は、営業単位を定め、当該営業単位の長を営業責任者に任命し、配置する 当該営業単位の投資勧誘等の営業活動、顧客管理が適正に行われるよう、指導・監督をする
内部管理責任者	協会員は、営業単位ごとに内部管理業務の管理職者を内部管理責任者に任命し、配置する 内部管理責任者は、営業責任者を牽制する役割を担っている為、**営業責任者と兼務はできない**

(4)　内部管理統括責任者への報告

営業責任者及び内部管理責任者は、自らが任命された営業単位における投資勧誘等の営業活動、顧客管理に関し、**重大な事案が生じた場合には**、速やかにその内容を**内部管理統括責任者に報告**し、その指示を受けなければならない。

注意

「内部管理責任者は、自らが任命された営業単位における投資勧誘等の営業活動、顧客管理に関し、重大な事案が生じた場合には、営業責任者を経由して内部管理統括責任者に報告しなければならない」と出題されると誤り。直接、内部管理統括責任者に報告しなければならない。

2．金融サービス仲介業者を通じた有価証券の販売に関する規則

(1)　目的

この規則は、協会員が金融サービス仲介業者を通じて有価証券を販売するにあたり遵守すべき事項等を定め、金融サービス仲介業者を介した取引の適正化を図り、もって投資者保護に資することを目的として定められたものである。

(2)　金融サービス仲介業者の定義

金融サービス仲介業者とは、金商法ではなく、金融サービスの提供に関する法律上の登録を受けることで、証券・銀行・保険・貸金分野のサービスの仲介をワンストップで行うことが認められているものである。

また、金融商品仲介業者とは異なり、特定の金融機関への所属を求められておらず、協会員と対等な関係となる。

3．反社会的勢力との関係遮断に関する規則

基本姿勢	会員は、原則として、相手方が**反社会的勢力である**ことを知りながら、当該相手方との間で**有価証券の売買その他の取引等を行ってはならない** また、相手方が反社会的勢力であることを知りながら、当該相手方への資金の提供その他便宜の供与を行ってはならない
反社会的勢力でない旨の確約	会員は、初めて有価証券の売買その他の取引等に係る顧客の口座を開設しようとする場合は、あらかじめ、当該顧客から**反社会的勢力でない旨の確約を受けなければならない**
審査の実施	会員は、**初めて**有価証券の売買その他の取引等に係る**口座を開設**しようとする顧客について、**反社会的勢力**に**該当するか否かをあらかじめ審査するように努めなければならない** 会員は、当該顧客に関し、協会とあらかじめ取り決めた方法（反社情報照会システム）による審査を行わなければならない
社内管理態勢の整備	会員は、基本方針を実現するための社内規則を制定し、これを役職員に遵守させなければならない。また、当該社内規則に基づき、反社会的勢力との関係を遮断するための管理態勢の整備に努めなければならない

6 協会員の従業員に関する規則

この規則は、金融商品取引業の公共性及び社会的使命の重要性にかんがみ、協会員の従業員の服務基準等を定めるとともに、従業員に対する協会員の監督責任を明確化し、もって**投資者の保護に資する**ことを目的として定められたものである。

（1） 従業員の定義

従業員とは、会員にあっては、その使用人（出向により受け入れた者を含む）で国内に所在する本店その他の営業所又は事務所に勤務する者をいう。

（2） 従業員の採用

従業員の採用の禁止	従業員に対する監督責任の所在を明らかにするため、協会員が、他の協会員の使用人を自己の従業員として採用することは禁止されている ただし、**出向により受け入れる場合**等については、この規制の**対象外**となっている
採用時の照会	協会員は、他の協会員の従業員であった者又は現に他の協会員の従業員である者等を採用しようとする場合は、一級不都合行為者としての取扱い又は二級不都合行為者としての取扱い及び処分について、所定の方法により**協会に照会しなければならない** 協会は、照会を受けたときは、当該照会に係る者について、一級不都合行為者としての取扱いの決定の有無及びその概要又は回答を行う日前５年間における協会による取扱いの決定並びに処分の有無及びその概要を所定の方法により当該照会を行った協会員に回答する

注意

「協会員が、他の協会員の使用人を自己の従業員として採用することは、たとえ出向により受け入れ採用する場合においても禁止されている」と出題されると誤り。

(3) 禁止行為

金融商品取引業者の役員及び従業員の禁止行為に関する一連の規定は、投資者保護、公正な取引の確保を図り、同時に金融商品取引業者・資本市場に対する信頼を確保することを主眼に設けられているものである。

次の(①〜⑯)に掲げる行為等が、従業員の禁止行為に当たる。

重要

①信用取引及び有価証券関連デリバティブ取引等の禁止

協会員は、その従業員がいかなる名義を用いているかを問わず、自己の計算において、信用取引、有価証券関連デリバティブ取引、特定店頭デリバティブ取引又は商品関連市場デリバティブ取引を**行うことのないようにしなければならない。**

注意

「協会員の従業員は、いかなる名義を用いているかを問わず、原則として自己の計算において有価証券関連デリバティブ取引を行ってはならない」と出題されると正しい。

重要

②いわゆる「仮名取引の受託」の禁止

従業員は、顧客から有価証券の売買その他の取引等の注文を受ける場合において、仮名取引であることを知りながら当該注文を受けてはならない。

「仮名取引」とは、口座名義人とその口座で行われる取引の効果帰属者が一致しない取引のことであり、顧客が架空名義あるいは他人の名義を使用してその取引の法的効果を得ようとする取引のことをいう。

なお、口座名義人の配偶者や二親等内の血族である者などの密接な関係にある親族から注文がなされた場合においては、その確認が行われているのであれば、この規定において禁止している仮名取引でない蓋然性が高いといえる。

③有価証券の売買その他の取引等について、**顧客と損益を共にすることを**約束して勧誘し又は実行してはならない。

注意

「協会員の従業員は、有価証券の売買その他の取引について、顧客と損益を共にすることを約束して勧誘することができる」と出題されると誤り。

④損失補填等の禁止に該当する行為を行ってはならない。

重要

⑤顧客から有価証券の売買その他の取引等の注文を受けた場合において、**自己が**その相手方**となって**有価証券の売買その他の取引等を成立させてはならない。

注意

ここでいう自己とは、従業員のことである。金融商品取引業者は、取引態様を説明すればいわゆる仕切売買はできるが、従業員のいわゆる呑み行為は禁止されている。

⑥顧客の有価証券の売買その他の取引等又はその名義書換えについて自己若しくはその親族、その他自己と特別の関係にある者の名義又は住所を使用させてはならない。

⑦自己の有価証券の売買その他の取引等について顧客の名義又は住所を使用してはならない。

注意

「自己の有価証券の売買その他の取引等について、顧客の承諾がある場合以外は顧客の名義又は住所を使用してはならない」と出題されると誤り。

⑧顧客から有価証券の名義書換え等の手続きの依頼を受けた場合において、所属協会員**を通じないで**その手続きを行ってはならない。

⑨有価証券の売買その他の取引等に関して**顧客と金銭、有価証券の貸借**（顧客の債務の立替を含む）**を行ってはならない**。

⑩職務上知り得た秘密を漏洩してはならない。

⑪広告審査担当者の審査を受けずに、従業員限りで広告等の表示又は景品類の提供を行ってはならない。

注意

「営業責任者の審査を受けずに、従業員限りで広告等の表示又は景品類の提供を行うことは禁止されている」と出題されると誤り。広告審査担当者の審査を受ける。

⑫親引けを行ってはならない。

⑬顧客から取引所金融商品市場において行う有価証券の売付けの注文を受ける場合において、当該有価証券の売付けが空売りであるか否かの別を確認せずに注文を受けてはならない。

⑭投資信託受益証券等の乗換えを勧誘するに際し、顧客（特定投資家を除く）に対して、当該乗換えに関する重要な事項について説明を行わないことは禁止行為に当たる。

⑮会員に係る有価証券の売買その他の取引等において、顧客が反社会的勢力であることを知りながら、契約の締結をしてはならない。

⑯特定投資家以外の顧客に対して行う上場CFD取引に係る契約の勧誘に関して、**勧誘受諾意思の確認義務**及び**再勧誘の禁止**が課される。

（4） 不適切行為

協会員は、その従業員が次の①～④に掲げる行為（以下「不適切行為」という）を行わないよう**指導及び監督**しなければならない。

①	有価証券の売買その他の取引等において銘柄、価格、数量、指値又は成行の区別等顧客の注文内容について確認を行わないまま注文を執行すること（未確認売買）
②	重要 有価証券等の性質又は取引の条件について、**顧客を誤認させるような勧誘**をすること（誤認勧誘）
③	有価証券の売買その他の取引等において、有価証券の価格、オプションの対価の額の騰貴若しくは下落等について顧客を誤認させるような勧誘を行うこと（誤認勧誘）
④	有価証券の売買その他の取引等に係る顧客の注文の執行において、過失により事務処理を誤ること（事務処理ミス）

（5） 事故報告

①事故連絡

協会員は、その従業員又は従業員であった者（以下「従業員等」という）に前述の禁止行為又は不適切行為（以下「事故」という）のあったことが判明した場合は、不適切行為が過失による場合を除き、直ちにその内容を記載した所定の様式による事故連絡書を協会に提出しなければならない。

②事故顛末報告

協会員は、事故（不適切行為が過失による場合を除く）の詳細が判明したときは、当該従業員等について当該事故の内容等に応じた適正な処分を行い、遅滞なく、その顛末を記載した所定の様式による事故顛末報告書を協会に提出しなければならない。

（6） 不都合行為者制度

協会は、事故顛末報告書又は協会が適当と認める資料に基づき、審査を行った結果、従業員等が退職し又は協会員より解雇に相当する社内処分を受けた者又は登録を取り消された協会員の従業員で、かつ、その行為が金融商品取引業の信用を著しく失墜させるものと認めたときは、決定により、その者を**不都合行為者として取扱い、外務員資格、営業責任者資格及び内部管理責任者資格を取り消す**。

不都合行為者のうち、金融商品取引業の信用への影響が特に著しい行為を行ったと認められる者を一級不都合行為者として、その他の者を二級不都合行為者として取り扱う。

一級不都合行為者	**期限を設けず**に協会員の従業員としての**採用が禁止**される
二級不都合行為者	二級不都合行為者としての取扱いの決定の日から**5年間**、協会員の従業員としての**採用が禁止**される

7 協会員の外務員の資格、登録等に関する規則

この規則は、協会員の外務員の資質の向上及び外務員登録制度の的確かつ円滑な運営を図り、もって**投資者の保護**に資することを目的に定められたものである。

(1) 外務員 重要

この規則において「外務員」とは、協会員の役員又は従業員のうち、その協会員のために、外務員の職務を行う者をいう。

一種外務員	外務員のうち、外務員の職務のすべてを行うことができる者をいう
二種外務員	外務員のうち、有価証券に係る外務員の職務及び有価証券等清算取次ぎに係る外務員の職務を行うことができる者をいう **信用取引**及び発行日取引に係る外務員の職務は行えないが、所属協会員の**一種外務員**又は信用取引外務員**が同行して注文を受託する場合**には、**行うことができる** 有価証券関連デリバティブ取引等、選択権付債券売買取引、**新株予約権証券**、新投資口予約権証券、カバードワラント、**店頭デリバティブ取引に類する複雑な仕組債**、**店頭デリバティブ取引に類する複雑な投資信託**、**レバレッジ投資信託**に係る外務員の職務**は行えない**

注意

二種外務員は、一種外務員が同行して注文を受託する場合に、信用取引に係る外務員の職務を行うことができる。有価証券デリバティブ取引等に係る外務員の職務は、一種外務員の同行の有無にかかわらず、行うことはできない。

(2) 外務員資格 重要

協会員は、その役員又は従業員のうち、外務員の種類ごとに定める一定の資格を有し、かつ、**外務員の登録を受けた者でなければ、外務員の職務を行わせてはならない。**

注意

「協会員は営業所の中においては、内部管理責任者の立会があれば、例外として外務員登録のない者に外務員の職務を行わせることができる」と出題されると誤り。営業所の内外を問わず外務員資格のない者に外務員の職務を行わせてはならない。

注意

「協会員が外務員の職務を行わせることができる者は、外務員資格を有する者又は登録を受けた者である」と出題されると誤り。外務員資格を有し、かつ、登録を受けた者である。

(3) 外務員の登録

協会員は、その役員又は従業員に外務員の職務を行わせる場合は、その者の氏名、生年月日その他の事項につき、協会に備える**外務員登録原簿に登録**を受けなければならない。

(4) 外務員についての処分等 重要

①外務員の登録に関する処分

協会は、以下（ア～ウ）の場合にはその外務員**登録を取り消し**、又は**2年以内**の期間を定めて**外務員の職務を停止する処分**を行うことができる。

ア	登録を受けている外務員が金商法に定める欠格事由に該当したとき又は登録の当時既に登録拒否要件に該当していたことが判明したとき
イ	金融商品取引業のうち外務員の職務又はこれに付随する業務に関し法令に違反したとき
ウ	その他外務員の職務に関して著しく不適当な行為をしたと認められるとき

②外務員の職務禁止措置
協会は、外務員（外務員であった者も含む）が外務員の職務又はこれに付随する業務に関し法令に違反したとき、その他外務員の職務に関して著しく不適当な行為をしたと認められるときは、決定により、当該行為時に所属していた協会員に対し当該外務員につき**5年以内**の期間を定めて**外務員の職務を禁止**する措置を講じる。

（5） 外務員に対する資格更新研修

重要 協会員は、次に掲げる期間（受講義務期間）内に、協会の外務員資格更新研修を受講させなければならないこととなっている。

登録を受けている外務員	外務員登録日を基準として**5年目ごとの日の属する月の初日から1年間**
外務員登録を受けていない者	新たに外務員の登録を受けたときは、外務員登録日後**180日**

受講義務期間内に外務員資格更新研修を**修了しなかった場合**には、外務員資格更新研修を修了するまでの間、**すべての外務員資格の効力が停止**し外務員の職務を行うことができなくなる。また、**受講義務期間**の最終日の翌日か**ら180日までの間に外務員資格更新研修を修了しなかった場合**には、**すべての外務員資格が取り消される**。

（6） 資質向上のための社内研修

協会員は、登録を受けている外務員について、外務員資格更新研修とは別に、**毎年**、外務員の**資質向上のための社内研修を受講**させなければならない。

8 広告等の表示及び景品類の提供に関する規則

（1） 目 的

この規則は、協会員が行う広告等の表示及び景品類の提供に関し、その表示、方法及び遵守すべき事項等を定めることにより、その適正化を図り、もって**投資者の保護**に資するため定められたものである。

（2） 定 義

金融商品取引業の内容について金商法に規定する広告及び金融商品取引業等に関する内閣府令に規定する行為により行う表示を「広告等の表示」という。

（3） 広告等の表示及び景品類の提供の基本原則

①広告等の表示を行うときは、投資者保護の精神に則り、取引の信義則を遵守し、品位の保持を図るとともに、的確な情報提供及び明瞭かつ正確に表示を行うよう努めなければならない。
②景品類の提供を行うときは、取引の信義則を遵守し、品位の保持を図るとともに、その適正な提供に努めなければならない。

（4） 禁止行為

協会員は、以下のいずれかに該当し又は該当するおそれのある広告等の表示を行ってはならない。

①取引の信義則に反するもの
②**協会員としての品位を損なうもの**
③金商法その他の法令等に違反する表示のあるもの
④脱法行為を示唆する表示のあるもの
⑤投資者の投資判断を誤らせる表示のあるもの
⑥**協会員間の公正な競争を妨げるもの**
⑦恣意的又は過度に主観的な表示のあるもの
⑧**判断、評価等が入る場合において、その根拠を明示しないもの**

注意

「判断、評価等が入る広告をしてはならない」と出題されると誤り。根拠を明示した判断、評価は容認されている。

(5) 協会員の内部審査等

重要

①協会員は、**広告等の表示**又は**景品類の提供**を行うときは、広告等の表示又は景品類の提供の**審査を行う担当者**（以下「広告審査担当者」という）を任命し、禁止行為に違反する事実がないか否かを、**審査させなければならない**。

②協会員は、次のいずれかに該当する者でなければ、広告審査担当者に任命してはならない。

ア）内部管理統括責任者
イ）「証券外務員等資格試験規則」に規定する会員営業責任者資格試験の合格者
ウ）「外務員等資格試験に関する規則」に規定する会員内部管理責任者資格試験の合格者
エ）その知識等からみて協会が広告等の表示及び景品類の提供の審査を行わせることが適当であると認めた者　　など

9 株式関係

1．店頭有価証券に関する規則

この規則では、会員が行う店頭有価証券の店頭取引及び協会員が行う店頭有価証券の投資勧誘等について規定している。

（1） 店頭有価証券の内訳

店頭有価証券	わが国の法人が国内において発行する**取引所金融商品市場に**上場されていない**株券**、新株予約権証券及び新株予約権付社債券をいう
店頭取扱有価証券	店頭有価証券のうち、金商法に基づき有価証券報告書を提出しなければならない発行会社又は会員等が投資勧誘を行う際の説明に用いる「会社内容説明書」を作成している発行会社が発行する株券、新株予約権証券及び新株予約権付社債券をいう

◆店頭有価証券等の概念図

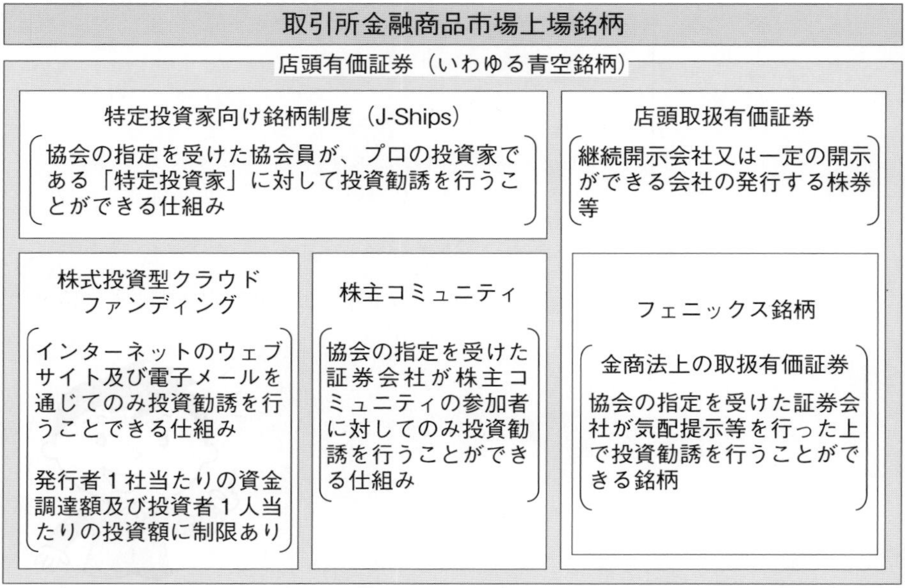

取引所金融商品市場上場銘柄
店頭有価証券（いわゆる青空銘柄）
特定投資家向け銘柄制度（J-Ships）
協会の指定を受けた協会員が、プロの投資家である「特定投資家」に対して投資勧誘を行うことができる仕組み
店頭取扱有価証券
継続開示会社又は一定の開示ができる会社の発行する株券等
株式投資型クラウドファンディング
インターネットのウェブサイト及び電子メールを通じてのみ投資勧誘を行うことできる仕組み
発行者１社当たりの資金調達額及び投資者１人当たりの投資額に制限あり
株主コミュニティ
協会の指定を受けた証券会社が株主コミュニティの参加者に対してのみ投資勧誘を行うことができる仕組み
フェニックス銘柄
金商法上の取扱有価証券
協会の指定を受けた証券会社が気配提示等を行った上で投資勧誘を行うことができる銘柄

(2) 店頭有価証券の投資勧誘の禁止 重要

協会員は、次の場合（①〜⑧）を除き、**店頭有価証券については、顧客に対し投資勧誘を**行ってはならない。

①経営権の移転等を目的とした取引に係る投資勧誘【※】を行う場合

【※】買付候補者である顧客の、発行会社への取引前調査の機会提供を前提に、総株主の議決権又は発行済株式総数の過半数を取得することを目的に行われる店頭有価証券の取引又は取引の媒介に係る投資勧誘のことをいう。

②適格機関投資家に対する投資勧誘を行う場合

③企業価値評価等が可能な特定投資家に対し投資勧誘を行う場合

④店頭取扱有価証券の募集、売出し、私募若しくは私売出しの取扱い又は売出し若しくは私売出しを行う場合

⑤上場会社の発行する店頭取扱有価証券の投資勧誘を行う場合

⑥「株主コミュニティに関する規則」、「株式投資型クラウドファンディング業務に関する規則」又は「店頭有価証券等の特定投資家に対する投資勧誘等に関する規則」の規定による場合

(3) 店頭取扱有価証券の勧誘

協会員は、店頭取扱有価証券（上場廃止とされた株券等の発行会社であり、かつ、一定のものを除く）について募集の取扱い等に係る投資勧誘を行うことができる。

(4) 店頭有価証券の売買等

店頭有価証券については、仮装売買、馴合い売買等の不正な手段を用いた店頭取引、過当とみられる店頭取引、信用取引、未発行店頭有価証券の店頭取引、会員間の流通を目的とする取引（上記（2）の①から⑤及び「店頭有価証券等の特定投資家に対する投資勧誘等に関する規則」の規定により投資勧誘を行うもの並びに「私設取引システムにおける非上場有価証券の取引等に関する規則」に規定する非上場PTS銘柄取引の場合を除く）等は禁止されている。

2．店頭有価証券等の特定投資家に対する投資勧誘等に関する規則

特定投資家向け銘柄制度（J-Ships）とは、プロ投資家である特定投資家を対象とした店頭有価証券及び投資信託等（以下「店頭有価証券等」という）の取引に係る制度である。

この規則は、特定投資家による成長資金供給の促進及び非上場株式等の多様な商品に対する投資機会創出等を目的として、店頭有価証券等について、特定投資家に対して私募、特定投資家向け売付け勧誘等若しくはそれらの取扱い又は特定投資家向け有価証券のPTSにおける取引に係る投資勧誘をする場合に必要な事項を定めている。

① 検証及び審査

検証及び審査結果を５年間保存することとされている。

② 反社会的勢力の排除に向けた対応

③ 特定証券情報及び発行者情報

④ 顧客等への説明等

顧客は特定投資家に限られているが、初めて買付けを行おうとするときは、リスクに係る書面交付義務、説明義務及び確認書徴求義務がある。また、個別銘柄に係る説明書の交付及び説明義務がある。ただし、取扱協会員が特定投資家向け有価証券におけるPTS取引を行う場合であって、個別銘柄に係る一定の事項が掲載されている非上場PTS運営会員等のウエブサイトを閲覧するために必要な情報を当該顧客に提供した場合には、掲載されている事項に係る情報の提供は不要である。

⑤ 取扱協会員としての指定

この規則に基づく勧誘を行うに際しては、協会が「取扱協会員」として指定した協会員のみが当該業務を行える。ただし、特定投資家向け有価証券におけるPTS取引のみを行う協会員については、「取扱協会員」としての指定を受ける必要はない。

⑥ 取引状況の報告

⑦ 外国有価証券における準用規定

⑧ PTS取引に係る適用除外等

特定投資家向け有価証券のPTSにおける取引に係る投資勧誘を行う場合には、上記①から③及び⑤の規定は適用されない。

3．株式投資型クラウドファンディング業務に関する規則

（1） 株式投資型クラウドファンディング業務とは

クラウドファンディング	一般に、新規・成長企業等と資金提供者をインターネット経由で結び付け、株式やファンド持分の発行により多数の資金提供者から少額ずつ資金を集める仕組みとされている
株式投資型クラウドファンディング業務	会員又は特定業務会員（以下「会員等」という）が店頭有価証券のうち株券又は新株予約権証券について行う、第一種少額電子募集取扱業務をいう
第一種少額電子募集取扱業務	**金融商品取引所に上場されていない株券**又は一定の新株予約権証券の募集の取扱い又は私募の取扱いであって、当該有価証券の発行価額の総額及び当該有価証券を取得する者が払い込む額が**少額要件を満たす電子募集取扱業務**又は電子募集取扱業務に関して顧客から金銭の預託を受けることをいう

（2） 勧誘手法併用の禁止

会員等は、当該業務について、情報通信の技術を利用する募集の取扱い等の方法（ウェブサイト、電子メール）で行われなければならず、**電話又は訪問の方法等により当該業務に係る投資勧誘を行ってはならない**。

（3） 払込額が少額要件を満たしていることの確認

会員等は、当該業務により店頭有価証券を取得させようとする顧客（特定投資家を除く）からの払込額が、少額要件を満たすものであることを確認しなければならない。

少額要件とは、**発行価額の総額**として内閣府令で定める方法により算定される額が**1億円未満**であること、及び**取得する者が払い込む額**として内閣府令で定める方法により算定される額が**50万円以下**である。

4．株主コミュニティに関する規則

（1） 株主コミュニティの組成

株主コミュニティとは、一の店頭有価証券に対する投資意向を有する投資者を帰属させるための集合体をいい、株主コミュニティ銘柄とは、一の運営会員が株主コミュニティを運営し、投資勧誘を行う店頭有価証券をいう。

会員は、株主コミュニティの組成に当たっては、協会より運営会員としての指定を受けなければならない。

（2） 株主コミュニティへの参加及び参加に関する勧誘の禁止

運営会員は、**投資者から株主コミュニティへの参加の申出を受けた場合を除いて、当該投資者に係る当該株主コミュニティへの参加の手続を行ってはならない**。また、**株主コミュニティへの参加に関する**勧誘を行ってはならない。

ただし、以下のいずれかに該当する者であることを確認できた場合は、勧誘を行うことができる。

①当該株主コミュニティ銘柄の保有者
②当該株主コミュニティ銘柄の発行者の役員又は従業員
③①、②に掲げる者であった者
④②に掲げる者の配偶者又は二親等内の親族
⑤当該株主コミュニティ銘柄の発行者の被支配会社等又は関係会社の役員又は従業員
⑥特定投資家

（3） 株主コミュニティの参加者以外の者に対する投資勧誘の禁止

運営会員は、自社が運営会員となっている株主コミュニティの参加者以外の者に対して、当該株主コミュニティに係る株主コミュニティ銘柄の投資勧誘を一部の場合を除き行ってはならない。

5. フェニックス銘柄に関する規則

(1) フェニックス銘柄とは

店頭取扱有価証券のうち、金融商品取引所に上場していた当時から保有する者に対し流通の機会を提供する必要があると取扱会員となろうとする会員において判断されたものであり、協会員及び金融商品仲介業者が投資勧誘を行うものとして協会が指定したものをいう。

(2) フェニックス銘柄としての指定に当たっての条件

フェニックス銘柄として指定される条件の1つに、指定日までに当該有価証券の譲渡制限を行っていないことがある。

(3) 届出

フェニックス銘柄としての届出は、当該銘柄の取扱会員となろうとする会員が、会社内容説明書等その他必要書類と併せて、当該銘柄の気配提示を開始する日の5営業日前までに行わなければならない。

(4) 顧客への説明等

協会員は、フェニックス銘柄の取引を行う顧客に対し、フェニックス銘柄の性格及び投資に当たってのリスク等について分かりやすく記載した契約締結前交付書面を交付し、これらについて十分に説明するとともに、当該顧客から「フェニックス銘柄の取引に関する確認書」を徴求しなければならない。

(5) 気配及び売買の報告等

取扱会員等は、日次公表と明示した銘柄については毎営業日、週次公表と明示した銘柄については週1回以上の頻度で、取扱部店の店頭等で継続的に気配を提示しなければならない。

6. 株券等の募集等の引受け等に係る顧客への配分等に関する規則

(1) 適切な配分

協会員は、募集等の引受け等を行うに当たっては、市場の実勢、投資需要の動向等を十分に勘案したうえで、当該募集等の引受け等に係る株券等の配分が、公正を旨とし合理的な理由なく特定の投資家に偏ることのないよう努めなければならない。

(2) 親引け

引受会員は、株券等の募集又は売出しの引受けを行うに当たっては、**一定の場合を除き、親引け**(発行者が指定する販売先への売付けをいい、販売先を示唆する等実質的に類似する行為を含む)**を行ってはならない。**

注意

「株券等の募集又は売出しの引受けを行うに当たっては、親引けは例外なく禁止されている」と出題されると誤り。一定の例外が認められている。

(3) 新規公開の際の一部抽選

協会員は、新規公開に際して行う株券又は外国株信託受益証券の個人顧客への配分に当たっては、原則として、当該協会員における個人顧客への配分予定数量の**10%以上について抽選により配分先を決定する**必要がある。

注意

「協会員は、新規公開に際して行う株券の個人顧客への配分に当たっては、すべて抽選により配分先を決定する必要がある。」と出題されると誤り。個人顧客への配分予定数量の10%以上について抽選により配分先を決定する必要がある。

10 その他の規則

1．私設取引システムにおける非上場有価証券の取引等に関する規則

この規則は、私設取引システム（PTS）における非上場有価証券の取引に関し必要な事項を定めることにより、非上場有価証券の私設取引システムにおける取引を公正かつ円滑ならしめ、もって投資者の保護及び非上場有価証券に係る流通市場の健全な発展に資することを目的として定められている。

・「非上場PTS銘柄」：非上場有価証券のうち、トークン化有価証券又は特定投資家向け有価証券である店頭有価証券等であって、会員が自ら開設する私設取引システムにおける取引の対象とするもの。

・「非上場PTS運営業務」：会員が自ら開設する私設取引システムにおいて非上場PTS銘柄取引又はその媒介等を行う業務。

・「非上場PTS取引業務」：協会員が他の会員の開設する私設取引システムにおいて非上場PTS銘柄取引若しくはその媒介等を行う業務又は当該媒介等の委託の取次ぎを行う業務。

（1） 社内規則の制定等

非上場PTS運営会員は、非上場PTS運営業務を行うに当たり、以下の事項を定めた社内規則を作成しなければならない。

① 非上場PTS銘柄の適正性の審査に関する事項
② 非上場PTS銘柄の取扱廃止基準に関する事項
③ 発行体との契約に関する事項
④ 適時の情報提供に関する事項
⑤ 売買審査の実施に関する事項
⑥ 価格情報の公表等に関する事項
⑦ 発行体への措置及び非上場PTS銘柄の売買停止措置等に関する事項
⑧ 受渡決済に関する事項
⑨ 国内の取引所金融商品市場に上場している有価証券（以下「上場有価証券」という）との誤認防止措置に関する事項
⑩ 非上場PTS取引協会員に遵守させるべき事項

（2） 業務内容の公表

非上場PTS運営会員は、自社が行う非上場PTS運営業務の内容について自社のウェブサイトに掲載する方法その他のインターネットを利用した方法により公表しなければならない。

（3） 非上場PTS銘柄の適正性審査

非上場PTS運営会員は、非上場有価証券を新たに非上場PTS銘柄に追加する場合、あらかじめ、当該非上場有価証券の適正性について、企業金融型商品及び資産金融型商品に掲げる区分に応じ、当該企業金融型商品及び資産金融型商品に定める事項について審査しなければならない。

（4） 発行体との契約締結

非上場PTS運営会員は、非上場有価証券を新たに非上場PTS銘柄に追加する場合、あらかじめ、当該非上場有価証券の発行体との間で、決められた事項について定めた契約を締結しなければならない。

（5） 発行体による適時の情報提供

非上場PTS運営会員は、前述（4）の発行体との契約において、発行体による非上場PTS運営会員への適時の情報提供に関し、決められた事項を規定しなければならない。

また、非上場PTS運営会員は、発行体から適時の情報提供を受けた場合、当該情報内容を速やかに自社のウェブサイトに掲載する方法等により公衆の縦覧に供する必要があり、また、当該情報内容の適正性の確保に努めなければならない。

（6） 価格情報の公表等

非上場PTS運営会員は、非上場PTS銘柄の約定価格、最終気配及び出来高を自社のウェブサイトに掲載する方法等により、毎営業日、公表しなければならないとともに、非上場PTS取引協会員より非上場PTS銘柄の約定価格等の提供を求められた場合には、速やかに直近の約定価格等を提示できる態勢を整備しなければならない。

また、非上場PTS取引協会員は、顧客より非上場PTS銘柄の約定価格等の提供を求められた場合には、速やかに直近の約定価格等を提示できる態勢を整備しなければならない。

(7) 不公正取引の防止

非上場PTS取引協会員は、非上場PTS取引業務を行うに当たり、不公正取引を防止する態勢を整備しなければならない。

(8) 売買審査の実施

非上場PTS運営会員は、非上場PTS銘柄の取引について、社内規則に基づき適切に売買審査を行わなければならない。

(9) 売買停止措置

非上場PTS運営会員は、社内規則に基づき適切に売買停止措置を講じなければならない。

(10) 上場有価証券と誤認防止措置

非上場PTS運営会員は、非上場PTS銘柄が上場有価証券ではないことについて自社のウェブサイト上で明示しなければならない。

また、非上場PTS取引協会員は、非上場PTS銘柄が上場有価証券ではないことについて、顧客に説明を行わなければならない。

(11) 特定投資家向け有価証券に係る特則等

非上場PTS取引協会員は、特定投資家以外の者である顧客から、私設取引システムにおける特定投資家向け有価証券の受託を行ってはならない。

２．社債券等の募集に係る需要情報及び販売先情報の提供に関する規則

この規則は、会員が社債券等の募集の引受けを行うに当たって、社債券等に係る需要情報及び販売先情報の発行者への提供等について必要な事項を定め、市場実勢を尊重した適正な業務の運営を図り、もって資本市場の健全な発展に資することを目的として定められている。

（1） 需要情報の発行者等への提供

「需要情報」とは、対象社債券等に係る発行条件ごとの顧客の名称又は業態別の顧客数及びその需要額をいう（個人に係るものを除く）。

代表主幹事会員は、プレ・マーケティングにより取得した需要情報を、毎営業日ごと又は発行条件決定日の前営業日まで（やむを得ない事情がある場合にあっては、発行条件決定日の条件決定までの間）に発行者に提供しなければならない。

（2） 販売先情報の発行者等への提供

「販売先情報」とは、対象社債券等の販売先の顧客の名称又は業態別の顧客数及びその販売額をいう（個人に係るものを除く）。

代表主幹事会員は、販売先情報を遅滞なく発行者に提供しなければならない。

（3） 実名での情報提供が必要となる顧客の範囲等

主要な投資家及び需要額又は販売額が10億円以上の者については、実名で発行条件ごとの需要額又は販売額を発行者等へ提供しなければならない。

（4） 提供した情報に係る発行者における適切な管理

引受会員は、発行者が需要情報及び販売先情報を受領する場合、当該情報を漏洩することのないよう当該発行者において適切に管理することの確約を得る必要がある。

(5) 社内規則の制定

引受会員は、対象社債券等の引受けを行うに当たり、対象社債券等の需要情報及び販売先情報の提供に関する社内規則を作成のうえ、遵守し、以下の項目を規定する。

①需要情報の取得・提供方法
②販売先情報の取得・提供方法
③需要情報及び販売先情報の作成に用いた根拠資料の保管・保存方法
④報道機関への適正な情報提供
⑤社内検査手続
⑥その他会員が必要と判断する事項

(6) 社内管理体制の充実

引受会員は、対象社債券等の需要情報及び販売先情報の比較等により、対象社債券等の発行手続等が適正に行われたか否かについて、定期的に検査を行わなければならない。

(7) 記録の作成及び保存

引受会員は、外部の監査及び検査等が適切に行われるよう対象社債券等に係る以下の記録を作成のうえ、当該対象社債券等が発行された日から5年間保存しなければならない。

①需要情報に関する記録
②販売先情報に関する記録
③顧客の名称を匿名とした場合には、当該顧客の名称及び当該顧客が名称の提供を拒んだ事実の記録
④検査結果に関する記録
⑤その他会員が必要と判断する記録

(8) 協会への報告

協会は、必要があると認めるときは、引受会員に対し、この規則に関し、報告又は資料の提出を求めることができ、引受会員はこれに応じなければならない。

3．公社債の店頭売買の参考値等の発表及び売買値段に関する規則

公社債の流通市場には、取引所金融商品市場と店頭市場とがあるが、その**取引のほとんどは、店頭市場において行われている**。そこで、協会では協会員が顧客との間において行う公社債の店頭売買の参考に資するため、売買参考統計値を発表しているほか、店頭売買に関し必要な事項を定めている。

（1） 売買参考統計値の発表

重要 協会は、協会員が顧客との間において行う公社債の店頭売買の際に協会員及び顧客の参考に資するため、協会が指定する協会員からの報告に基づき、**売買参考統計値を毎営業日発表**している。

注意
「売買参考統計値は、日本証券業協会より毎週発表されている」と出題されると誤り。毎営業日発表されている。

（2） 取引公正性の確保等

①	協会員は、顧客との間で公社債の店頭売買を行うに当たっては、合理的な方法で算出された時価（以下「社内時価」という）を基準として適正な価格により取引を行い、その取引の公正性を確保しなければならない
②	協会員は、**公社債の額面1,000万円未満の取引を行う顧客（小口投資家）**との店頭取引に当たっては、価格情報の提示や公社債店頭取引の知識啓発に十分留意し、より一層取引の公正性に配慮することや、**上場公社債の取引を初めて行う小口投資家に対する取引所金融商品市場における取引と店頭取引の相違点についての説明等**が義務付けられている
③	協会員は、**国債の発行日前取引**を初めて行う顧客に対し、あらかじめ当該取引が**停止条件付売買**であること及び停止条件不成就の場合の取扱いなどについて説明するものとする

注意
「公社債の額面100万円未満の取引を行う顧客を小口投資家という」と出題されると誤り。額面1,000万円未満である。

(3) 異常な取引の禁止

協会員は、顧客の損失を補塡し、又は利益を追加する目的をもって、次に掲げる行為（異常な取引）を行ってはならない。

①	同一銘柄の公社債の店頭取引において、当該顧客又は第三者に有利となり、協会員に不利となる価格で売付けと買付けを同時に行う取引
②	顧客に公社債を売却し、又は顧客から買い付ける際に、当該顧客に有利になるように買い戻し、若しくは売却をすること、又は約定を取り消すことをあらかじめ約束して行う取引
③	第三者と共謀し、顧客に公社債を売却し、又は顧客から買い付ける際に、その顧客に確実な利益を得ることが、その第三者に売却し、又は買付けることによって可能となるよう、あらかじめ約束して行う取引

(4) 約定処理の管理等

協会員は、公社債の店頭取引を行ったときは、約定時刻等を記載した当該注文に係る伝票等を速やかに作成し、整理、保存する等適切な管理を行わなければならない。

4．外国証券の取引に関する規則

この規則は、協会員が顧客との間で行う外国証券の取引及び外国株券等の国内公募の引受等について、協会員の遵守すべき事項を定めたものである。

(1) 契約の締結及び約款による処理

協会員は、顧客から外国証券の取引の注文を受ける場合には、当該顧客と**外国証券の取引に関する契約**を締結しなければならない。

協会員は顧客と当該契約を締結しようとするときは、あらかじめ各金融商品取引業者が定める様式の**外国証券取引口座に関する約款**（以下「約款」という）**を当該顧客に交付**し、当該顧客から約款に基づく**取引口座の設定に係る申込み**を受けなければならない。

約款とは、顧客の注文に基づく外国証券の売買等の執行、売買代金の決済、証券の保管、配当・新株予約権その他の権利の処理等について規定したものであり、**顧客との外国証券の取引は、公開買付けに対する売付けを取り次ぐ場合を除き、約款の条項に従って行わなければならない。**

（2） 遵守事項

外国証券については、募集及び売出し等の場合を除き金商法に基づく企業内容等の開示が行われておらず、投資者の入手し得る情報が限られていることから、協会員は、顧客に対する外国証券の投資勧誘に際しては、顧客の意向、投資経験及び資力等に適合した投資が行われるよう十分配慮しなければならない。

（3） 国内店頭取引

①決　済

国内店頭取引についての証券の決済は、口座の振替によって行う。

重要

②取引公正性の確保

協会員が顧客との間で**外国株券等**、外国新株予約権証券、外国新投資口予約権証券及び外国債券の国内店頭取引を行うに当たっては、「**社内時価（合理的な方法で算出された時価）**」を基準とした適正な価格により取引を行わなければならない。

なお、協会員は、顧客の求めがあった場合には、取引価格の算定方法等について、**口頭又は書面**により、その**概要を説明**しなければならない。

注意

「協会員は、外国株式の国内店頭取引において顧客から取引価格の算定方法について問い合わせがあった場合は、必ず書面により説明を行わなければならない」と出題されると誤り。口頭又は書面による説明である。

③小口投資家との取引の公正性の確保

協会員は、外国株券等、外国新株予約権証券、外国新投資口予約権証券及び外国債券の邦貨換算約定金額**1,000万円未満の取引を行う顧客である小口投資家**との国内店頭取引に当たっては、価格情報の提示や国内店頭取引の知識の啓発などに十分留意し、より一層取引の公正性に配慮しなければならない。

④取引記録の作成・保存等

協会員が、外国株券等、外国新株予約権証券、外国新投資口予約権証券及び外国債券の国内店頭取引を行ったときは、約定時刻等を記載した当該注文に係る伝票等を速やかに作成のうえ、整理、保存する等、適切な管理を行わなければならない。

（4） 外国投資信託証券の販売等

外国投資信託証券には、わが国にはみられない形態があり、その種類も多いので、国内において販売等が行われる外国投資信託証券については、特に投資者保護の観点から、その選別基準、資料の公開、販売方法等についての規定が設けられている。

①対象証券

協会員が顧客（適格機関投資家を除く）に勧誘を行うことにより販売等ができる外国投資信託証券は、一定の要件を満たす国又は地域の法令に基づき設立され、募集の取扱い又は売出しに該当する場合は、外国投資信託受益証券及び外国投資証券ごとにそれぞれ規定されている**「選別基準」に適合**しており、**投資者保護上問題がないと協会員が確認した外国投資信託証券**である。

②選別基準

外国投資信託証券の選別基準は、この規則において外国投資信託受益証券、外国投資証券の別に定められている。

重要

③買戻し義務

協会員は、外国投資信託証券が選別基準に適合しなくなった場合においても、**顧客から買戻しの取次ぎ又は解約の取次ぎの注文があったときは、これに応じなければならない。**

注意

「協会員は、外国投資信託証券が選別基準に適合しなくなったときは、遅滞なくその旨を顧客に通知しなければならないが、顧客から買戻しの取次ぎ又は解約の取次ぎの注文があったとしても、これに<u>応じなくてもよい</u>」と出題されると誤り。これに<u>応じなければならない</u>。

④資料の公開

協会員は、外国投資信託証券を販売した顧客に対しては、その投資信託証券に関する決算報告書その他の書類を送付しなければならない。

協会員は、**自社が販売した外国投資信託証券が選別基準に適合しなくなった場合には、遅滞なくその旨を当該顧客に通知しなければならない。**

（5） 外国株券等の国内公募の引受け対象証券

協会員が国内公募の引受等を行うことができる外国株券等は、**適格外国金融商品市場**若しくは**国内の取引所金融商品市場**において取引が行われているもの又は当該市場における取引が予定されているものに限られる。

（6） 特定投資家に対する投資勧誘等（特定投資家向け銘柄制度（J-Ships）の準用等）

協会員が、国内の取引所金融商品市場への上場がなされていない外国株券等について、特定投資家向け売付け勧誘等又は取扱いを行う場合には、この規則のほか、「店頭有価証券等の特定投資家に対する投資勧誘等に関する規則」の一部に基づき行わなければならない。

5．外国株式信用取引制度

（1） 外国株式信用取引とは

会員が顧客に国内において信用を供与して行う外国の金融商品市場における有価証券の売買の委託の媒介、取次ぎ又は代理のことをいう。

（2） 対象証券

アメリカ合衆国に所在する適格外国金融商品市場に上場されているものに限られる。

（3） 約諾書の受け入れと口座設定

会員は、顧客との間で外国株式信用取引を行うに当たっては、顧客から所定の事項を記載した**外国株式信用取引口座設定約諾書**を受け入れ、**外国株式信用取引口座**を設定しなければならない。

6．CFD取引

（1） CFD取引とは

協会員が顧客から証拠金の預託を受け、有価証券や有価証券指数を参照とする取引開始時の取引価格と取引終了時の取引価格との差額により差金決済を行う取引のことをいう。

（2） 勧誘についての禁止行為

重要

◆個人を相手方とするCFD取引の勧誘についての禁止行為

上場CFD取引	勧誘受諾意思の確認義務 再勧誘の禁止
店頭CFD取引	不招請勧誘の禁止 勧誘受諾意思の確認義務 再勧誘の禁止

【注】店頭CFD取引は、勧誘そのものが禁止されている。

不招請勧誘の禁止	勧誘の要請をしていない顧客に対し、訪問又は電話により勧誘をする行為
勧誘受諾意思の確認義務	勧誘に先立って、顧客に対し、その勧誘を受ける意思の有無を確認しないで勧誘をする行為
再勧誘の禁止	勧誘を受けた顧客が当該契約の締結をしない旨の意思を表示したにもかかわらず、当該勧誘を継続する行為

これは必須！

◎演習問題◎

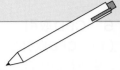

次の文章について、正しい場合は○へ、正しくない場合は×の方へマークしなさい。

1. 協会の従業員は、顧客から有価証券の売買注文を受けた場合において、当該顧客から書面による承諾を受けた場合に限り、自己が相手方となって売買を成立させることができる。
2. 個人を相手方とする上場CFD取引に係る契約の締結の勧誘に対して、勧誘受諾意思の確認義務及び再勧誘の禁止が適用される。
3. 信用取引を行う場合は、日本証券業協会の定める取引開始基準に適合した顧客との間で契約を締結する。
4. 照合通知書を顧客に交付するときは、当該顧客の住所、事務所又は当該顧客が指定した場所に郵送することを原則としている。
5. 協会員は、高齢顧客に有価証券等の勧誘による販売を行う場合には、当該協会員の業態、規模、顧客分布及び顧客属性並びに社会情勢その他の条件を勘案し、高齢者の定義、販売対象となる有価証券等に関する社内規則を定め適正な投資勧誘に努めなければならない。
6. 協会員は、有価証券の売買その他の取引等を行う場合には、顧客の注文に係る取引と自己の計算による取引を峻別しなければならない。
7. 協会員は、上場公社債の取引を初めて行う小口投資家に対して、取引所金融商品市場における取引と店頭取引の相違点について説明等しなければならない。
8. 協会員は、外国投資信託証券が選別基準に適合しなくなった場合においては、顧客から買戻しの取次ぎ又は解約の取次ぎの注文があったときは、これに応じる必要はない。
9. 協会員は、新規顧客や大口顧客等からの注文の受託に際しては、買付代金又は売付有価証券の全部又は一部の預託を受ける等、取引の安全性の確保に努めなければならない。
10. 協会員は、広告等の表示又は景品類の提供を行うときは、営業責任者に禁止行為に該当する事実がないか審査させなければならない。
11. 協会員は、外務員の種類ごとに定める一定の資格のある者でなければ外務員の登録を受け、また、外務員の職務を行わせてはならない。
12. 協会員は、有価証券オプション取引に関して、取引制限又は取引禁止措置を行っている銘柄については、これらの措置が行われている旨及びその内容について説明しなければならない。

解答

1．× 協会の従業員は、自己が相手方となって売買を成立させることは、禁止されている。
2．○
3．× 信用取引を行う場合の取引開始基準は、各協会員が独自に定める。
4．○
5．○
6．○
7．○
8．× 選別基準と適合しなくなった場合においても、顧客から買戻しの取次ぎ又は解約の取次ぎの注文に応じなければならない。
9．○
10．× 営業責任者ではなく、広告審査担当者である。
11．○
12．○ また、勧誘を自粛しなければならない。

第7章
取引所定款・諸規則

上場会社になるための上場審査基準や上場廃止基準及び取引所の受託契約準則が中心です。取引所の売買立会において始値を決定する方法である「板寄せ」、始値決定後から終値決定までの「ザラ場」における価格優先の原則及び時間優先の原則に基づく個別競争売買、成行や指値についても理解しましょう。

一種（12点）	
○×	五肢選択
6問	—

二種（10点）	
○×	五肢選択
5問	—

予想配点

1 取引参加者規程

1．総　則

取引所の**取引参加者**は、取引所市場における公正な価格形成と円滑な流通を確保し、もって取引所金融商品市場【※】としての機能の維持及び向上に努めるものとされ、また、取引所市場における有価証券の売買等を重要な業務とする者でなければならない。

【※】金融商品取引所の開設する金融商品市場（有価証券の売買又は市場デリバティブ取引を行う市場）をいう。

主な取引所の取引資格は、以下のようになっている。

東京証券取引所	総合取引参加者	有価証券の売買を行うことができる者
大阪取引所（OSE）	先物取引等取引参加者	国債証券先物取引、金利先物取引、指数先物取引、商品先物取引、有価証券オプション取引、国債証券先物オプション取引、指数オプション取引及び商品先物オプション取引ができる者
	国債先物等取引参加者	国債証券先物取引、金利先物取引及び国債証券先物オプション取引ができる者
	商品先物等取引参加者	商品指数先物取引、商品先物取引及び商品先物オプション取引ができる者
	外国為替証拠金取引参加者	取引所外国為替証拠金取引（ＦＸ取引）を行うことができる者

東京証券取引所の取引参加者は、有価証券の売買を行うことができる**総合取引参加者の１種類**である。

①商品先物等取引参加者の種別

・商品受託取引参加者：OSEの市場において商品指数先物取引、商品先物取引及び商品先物オプション取引を行うことができる者

・商品市場取引参加者：OSEの市場において自己の計算による商品指数先物取引、商品先物取引及び商品先物オプション取引を行うことができる者

②商品先物等取引参加者の区分

貴金属部取引参加者、ゴム部取引参加者、農産物部取引参加者及び原油等部取引参加者の４つ

2．取引資格の取得

取引所では、取引資格を取得しようとする者は、**取引資格の取得の申請**を行わなければならない。

総合取引参加者及び**先物取引等取引参加者**となることができるのは**第一種金融商品取引業者**であり、**国債先物等取引参加者**となることができるのは、**第一種金融商品取引業者**及び**登録金融機関**である。

商品受託取引参加者となることができるのは、第一種金融商品取引業者、取引所取引許可業者又は登録金融機関である。

商品市場取引参加者となることができるのは、第一種金融商品取引業者、取引所取引許可業者、登録金融機関、当業者【※】、商品先物取引業者等である。

【※】大阪取引所（OSE）が定める商品の売買、売買の媒介、取次ぎ若しくは代理、生産、加工又は使用を業として行う者

外国為替証拠金取引参加者となることができるのは、第二種金融商品取引業者及び登録金融機関である。

3．取引参加者の義務等

事故防止等の観点から、取引参加者は、取引所市場における有価証券の売買等の委託を受けるときは、**あらかじめ顧客の住所、氏名その他の事項を調査しなければならない。**

また、法人関係情報を利用した不公正取引の防止を図るため、必要かつ適切と認められる法人関係情報管理体制を整備しなければならない。

2 有価証券上場規程

取引所金融商品市場において売買の対象となる有価証券は、金融商品取引所に上場されている有価証券である。上場されていない有価証券は、金融商品取引所において売買を行うことができない。

上場の対象となる有価証券は、金融商品取引法上の有価証券に限られる。具体的には、株券、国債証券、地方債証券、社債券及び転換社債型新株予約権付社債券などがある。

なお、**小切手や約束手形等は対象となる有価証券には含まれない。**

注意

「小切手や約束手形は、上場の対象となる有価証券である」と出題されると誤り。小切手や約束手形は、有価証券ではなく、上場されない。

以下、東京証券取引所（東証）の有価証券上場規程について記載する。

1．東京証券取引所（東証）の各市場区分とコンセプト

<プライム市場>

多くの機関投資家の投資対象となりうる規模の時価総額（流動性）を持ち、より高いガバナンス水準を備え、投資家との建設的な対話を中心に据えて持続的な成長と中長期的な企業価値の向上にコミットする企業向けの市場

<スタンダード市場>

公開された市場における投資対象として一定の時価総額（流動性）を持ち、上場企業としての基本的なガバナンス水準を備えつつ、持続的な成長と中長期的な企業価値の向上にコミットする企業向けの市場

<グロース市場>

高い成長可能性を実現するための事業計画及びその進捗の適時・適切な開示が行われ一定の市場評価が得られる一方、事業実績の観点から相対的にリスクが高い企業向けの市場

重要

2. 株券等の新規上場手続き

東証は、**国債証券の場合等を除き**、発行者からの申請がない株券等は上場しない。

注意

「国債証券及び地方債証券は、発行者からの上場申請がなくても上場できる」と出題されると誤り。国債証券は上場申請が不要だが、地方債証券は上場申請が必要である。

3. 株券等の上場審査基準

（1） 内国株式の上場審査基準（スタンダード市場への新規上場）

上場審査は、以下の**形式基準すべてに適合するもの**を対象として行う。

①株主数	②流通株式	③事業継続年数
④純資産の額	⑤利益の額	⑥虚偽記載又は不適正意見等
⑦登録上場会社等監査人による監査		⑧株式事務代行機関の設置
⑨単元株式数	⑩株券等の種類	⑪株式の譲渡制限
⑫指定振替機関における取扱い		⑬合併等の実施の見込み

（2） 外国株券等の上場審査基準

外国株券等の上場審査については、内国株券等の上場審査制度を基準にして、**外国株券等に特有な性質を配慮しつつ行う**。

具体的には、以下に適合するものを対象として、本国等における法制度、実務慣行等を勘案した実質審査を行う。

①株主数	②流通株式（ただし流通株式割合に係る要件が不要）	
③事業継続年数	④純資産の額	⑤利益の額
⑥虚偽記載又は不適正意見等		⑦合併等の実施の見込み
⑧預託契約等		

（3） 同一種類の新株券等の上場審査基準

東証に既に上場されている株券等の発行者（上場会社）が、**同一種類の株券等**を新たに発行する場合は、原則として上場を承認する。

4．市場区分の変更

東証は、他の市場区分（プライム市場、スタンダード市場又はグロース市場のうち、上場株券等が上場している市場区分以外の市場区分をいう）への市場区分の変更申請を受けた場合には、前頁3の新規上場申請時と同様に審査を行う。

5．適時開示等上場管理

東証は、上場された株券等について、発行者の経営に重大な影響を与える事実及び株券等に関する権利等に係る重要な決定等の開示を義務付けている。

なお、発行者は、TDnet（東証の適時開示情報伝達システム）を利用して会社情報の適時開示を行うものとされている。

6．上場廃止基準

東証は、内国株券等の上場を廃止する基準として、以下の基準を設け、上場内国株券等がこれらの基準のいずれか**に該当する場合**は、その**上場を廃止する**。

①上場維持基準への不適合	②銀行取引の停止
③破産手続、再生手続又は更生手続	④事業活動の停止
⑤不適当な合併等	⑥虚偽記載又は不適正意見等
⑦株式の譲渡制限	⑧完全子会社化
⑨株式併合	⑩反社会的勢力の関与　など

なお、上場株券等が上場廃止基準に該当することとなった場合又はそのおそれがある場合、及び上場株券等の発行者から上場廃止申請が行われた場合には、その事実を投資者に周知させるため、東証は、一定期間、当該株券等を、監理銘柄又は整理銘柄に指定し、その売買を行わせることができる。

監理銘柄	上場廃止基準に該当する（**上場廃止の**）**おそれがある場合** 又は上場株券等の**発行者から上場廃止申請が行われた場合**
整理銘柄	上場株券等の**上場廃止が決定された場合**

注意

監理銘柄と整理銘柄の入れ替えに注意すること。

7．非参加型優先株及び子会社連動配当株の上場

（1） 優先株等の分類

非参加型優先株と子会社連動配当株を併せて**優先株等**という。

①非参加型優先株

剰余金配当に関して優先的内容を有する種類株のうち、優先配当金の支払を受けた後、残余の分配可能額からの配当については受け取ることのできないものをいう。

②子会社連動配当株

発行者がその連結子会社の業績、配当等に応じて株主に剰余金配当を支払うことを内容とする種類株をいう。

（2） 優先株等の上場申請

優先株等の上場については、その上場申請は「株券等の新規上場手続」とほぼ同様の手続きにより行うこととしているが、上場審査及び上場廃止は、優先株等の特異性を考慮し、「株券等の**上場審査基準**」及び「**上場廃止基準**」とは**異なった基準を設けている**。

注意

「非参加型優先株の上場審査等は、普通株式の上場審査基準と同様である」と出題されると誤り。

（3） 優先株等の上場審査

新規上場申請銘柄の形式要件の1つとして、**その発行者が普通株**（議決権付株式）**を上場していること**がある。

また、実質審査の1つとして、**剰余金配当**を行うに足りる**利益を計上**する見込みがあることがある。

（4） 優先株等の上場廃止基準

①優先株等に係る上場契約に関する重大な違反を行った場合又は優先株等に係る上場契約の当事者でなくなった場合、②**発行する普通株が当該普通株の上場廃止基準に該当した場合のいずれかに該当する場合には**、発行する**優先株等全銘柄の上場を廃止**する。

7．取引所定款

8．株券等以外の有価証券の上場

重要

債券の上場手続も、基本的には株券等と同様に、**発行者からの上場申請制と内閣総理大臣への届出制**をとっている。

ただし、**国債証券については、発行者からの上場申請がなくても上場できるとしている。**

◆株券等以外の有価証券の上場審査基準

社債券	発行者基準	**上場会社**であること
	銘柄基準	未償還額面総額、当該債券の消化件数、額面金額及び指定振替機関の振替業における取扱いの対象であること
転換社債型新株予約権付社債券	発行者基準	**上場会社**であること
	上場申請銘柄基準	発行額面総額、新株予約権の行使条件が適当であると認められるものであること、指定振替機関における取扱いの対象となること　等
内国ETF（上場投資信託）	管理会社の基準	**投資信託協会の会員**であること
	銘柄基準	公社債投資信託以外の証券投資信託の受益証券であること又は投資信託法施行令に掲げる投資信託の受益証券であること、約款記載事項、指定参加者の適格性　等
不動産投資信託証券（J-REIT）	発行者等の基準	資産運用会社、投資信託委託会社又は信託会社等が**投資信託協会の会員**であること
	銘柄の商品特性に係る基準	運用資産等のうち不動産等の額の比率、不動産等・不動産関連資産及び流動資産等の合計額の比率、上場口数　等

注意

「転換社債型新株予約権付社債の上場審査基準は、発行者に対する基準と上場申請銘柄に対する基準からなる」と出題されると正しい。

3 業務規程

1．有価証券の売買の態様

（1） 有価証券の売買の種類

東証の取引所市場内における有価証券の売買は、立会市場（売買立会による有価証券の売買を行う市場）における有価証券の売買と、立会市場以外の市場（ToSTNeT市場）における有価証券の売買に分けられる。

①立会市場における売買立会による売買

当日決済取引【※1】	売買契約締結の当日、決済を行う取引をいう
重要 **普通取引**	売買契約締結の日から起算して**3日目**（休業日を除く）の日（**3営業日目の日**）に決済を行う**取引**をいう なお、国債証券の売買については、売買契約締結の日から起算して2日目の日（2営業日目の日）に決済を行う取引をいう
発行日決済取引【※2】	内国株券の株主有償割当及び優先出資証券の優先出資有償割当を対象とした取引をいう

【※1】国債証券の売買については、普通取引しか行われない。

【※2】原則として、権利落として定める期日から、新株券に係る新規記録日の2日前の日まで行い、決済は新株券の新規記録日に一括して行う。
発行日決済取引の期間は通常1ヵ月から3ヵ月にわたるため、金融商品取引清算機関は、決済の履行の確保の観点から、その清算参加者に売買証拠金を差し入れさせ、かつ、毎日の相場変動に伴う損益額を授受している（値洗い制度という）。

②立会市場における売買立会による売買以外の売買

過誤訂正等のための売買	過誤等のため委託の本旨に従って取引所市場で執行できなかった顧客の注文を、一定の条件のもとに自己が相手方となって売買立会等によらないで執行する便宜的な市場内売買
立会外分売	顧客が大量の売付注文を委託した場合に、**取引所が分売条件を公表**し、広く一般投資者の分売への参加を求める取引。**大口注文の換金性を確保**し、相場の激変を回避する趣旨のもの また、**株式の分布状況の改善**を図るため、大株主の所有株を一般投資者に分散する手段としても利用されている

（2） 配当落、権利落等の売買【第８章　株式業務　p.216参照】

東証は、株券の普通取引は、配当金（中間配当を含む）交付株主確定期日又は新株予約権その他の**権利確定期日（基準日）の前日から、配当落又は権利落として売買を開始する**としている。

＜権利落日＞

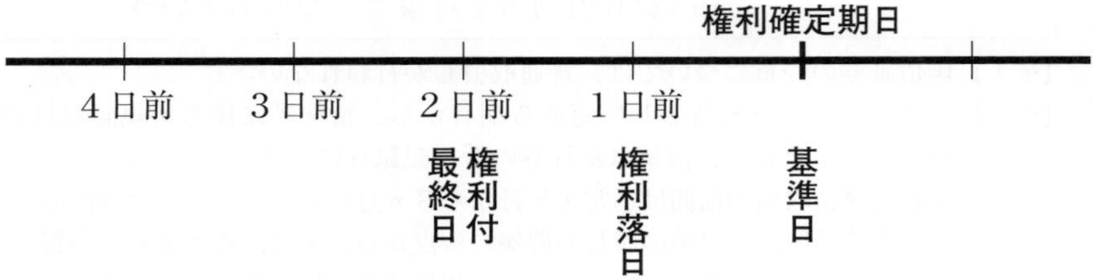

用語解説

配当落……………株主が配当を受け取る権利が消滅すること、又は消滅する日。
権利落……………株主が新株を受け取る権利が消滅すること、又は消滅する日。
権利確定期日……株主が新株を受け取る権利が確定する日。

２．売買立会

（１）呼値・売買（取引）単位

呼値とは、取引所の売買立会取引における**売り又は買いの注文値段のこと**である。売買立会による売買を行おうとするときは、呼値を行わなければならず、売買システムによる売買における呼値は、取引参加者端末装置から入力する方法によるものとされている。

	内国株券	転換社債型新株予約権付社債券	国債証券
呼　　値	一般の銘柄 3,000円以下→１円 3,000円超→値段により異なる TOPIX500【※１】構成銘柄 1,000円以下→0.1円	額面100円 につき**５銭**	額面100円 につき**１銭**
売買単位	１単元の株式の数を定めている会社→１単元 １単元の株式の数を定めていない会社→１株 【注】東証の売買単位 →**100株**	額面500万円 100万円 50万円 10万円 など	額面**５万円**
制限値幅【※２】	基準値段により異なる	上場株券の制限値幅に転換比率を乗じて算出	１円

【※１】TOPIX100（TOPIX Core30及びLarge70）とTOPIX Mid400の構成銘柄（上位500銘柄）で構成される時価総額加重型の株価指数のこと。

【※２】価格の急激な変動は、それだけ投資者に不測の損害を及ぼすこととなるので、この防止のため、取引所は、１日の値幅を前日の終値から一定の範囲に制限している。

(2) 売買契約の締結

取引所市場における売買立会による売買は、売買注文を売り・買い別に市場に集中し、価格優先・時間優先の原則に従い、競争売買によって行われる。

重要

①価格優先の原則

価格優先の原則とは、**売呼値においては、低い値段**の売呼値が高い値段の売呼値に優先し、**買呼値においては、高い値段**の買呼値が低い値段の買呼値に優先することをいう。

注意

「売呼値においては、高い値段の売呼値が低い値段の売呼値に優先し、買呼値においては、低い値段の買呼値が高い値段の買呼値に優先する」と出題されると誤り。入れ替えに注意すること。

重要

②時間優先の原則

時間優先の原則とは、同一値段の呼値の間では、呼値が行われた時間によって、先に行われた呼値が後に行われた呼値に優先することをいう。

また、**成行**(なりゆき)**呼値は、指値**(さしね)**による呼値に値段的に優先**し、成行呼値が2個以上ある場合は、それぞれ同順位として、その全数量を同時に執行することとしている。

注意

取引所の売買立会による売買取引は、売買注文について、まず価格優先の原則を適用し、これによることができない場合には、時間優先の原則に従い、競争売買によって行われる。

用語解説

成行……いくらでもよいから買いたい、いくらでもよいから売りたいという売買注文の発注方法。

指値……値段を指定して売買注文を発注する方法。

（3） 価格の決定方式

重要

①板寄せ方式とザラ場方式

板寄せ	**売買立会の始値**を定める場合や、売買立会終了時における**終値**を定める場合の方法。売呼値及び買呼値の一定数量が一定の値段で合致するとき、その値段を約定値段として売買を成立させる方法
ザラ場	始値決定後の値段の決定方法 **ザラ場**とは、始値と終値との間に行われる継続売買のこと。個別競争売買のこと

注意

「売買立会の始値を定める場合、ザラ場の方法が用いられる」と出題されると誤り。板寄せの方法が用いられる。

②板寄せの例

～始値直前の注文控（板）の状況～

（成行売呼値記載欄）15,000株（イ）	（銘柄）（値段）	（成行買呼値記載欄）25,000株（A）
	650	
4,000（ト）	649	
5,000（へ）	648	5,000（B）
5,000（ホ）	647	7,000（C）
4,000（ニ）	646	7,000（D）
7,000（ハ）	645	6,000（E）
10,000（ロ）	644	7,000（F）
	643	8,000（G）
	642	

（売呼値記載欄）（買呼値記載欄）

〈始値の決定〉　始値＝647円、売買高＝37,000株

～成立過程～

（売り）				（買い）		
（イ）	成　行	15,000株	――――	（A）	成　行	25,000株
（ロ）	644円	10,000株	――――	（A）	成　行	10,000株
（ハ）	645円	7,000株	――――	（B）	648円	5,000株
（ハ）	645円	2,000株	――――	（C）	647円	7,000株
（ニ）	646円	4,000株	――――	（C）	647円	5,000株
（ホ）	647円	5,000株	――――	（C）	647円	1,000株

a．まず、成行の売呼値15,000株（イ）と成行の買呼値25,000株（A）を対当させる。この時点では、成行買呼値が10,000株残る。

b．次に、成行の買呼値の残りの10,000株を、最も低い売呼値である644円10,000株（ロ）と対当させる。

この時点で成行の買呼値（A）は全部の数量が執行されるが、644円より高い買呼値（B）、（C）、（D）、（E）が執行されていない。

c．そこで、残りの呼値のうち、まず、最も高い買呼値648円5,000株（B）を、最も低い売呼値645円7,000株（ハ）と対当させる。

この時点で、売呼値645円（ハ）が、2,000株残る。

d．次に、（ハ）の残株2,000株を、買呼値647円7,000株（C）と対当させる。この時点で、買呼値647円（C）が5,000株残る。

e．次に、（C）の残株5,000株を、売呼値646円4,000株（ニ）と対当させる。この時点で、買呼値647円（C）が1,000株残る。

f．この時点で、買呼値（C）の残株1,000株を売呼値647円5,000株（ホ）と対当させる。この647円の売・買呼値の対当のときに板寄せによる約定値段決定の条件が整い、ここで始値647円が決定されることになる。

これにより、始値の成立過程で対当された呼値は、すべて647円の単一値段で約定されることになる。

③ザラ場の例

～始値決定後の注文控（板）の状況～

（成行売呼値記載欄）	（銘　　柄） （値段）	（成行買呼値記載欄）
	650	
4,000（ト）	649	
5,000（ヘ）	648	
4,000（ホ）	647	
	646	7,000（D）
	645	6,000（E）
	644	7,000（F）
	643	8,000（G）

（売呼値記載欄）　（買呼値記載欄）

a．始値決定後、売呼値646円3,000株（チ）が発注された場合

　この3,000株と最も高い買呼値646円7,000株（D）とを対当させる。646円で3,000株が対当し、4,000株が残る。

b．次いで、買呼値647円5,000株（H）が発注された場合

　この5,000株と最も低い売呼値647円で4,000株（ホ）とを対当させる。647円で4,000株が対当し、1,000株が残る。

c．その後、成行の売呼値6,000株（リ）が発注された場合

　まず、①最も高い買呼値647円1,000株（H）と対当、

　　　②次に646円4,000株（D）と対当、

　　　③さらに残り1,000株を645円6,000株（E）と対当させる。

　値段は、順に①647円、②646円、③645円が成立する。

（4）　有価証券の売買等の取消し

取引所は、過誤のある注文により売買等が成立した場合において、その決済が極めて困難であり、取引所市場が混乱するおそれがあると認めるとき等において、取引所が定める売買等を取消すことができる。

4 清算・決済規程

清算機関制度	取引所で行われた売買の清算は、指定清算機関である株式会社**日本証券クリアリング機構**が行う。この機構は、日本証券業協会と各取引所が共同で設立した統一清算機関で、各取引所で行われた売買の清算を一元化している 清算機関の介在によって、**DVP**（Delivery Versus Payment：**有価証券と資金の授受を相互に条件付けることにより元本リスクを排除した決済方式**）を実現する
売買の決済方法	取引所金融商品市場で行われた株券等の売買の決済は、多数当事者間の**ネッティング**（売り買いの数量・金額を相殺して決済する）により行う
有価証券等清算取次ぎ	実質的には委託者たる非清算参加者の有価証券売買であって、清算参加者に清算機関との間で清算を行わせるために、名義上清算参加者の名によって売買を成立させるための行為
決済履行保証制度	万が一、清算参加者の破綻が生じた場合に、当該清算参加者の決済不履行による損失を一定の順位で補填することとしている。

5 受託契約準則

1. 総　則

取引参加者が取引所市場における有価証券の売買等を受託するに当たっては、取引所の定める**受託契約準則**によらなければならないとされている。

また、取引参加者のみならず、**顧客**についても対等の契約を締結した者として、**受託契約準則**を**熟読**し**遵守すべき義務**がある。

注意

「取引参加者である金融商品取引業者は、取引所の定める受託契約準則を熟読し遵守しなければならないが、顧客は遵守する必要はない。」と出題されると誤り。顧客も熟読し遵守しなければならない。

2. 取引の受託

重要

顧客が取引参加者に有価証券の売買等を委託する場合には、その住所・氏名等を通告する義務がある。

顧客は、有価証券の売買の委託に際しては、売買の種類、銘柄、売付け又は買付けの区別、数量、値段の限度、売付け又は買付けを行う売買立会時、**委託注文の有効期間**、空売りを行おうとするとき又は信用取引により行おうとするときは、その旨を明確に取引参加者に指示しなければならない。

国債の売買の委託に際しては、銘柄、売付け又は買付けの区別、数量、値段の限度、売付け又は買付けを行う売買立会時、**委託注文の有効期間**を取引参加者に指示しなければならない。

金利先物取引の委託に際しては、取引対象金融指標及び限月取引を取引参加者に指示しなければならない。

商品先物取引の委託に際しては、取引の対象とする商品、金及び白金に係る商品先物取引については現物先物取引又は現金決済先物取引の別、限月取引（即日現金決済先物取引についてはその旨）のほか、所定事項を取引参加者に指示しなければならない。

また、市場デリバティブ取引（先物取引及びオプション取引）の委託に際しては、銘柄（Large等の区分があるものはその区分）、限月取引のほか、所定事項を取引参加者に指示しなければならない。

なお、市場デリバティブ取引の受託に当たっては、大阪取引所（OSE）が定める様式による「先物・オプション取引口座設定約諾書」を受け入れなければならない。

3．受渡しその他決済方法

普通取引の決済	顧客は、普通取引による売買成立の日から起算して**3営業日目の日**の午前9時までに、売付有価証券又は買付代金を取引参加者に交付しなければならない
外貨による金銭の授受	有価証券の売買に係る顧客と取引参加者との間の**金銭の授受**は、すべて**円貨で行うのが前提**であるが、**受託取引参加者が同意**した場合は、顧客の指定する**外貨**で行うことができる
顧客の債務不履行	有価証券の売買において、顧客が**所定の時限**までに買付代金を**支払わない**場合、取引参加者は、任意にその**顧客の計算**により、**買付有価証券を転売**することができる なお不足があるときは、その不足額を顧客に請求できる

注意

「有価証券の売買に係る顧客と取引参加者との間の金銭の授受は、必ず円貨で行わなければならない」と出題されると誤り。

４．信用取引【第８章　株式業務　p.198参照】 一種のみ

顧客は、有価証券の売買の委託につき信用取引口座を設定しようとするときは、その旨を取引参加者に申し込み、その承諾を受けなければならない。

取引参加者から承諾を受けたときは、顧客は、**取引所が定める様式による信用取引口座設定約諾書に所定の事項を記載し、これに署名又は記名押印して、取引参加者に差し入れなければならない。**

なお、信用取引には、委託保証金が必要となり、**株券、国債証券、地方債証券等**は、信用取引の**保証金代用有価証券**となる。

また、**保証金代用有価証券の現金換算率は、有価証券の種類により違いがある。**

注意
「国債証券、地方債証券は、保証金代用有価証券にならない」と出題されると誤り。代用有価証券となる。

6 市場デリバティブ取引 （一種のみ）

デリバティブ取引とは、派生商品といわれ、株や債券、商品などの原資産から派生した金融商品のことである。市場デリバティブ取引とは、金融商品市場において、金融商品市場を開設する者の定める基準及び方法に従い行うデリバティブ取引をいい、先物取引及びオプション取引がある。

デリバティブ市場において祝日取引制度が導入されている。

<table>
<tr><td>国債証券先物取引</td><td>将来の一定の時期において国債証券の標準物及びその対価の授受を約する売買であって、当該売買の目的となっている国債証券の標準物の転売又は買戻しをしたときは、差金の授受によって決済することができる取引</td></tr>
<tr><td>金利先物取引</td><td>金銭債権の利率に基づいて算出した金融指標を対象とする取引であって、金融商品市場において、金融商品市場を開設する者の定める基準及び方法に従い、当事者があらかじめ金融指標として約定する数値と将来の一定の時期における現実の金融指標の数値の差に基づいて算出される金銭の授受を約する取引</td></tr>
<tr><td>指数先物取引</td><td>当事者があらかじめ指数として約定する数値と将来の一定の時期における現実の指数の数値の差に基づいて算出される金銭の授受を約する取引</td></tr>
<tr><td>商品先物取引</td><td>将来の一定の時期において商品（法令等で定めるもの）及びその対価の授受を約する売買であって、当該売買の目的となっている商品の転売又は買戻しをしたときは、差金の授受によって決済することができる取引</td></tr>
<tr><td>有価証券オプション取引</td><td rowspan="4">それぞれのオプションを相手方が当事者の一方に付与し、当事者の一方がこれに対して対価を支払うことを約する取引</td></tr>
<tr><td>国債証券先物オプション取引</td></tr>
<tr><td>指数オプション取引</td></tr>
<tr><td>商品先物オプション取引</td></tr>
</table>

これは必須！

◎演習問題◎

次の文章について、正しい場合は○、正しくない場合は×にマークしなさい。

1. 小切手や約束手形は、上場の対象となる有価証券である。
2. 国債証券は、発行者の申請がないと上場されない。
3. 上場審査は、株主数、流通株式、事業継続年数、純資産の額、株式の譲渡制限などの形式基準のいずれかに適合するものを対象として行っている。
4. 成行呼値は、指値による呼値に値段的に優先する。
5. 上場株券等の上場廃止が決定された場合、取引所は一定期間、監理銘柄に指定し、売買を行わせる。
6. 地方債証券は、発行者からの上場申請がなくても上場できる。
7. 売呼値は、高い値段の売呼値が低い値段の売呼値に優先し、買呼値は、低い値段の買呼値が高い値段の買呼値に優先する。
8. 売買立会の始値を定める場合、板寄せの方法が用いられる。
9. 転換社債型新株予約権付社債券の上場申請は、発行者に対する基準と上場申請銘柄に対する基準からなる。
10. 有価証券の売買に係る顧客と取引参加者との間の金銭の授受は、必ず円貨で行わなければならない。
11. 非参加型優先株の上場審査基準は、普通株式の上場審査基準と同様である。
12. 金融商品取引所の国債先物等取引参加者になることができるのは、金融商品取引業者だけである。
13. 地方債証券は、制度信用取引の保証金代用有価証券にならない。
14. 信用取引の保証金代用有価証券の現金換算率は、有価証券の種類にかかわらず100分の80である。
15. 国債証券の呼値は10銭、制限値幅は2円である。

解答

1．× 小切手や約束手形は、上場の対象となる有価証券に含まれない。
2．× 国債は、発行者からの申請がなくても上場することができる。
3．× 形式基準すべてに適合するものを対象に行っている。
4．○
5．× 上場株券等の上場廃止が決定された場合、取引所は一定期間、整理銘柄に指定し、売買を行わせる。
6．× 地方債証券は、上場申請が必要である。
7．× 売呼値は、低い値段の売呼値が高い値段の売呼値に優先し、買呼値は、高い値段の買呼値が低い値段の買呼値に優先する。
8．○
9．○
10. × 円貨で行うのが前提であるが、受託取引参加者が同意した場合は、顧客の指定する外貨により行うことができる。
11. × 非参加型優先株の上場審査基準は、非参加型優先株の特異性を考慮して普通株式の上場審査基準と異なった基準を設けている。
12. × 国債先物等取引参加者となることができるのは、金融商品取引業者、取引所許可業者又は登録金融機関である。
13. × 地方債証券は、制度信用取引の保証金代用有価証券となる。
14. × 有価証券の種類によって、現金換算率に違いがある。
15. × 国債証券の呼値は１銭、制限値幅は１円である。

第8章
株式業務

株式の注文の執行と決済について覚えましょう。株式の売買は取引所において立会売買、立会外売買、取引所外において店頭取引、PTSがあることも覚えましょう。証券投資計算では、PER、PBR、EV/EBITDA及び権利落ち相場の計算は、頻出なので確実に得点できるようにしましょう。
一種試験では信用取引の仕組みを覚えるほか、追加保証金の計算ができなければなりません。

一種（52点）	
○×	五肢選択
6問	4問

二種（30点）	
○×	五肢選択
5問	2問

予想配点

1 取引の種類

1．金融商品取引業者の株式業務

金融商品取引業者の株式業務は、以下のように大別される。

発行関係業務 ---→ 株式の**引受け、募集の取扱い**(a)
発行関係業務・流通関係業務 ---→ 株式の**売出し、売出しの取扱い**(b)
流通関係業務 ---→ 株式の**売買、売買の媒介・取次ぎ・代理**(c)
そ　の　他 ---→ 株式事務の取次ぎ　等

◆発行市場・流通市場のイメージ

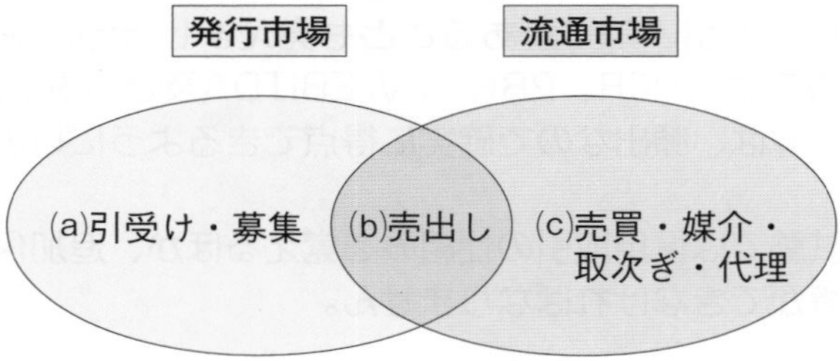

2．取引の種類

取引所**上場株式**の**取引所**<u>内</u>での売買	**取引所（市場）売買**(a)
取引所**上場株式**の**取引所**<u>外</u>での売買	**取引所（市場）外売買**(b)
非上場株式（店頭有価証券）の売買	**店頭取引**(c)

◆取引の種類のイメージ

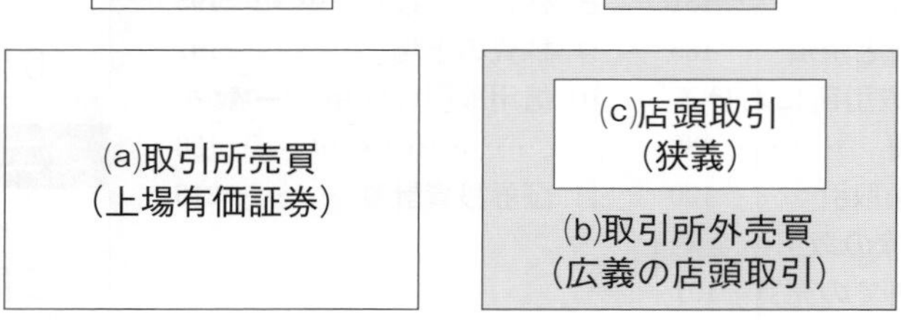

3．取引所売買

◆証券取引所と現物市場区分

＜東京証券取引所の市場区分＞

東証は、プライム市場、スタンダード市場、グロース市場の３つの市場区分に再編されている。

＜他の証券取引所の市場区分＞

	本則市場		新興市場
名古屋証券取引所	プレミア市場	メイン市場	ネクスト市場
札幌証券取引所	本則市場（一部、二部の区分なし）		アンビシャス
福岡証券取引所	本則市場（一部、二部の区分なし）		Q-Board

大阪取引所は、デリバティブ取引に特化した取引所である。

（1） 売買立会(たちあい)時

売買立会は、休業日を除いて、一定の時間に行われる。その時間を売買立会時という。

午前の立会を前場(ぜんば)、午後の立会を後場(ごば)といい、内国株式の立会時間は東証とその他の市場で若干異なっている。

（2） 売買契約の締結方法

取引所で行われる売買を取引所売買といい、取引所売買は、注文を価格優先、時間優先で付け合わせる**オークション方式**（個別競争売買）で売買されている。

取引所において成立した取引価格（最高・最低及び最終価格）は、**毎営業日**、取引所によって**公表**されている。

（3） 呼値の単位

取引所の取引参加者である金融商品取引業者は、売買立会による売買を行おうとするときは、呼値を行わなければならない。一般の内国株券の呼値の単位は、１株の値段により11段階に分類され、最低１円であるが、TOPIX500構成銘柄（TOPIX100及びTOPIX Mid400構成銘柄）は最低10銭と、より細分化されている。

(4)　呼値の制限値幅

取引所は、１日の値幅を前日の終値（基準値段）から一定の範囲に制限している。これを制限値幅といい、株券の呼値の制限値幅は、基準値段により34段階に区分されている。

また、制限値段を「ストップ値段」といい、そこまで価格が上がることを「**ストップ高**」、下がることを「**ストップ安**」という。

(5)　売買単位

従前は100株と1,000株の２種類あったが、2018年10月１日よりすべて100株単位に統一された。

4．取引所（市場）外売買

上場株券等の取引所金融商品市場外での売買をいう（**取引所集中義務は撤廃**されている）。

注意

「上場株券等は取引所集中義務により、取引所金融商品市場で売買しなければならない」と出題されると誤り。取引所集中義務は廃止されており、取引所金融商品市場外（取引所外）売買が可能である。

5．店頭取引

店頭取引の概念には、広義に、以下の２つがある。

○有価証券の上場区分に関わらず取引所の外（金融商品取引業者の店頭）で売買される取引

○取引所に上場していない有価証券の取引

2 売買の受託

1．売買等の受託に当たっての注意事項

（1） 顧客の住所、氏名等の調査と取引時確認

①顧客カードの整備義務【第６章　協会定款　p.108参照】

②取引時確認義務（本人確認書類の提示を受ける。顧客の氏名、住居、生年月日、取引を行う目的、職業等の確認）

③反社会的勢力を排除するための契約の締結義務

④個人番号（マイナンバー）確認書類の提示義務

（2） 投資勧誘

①適合性の原則に基づく投資勧誘【第６章　協会定款　p.107参照】

②自己責任原則の徹底【第６章　協会定款　p.107参照】

③契約締結前交付書面の交付【第２章　金融商品取引法　p.24参照】

④取引開始基準の設定【第６章　協会定款　p.109参照】

（3） 取引開始基準を定めなければならない株式等の取引

①信用取引及び発行日決済取引

ア）金融商品取引業者は、信用取引については、**取引開始基準**を定め、適合した顧客から取引を受託しなければならない。

イ）信用取引口座の設定に当たっては、金融商品取引業者は顧客から**取引所の定める様式の「信用取引口座設定約諾書」を受け入れ**なければならない（発行日決済取引もこれに準じる）。

ウ）金融商品取引業者は、顧客から信用取引の注文を受ける際は、**その都度**、制度信用取引（PTS制度信用取引を含む）、一般信用取引（PTS一般信用取引を含む）**の別**等について、**顧客の意向を確認**しなければならない。

②**店頭取扱有価証券（フェニックス銘柄）の取引**

③新株予約権証券取引 一種のみ

④株式投資型クラウドファンディング業務に関する取引等

⑤株主コミュニティ銘柄の取引等

⑥外国株式信用取引

２．不公正取引防止

（１） 内部者（インサイダー）取引の受託の禁止【第２章　金商法　p.46参照】

会社関係者などで、当該会社に関する重要事実の情報を容易に入手できる立場にある者は、その立場を利用して入手した重要情報が公開される前に、その上場会社等の特定有価証券等[※]に係る売買等を行うことはできない。

また、金融商品取引業者又はその役職員は、顧客の有価証券の売買等が内部者取引に該当すること又は内部者取引に該当するおそれのあることを知りながら、当該注文を受けることはできない。

【※】特定有価証券とは、社債、優先出資証券、株式、新株予約権等をいう。

（２） 仮名取引の受託及び名義貸しの禁止【第６章　協会定款　p.112、125参照】

３．その他受託時の注意事項

（１） 空売り規制

①空売り規制

何人も、政令で定めるところに違反して、有価証券を有しないで若しくは有価証券を借り入れて、その売付けをすること又は当該売付けの委託等若しくは受託等をすることは「空売りの禁止」として、行ってはならない。

この規定は、有価証券の売付け後遅滞なく当該有価証券を提供できることが明らかでない場合に適用される。

ア）借入れ有価証券の裏付けの確認等

金融商品取引所の会員等は、借入れ有価証券の空売りの委託については、決済措置が講じられていることが確認できないときは、当該空売りを行ってはならない。

イ）明示及び確認義務

金融商品取引業者は、顧客から有価証券の売買の売付けの注文を受ける場合において、当該**売付けが空売りであるか否かの別を確認しなければならない。**

金融商品取引業者は、自己の計算による売付け、顧客から受託する売付けが**空売りに該当する場合**、取引所金融市場で行う空売りは**取引所に明示しなければならない。**

②空売りの価格規制

ア）**トリガー方式**

空売りに係る有価証券の価格が前日終値（**基準価格**）から**10%以上低い価格で約定が成立した場合**（**トリガーに抵触した場合**）に空売りに係る**価格規制が適用される**。

イ）**トリガー**に抵触しない場合

直近の価格にかかわらず、51単元以上の空売りが可能である。

ウ）トリガーに抵触した銘柄

直近の取引所の公表する価格（直近公表価格）以下の価格による51単元以上の空売りは禁止されている。

ただし、**直近公表価格が、その直前の異なる価格を上回っている場合は、直近公表価格での空売りは認められている。**

◆トリガー抵触後の空売りの価格制限

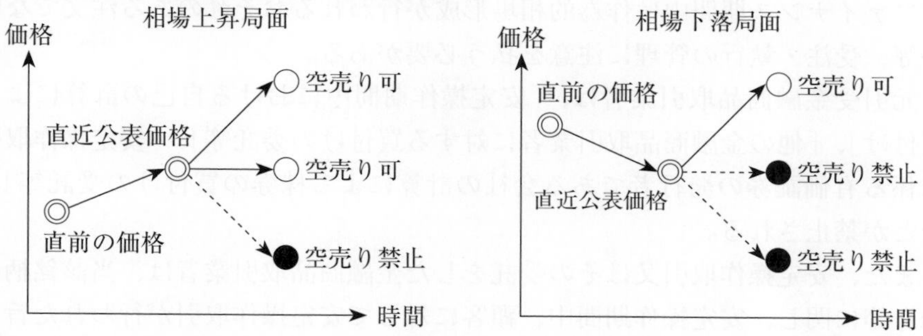

③空売り規制の適用除外となる取引

借入れ有価証券の裏付けの確認等について適用除外される取引
空売りを行う場合の明示及び確認義務について適用除外される取引
空売りを行う場合の価格制限について適用除外される取引等

トリガーに抵触した後でも、価格規制の適用から除外される取引がある。例えば、個人投資家等による信用取引で、受付け１回当たりの数量が、**売買単位の50倍以内の売付け**は、価格規制の適用除外である。

注意

「取引所が公表した直近の価格以下の価格による空売りは一切禁止されている」と出題されると誤り。

空売り規制においては、そのほか、報告・公表制度などがある。

(2) 規制銘柄のチェック（安定操作期間中の受託）

安定操作期間	○安定操作できる期間 ○一般に募集又は売出しの価格決定日の翌日から募集・売出しの申込最終日まで
ファイナンス期間	募集又は売出しの発表日の翌日から払込日まで

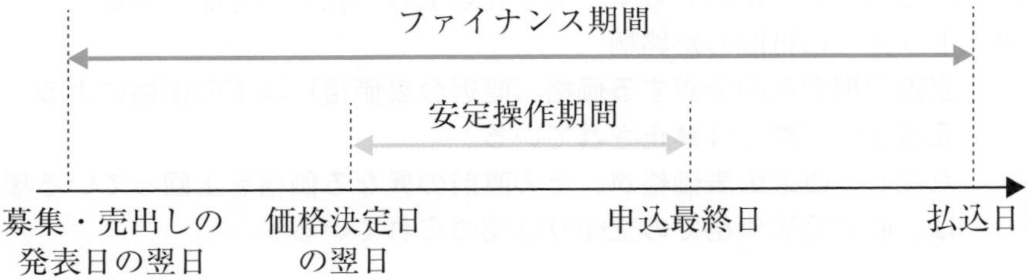

ファイナンス期間中は作為的相場形成が行われるおそれのある注文でないか等、受注・執行の管理に注意を払う必要がある。

元引受金融商品取引業者は、「安定操作期間中における自己の計算による買付け」、「他の金融商品取引業者に対する買付けの委託等」、「安定操作取引に係る有価証券の発行者である会社の計算による株券の買付けの受託等」、などが禁止される。

また、安定操作取引又はその受託をした金融商品取引業者は、当該銘柄の株券等に関し、安定操作期間中、顧客に対して安定操作取引が行われた旨を表示しないで買付けを受託すること又は有価証券関連デリバティブ取引等を受託することは禁止される。

注意

「安定操作期間は、募集又は売出しの発表日の翌日から払込日までである」と出題されると誤り。価格決定日の翌日から申込最終日までである。

3 注文の執行と決済

1．委託注文内容の確認

（1） 株式の委託注文内容の確認

顧客が金融商品取引業者に株式の委託注文をする際は、取引所の受託契約準則により、以下の事項を**その都度**指示しなければならない。

重要
ア）**売買の種類**
イ）**銘柄**
ウ）**売付け又は買付けの区別**
エ）**数量**（売買の単位）
オ）**値段**（価格）の限度（指値又は成行の別）
（ア〜オ：**売買の４要素**）
カ）売付け又は買付けを行う売買立会時（**寄付**（よりつき）、引け、ザラ場等）
キ）**委託注文の有効期間**（本日中、××日まで、今週中など）
ク）現物取引又は信用取引の別

注意
「委託注文内容の確認に委託注文の有効期間が含まれる」と出題されると正しい。

注意
「委託注文内容の確認に、買付けの場合には、一任するか否かが含まれる」と出題されると誤り。指値又は成行の別（値段の限度）である。

（2） 値段の限度の指定方法

指値（さしね）	値段の限度（売付けの場合は下限、買付けの場合は上限）を指定する方法
成行（なりゆき）	（値段の限度を）指定しない方法

（3） 信用取引口座を有する顧客

信用取引により行う旨の指示を行わなかった場合には、その売買は信用取引によることができないとされている。

注意
「信用取引口座を有する顧客からの株式の売買注文において、顧客の指示がない場合は、制度信用取引による売買となる」と出題されると誤り。

（4） その他の確認事項

①取引を執行する市場 ②信用取引の場合は制度信用取引（PTS制度信用取引を含む）・ 一般信用取引（PTS一般信用取引を含む）の別 ③自己向い（仕切）・委託の区別（取引態様の明示） ④売付けの場合には、空売りか否か

2．注文伝票の作成 重要

金融商品取引業者は、顧客から**売買を受託した場合**、注文伝票を作成しなければならない。注文伝票の記載事項は、以下の項目である。

なお、**手数料の金額**は記載事項に含まれない。

①**自己又は委託の別** ②顧客からの注文の場合には当該顧客の氏名又は名称 ③取引の種類 ④銘柄 ⑤売付け又は買付けの別 ⑥受注数量 ⑦指値又は成行の別 ⑧**受注日時** ⑨約定数量 ⑩約定日時 ⑪約定価格（上記⑨～⑪は約定後記入）

注意

「注文伝票の記載事項に手数料の金額が含まれる」と出題されると誤り。手数料の金額は注文伝票の記載事項ではない。

注文伝票は、顧客の注文と自己の発注とに分け、日付順に綴り込んで保存することとなっている。

なお、一定の要件のもとに注文伝票を電磁的記録（コンピュータへの直接入力）により作成することもできる。

3．契約締結時交付書面の作成

顧客からの注文が執行され、**売買が成立した場合**、金融商品取引業者は契約締結時交付書面を作成し、遅滞なく顧客に交付しなければならない。

4．受渡し

取引所において普通取引で売買したときの受渡しは、売買成立の日から起算して**3営業日目**の日に行われる。

例えば、月曜日に売買が成立すると水曜日に受渡しになるが、金曜日に売買が成立すると、受渡日は翌週の火曜日になる。

	月	火	水	木	金	土	日	月	火	水	木	金
					約定日	休場	休場		受渡日			
営業日………					①	×	×	②	③			

5．株式の売買に係る手数料

金融商品取引業者は、株式売買注文が成立したときに、顧客より**委託手数料**を受け入れるが、手数料の額については完全自由化され、**金融商品取引業者と顧客との合意により定められる**。

そのため、同じ金融商品取引業者で同一時刻に同一銘柄を同一数量、同一価格で約定できた場合でも、顧客により手数料が異なることもある。

注意

「株式売買の手数料の額は、取引所の受託契約準則で定められている」と出題されると誤り。手数料の額は完全に自由化されている。

4 金融商品取引所における株式の売買

1. 金融商品取引所における株式売買の種類とその概要

金融商品取引所における株式の売買については、以下のように区分することができる。

①決済日の違いによる、普通取引、当日決済取引と発行日決済取引の区分
②金融商品取引業者あるいは証券金融会社による信用供与の有無による、現物取引と信用取引の区分
③売買立会いによるか否かによる、立会内売買と立会外売買の区分

◎信用供与の有無による区分

現物取引	自己の有する有価証券の売却あるいは自己の資金を用いての有価証券の買付けを行うとき、この取引は「現物取引である」という
信用取引	投資家が金融商品取引業者から、あるいは金融商品取引業者が証券金融会社から、買付代金の貸付けを受けて有価証券の買付けを行うとき、あるいは有価証券の貸与を受けて売付けを行うとき、この取引は「信用取引である」という
信用の供与	**顧客に対する金銭又は有価証券の貸付又は立替を信用の供与という**

2. 発行日決済取引（発行日取引）とは 一種のみ

金融商品取引業者が顧客のために行う**未発行の有価証券の売買**その他の取引であって、当該有価証券の発行日から一定の日を経過した日までに当該有価証券又は当該証書をもって受渡しをするものをいう。

3. DVP決済（Delivery Versus Payment）

DVP決済とは、証券の引渡しと資金の決済を同時に行う方法で、決済不履行による元本リスクを排除することができる。

4．立会外売買（立会市場以外の市場における売買）

立会外売買とは、各取引所の電子取引ネットワークシステムを介して行われる売買制度であり、一般的には売方と買方が合意した価格・数量等に基づきクロス取引【※】にて約定を成立させる売買である。

立会外売買は東証及び名証で、立会外単一銘柄取引、立会外バスケット取引、終値取引、自己株式立会外買付取引が行われている。

上場株式だけでなく、新株予約権付社債、**ETF、J−REIT等についても取引対象**となる。

注意

「立会外売買は、上場株式のみが取引の対象である」と出題されると誤り。

【※】クロス取引とは、**1つの金融商品取引業者（証券会社）が同一銘柄について同量の売り注文と買い注文を取引所に提出し、商いを成立させる取引**をいう。
取引所における売買はすべて取引参加者である証券会社の名で行われるが、証券会社が顧客から大量の注文を委託された場合に、その証券会社がそれに対応する反対注文を出して取引を成立させる。つまり、**証券会社が売手と買手になって売買を成立させる取引**である。

立会外単一銘柄**取引**	単一銘柄のクロス取引をいう。最低売買単位から取引することが可能である
重要 立会外バスケット**取引**	バスケット取引とは、複数の銘柄で構成されるポートフォリオをワンセットで売買する取引である。**15銘柄以上**で構成され、かつ総額**1億円以上**のポートフォリオについては、立会外バスケット取引が利用できる
終値**取引**	直近の終値あるいはVWAP【※】に基づき売買を行う取引である

【※】VWAP（売買高加重平均価格、出来高加重平均価格；Volume Weighted Average Price）とは、当日の取引所で成立した価格を、価格ごとの出来高で加重平均した価格をいう。

注意

「立会外バスケット取引は、15銘柄以上で構成され、かつ総額5,000万円以上のポートフォリオに限定される。」と出題されると誤り。総額1億円以上のポートフォリオである。

5 株式の店頭取引

1．店頭有価証券の種類

（1） 店頭取扱有価証券

店頭取扱有価証券とは、「店頭有価証券」のうち、有価証券報告書を提出しなければならない会社又は会社内容説明書を作成している会社が発行する株券等のことをいう。

一定の店頭取扱有価証券は、一定の要件のもと、適格機関投資家以外の顧客等に対しても投資勧誘を行うことができる。また、譲渡制限が撤廃された。

（2） フェニックス銘柄 【第6章　協会定款　p.139参照】

（3） 店頭取扱有価証券以外の店頭有価証券

店頭取扱有価証券以外の店頭有価証券は、原則として、顧客に対し、投資勧誘することはできないが、以下の場合等は投資勧誘を行うことができる。

①経営権の移転等を目的とした一連の店頭有価証券の取引又は取引の媒介について投資勧誘を行うことができる。

②取得した店頭有価証券に譲渡制限を付すことを条件として、適格機関投資家のみに対して、投資勧誘を行うことができる。

③少人数私募の要件を満たすことにより自らの責任において企業価値評価等を行う能力を有することを当該会員が認めた者に対して、投資勧誘を行うことができる。

2．売買の方法

（1） 店頭有価証券の売買

店頭取引は、**委託**又は**仕切り**の形式により、会員間又は会員と顧客との間の**相対売買**により行われる。

成行注文（「私設取引システムにおける非上場有価証券の取引等に関する規則」に規定する非上場PTS銘柄取引の場合を除く）の受託や**信用取引**は**禁止**されている。

（2） フェニックス銘柄の売買と勧誘

フェニックス銘柄の売買等の取引に当たっては、取引開始基準が適用される。

フェニックス銘柄の売買は、店頭有価証券の売買と同じ形式で行われる。

6 上場株券等の取引所金融商品市場外での売買

取引所金融商品市場外での売買は、広い意味では「店頭取引」の一種であり、主たる取引形態は、機関投資家等からの大口の売り注文（買い注文）を金融商品取引業者が相手方となって買付け（売付け）を行うような場合に多く用いられる。

1．取引所金融市場での売買との相違

取引所金融商品市場外における売買は、取引所を通さず、多くは金融商品取引業者の店頭において金融商品取引業者との相対交渉（仕切売買）により売買を行うことになる。そのため、取引所金融商品市場における売買と取引所金融商品市場外での売買（以下「**取引所外売買**」又は「市場外売買」という）では、**同一時刻に成立した売買であっても価格が異なることがある**。

2．対象となる有価証券

①**株券**
②出資証券（優先出資証券を含む）
③転換社債型新株予約権付社債券（いわゆる転換社債）
④交換社債券
⑤**新株予約権付社債券**、新株予約権証券
⑥**投資信託受益証券**、外国投資信託受益証券
⑦投資証券、新投資口予約権証券、外国投資証券
⑧外国株預託証券

３．市場外売買規制の適用除外

取引所外売買のうち、１売買単位未満のもの、公開買付けによる自己株式の買付け及び店頭デリバティブ取引により成立するもの等は、市場外売買規制の適用除外となる。

４．売買価格等の確認及び記録の保存

協会員は、取引所外売買を行うに当たっては、売買の価格又は金額が適当と認められるものであることを確認し、当該確認の記録を保存しなければならない。

５．協会員による売買の禁止等

上場株式等が上場されている金融商品取引所が、当該上場株式等又はその発行者等に関し、投資者の投資判断に重要な影響を与えるおそれがあると認められる情報が生じている場合等一定の場合は、協会員は、当該上場株式等の取引所外売買を成立させてはならない。

６．協会による売買の停止等

上場株式等が上場されている金融商品取引所が、当該上場株式等又はその発行者等に関し、投資者の投資判断に重要な影響を与えるおそれがあると認められる情報が生じている場合等、公益又は投資者保護のために必要かつ適当であると認めるときは、協会は、会員が行う取引所外売買を停止することができる。

７．売買等の報告及び公表等

（1）　売買等の報告

会員は、取引所外売買の申込みを行った場合、又は取引所外売買が成立した場合、協会の「報告公表システム」を通じて、銘柄名、価格等協会が求める事項を協会に報告しなければならない。

（2）売買価格等の公表等

協会は、会員から取引所外売買に係る申込み又は売買の報告を受けた場合は、銘柄名、価格等協会が求める事項を、それぞれ会員に通知するとともに、公表する。

8．PTS（私設取引システム）

（1） PTSとは

PTSとは、内閣総理大臣の**認可**を受けた金融商品取引業者（認可会員）が開設する「電子取引の場」であり、日本では「**私設取引システム**」と訳されている。

注意

「PTS業務を行う場合には、内閣総理大臣の登録を受けなければならない」と出題されると誤り。登録ではなく、認可である。

（2） PTSの売買価格決定方法 重要

①**オークション（競売買）の方法**
（有価証券の売買高が政令で定める基準を超えない場合に限る）
②上場株式について、当該株式が上場されている取引所における売買価格を用いる方法
③**店頭売買有価証券**について協会が公表する当該有価証券の売買価格を用いる方法
④**顧客の間の交渉に基づく価格を用いる方法**
⑤顧客の提示した指値が、取引の相手方となる他の顧客の提示した指値と一致する場合に、**当該顧客の提示した指値を用いる方法**
⑥金融商品取引業者が同一の銘柄に対し自己又は他の金融商品取引業者の複数の売付け及び買付けの気配を提示し、当該複数の売付け及び買付けの気配に基づく価格を用いる方法（複数の金融商品取引業者等が恒常的に売付け及び買付けの気配を提示し、かつ当該売付け及び買付けの気配に基づき売買を行う義務を負うものを除く）

注意

「PTSの価格決定方法はオークションの方法に限られる」と出題されると誤り。上記の6とおりの価格決定方法がある。

（3） PTS信用取引

・PTSについても一定の場合、信用取引ができる。
・PTS制度信用取引、PTS一般信用取引がある。

7 株式累積投資

1．株式累積投資とは

株式累積投資とは、投資者から資金を預かり、当該金銭を対価として、**毎月一定日**に特定の銘柄の株式等を買い付ける（共同買付累積投資）制度をいう。株式累積投資により投資者が買い付けできる銘柄は、金融商品取引業者が選定する銘柄（選定銘柄）となる。

2．株式累積投資の特徴

（1） 少額の金額で株式等の投資ができる

株式累積投資は、一般に月々**1万円から1,000円単位**で投資できる。

（2） 毎月一定日に特定の銘柄の株式等を買い付ける

例えば、毎月20日など**毎月一定日に、特定の銘柄を株価水準に関係なく、一定の金額で買い付ける**、いわゆる**ドル・コスト平均法**[※]**による買付け**を行う。

> 【※】ドル・コスト平均法とは
>
> 株価の値動きやタイミングに関係なく、株式を定期的に継続して一定金額ずつ購入していく方法である。
>
> この方法によると、株価が高いときには少ない株数を、株価が安いときには多くの株数を買うことになり、長期にわたって買い続けていくと、一般的に、一定株数を定期的に購入する方法に比べて1株当たりの平均取得価格が安くなる。

（3） 売却は自由

株式累積投資で買い付けた株式は、原則として、**いつでも全部又は一部**（原則として整数の株数）**を売却できる**。

8 株式ミニ投資

1. 株式ミニ投資とは

株式ミニ投資とは、金融商品取引業者と顧客との間で行う取引所の定める1売買単位に満たない株式を、株式等振替制度を利用して定型的な方法で行う売買である。

注意

「株式ミニ投資とは、投資者から資金を預かり、当該資金を対価として、毎月一定日に特定の銘柄の株式等を買い付ける制度である。」と出題されたら誤り。これは、株式累積投資の記述である。

2. 株式ミニ投資の特徴

株式ミニ投資は、任意の時に単元未満株のまま機動的に任意の銘柄の**買付け**を行い、また**買い付けた単元未満株を単元未満株のまま売り付けること**ができる。

3. 株式ミニ投資契約の締結

取扱金融商品取引業者は、顧客から株式ミニ投資の注文を受ける場合には、当該顧客と取扱金融商品取引業者の定める**株式ミニ投資に関する**約款に基づく取引契約を締結しなければならない。

また取扱金融商品取引業者は、顧客と株式ミニ投資に関する契約を締結する場合には、あらかじめ、当該顧客に対し株式ミニ投資約款**を**交付しなければならない。

4. 取引単位

取引所の定める1売買単位の10分の1**単位**の株券の持分を取引単位とする。また顧客から受託できる株数は、同一営業日において、同一銘柄につき、1取引単位に9を乗じて算出した単位までとする。

5. 取扱対象銘柄

取扱金融商品取引業者は、取引所に上場されている株券で単元株制度採用銘柄の中から、株式ミニ投資に係る取引の対象とする銘柄を選定する。

6．注文の方法 重要

顧客は、株式ミニ投資契約に基づき売買注文を行うに際し、その都度、以下に掲げる事項を取扱金融商品取引業者に明示しなければならない。

①銘柄
②買付け**又は**売付け**の区別**
③数量

注意
「株式ミニ投資契約に基づき売買注文する際は、銘柄、売買の別、数量、成行又は指値について明示しなければならない」と出題されると誤り。成行、指値など価格については明示しない。

7．約定日及び受渡日 重要

株式ミニ投資に係る取引については、**顧客から注文を受託した日（注文日）の**翌営業日**を約定日とする**。また、**約定日から起算して、**3**営業日目の日を受渡日とする**。

8．約定価格

株式ミニ投資に係る金融商品取引業者と顧客との約定価格は、約定日におけるあらかじめ定められた取引所の価格に基づき決定される。

上記の約定価格について、指定取引所の価格に基づき決定する場合は、指定取引所の一定時における最良気配の範囲内の価格若しくは売買高加重平均価格とする。なお、約款モデルにおいては、「（指定取引所の）売買注文の日の翌取引日における始値若しくは売買高加重平均価格を売買の価格とします」としている。

9．株式ミニ投資の自己分に係る区分管理

金融商品取引業者は、株式ミニ投資口において自己分に係る株券と顧客分に係る株券とを区分して管理しなければならない。

金融商品取引業者は、顧客が株式ミニ投資に寄託している銘柄が1売買単位に到達した場合は、当該顧客からの申し出の有無にかかわらず、当該銘柄の1売買単位の整数倍の部分の株数を、株式ミニ投資によらない当該顧客名義の振替決済口座へ移管しなければならない。

9 株式の上場

投資者が株式市場を通じて自由に株式の売買ができ、企業にとっても一般からの資金調達能力が拡大し、財務基盤の強化につながる方法として、株式の上場は、絶大な効果を発揮することができる。

1. 株式の上場のメリット

①**資金調達力の拡大**	②**社会的信用の向上**
③企業のＰＲ	④財産保全機能の拡大
⑤経営管理体制の確立	

2. 株式の上場と公開価格の決定

公開価格（上場前の公募等の価格）の決定方法には、ブック・ビルディングと**競争入札**による公募等の２種類がある。

（1） ブック・ビルディングによる公開価格の決定 重要

ブック・ビルディングは、**公開価格に係る仮条件を決定し**、その後ブック・ビルディングにより把握した**投資者の需要状況**、上場日までの期間における有価証券の相場の変動リスク等を**総合的に勘案して**、上場前の公募・売出しに際する**公開価格を決定するもの**である。

（2） 競争入札による公開価格の決定

競争入札では、上場前の公募等株数（公開株式数）の50％以上の株式を一般投資家の参加する入札に付し、これにより公開価格が決定される。

入札後の公開価格は、**落札加重平均価格（入札における落札価格を加重平均して得た価格）を基準として**、当該入札の実施状況、上場日までの期間に係る株式相場の変動により発生し得る危険及び入札後の公募増資等に対する需要の見通し等を**総合的に勘案して決定**される。

注意
ブック・ビルディングと競争入札の入れ替えに注意すること。ブック・ビルディングのキーワードは「仮条件」である。

10 信用取引の仕組み 一種のみ

1．信用取引の概要

（1） 信用取引とは

信用取引	金融商品取引業者が顧客に信用を供与して行う有価証券の売買その他の取引
信用の供与	顧客（金融商品取引業者も含む）に対する金銭又は有価証券の貸付け又は立替え

（2） 信用取引の種類

信用取引には、**制度信用取引**と**一般信用取引**の２つがある。

①制度信用取引 重要

制度信用取引とは、取引所に上場している株券等のうち、取引所が選定した上場銘柄（**制度信用銘柄**）を対象とする取引である。

取引所の規則により銘柄、品貸料及び返済期限（６ヵ月**以内**）、権利処理の方法が一律に定められている。

金利については、顧客と金融商品取引業者との間で自由に決定できる。

制度信用取引では決済のために、貸借取引**を利用できる**。

ア）貸借取引

証券金融会社が金融商品取引業者に対して、制度信用取引に必要な資金や株券等を貸付ける取引をいう。

イ）証券金融会社

制度信用取引において、金融商品取引業者に対し信用取引の決済に必要な金銭又は有価証券を、取引所の決済機構を利用して貸し付ける特殊金融機関である。

注意

「制度信用取引は、取引所の規則により銘柄、品貸料、返済期限、権利処理の方法及び金利について一律に定められている」と出題されると誤り。金利については自由に決定できる。

②一般信用取引

一般信用取引とは、顧客と金融商品取引業者が相対で行う信用取引である。品貸料、返済期限及び金利は、**顧客と金融商品取引業者との間で自由に決定できる。**

一般信用取引では決済のために、**貸借取引を利用することはできない。** よって、資金又は株券等を自社で調達することになり、調達ができない場合には、その信用取引の利用が制限される。

（3） 信用取引の仕組み 重要

信用取引は、顧客が一定の**保証金（委託保証金）**を担保として差し入れ、普通取引の決済のために必要な資金又は株券等を、金融商品取引業者からの貸付けを受けて行う取引である。

貸付けを受けた資金又は株券などは、あらかじめ定められた期限までに①反対売買による**差金**（さきん）**決済**又は②**受渡決済**（**現引**（げんび）**き**又は**現渡**（げんわた）**し**）の方法により返済することになる。

また、未決済のまま残っている状態のものを**建玉**又は**建株**という。

【注】建玉は、「たてぎょく」又は「たちぎょく」と呼ばれる。

買建株	未決済の信用買い
売建株	未決済の信用売り

注意

「信用取引の決済の方法は、差金決済のみである」と出題されると誤り。受渡決済もある。

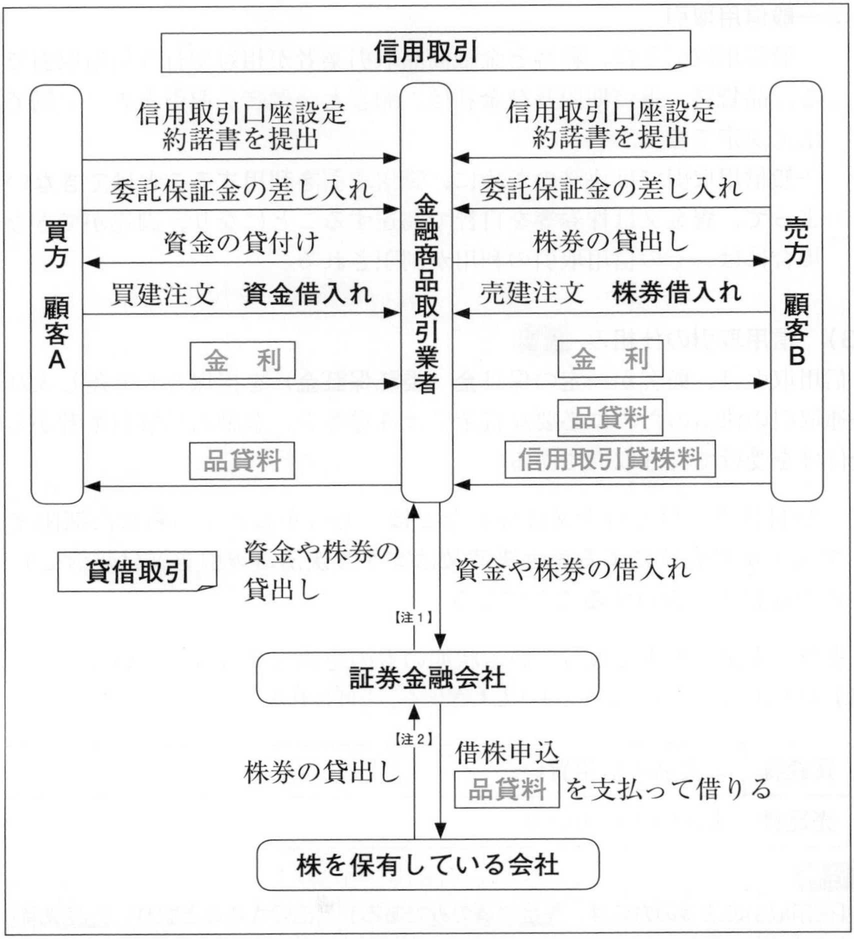

【注１】金融商品取引業者は、信用取引をする顧客に貸し付ける株券や資金が不足した場合、証券金融会社から株券や資金を借りる。

【注２】証券金融会社は、金融商品取引業者に貸し付ける株券が不足した場合、品貸料を支払い、株券を保有している会社から借りる。

(4) 貸付けを受けた資金又は株券の返済方法 重要

①反対売買による**差金決済**
　反対**売買**：買建てた場合は、「**転売**」すること
　　　　　　　売建てた場合は、「**買戻し**」すること
　差金**決済**：差額のみを現金決済すること

②**受渡決済**（**現引き**又は**現渡し**）
　現引き：買建てた場合に、貸付代金を渡して買付株券を受取る
　現渡し：売建てた場合に、売付株券を渡して売却代金を受取る

2．上場銘柄の信用取引制度

◎信用取引の実際

①信用取引の説明書の交付

金融商品取引業者等は、信用取引契約を締結する際は、「信用取引の契約締結前交付書面」をあらかじめ交付しなければならない。

②**信用取引開始基準**の設定

信用取引利用顧客については、金融商品取引業者に対し預り資産の規模、投資経験その他必要と認める事項による「**信用取引開始基準**」を定めることを義務付けている。

金融商品取引業者の役員又は従業員の信用取引の利用は禁止されている。

③**信用取引の口座設定約諾書及び同意書** 重要

顧客が信用取引を行うには、信用取引口座を設定しなければならない。
顧客は、金融商品取引業者が申込みを承諾したときは、**取引所が定める様式**の「**信用取引口座設定約諾書**」を**提出**しなければならない。

顧客がPTS信用取引を行うときには、金融商品取引業者に約諾書のほかに「PTS信用取引に係る合意書」を差し入れなければならない。
金融商品取引業者は、信用取引口座設定約諾書の写しを、顧客に交付する。

金融商品取引業者が受け入れた代用有価証券を再担保に供するか又は**他人に貸し付けるときは、当該顧客から書面による同意書**（又は、所定の電磁的方法による同意）**を受けなければならない。**

④信用取引の注文の指示

信用取引口座を有する顧客が信用取引により売買注文の委託をする場合には、**その都度信用取引による注文であることを金融商品取引業者に指示しなければならない。この指示がない注文は信用取引によることができない。**

顧客から信用取引の注文を受ける際は、**その都度**、**制度信用取引**（PTS制度信用取引を含む）、**一般信用取引**（PTS一般信用取引を含む）**の別等について、当該顧客の意向を確認**しなければならない。

重要

⑤信用取引の弁済期限（返済期日）

制度信用取引：最長6ヵ月

一般信用取引：金融商品取引業者と顧客との間で自由に決める

⑥信用取引のできる銘柄

一般信用取引	上場株券
制度信用取引	上場株券のうち取引所が選定基準に基づいて別途選定した制度信用銘柄に限られる

取引所では、新株予約権証券及び上場廃止が決定した株券その他不適当な銘柄について信用取引を禁止しているため、実際に信用取引のできる銘柄は**上場株券等**（外国株式含む）**に限られる**（他に、不動産投資信託証券（J-REIT）、指標連動型投資信託受益証券（ETF）及び指標連動証券信託受益証券（ETN）の信用取引も可能）。

注意

「信用取引は、外国株券を除く上場株券に限られる」と出題されると誤り。外国株券も可能である。

⑦**貸借銘柄**

取引所は制度信用銘柄の中から、さらに一定の基準を満たした銘柄を選定基準に基づいて**貸借銘柄**として選定している。

貸借銘柄とは貸借取引により金銭及び有価証券の貸付けを受けることができる銘柄で、制度信用銘柄の中から取引所が選定する。

⑧制度信用銘柄の選定基準、選定の時期

選定基準	○上場後、最初の約定値段が決定している銘柄 ○直前事業年度の末日において純資産の額が正である銘柄　など
選定時期	上場後、最初の約定値段が決定された日の翌営業日 ただし、他市場経由上場銘柄は、上場日

⑨貸借銘柄の選定基準、選定の時期

<table>
<tr><td colspan="2">選定基準</td><td>○流通株式の数、株主数、売買高及び値付率等の基準　など</td></tr>
<tr><td rowspan="2">選定時期</td><td>定期選定【注1】</td><td>決算期を含む月から起算して6ヵ月目の月の初日</td></tr>
<tr><td>早期選定【注2】</td><td>①他市場経由上場銘柄：上場日
②①以外の銘柄：上場後最初の約定値段が決定された日から起算して6営業日目の日</td></tr>
</table>

【注1】定期選定の時期は当該日の属する月から起算して8ヵ月目の月の末日まで延長される場合がある。

【注2】早期選定の時期は上記の選定日から6ヵ月間延長される場合がある。

3. 信用取引の委託保証金

①委託保証金の徴収 **重要**

株式の信用取引に係る委託保証金については、信用取引による売付け又は買付けが成立したときは、売買成立の日から起算して**3営業日目の日の正午までの金融商品取引業者が指定する日時までに、約定価額の30%以上の委託保証金**を顧客から徴収しなければならない。

なお、委託保証金の**最低限度額は30万円**である。

例えば、信用取引による約定金額が80万円の場合でも、30万円以上を委託保証金として差し入れる必要がある。

注意

委託保証金は、3営業日目（の日の正午）、30%、30万円と「3」がキーワードである。

委託保証金として差し入れることができる金銭は、円貨又は米ドル（円貨に換算した価格の95％）となる。

②**保証金代用有価証券** 重要

委託保証金は現金による差し入れが原則であるが、**有価証券をもって代用することができるが、その現金換算率は代用有価証券の種類によって異なる。**

また、委託保証金の**全額を有価証券で代用**することも可能である。

注意

「信用取引の委託保証金は、一部は現金でなければならない」と出題されると誤り。現金担保の預託の規制等がない限り、全額を有価証券で代用できる。

◆**主な保証金代用有価証券と現金換算率（代用掛目）** 重要

主な保証金代用有価証券		現金換算率（代用掛目）
国内の金融商品取引所に上場されている**株券**		80%
国債証券		95%
地方債証券		85%
投資信託受益証券及び投資証券	公社債投資信託	85%
	その他	80%
国内の金融商品**取引所に上場されている**外国国債証券及び**外国地方債証券**		85%

注意

「委託保証金を有価証券で代用した場合の現金換算率（代用掛目）は80%に統一されている。」と出題されると誤り。有価証券の種類によって現金換算率に違いがある。

③預託を受ける場合の**委託保証金**の計算

金融商品取引業者が、顧客から保証金として預託を受ける金銭の額については、信用取引について、当該顧客に対し当該信用取引に係る有価証券の約定価額に相当する額の信用供与以外に信用を供与したときは、その信用供与額を控除して計算するものとする。

◆**既存の建株がない場合**

A）約定金額3,000万円の場合、必要委託保証金はいくらか。
約定金額×委託保証金徴収率＝必要委託保証金
3,000万円×30％＝900万円

B）上記Aにおいて、委託保証金のすべてを有価証券で代用し、株券の現金換算率（代用掛目）は80％とした場合。
必要委託保証金÷株券の現金換算率（代用掛目）
＝必要株券の時価金額
900万円÷80％＝1,125万円

必要な委託保証金は、現金なら900万円、株券なら時価1,125万円相当額となる。

④追加保証金（追証（おいしょう））

金融商品取引業者は、信用取引に係る受入委託保証金の総額が、その顧客の信用取引に係る一切の有価証券の**約定価額の20％相当額を下回る**こととなったときは、当該額を維持するために必要な額を委託保証金として、当該顧客からその損失計算が生じた日から起算して**3営業日目の日の正午までの金融商品取引業者が指定する日時までに追加差入れさせなければならない**。追加差入れする委託保証金を「**追加保証金**（**追証（おいしょう）**）」といい、この場合の20％を委託保証金の**維持率（いじりつ）**という。

なお、追証を全額差入れる方法のほか、以下の２つの方法を選択することができる。

ア）追証差入れ日時までに、顧客が建玉の弁済の申し出を行った場合は、当該弁済の申し出を行った有価証券の約定価額の20％相当額を、追加差入れさせなければならない委託保証金の額から控除することができる。

イ）追証差入れ日時までに、顧客が建玉の反対売買による損失額及び当該未決済勘定につき当該顧客の負担すべきものに相当する額の差入れを受けた場合には、当該反対売買の決済までの間、これらの金額を追加差入れさせなければならない委託保証金の額から控除することができる。

◆**追加保証金（追証）の計算式** 重要

A）**受入委託保証金の残額＝受入委託保証金－評価損**
B）**維持率20％の場合の委託保証金＝約定価額×維持率20％**
※追加保証金が必要となる場合　A＜B
C）徴収しなければならない**追加保証金額＝B－A**

⑤**保証金の引出し等**

金融商品取引業者は、顧客から信用取引に係る保証金として差入れを受けた金銭又は有価証券については、「当該顧客の信用取引に係る受入保証金の総額」から「信用取引に係る一切の有価証券の約定価額の30％の額（その額が30万円に満たないときは、30万円）」を控除した額に相当する金銭又は有価証券を引出させることができる。

また、金融商品取引業者は、顧客から信用取引に係る保証金として預託を受けた金銭又は有価証券については、**一定の場合に限り、これを引出させることができる。**

さらに、金融商品取引業者は、その顧客が未決済勘定の一部又は全部の決済をし、新たに信用取引を行ったときは、当該顧客から信用取引に係る保証金として預託を受けた金銭又は有価証券をこの新たな信用取引に係る保証金として預託を受けるべき金銭の額に充当することができる。

つまり、**1つの委託保証金で1日のうちで何度も信用取引の売買ができる。**

なお、**相場の変動により生じた計算上の利益相当額について、金銭又は有価証券を引出したり、他の建株の保証金として充当することは、禁じられている。**

注意

「信用取引における保証金の引出しは、計算上の利益相当額に限られる。」と出題されると誤り。評価益の引出しは禁止されている。なお、約定価額の30％を超える額等一定の場合引出すことができる。

計算問題編

◎演習問題◎

Xさんは上場Ａ銘柄を1,200円で5,000株、制度信用取引で新規に買建て、必要保証金180万円を現金で差入れた。その後、Ａ株式が1,000円に値下がりしたことにより100万円の評価損が発生した。

Xさんの追加保証金はいくらか。

A銘柄（買建株）……………5,000株

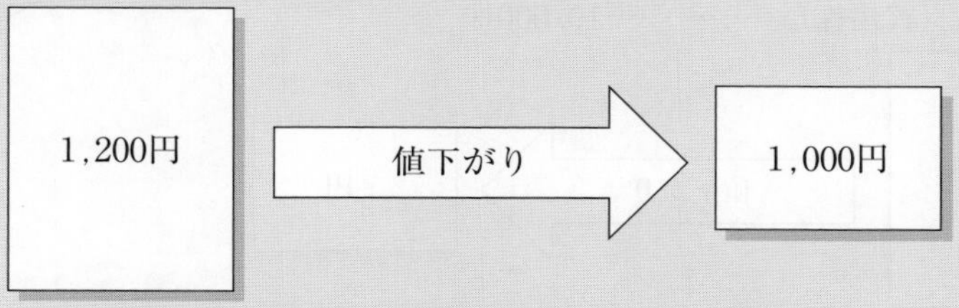

したがって評価損＝（1,200円－1,000円）×5,000株＝100万円

A　受入委託保証金残額＝受入委託保証金－評価損
＝180万円－100万円＝80万円

B　維持率20％の場合の委託保証金＝約定価額×維持率20％
約定価額（1,200円×5,000株）×維持率20％＝120万円

※　A（80万円）＜B（120万円）

C　追加保証金額＝B（120万円）－A（80万円）＝40万円

注意

追加保証金額の計算問題は頻出である。一種対策問題集等を活用して確実に得点できるようにしたい。

計算問題編

◎演習問題◎

制度信用取引において、１株1,000円の上場銘柄Ａ社株式を10,000株買建て、代用有価証券として上場銘柄Ｂ社株式を１株750円で10,000株を差し入れた。その後、担保であるＢ社株式が500円となった場合、買建てたＡ社株式が値下がりによりいくらを下回ると、維持率を下回って追証が発生するか。委託保証金率は30%、上場株式の現金換算率（代用掛目）は70%とし、立替金は考慮しないものとする。

Ａ社株式（買建株）……………10,000株

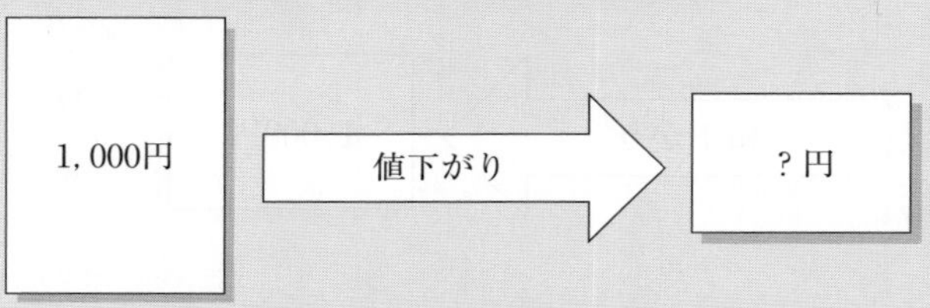

Ｂ社株式（代用有価証券）……10,000株

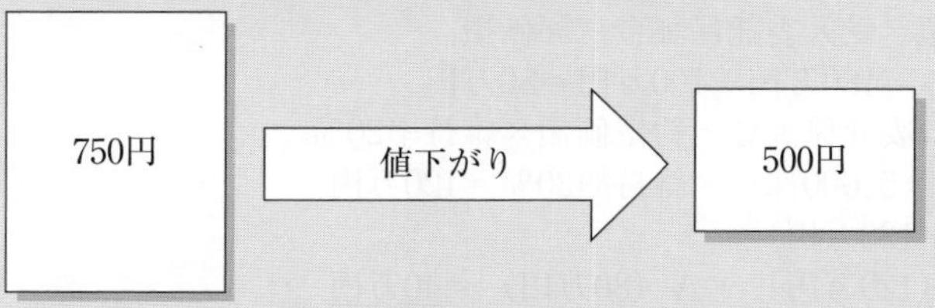

買建てたＡ社株式の約定代金＝1,000円×10,000株＝10,000,000円
委託保証金＝代用有価証券の時価×現金換算率（代用掛目）
＝5,000,000円×70％＝3,500,000円・・・①
維持率20％の場合の委託保証金＝Ａ社株式の約定代金×20％
＝10,000,000円×20％
＝2,000,000円・・・②
①－②＝3,500,000円－2,000,000円＝1,500,000円
よって、評価損が1,500,000円を超えると追証（追加保証金）が発生する。
追証が発生する１株当たりの評価損
＝1,500,000円÷10,000株＝150円
追証が発生する株価＝1,000円－150円＝850円

注意

2018年３月末現在の上場株式の現金換算率（代用掛目）は80%であるが、外務員試験の計算問題では「70%とする」と出題されることがあるので注意すること。

4．信用取引の貸付けと金利

（1）　信用の供与（貸付け）

顧客の申込みに対し、金融商品取引業者より実際の信用供与が行われるのは、売買成立の日より３営業日目の日の決済日（受渡日）である。

金融商品取引業者が顧客に貸し付けるのは、**顧客の差し入れた保証金と約定代金との差額ではなく、その約定代金の金額又は当該売付証券**である。

注意

「信用取引により金融商品取引業者が顧客に貸し付けるのは、顧客の差し入れた保証金と約定代金の差額である」と出題されると誤り。約定代金の金額又は売付証券である。

（2）　信用取引の金利、信用取引貸株料と品貸料

顧客は、金融商品取引業者から信用供与を受ける（信用取引を行う）場合には、金融商品取引業者が定める率で計算した金利などを授受することになる。

また、貸借銘柄について、証券金融会社において株不足（貸借取引残高において貸株数が融資株数を上回った状態）が生じ、この株券を調達するために費用がかかった場合には、**品貸料**を授受することになる。

①金　利

顧客は、**信用買い（買方）による買付代金の融資に対する金利を金融商品取引業者に支払い、信用売り（売方）による売却代金に対する金利を金融商品取引業者より受取る**ことになる。

制度信用取引の金利は、自由化され、一般信用取引と同様に、金融商品取引業者と顧客との合意によって金利が決定されることとなった。

②信用取引貸株料　重要

信用取引貸株料は、**売方が株券の借入れに伴う費用として金融商品取引業者に支払う**ものであり、品貸料とは違って**買方には支払われない。**

注意

「信用取引貸株料は、売方から徴収して買方に支払われる」と出題されると誤り。品貸料（逆日歩）とは異なり買方には払われない。

③**品貸料** 重要

貸株超過銘柄：融資株数（買建株）＜貸株株数（売建株）

金融商品取引業者と証券金融会社の貸借取引で、融資株数（買建株）よりも貸株株数（売建株）が多くなった銘柄を貸株超過銘柄という。

証券金融会社は、その銘柄の超過した貸株株数（不足株数という）については、金融商品取引業者から融資の追加申込み、及び貸株返済などを受けて不足株数の解消に努めるが、これによってもなお、不足の状態が解消しない場合には、品貸料を支払って他から調達し貸し付ける。

品貸料は、売方（売建株）**から徴収し**、調達先に支払うが、結果として調達先の一つである買方（買建株）**にも支払われる**ことになる。また、品貸料は、１株につき何銭という計算で行われ、金利（日歩）と逆の動きをすることから**品貸料のことを**「逆日歩」**と呼ぶ**。

注意

「品貸料は、買方から徴収して売方に支払われる」と出題されると誤り。売方から徴収して買方に支払われる。

④品貸料の決定手順

品貸料については、貸借取引申込日の翌日に料率が決定される。

⑤**金利・信用取引貸株料及び品貸料の計算期間**

ア）金利及び信用取引貸株料の場合は、新規売買成立の日より３営業日目の受渡日から弁済売買成立の日より３営業日目の受渡日まで両端入（りょうはいれ）で計算される。

イ）品貸料の場合は、新規売買成立の日より３営業日目の受渡日から弁済売買成立の日より**３営業日目の**受渡日の前日までの間の品貸料を累積したものが計算される。

参考

信用取引における管理費

買建、売建いずれにおいても新規約定日から１ヵ月ごとに管理費（信用取引管理費又は事務管理費ともいう）が金利等の他に別途発生するが、決済時にまとめて清算される。

◆**制度信用取引**

品貸料	売方(売建株)から**徴収**し調達先に支払うが、結果として**買方**(買建株)**にも支払う**
金利	**買方**は買付代金の融資に対する**金利を支払う** **売方**は売却代金に対する**金利を受取る**
信用取引貸株料	**売方**が株券の借入れに伴う費用として**金融商品取引業者**に支払う **買方**には**支払われない**

5. 信用取引の期限と決済

(1) 信用取引の建株の繰り延べ

信用取引による売付株券又は買付代金の貸付けの弁済期限は、貸付けの日（約定日から3営業日目の受渡日のこと）の翌日とし、その2営業日前の日（約定日の翌日のこと）までに顧客から金融商品取引業者に対し弁済の申し出がない場合には、逐日これを繰り延べるものとする。

制度信用取引	**売買成立の日の6ヵ月目の応当日から起算して3営業日目の日を超えて繰り延べることはできない**
一般信用取引	最長6ヵ月にこだわらず、顧客と金融商品取引業者の間で自由に決定することができる

(2) 信用取引の弁済（決済）方法

顧客が信用取引の売建株又は買建株を弁済する方法としては、**反対売買**（**差金決済**）による方法と、**受渡決済**（**現渡し**又は**現引き**）による方法がある。

①反対売買による方法

ア）売建株：**買戻し**により株券を返済し、差金で受払いする。

イ）買建株：**転売**により現金を返済し、差金で受払いする。

> ア）**売建株を買戻し**した場合
> 差引受払金額＝
> 差損益(－)委託手数料(＋)金利(－)信用取引貸株料(－)品貸料
> イ）**買建株を転売**した場合
> 差引受払金額＝差損益(－)委託手数料(－)金利(＋)品貸料

②受渡決済による方法

ウ）売建株：**現渡し**（株券を渡す）して売却代金を受け取る。

エ）買建株：現金を渡して**現引き**（株券を受け取る）する。

> ウ）**売建株を現渡し**で弁済した場合
> 差引受取金額＝
> 売付金額(－)委託手数料(＋)金利(－)信用取引貸株料(－)品貸料
> エ）**買建株を現引き**で弁済した場合
> 差引支払金額＝買付金額(＋)委託手数料(＋)金利(－)品貸料

【注】委託手数料は、消費税相当額を含む。

6．信用取引の権利処理

（1） 配当落（はいとうおち）の場合

金融商品取引業者は、顧客の売建株（売方）又は買建株（買方）が未決済の状態（新規建株をしたまま弁済していない状態）で配当落となった場合には、発行会社が支払う配当金（剰余金の配当）確定後、その税引配当金相当額を**配当落調整額**として、**売方より徴収して、買方に支払う**。

（2） 株式分割等による株式を受ける権利等を付与される場合

新株式等の引受けを希望する買方顧客は、買建株の株数の範囲内で新株を金融商品取引業者に申し込むことができる。

なお、申込株数が超過したときは、申込株数に応じて按分され、売買の取組の関係上新株を割り当てられないこともあるが、これに対して**顧客は異議の申立てはできない**。

7．信用取引の規制

（1）ガイドライン（日々公表基準）の設定及び運用

取引所は、信用取引の利用による相場の行き過ぎを未然に防止するため、日々公表銘柄として指定し、信用取引残高とともに公表する。

なお、**ガイドラインは、信用規制ではない**。

注意

「いわゆるガイドラインは、信用規制の１つである」と出題されると誤り。

（2）売買監理銘柄制度と信用取引残高の公表

「株券等の大量保有の状況に関する開示制度（５％ルール）」の施行に合わせ、取引所は売買監理銘柄制度を実施し、この制度により指定された銘柄で、信用取引を行うことができる銘柄である場合には、その信用取引残高を日々公表する。

（3）信用取引の規制

①委託保証金の率の引上げ、又は有価証券による代用の制限

②代用有価証券の現金換算率の引下げ

③現金担保の預託

④信用取引による売付け、若しくは買付けの制限又は禁止

【注】証券金融会社が融資又は貸株の制限、あるいは停止といった規制措置をとることがある。

（4）規制銘柄の勧誘自粛

金融商品取引業者は、取引所又は認可会員が信用取引の制限又は禁止措置を実施した銘柄、証券金融会社が貸株申込制限又は申込停止措置を実施した銘柄については、信用取引の勧誘を自粛する。

8．信用取引の違約の場合の措置

金融商品取引業者が顧客の委託に基づき信用取引による注文を執行した場合、①顧客が委託保証金を定められた日までに預託せず、又は②その追加預託を行わない場合、若しくは③信用取引に関する貸借関係の返済を行わない場合には、金融商品取引業者は、任意に、顧客の計算において、反対売買を行うことができる。

９．外国株式信用取引

2022年７月１日から導入された外国株式信用取引とは、信用取引のうち、会員が顧客に国内において信用を供与して行う外国の金融商品市場における有価証券の売買の委託の媒介、取次ぎ又は代理であって、現地取次証券業者から会員又は顧客が信用の供与を受けないものをいう。

◆外国株式信用取引の概念図

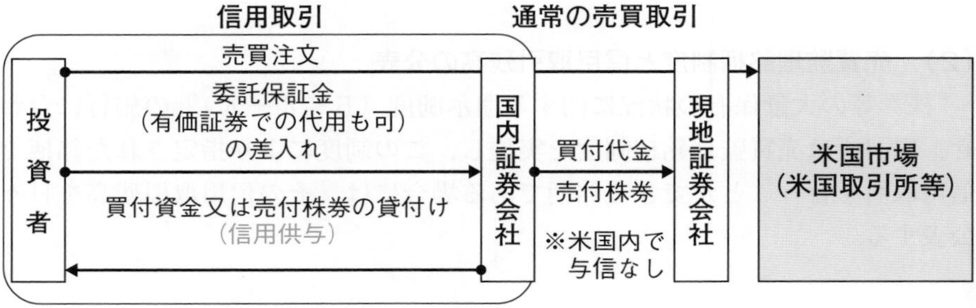

（出典：協会ホームページ）

外国株式信用取引の対象となる外国株券等については、アメリカ合衆国の適格外国金融商品市場に上場されたものに限定される。

外国株式信用取引は、国内株式の信用取引に比べて、厳しい規則が設けられている。

◆国内株式の信用取引と外国株式信用取引との相違

	国内株式の信用取引 （一般信用）	外国株式信用取引
対象株式	国内証券取引所上場株式のうち証券会社が選定した銘柄	米国取引所上場株式等のち、協会が定める銘柄選定等に係るガイドラインに適合する銘柄の中から証券会社が選定した銘柄
口座管理	国内株式信用取引口座	外国株式信用取引口座 （国内株式信用取引口座とは別口座）
最低保証金率	約定代金の30％ （保証金府令が適用される）	約定代金の**50％** （保証金府令が適用され、外国取引規則により50％と規定される）
最低保証金	30万円 （保証金府令が適用される）	会員が定める金額（米ドル） ※30万円相当以上の米ドル
最低保証金維持率	約定代金の20％ （取引所規則が適用される）	約定代金の**30％** （外国取引規則が適用される）

また、外国株式信用取引に係る保証金代用有価証券の**現金換算率（代用掛目）は、国内株式の信用取引より低い値**となっている。

11 証券投資計算

1．株式利回り

株式の利回りとは、配当利回りともいい、**投資金額**（取得時の株価）**に対する年間の受取配当金の割合**をいい、下記の式で示される。

$$\text{株式利回り} = \frac{\text{1株当たり配当年額}}{\text{株価}} \times 100$$

株式の配当とは、株式会社が株主に対して行う剰余金の分配、又は分配された剰余金のことである。

$$\text{採算株価} = \frac{\text{1株当たり配当年額}}{\text{希望の利回り} \div 100}$$

2．権利付相場、権利落相場

会社の増資は、下図のような形で行われる。

- **株式分割**……既に発行されている株式を、より多数の株式に細分化することである。株式分割は、増資と異なるが、小幅な分割の場合、一般にはいわゆる**無償増資**と呼ばれる場合が多い
- **株主割当有償増資**（株主に有償で新株が割り当てられる）
- **公募増資**（広く一般の新しい株主を募集）
- **第三者割当増資**（株主以外の第三者に割当て）

（公募増資・第三者割当増資）→ 時価による払込み（時価発行増資）

増資のうち、株式分割及び株主割当有償増資の場合、新株割当期日の２営業日前までの旧株の株価は、新株の割当てを受ける権利を持った価格で取引される。これを、**権利付相場**という（ただし、割当期日が休日の場合は３営業日前となる）。

しかし、新株割当期日の前営業日（割当期日が休日の場合は２営業日前）からは、その株は新株の割当てを受ける権利がなくなってしまう。そのため、株価は、その権利分の価値だけ値下がりする。これを**権利落相場**という。

ある条件で増資する株式の予想権利落相場を求めるには、現在の「権利付相場」と「新株払込額」と「割当率」の３つが分かれば良い。

なお、「**新株払込額**」とは、割り当てられる新株に対して１株当たり払い込まなければならない金額を指し、**割当率**とは、現在発行されている株式１株に対して、何株が新たに割り当てられるのかを表している。

株式を分割すると、発行済株式数は増加するが、株価は下落するため、理論的には資産価値は変わらない。

株式分割を行う企業が配当金額を据え置いた場合には、実質的に増配となる。

①株主割当有償増資の場合

$$権利落相場 = \frac{権利付相場 +（新株払込額 \times 割当率）}{1 + 割当率}$$

②**株式分割**の場合

重要

$$権利落相場 = \frac{権利付相場}{分割比率}$$

計算問題編

◎演習問題◎

時価1,500円の株式が、1：1.5の株式分割をすることになった。権利落相場はいくらと予想されるか。

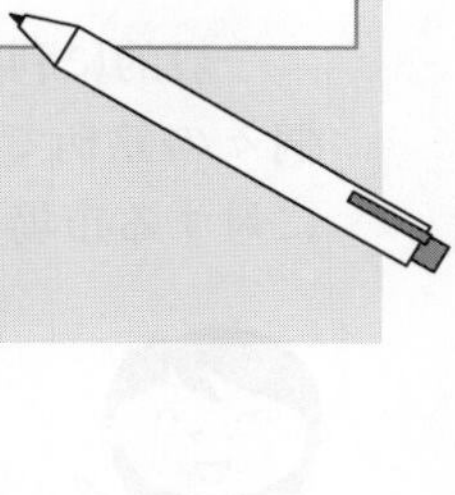

$$\frac{1,500円}{1.5} = \underline{1,000円}$$

予想権利落相場は、1,000円となる。

③権利落相場から権利付相場を逆算する場合（株式分割の場合）

権利付相場＝権利落相場×分割比率

計算問題編

◎演習問題◎

1：1.2の株式分割を行うある株式の権利付相場は1,200円であった。権利落後の株価が1,050円になったとすれば、権利付相場の1,200円に対していくら値上がりしたことになるか。

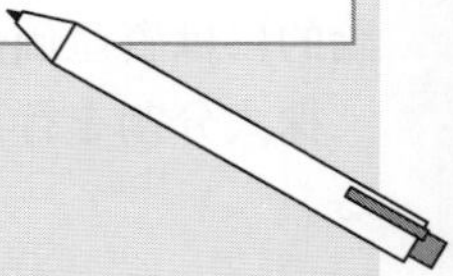

1,050円×1.2＝1,260円
（権利落後の値段から算出される権利付相場）
1,260円－1,200円＝<u>60円</u>

権利付相場より、60円値上がりしたことになる。

3．株価収益率（PER；Price Earnings Ratio）重要

会社の収益力をみる指標としては、**1株当たり当期純利益**がある。

$$1株当たり当期純利益＝\frac{当期純利益（税引後）}{発行済株式総数}$$

これは、**EPS**（Earnings Per Share）とも呼ばれる。

この1株当たり利益に対して株価がどの程度に買われているかをみる指標が、株価収益率（PER）である。

$$株価収益率＝\frac{株価}{1株当たり当期純利益}\quad（倍）$$

一般的に利益成長の高い会社ほど、PERは高く買われる傾向にあるが、個々の銘柄でPERが高いか低いかは、業種の違いや、成長力や収益力に対する市場の評価で違ってくる。

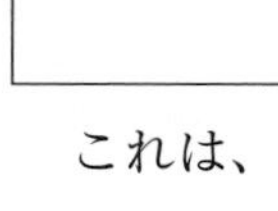

計算問題編

◎演習問題◎

資本金100億円（発行済株式総数２億株）、税引後当期純利益60億円、株価600円の会社の株価収益率（PER）はいくらか。

$$1株当たり当期純利益 = \frac{60億円}{2億株} = 30円$$

$$株価収益率 = \frac{600円}{30円} = \underline{20倍}$$

注意

PER、PBR、EV/EBITDA倍率は、正誤問題及び五肢択一問題（計算問題）ともによく出題される。損益計算書から１株当たりの当期純利益を求めることができなければ正解を導き出すことができない出題もある。確実に得点できるようにして欲しい。

４．株式益回り

株価収益率（PER）の逆数で株価に対する税引後利益の比率（１株当たりの企業収益率）を表したものである。

$$株式益回り = \frac{1株当たり当期純利益}{株価} \times 100\%$$

５．イールドスプレッド（利回り格差）

株式益回りと長期国債などが示す長期的な金利水準との比較を行う指標である。イールドスプレッドが少なくなるほど、株価は割安感が強くなる。

$$イールドスプレッド = 長期債利回り - 株式益回り$$

6．株価キャッシュ・フロー倍率（PCFR；Price Cash-Flow Ratio）

株価を1株当たりのキャッシュ・フローで除した数値を「株価キャッシュ・フロー倍率」（PCFR）という。PERと併用することで効果的な株価評価も可能である。

キャッシュ・フローとは、税引後利益に減価償却費を加えたもので、企業が期中に生み出した自己資金を示す数値である。

$$株価キャッシュ・フロー倍率 = \frac{株価}{1株当たりキャッシュ・フロー}$$

計算問題編

◎演習問題◎

資本金100億円（発行済株式総数2億株）、税引後当期純利益60億円、減価償却費10億円、株価770円の会社の株価キャッシュ・フロー倍率はいくらか。

キャッシュ・フロー＝税引後当期純利益＋減価償却費

$$1株当たりのキャッシュ・フロー = \frac{60億円 + 10億円}{2億株} = 35円$$

$$株価キャッシュ・フロー倍率 = \frac{770円}{35円} = \underline{22倍}$$

用語解説

キャッシュ・フロー…資金（現金及び現金同等物）の増加又は減少

現金……………………キャッシュ・フローにおける現金には、当座預金、普通預金その他預金者が一定の期間を経ることなく引き出すことができる預金を含む

現金同等物……………容易に換金することが可能であり、かつ、価値の変動のリスクが低い短期的な投資をいう

7．株価純資産倍率（PBR；Price Book-value Ratio）重要

企業の安定性を見る指標には、1株当たり純資産（BPS；Book-value Per Share）がある。**純資産**とは、企業の持っている**全資産**から、借入金や社債などの**負債**を**差し引いたもの**である。

1株当たり純資産（1株当たりの純資産の大きさのこと）は、その企業の資産力を表している。これが大きいほど、企業の安定性が高いことになる。

このBPSに対して株価が何倍に買われているかを示したものが、株価純資産倍率（PBR）である。

$$株価純資産倍率 = \frac{株価}{1株当たり純資産}（倍）$$

注意

「株価純資産倍率（PBR）は、1株当たり純資産を株価で除すことにより求める。」と出題されたら誤り。株価を1株当たり純資産で除す。

計算問題編

◎演習問題◎

総資産600億円、総負債200億円、発行済株式総数1億株、株価600円の会社の株価純資産倍率（PBR）はいくらか。

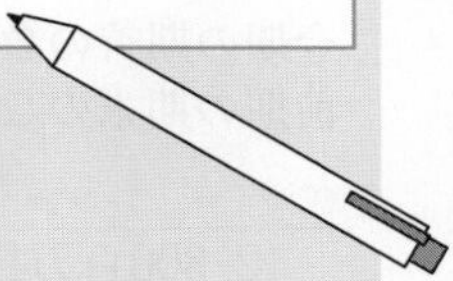

純資産＝総資産－総負債＝600億円－200億円＝400億円

$$1株当たりの純資産 = \frac{400億円}{1億株} = 400円$$

$$株価純資産倍率 = \frac{600円}{400円} = \underline{1.5倍}$$

8．自己資本利益率（ROE；Return on Equity） 重要

自己資本利益率（ROE）は株主の立場から見て、会社に投下した資金がどのように運用され、成果を上げているかを示すものである。

$$自己資本利益率 = \frac{当期純利益（年換算）}{自己資本（期首・期末平均）} \times 100（\%）$$

自己資本＝純資産－（株式引受権＋新株予約権＋非支配株主持分）

・一定期間運用した資本量平均の簡便法として「期首・期末平均」が一般的に用いられている。

計算問題編

◎演習問題◎

決算期における自己資本、税引後純利益が下表となる会社の今期の自己資本利益率（ROE）はいくらか。

なお、年１回決算とする。

	自己資本（期末）	税引後当期純利益
今期	2,500百万円	300百万円
前期	2,300百万円	200百万円

今期の期首の数値は、提示されていないが、
前期の期末の数値と同じになる。

$$\frac{300百万円}{(2,300百万円+2,500百万円) \div 2} \times 100 = \underline{12.5\%}$$

■純資産、自己資本、株主資本の相違

- 自己資本は、純資産の額から株式引受権、新株予約権の金額及び非支配株主持分（連結財務諸表のみ）の金額を控除した金額をいう。
- 株主資本は、払込資本と剰余金を合わせたものをいう。
- 純資産≧自己資本≧株主資本
- ROE（次ページ）は、従来「株主資本利益率」と呼ばれていたが、新会計基準等により、「自己資本利益率」と呼ばれるようになった。

9．EV／EBITDA倍率 重要

EBITDA（イービットディーエー、イービットダー）は、Earnings Before Interest、Taxes、Depreciation and Amortization（**利払前・税引前・償却前利益**）の略であり、国際的な収益力の比較をするために考えられた利益指標である。

EBITDAは、国によって異なる金利水準や税率、減価償却方法などの違いを最小限に抑えた「利益」のことであり、最近は損益計算書の利益と並んで企業評価（**国際的な同業他社との比較**）に多く用いられている。

EBITDA＝税引前利益＋支払利息＋減価償却費

具体的な株式評価では、このEBITDAに対して**企業価値（EV＝時価総額＋有利子負債－現金預金－短期有価証券）**が何倍に当たるかというEV／EBITDA倍率が使われている。

$$\text{EV／EBITDA倍率}=\frac{\text{EV}}{\text{EBITDA}}$$

この倍率が低ければ、株価は割安となる。

計算問題編

◎演習問題◎

資本金9,000百万円、時価総額85,000百万円、利益剰余金5,000百万円、現金預金（短期有価証券を含む）5,000百万円、有利子負債65,000百万円、EBITDA20,000百万円だった場合のEV／EBITDA倍率はいくらか（小数点第２位以下は切捨てる）。

EV＝85,000百万円＋65,000百万円－5,000百万円
　＝145,000百万円

$$\text{EV／EBITDA倍率}=\frac{145,000\text{百万円}}{20,000\text{百万円}}\fallingdotseq \underline{7.2\text{倍}}$$

10. 平均株価及び株価指数

（1） 日経平均株価（日経平均・日経225）

日経平均株価とは、東証プライム市場**上場銘柄中**、市場を代表する**225銘柄**の株価を平均し、かつ連続性を失わせないため、増資権利落ちなどを修正した形で計算したものである。単純平均であるため、**小型の値嵩株**[※]**の値動きに影響され易い**という特徴がある。

【※】値嵩株とは、株式市場において、他の株式と比較して、相対的に値段が高い株をいう。

（2） 東証株価指数（TOPIX）

東証株価指数とは、TOPIX構成銘柄の時価総額が、基準時の時価総額に比較してどのくらい増えたか減ったか、ということを通じて市場全体の株価の動きを表すものである。TOPIXは加重平均となるため、**大型株に影響され易い**という特徴がある。そのため、浮動株指数の導入が行われている。

なお、浮動株とは、上場株式から固定株を除いた部分、つまり、株式市場に流通する可能性がある株式のことをいう。

2022年4月以降、市場区分見直しを受け、流通株式時価総額100億円以上を原則とするTOPIX算出ルールの見直しが段階的に行われる。

11. 株式売買の受渡代金

株式の売買約定が成立すると、**約定日**から起算して**3営業日目**の日にその代金の清算（**受渡し**）が行われる。この代金は**約定代金**（株価×株数）に株式の売買注文を出した金融商品取引業者に支払う委託手数料を加算（売付けの場合は減算）したものとなる。

［買い注文の約定］

重要	**約定代金＋手数料（消費税を含む）**

［売り注文の約定］

重要	**約定代金－手数料（消費税を含む）**

なお、同一日に、同一銘柄の約定が別々に成立した場合でも、一口注文として、約定代金を合計した金額に対して手数料を計算することとなる。

注意

手数料は、買い注文、売り注文ともに金融商品取引業者に支払うことになる。したがって、買い注文は約定代金に手数料を加えた金額を支払い、売り注文は約定代金から手数料を差し引いた金額を受け取ることになる。

これは必須！

◎演習問題◎

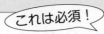

次の文章について、正しい場合は○、正しくない場合は×にマークしなさい。

1．株式の新規上場に際して、公開価格の決定方法は競争入札方式のみである。

2．注文伝票の記載事項に、「自己又は委託の別」は含まれる。

3．ＰＴＳの売買価格決定の方法の１つに、顧客の提示した指値が、取引の相手方となる他の顧客の提示した指値と一致する場合に、当該顧客の提示した指値を用いる方法がある。

4．委託保証金の全額を有価証券で代用することはできない。

5．取引所における立会外バスケット取引は、15銘柄以上で構成され、かつ、総額5,000万円以上のポートフォリオに限定される。

6．時価1,200円の株式について、１：1.3の株式分割を行う場合の予想権利落相場は840円である（円未満切り捨て）。

7．資本金60,000百万円、時価総額85,000百万円、利益剰余金3,000百万円、保有現預金（短期有価証券含む）5,000百万円、有利子負債65,000百万円、EBITDA9,000百万円である会社（年１回決算）のEV/EBITDA倍率は16.6倍（小数点第２位以下切り捨て）である。

8．株式・ミニ投資は、任意の時に買い付けた単元未満株を単元未満株のまま任意の時に売り付けることができる。

9．DVP決済とは、証券の引渡しと資金の決済を同時に行う方法で、決済不履行による元本リスクを回避できる。

10．EBITDAは、国際的同業他社との比較に多く用いられ、EV/EBITDA倍率が低ければ、株価は割安となる。

11．以下の会社（年１回決算）の株価純資産倍率（PBR）と株価収益率（PER）の組合せはPBR2.0倍、PER20.0倍である。

（注）答えは、小数点第２位以下を切り捨ててある。また、発行済株式数及び貸借対照表の数値は、前期末と当期末において変化はない。

発行済株式総数　400万株	総資産　50億円	総負債　30億円
当期純利益　２億円	株価（時価）　1,000円	

12．公開価格の決定方法には、ブック・ビルディングと競争入札による公募等の２種類がある。

解答

1．× ブック・ビルディング方式と競争入札方式の２種類がある。

2．○

3．○

4．× 委託保証金は現金が原則であるが、有価証券で代用することができる。

5．× 立会外バスケット取引は、15銘柄以上で構成され、かつ、総額１億円以上のポートフォリオに限定される。

6．× $権利落相場 = \frac{権利付相場}{分割比率} = \frac{1,200}{1.3}$

$= 923円$

7．× EV ＝時価総額+有利子負債 －（現金預金＋短期有価証券）

＝85,000百万円＋65,000百万円 －5,000百万円＝145,000百万円

EV/EBITDA倍率

$= \frac{EV}{EBITDA} = \frac{145,000百万円}{9,000百万円}$

$= 16.1倍$

8．○

9．○

10．○

11．○

$1株当たり純資産 = \frac{総資産 - 総負債}{発行済株式総数} = \frac{50億円 - 30億円}{400万株} = 500円$

$株価純資産倍率（PBR） = \frac{株価}{1株当たり純資産} = \frac{1,000円}{500円} = 2.0倍$

$1株当たり当期純利益 = \frac{当期純利益}{発行済株式総数} = \frac{2億円}{400万株} = 50円$

$株価収益率（PER） = \frac{株価}{1株当たり当期純利益} = \frac{1,000円}{50円} = 20.0倍$

12．○

第9章
債券業務

利回り、受渡代金や転換社債の乖離率の計算問題が頻出で、単価計算と合わせて理解しましょう。「債券価格が上昇すると利回りは低下する」など、債券市況と価格の変動要因を理解することも大切です。国債の発行根拠法による分類も含めた債券の種類、また、現先取引や入替売買などの債券の売買手法も理解しましょう。

一種（40点）	
○×	五肢選択
5問	3問

二種（40点）	
○×	五肢選択
5問	3問

予想配点

1 債券とその特徴

1．債券とは

債券とは、国をはじめ、地方公共団体、政府関係機関、事業会社及び金融機関などが、広く一般の投資者から一時に大量の資金を調達し、その見返りとして、元本の返済や利子の支払いなどの条件を明確にするために発行する証書である。

債券の発行を日常の貸借関係に例えれば、その発行者は債務者であり、債券を保有する投資者は債権者、債券は**借用証書に相当**する。

2．債券の特徴

債券の発行は、一般的な金銭の貸借と異なり、以下のような特徴がある。

①	多数の投資者が均一の条件で投資できる
②	発行者は一時に大量の資金を調達できる
③	債券は有価証券として規格化されていて、元本の返済請求権、利子の支払請求権を備えており、その有価証券を売却することにより、いつでも債権者としての立場を他人に移転することができる

3．資金調達手段としての債券

民間事業会社の資金調達手段としては、債券発行のほか、新株発行による増資がある。増資による資金調達はその資金を半永久的に使用できるのに対し、債券は期限到来による返済義務がある。

また、発行時に投資者に約束した利子を定期的に支払う必要がある。

4．投資対象としての債券

投資対象を選ぶ場合、以下の３つの面から十分検討する必要がある。

収益性	預貯金に比較して利回りが高い。固定利付債は、計画的な資金運用の手段としての適性を備えている
安全性	債券には償還期限があり、それが到来すれば、元本が返済されることが、発行者によって約束されている。 ただし、発行者が財政難や業績不振に陥った場合には、債券の利払いが遅延したり、元本の償還が不能になることがある（このような状態を「デフォルト」という）
換金性	**途中換金は、時々刻々変動する市場相場によるのが原則**である

2 債券の種類

債券は、国債、地方債、政府関係機関債（特別債）、地方公社債（以上を「公共債」という）、金融債、事業債、特定社債、投資法人債（以上を「民間債」という）、外債などがある。なお、債券の現存額の約９割を公共債が占め、とりわけ国債が、債券全体の８割強を占めている。

１．国債

（１） 超長期国債（20年利付国債、30年利付国債、40年利付国債）

○20年債、30年債：価格競争入札による公募入札方式
○40年債：**イールド**（利回り）**競争入札**による公募入札方式

（２） 変動利付国債

○期間15年で、利率が年２回の利払日ごとに市場実勢に応じて変化する
○2008年５月を最後に新規発行はされていない

（３） 長期国債（10年利付国債） 重要

○発行・流通市場の双方において、**わが国の債券市場の中心的銘柄**
○その発行条件や流通利回りは、他の年限の国債、その他の国内債の指標となっている
○主に、**価格競争入札**による**公募入札方式で発行**

（４） 中期国債（２年利付国債・５年利付国債）

○価格競争入札による公募入札方式により発行
○期間２年と５年の２種類発行

注意

「国債は、国債引受シンジケート団引受け方式による発行である」と出題されると誤り。国債は、原則として公募入札方式である。なお、公募入札には価格競争入札とイールド競争入札の２つがあり、ほとんどが価格競争入札で、超長期国債の40年債がイールド競争入札である。

(5) 国庫短期証券（TDB）

国債の償還の平準化を図り円滑な借換えを実現すること、及び国の一般会計や種々の特別会計の一時的な資金不足を補うために発行される。

償還期間	2ヵ月、3ヵ月、6ヵ月及び1年
市中発行方式	価格競争入札による割引方式
最低額面金額	5万円
その他	**法人及び個人ともに保有可能**

(6) 物価連動国債

①	**元金額が物価の動向に連動して増減**する国債で、適格機関投資家等の法人に加え、**個人の保有**も認められる
②	物価連動国債の発行後に物価が上昇すれば、その上昇率に応じて元金額が増加する（増減後の元金額を「**想定元金額**」という）
③	**償還額は、償還時点での想定元金額、利払いは年2回で、利子の額は各利払時の想定元金額に表面利率を乗じて算出**する
④	表面利率は発行時に固定し、全利払いを通じて同一である
⑤	物価連動国債には、**償還時の元本保証（フロア）が設定**され、償還時の連動係数が1を下回る場合、**額面金額で償還される**

(7) 脱炭素成長型経済構造移行債（GX経済移行債）

GX投資を官民協調で実現していくために創設された国債で、カーボンプライシング導入の結果として得られる将来の財源を裏付けとして発行されている。

(8) 新型窓口販売方式国債（新窓販国債）

民営化前の郵便局で行われてきた募集取扱方式から募集残額を引受ける義務をなくしたうえで、郵便局以外の民間金融機関にも拡大したものである。

①	最低**5万円**から5万円単位で、個人も法人も購入できる
②	2年、5年、10年満期の**固定金利**方式で**毎月募集**される
③	中途換金は、市場価格であるため、購入価格を上回ることもあれば、下回ることもある

（9） 個人向け国債（固定３年、固定５年、変動10年）

購入者を個人に限定する国債である。

◆個人向け国債

	固定３年	固定５年	変動10年
購入対象者等	個人に限定		
満　　期	３年	５年	10年
最低額面	１万円（額面100円につき100円）		
償還金額	額面金額100円につき100円（中途換金時も同じ）		
利 払 い	年２回の**固定金利**	年２回の**固定金利**	年２回の**変動金利**
金利水準	基準金利－0.03％	基準金利－0.05％	基準金利×0.66
金利下限	**0.05％**		
中途換金	**発行から１年経過後であれば可能（国が額面で買取る）**		
中途換金時の換金金額	額面金額＋経過利子－中途換金調整額【※】		
発行頻度	**毎月発行**		

【※】中途換金調整額＝直前２回分の税引前利子相当額×0.79685

注意

個人向け国債は、固定金利、変動金利等の条件の入れ替えに注意すること。

◆国債の発行根拠法による分類

建設国債	**国の資産を形成するものとして、公共事業費、出資金及び貸付金の財源に充てるため、財政法に基づき発行される**
重要 特例国債	税収及び税外収入等に加えて、**建設国債を発行してもなお歳入不足が見込まれる場合に、公共事業費等以外の歳出に充てる資金を調達すること**を目的として各年度における特例公債法（特別の法律）により発行される。いわゆる「**赤字国債**」のこと
借換国債	各年度の**国債の整理又は償還のための借換えに必要な資金を確保**するため、特別会計に関する法律に基づき発行される
財政投融資特別会計国債	財政融資資金において運用の財源に充てるため、特別会計に関する法律に基づき発行される。いわゆる「財投債」のこと

注意

「特例国債＝赤字国債」を確実に覚えること。

(10)　ストリップス国債

利付国債の元本部分と利子部分を証券会社などが分離して販売することができる。分離した元本部分、利子部分とも、機関投資家など法人が主な購入者となるが、個人投資家も購入できる。

2．地方債

都道府県、市町村などの**地方公共団体の発行する債券**で、**国債と合わせて**公債ともいう。

全国型市場公募地方債
○地方債の中で**知名度が高く、保有者も広範**であるため、流動性にも優れている 重要　○全国型市場公募地方債を発行できる団体は、**一部の都道府県**とすべての**政令指定都市**である
その他の地方債
銀行等引受地方債、共同発行市場公募地方債、住民参加型市場公募地方債、交付地方債などがある

注意
「全国型市場公募地方債を発行できる団体は、すべての都道府県と一部の政令指定都市である」と出題されると誤り。一部の都道府県とすべての政令指定都市である。

注意
「銀行等引受地方債を発行できる団体は、一部の都道府県とすべての政令指定都市である」と出題されると誤り。市や区でも発行できる。

3．政府関係機関債（特別債）

政府保証債
重要　元利払いにつき政府の保証が付いて発行
その他の政府関係機関債
非公募特殊債、財投機関債がある

注意
「元利払いにつき政府の保証が付いて発行されるのは、財投機関債だけである」と出題されると誤り。政府保証債だけである。

4．民間債

金融債	特定の銀行が、それぞれ特別の法律に基づいて発行する債券である。期間１年以上（通常５年）の利付金融債がある。また、法人向けの募集発行と、個人向けの売出発行がある
事業債（社債）	民間事業会社の発行する債券で、電力債、一般事業債、及び銀行債などに区分される
特定社債	資産の流動化に関する法律に規定される**特定目的会社**が、金銭債権、不動産など、様々な資産を資金の調達者から譲り受け、この資産を裏付けとした**資産担保証券として発行する** **重要** **資産担保証券では、自己の資産の信用力やキャッシュ・フローを裏付けとした資金調達となり、直接の負債にはならないという特徴がある**
投資法人債	投資信託及び投資法人に関する法律に基づいて、投資法人が発行する債券である

5．外債（外国債）

一般に発行体、発行市場、通貨のいずれかが外国のものである債券を外債（外国債）という。

円建外債（**サムライ債**） **重要**

○国際機関や**外国**政府、事業法人（非居住者）等が**日本国内**市場において**円貨**建てで発行する債券

ユーロ円債

○**日本国外**（ユーロ市場）**において発行される円建債**

外貨建債（狭義の外債）

○外貨（外国の通貨）建てで発行される債券
ア．外国の国内債（米国財務省証券、ドイツ国債、欧米金融機関債等）
イ．ユーロ市場で発行されるもの（通称「ユーロ債」）
ウ．各国国内において、非居住者が外貨建てで発行するもの（通称「ヤンキー債」「カンガルー債」「メープル債」等）
エ．日本国内市場において、居住者が外貨建てで発行するもの

6．地方公社債

地方公共団体が設立した公社（地方住宅供給公社、地方道路公社、土地開発公社）が発行する債券。

かつては金融機関による私募引受が中心であったが、公募による発行も行われるようになった。

7．その他

コマーシャル・ペーパー（CP）	優良企業が無担保で短期の資金調達を行うために、割引方式で発行される有価証券である。**約束手形の性格**も有している CPは、企業が銀行や証券会社などを通じて発行し、銀行、証券会社及び短資会社等の仲介により機関投資家等に販売されている
譲渡性預金証書（CD）	**金融機関が発行**する譲渡可能な預金証書のことで、自由金利商品である。**国内CDは、金商法上の有価証券の定義に含まれない**ため、証券会社が国内CDを扱う場合は、金融商品取引業以外の業務として位置づけられている
海外CP、外国貸付債権信託受益証券及び海外CD	外国貸付債権信託受益証券とは、海外の金融機関の貸付債権を信託した資産金融型商品、例えばCARDsなどが、これに該当する

注意
コマーシャル・ペーパー（CP）と譲渡性預金証書（CD）の入れ替えに注意すること。

3 債券の条件

1．額面（振替単位）

債券１枚ごとの券面上に表示されている金額を額面という。

◎振替債等ペーパーレス化された債券は、券面という形態が存在しないため、額面の表示はない。

◎債券の条件等に係る事項を記載し発行体から投資者に交付される書面等において「各債券の金額」として定められる金額が、従来の概念でいうところの額面金額に当たると考えることができる。

2．単　価

額面100円当たりで表し、単価とするのが慣行である。

オーバーパー	100円超
パー	100円ちょうど
アンダーパー	100円未満

注意

パー、オーバーパー、アンダーパーは、ゴルフのスコアに置き換えると分かり易い。

3．新発債と既発債

新発債	新しく発行された債券
既発債	発行日後の債券、既に発行された（既発）の債券

4．利率と利回り 重要

利　率	額面に対する１年当たりの利子の割合、 クーポン・レート、クーポン
利回り	投資元本に対する１年当たりの収益の割合

注意

利率と利回りの入れ替えに注意すること。

（1）　債券の利率とは

債券の利率とは、**額面金額に対して毎年支払われる１年間の利子の割合**のことをいう。**債券の購入金額に対してではなく、あくまでも額面金額に対する利子の割合**である。

（2）　債券の利回りとは

債券の利回りとは、債券を所有していた期間におけるキャピタル・ゲイン又はキャピタル・ロスと利息（インカム・ゲイン）を合計した金額の投資金額に対する１年当たりの利益の割合のことである。

（3）　発行者利回りとは

利回りを債券の発行者から見た場合、利子と償還差益以外に引受手数料、受託手数料、元利払い手数料などの費用を負担することになり、これら一切の**１年当たりの経費が**、債券の発行によって調達した**手取り資金総額に対してどれだけになっているかという比率**を発行者利回りという。発行者利回りは、債券発行による資金調達コストを表している。

○利率と利回りの関係

利回りと期間が同じ数銘柄の債券があれば、**利率の高い銘柄ほど単価も高く、利率の低い銘柄ほど単価が安い**。

オーバーパーで購入	利率＞利回り
アンダーパーで購入	利率＜利回り

額面より高い価格（オーバーパー）で購入した債券を償還まで保有していた場合、最終利回りは表面利率より低くなる。

5．償還の種類・償還差損益

（1）　償還の種類

期中償還	任意償還	発行者の都合で行われる
	抽選償還	債券所有者の意思に関係なく抽選で償還が決まる
	定時償還	発行時に期中償還の時期と金額が定められている
最終償還	償還価額は、一般に額面金額である	

注意

「債券は、償還期間が決まると、特段の理由がない限り途中で償還されることはない」と出題されると誤り。期中で償還されることがある。

（2）　償還差損益

償還差益	アンダーパーで購入した場合、償還時に発生する差益
償還差損	オーバーパーで購入した場合、償還時に発生する差損

4 発行市場の概要

1．債券の発行市場

<table>
<tr><td rowspan="3">引受方法</td><td>買取引受け</td><td>有価証券の発行に際し、これを販売する目的をもって当該有価証券の発行者から全部、若しくは一部を取得すること</td></tr>
<tr><td>残額引受け</td><td>当該有価証券を取得する者がない場合に、その残部を取得すること</td></tr>
<tr><td colspan="2">事業債等の引受シンジケート団は、金融商品取引業者（証券会社）のみによって組織される</td></tr>
<tr><td>重要
社債管理者</td><td colspan="2">○社債管理者は、社債権者のために弁済を受ける等の業務を行うのに必要な一切の権限を有する会社
○社債管理者となることができる者は、銀行、信託銀行又は担保付社債信託法による免許を受けた会社及び会社法施行規則で定める者に限られる
○各社債の金額が1億円以上である場合、社債管理者を置く必要はない</td></tr>
<tr><td>社債管理補助者</td><td colspan="2">○社債権者が自ら社債を管理することができると考えられる場合、社債の管理の補助を委託することができる
○社債管理補助者となることができる者は、社債管理者となることができるものに加え弁護士及び弁護士法人</td></tr>
<tr><td>受託会社</td><td colspan="2">○担保付社債の場合は、担保付社債信託法に基づき、受託会社の設置が強制されている
○社債管理者が受託会社も兼務するのが一般的</td></tr>
<tr><td rowspan="4">発行形態</td><td>公　募</td><td>不特定多数の投資者を対象とする</td></tr>
<tr><td>私　募</td><td>少人数又は特定の投資者を対象とする</td></tr>
<tr><td>直接発行</td><td>発行者が自ら募集を行う</td></tr>
<tr><td>間接発行</td><td>第三者に仲介させる</td></tr>
</table>

注意

「社債管理者となることができる者は、銀行や金融商品取引業者に限られる」と出題されると誤り。金融商品取引業者は含まれない。

2．国債の発行市場（国債の発行方式）

国債の発行方式は、市中発行方式、個人向け販売方式及び公的部門発行方式に大別される。

（1） 市中発行方式

国債の市中発行に当たっては、公募**入札**を基本として、市場実勢を反映した条件設定が行われており、価格（利回り）**競争入札**、非競争入札、第Ⅰ非価格競争入札及び第Ⅱ非価格競争入札がある。

（2） 国債市場特別参加者制度（プライマリーディーラー制度）

国債管理政策の策定及び遂行に協力する者であって、国債市場に関する特別な責任及び資格を有する者を「**国債市場特別参加者**」として財務大臣**が指定**する。

3．社債の発行市場

社債の起債方式	起債方式の自由化	社債の発行には、様々な規制があったが、市場実勢に従って発行条件を決定する方式へと見直された
	スプレッド・プライシング方式	格付が高い社債を中心として、**投資家の需要状況を調査**する際に、利率の絶対値で条件の提示をするのではなく、国債等の金利に対する上乗せ分（スプレッド）を提示する方法
格　付	発行会社が負う金融債務についての総合的な債務履行能力や個々の債務等が約定どおりに履行される確実性（信用力）に対する**格付機関の意見を簡単な記号**（AAA、AA、A、BBBなど）で示したもの	
	投資者の投資判断の材料として利用されている	
	公正な格付を付与するための体制整備等の要件を満たした格付機関が「信用格付業者」として登録できる「登録制」を採用している	

注意

スプレッド・プライシング方式は、投資家の需要状況を調査する際に利用される手法である。

5 流通市場の概要

1．流通市場の特徴

（1） 債券ディーラー

多くの流通市場参加者の売り買いの意向を統合して売買を成立させていくための仲介的役割を果たすのが、主として金融商品取引業者（証券会社）やディーリング業務を行う登録金融機関であり、流通市場における中心的な担い手である。これらを債券ディーラーと呼ぶ。

（2） 取引所市場と店頭市場

重要 債券の売買は、圧倒的に**店頭取引が多い**（全売買量の99％以上）。

取引所取引	各証券取引所に上場されている銘柄について、投資者は証券会社を通じて売買取引を行い、取引所で集中的に売買を成立させる。
店頭取引	各投資者と債券ディーラー、又は債券ディーラー間で相対取引を成立させる。売方と買方の合意のもと、多種のニーズに基づく自由な取引をその本質とする。

（3） 債券ブローカー

債券ディーラー間の売買だけを専門に取り扱う金融商品取引業者（証券会社）のことである。

2．店頭取引と関連制度

（1） 適正な価格

店頭取引に当たっては、**合理的な方法で算出された時価**（**社内時価**）を基準として、適正な価格により取引を行い、その**取引の公正性を確保**しなければならない。

(2) 取引所取引及び店頭取引の受渡日

取引所取引	原則売買契約締結日から起算して国債取引は2営業日目の決済 転換社債型新株予約券付社債は3営業日目の決済
店頭取引	原則決められているが、**当事者間の合意があれば自由**

※国債取引については、店頭取引のリテール向け及び非居住者の取引等を除き2営業日目が受渡日となる。また、国債リテール及び一般債取引については3営業日目(T＋2)が受渡日となる。

(3) 売買参考統計値発表制度

日本証券業協会は、公社債の店頭売買を行う投資者及び証券会社等の参考に資するため、指定する協会員からの報告に基づき、**毎営業日売買参考統計値を発表**している。

なお、売買参考統計値とは、指定報告協会員から報告を受けた気配の「平均値」、「中央値」、「最高値」、「最低値」の4つの値をいう。

また、個人投資者の積極的な債券市場への参加を促し、ひいては公社債市場の健全な発展に資することを目的として、取引参考価格情報を個人投資家に提供する「**個人向け社債等の店頭気配情報発表制度**」を実施している。

3. 債券貸借取引 (一種のみ)

(1) 債券貸借取引とは

債券の空売り[※]を行った場合において、受渡日以前に当該債券の買戻しを行わないときに、その債券を手当てすることを目的に行われる債券貸借取引のことをいう。

【※】ショートセールといい、約定日において既発行の現物の債券を保有しないで売却すること。

(2) 債券貸借取引のあらまし

①	債券貸借取引を開始するに当たっては、あらかじめ当事者間で契約書を取り交わさなくてはならない
②	債券貸借取引は、担保の有無により以下の**3種類の取引**がある •無担保債券貸借取引 •代用有価証券担保付債券貸借取引 •現金担保付債券貸借取引(貸借レポ取引)

6 債券市況とその変動要因

1．債券価格と利回り 重要

◎「債券**価格**（**債券相場**）**の**上昇」は「債券利回りの低下」を意味する。
◎「債券**価格**（**債券相場**）**の**下落」は「債券利回りの上昇」を意味する。

【次ページ解説参照】

注意

「利回りの上昇は、債券相場の上昇を意味する」と出題されると誤り。利回りの上昇は債券相場の下落を意味する。

2．変動要因

一般に、景気回復は債券価格の下落要因、国内物価の上昇は債券価格の下落要因、円高は債券価格の上昇要因となる。

◆債券価格の主な変動要因 重要

要因 ＼ 債券市況	国内景気		国内物価		為替	
	回復	後退	上昇	下落	円安	円高
利回り	↗	↘	↗	↘	↗	↘
価格	↘	↗	↘	↗	↘	↗

注意

債券価格の主な変動要因の表は覚えること。

（1） 一般景気動向 重要

①	景気が**上昇**過程に入ると、貸出金利は上昇し、金融機関が資金調達をするコール・手形市場・ＣＤ市場などの短期金利も上昇に向かう
②	金利一般が**上昇**する時 ➡債券の利回りは上昇（価格は下落）する 金利一般が**低下**する時 ➡債券の利回りは低下（価格は上昇）する
③	**インフレ**は、債券相場にとってはマイナス**要因**である

（2） 金融政策

日本銀行の**金融緩和**（基準貸付利率の引下げや資金の供給量を増やす政策）は、**債券市況のプラス要因**（金利は低下）である。

買いオペ	日本銀行が国債や手形を買い入れたり、国債を借り入れて担保金を差し入れる（資金供給のため）
売りオペ	日本銀行が国債や手形を売却する（資金吸収のための）

（3） クレジット・スプレッド

ある国債と、残存年数の等しいその他の社債等との利回り較差をクレジット・スプレッドといい、発行体の信用力が上昇すれば、格付の上昇等の影響を受け、クレジット・スプレッドが縮小し、債券価格が上昇する。

▶解説◀債券価格と利回りの関係

【事例】

利率２％、所有期間２年、償還価格100円、購入価格100円とする。

①購入価格と同価格で売却した場合の利回りは

$$\text{利回り}=\frac{2+(100-100)\div 2}{100}\times 100=2.000\%$$

②債券の価格が上昇して、購入価格が101円になったとする。

$$\text{利回り}=\frac{2+(100-101)\div 2}{101}\times 100\fallingdotseq 1.485\%$$

⇒　**債券価格の上昇は、利回りの低下を意味する。**
　　利回りの低下は、債券価格の上昇を意味する。

③債券の価格が下落して、購入価格が99円になったとする。

$$\text{利回り}=\frac{2+(100-99)\div 2}{99}\times 100\fallingdotseq 2.525\%$$

⇒　**債券価格の下落は、利回りの上昇を意味する。**
　　利回りの上昇は、債券価格の下落を意味する。

利回り計算の詳細は【p.251】参照

7 債券の売買手法

1．売切り、買切り

実際に債券を売買するとき、基本となる手法が単純な売切り、あるいは買切りである。

2．入替売買 重要

入替売買とは、同一の投資者が、ある銘柄を売るとともに別の銘柄を買うというように、**同時に売り買いを約定する売買手法**である。

固定的ポートフォリオ運用 重要

入替売買を機械的に行い、ポートフォリオの償還期限バランスを常に一定に保つ運用方法。**ラダー型**と**ダンベル型**（バーベル型）がある

ラダー型	短期から長期までの債券を**年度ごとに均等に保有し**、毎期、同じ満期構成を維持するポートフォリオ
ダンベル型	流動性確保のための**短期債**と、収益性追求のための**長期債のみを保有**するポートフォリオ

注意

ラダー型とダンベル型の入れ替えに注意すること。ラダーとダンベルの形を想像すればわかり易い（ラダーとは「はしご」のこと）。

3．現先取引 重要

売買に際し**同種、同量の債券等を、所定期日に、所定の価額で反対売買することを、あらかじめ取り決めて行う債券等の売買**をいう。

「債券等の条件付売買取引」ともいう。

これにより、一定期間の利回りを相場の変動とは無関係に確定することができる。

注意

売買手法の入れ替えに注意すること。「現先取引は、売買に際し同種、同量の債券等を、所定期日に、所定の価額で反対売買することを、あらかじめ取り決めて行う債券等の売買をいう」ということを確実に覚えること。

現先取引は、債券を担保にした金融取引という性格も有している。

なお、現先取引については、現金担保付債券貸借取引と同様に資金調達、資金運用手段として取引されている。

現先取引の種類	委託現先	資金を調達したい売手と資金を運用したい買手との間で、金融商品取引業者がその仲介の役割をする現先取引
	自己現先	金融商品取引業者自身が買手若しくは売手となる現先取引
現先取引の対象顧客	上場会社又はこれに準ずる法人で、経済的、社会的に信用のあるものに限定 （個人は現先取引を行うことができない）	
現先取引ができる債券	国債、地方債、社債、円貨建外債など ※新株予約権付社債を除く	

注意

「現先取引の対象顧客は、銀行等の金融機関に限られる」と出題されると誤り。

注意

「現先取引ができる債券に新株予約権付社債が含まれる」と出題されると誤り。

4．着地取引

将来の一定の時期に、一定の条件で債券を受渡しすることをあらかじめ取り決めて行う取引で、約定日から１ヵ月以上先に受渡しする場合をいう。

約定日から受渡日までの期間（着地期間）は６ヵ月を超えてはならない。

着地取引の対象顧客は、上場会社又はこれに準ずる法人で、経済的、社会的に信用のあるものに限定される。

着地取引できる債券には、新株予約権付社債は含まれない。

【注】当該着地取引の顧客が、適格機関投資家であることなど一定の事項をすべて満たす場合は、着地期間を３年までとすることができる。

5．ベーシス取引

ベーシス取引とは、現物価格と先物価格の価格差拡大を利用して利ざやを得る取引（裁定取引[※]）のことをいう。

【※裁定取引は、第15章 デリバティブ取引の概説　p.382を参照】

6．選択権付債券売買取引 （一種のみ）

重要

（1） 選択権付債券売買取引（債券店頭オプション取引）とは

当事者の一方が受渡日を指定できる権利（選択権（オプション））を有する債券売買取引であり、行使期間内に受渡日の指定が行われない場合には、当該取引契約が解除されるものをいう。

協会では、選択権料の気配の公表、売買契約の締結、売買取引の方法等について必要な事項を定めている。

①オーダーメイドでオプションが作れる。

②現物の受渡しが伴う。

（2） 取引制度

取引期間	契約日から対象債券の受渡日までの期間は1年3ヵ月以内と決められている。この期間以内であれば、オプションの権利行使が可能な行使期間は、個別の取引ごとに取引当事者間の取り決めで自由に設定できる
売買単位	売買対象証券である**債券の額面1億円（外貨建債券の場合には、1億円相当額）が、取引の最低売買額面金額**となっている
売買価格（行使価格）	行使期間と同様、個別取引ごとに当事者間で自由に設定できる
権利行使の方法	オプションの保有者（買方）が権利行使する場合には、付与者（売方）に対して対象となっている債券の受渡日を通知することで、権利行使を行う 行使期間内に権利行使がなされなかった場合には、オプションは失効（権利は消滅）する
相殺	転売が許されず、行使以前のオプション契約の残を流動化するには、相殺する必要がある また、差金決済は禁止されている

注意

「選択権付債券売買取引において、外貨建債券の最低売買単位は1億ドルである」と出題されると誤り。1億円相当額である。

8 転換社債型新株予約権付社債

1．新株予約権とは

新株予約権とは、その所有者が一定期間内に請求を行えば、当該発行会社の株式をあらかじめ定められた価格（転換価額）で、一定数量買い付けることができる権利をいう。

2．転換社債型新株予約権付社債とは

転換社債型新株予約権付社債（以下「**転換社債**」という。CBと表記することもある）とは、新株予約権を付した社債（新株予約権付社債）のことで、**新株予約権の分離譲渡ができないもの**である。

投資者は、従来の転換社債同様、新株予約権の行使により、株価の上昇による利益を享受できる。また、新株予約権を行使せずそのまま社債として持っていれば、確定利付証券として利子を受けることとなり（利率がゼロのものもある）、償還期限に額面で払い戻される。

◆社債としての属性

発行価格	額面である100円、最近では**額面単価より高く設定**されるようになっている
利　　率	株式に転換できるというメリットがあるために、**利率は普通社債より低く**なっており、最近では**利率がゼロのものが主流**となっている
期　　間	短期のものから長期のものまで様々だが、５年前後のものが多くなっている
券　　種	１銘柄につき**１種**（ほとんどの銘柄が100万円券）
償　　還	ほとんどの銘柄が満期一括償還制を採用。株価が一定期間、転換価額を一定率以上上回った場合に繰上償還することができるとする条項が付される場合がある

注意

「転換社債は、すべての銘柄が満期一括償還制をとっており、期中償還されることはない」と出題されると誤り。ほとんどの銘柄が満期一括償還制をとっているが、一定の場合繰上償還されることがある。

3．転換社債の価格変動要因

転換社債は、債券と株式の複合商品であるため、価格の変動は債券としての変動要因と株式としての変動要因がある。

そのため、転換社債の変動要因に関する組合せは以下のとおりとなる。

重要

	金利	クレジットスプレッド	株価	ボラティリティ【※】
価格上昇	低下	縮小	上昇	上昇
価格下落	上昇	拡大	下落	下落

【※】ボラティリティとは、株価の日々の変動率を年率換算した数値であり、株価の変動性のことをいう。

注意

転換社債の価格変動要因の正しい組合せを正確に覚えること。

4．転換社債の概要

（1） 転換価額（行使価額）

転換価額とは、転換社債型新株予約権付社債を株式に転換（新株予約権の行使）するときの1株当たりの価格をいう。

①転換価額の調整

転換権行使請求期間中に、新株の発行等によって1株当たりの価値が希薄化した場合は、転換社債権者の権利を保護するため、**転換価額の引下げ**を行うことがある。これを転換価額の調整という。

注意

「発行時に定められた転換価額は、変更されることはない」と出題されると誤り。新株の発行によって1株当たりの価値が希薄化した場合、転換価額の引下げを行うことがある。

②取得株数

転換社債を株式に転換する場合の取得株数は、以下の計算式によって求められる。

$$取得株数 = \frac{社債権者が提出した社債の発行価額の総額}{転換価額}$$

（2） パリティ価格

パリティ価格とは、株価と転換価額から転換社債の理論上の価格を求めるものであり、株価を転換価額で除すことによって、転換社債額面100円に対する理論価格を求めることができる。

重要　$$\text{パリティ価格(円)} = \frac{\text{株価}}{\text{転換価額}} \times 100$$

具体的な計算例で示すと、転換価額1,000円、株価1,400円の転換社債の場合、パリティ価格は1,400円÷1,000×100＝140円となる。

つまり、現在の株価からすれば、140円がこの転換社債の適切な価格であるということができる。

仮に、この状態で転換社債の時価が150円であれば、その転換社債は理論上の価格からみて高く買われていることになり、130円であれば、安く買われていることになる。

（3） 乖離率

転換社債の時価とパリティ価格との間に生じる差を乖離（かいり）といい、この乖離を率で表すと、乖離率となる。

重要　$$\text{乖離率(\%)} = \frac{\text{転換社債の時価} - \text{パリティ価格}}{\text{パリティ価格}} \times 100$$

○乖離率の正の値が大きい（パリティ価格＜転換社債の時価。「**プラス乖離**」又は「**順乖離**」という）ほど、株価に比較して転換社債が割高に買われていることになる。

○乖離率の負の値が大きい（パリティ価格＞転換社債価格。「**マイナス乖離**」又は「**逆乖離**」という）ほど、株価に比較して転換社債が割安となっていることになる。

○転換社債を社債のまま売却するか、株式に転換して売却するかは、乖離率の状況に依存する。一般にプラス乖離の場合には転換社債のまま売却した方が有利であり、逆にマイナス乖離の場合には株式に転換して売却した方が有利になる。

9・債券業務

計算問題編

◎演習問題◎

次の条件の転換社債型新株予約権付社債の乖離率はいくらか。（小数点第３位以下を切り捨てる。）

転換価額	500円
転換社債型新株予約権付社債の時価	125円
転換の対象となる株式の時価	600円

$$パリティ価格 = \frac{600円}{500円} \times 100 = 120円$$

$$乖離率 = \frac{125円 - 120円}{120円} \times 100 = \underline{4.16\%}$$

9 債券の投資計算

重要

1. 利付債の利回り計算

利付債券の３つの利回りである「**応募者利回り**」、「**所有期間利回り**」、「**最終利回り**」は、下記の同じ式で表すことができる。

$$r(\%) = \frac{C + \frac{E - S}{n}}{S} \times 100$$

r＝利回り（％）　C＝クーポン（利率）　n＝残存期間
E＝償還価格（売却価格）　S＝発行価格（購入価格）

- 「Ｃ（クーポン）」は、額面100円に対する１年当たりの利子収入（インカムゲイン）である。利率が２％であれば、「２」となる。
- 「Ｅ－Ｓ」は、償還差損益、又は売却損益（譲渡損益：キャピタルゲイン及びキャピタルロス）である。

これを「ｎ（残存期間）」で除す（割る）ことにより、１年当たりの償還差損益又は譲渡損益となる。

- 「Ｓ」「Ｅ」は、３つの利回りにより、以下に置き換えることができる。

	応募者**利回り**	最終**利回り**	所有期間**利回り**
S（スタート）	**発行価格**	**購入価格**	**購入価格**
E（エンド）	償還価格（100）	償還価格（100）	売却価格

注意

利回り計算は、最頻出である。必ず、電卓を用いて正解が導き出せるようにして欲しい。

重要

（1） 最終利回り

債券を購入した後、最終償還日まで所有することを前提とした場合の利回りを、最終利回りという。最終利回りは購入価格に対して、１年当たりに換算して、どれだけの利子収入及び償還差損益が得られたかを示す。

$$最終利回り=\frac{利率+\dfrac{償還価格-購入価格}{残存期間（年）}}{購入価格}\times 100(\%)$$

【注】通常は、小数点４桁以下を切捨て、３位まで表示する（以下、同様）。

計算問題編

◎演習問題◎

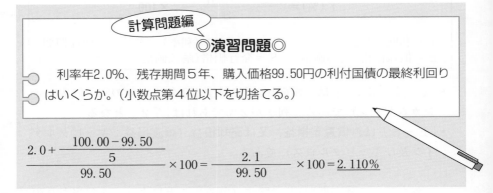

利率年2.0%、残存期間５年、購入価格99.50円の利付国債の最終利回りはいくらか。（小数点第４位以下を切捨てる。）

$$\frac{2.0+\dfrac{100.00-99.50}{5}}{99.50}\times 100=\frac{2.1}{99.50}\times 100=\underline{2.110\%}$$

重要

（2） 応募者利回り

新規に発行された債券（新発債）を購入した場合の最終利回りを、応募者利回りという。

新発債を購入した日から最終償還日まで所有した場合に受け取れる利息と償還差損益との合計が、投資元本に対して、１年当たりどれだけの利益になるかをみるものである。

$$応募者利回り=\frac{利率+\dfrac{償還価格-発行価格}{償還期限（年）}}{発行価格}\times 100(\%)$$

注意

利回りを求める計算問題だけでなく、各種利回りの定義を問う文章問題もあるので注意すること。

計算問題編

◎演習問題◎

利率年2.0%、償還期限10年、発行価格100.50円の利付国債の応募者利回りはいくらか。（小数点第４位以下を切捨てる。）

$$\frac{2.0+\dfrac{100.00-100.50}{10}}{100.50}\times 100=\frac{1.95}{100.50}\times 100=\underline{1.940\%}$$

重要

（3）　所有期間利回り

債券を購入した後、任意の期間所有して売却した場合の利回りを、所有期間利回りという。

$$所有期間利回り=\frac{利率+\dfrac{売却価格-購入価格}{所有期間（年）}}{購入価格}\times 100(\%)$$

計算問題編

◎演習問題◎

利率年2.0%、10年満期の利付国債を99.50円で購入したところ、３年後に101.00円に値上がりしたので売却した。所有期間利回りはいくらか。（小数点第４位以下を切捨てる。）

$$\frac{2.0+\dfrac{101.00-99.50}{3}}{99.50}\times 100=\frac{2.5}{99.50}\times 100=\underline{2.512\%}$$

重要

（4） 直接利回り（直利）

直接利回りは、債券の投資元本に対する年間の利子収入の割合を表す収益率の指標である。つまり、キャピタルゲイン・キャピタルロス（譲渡損益）を考慮しない。直利は利子収入だけを評価する収益尺度であるため、経常的な収益を重視する機関投資家等の投資者にとっては、重要な指標である。

$$\text{直接利回り（直利）}=\frac{\text{利率}}{\text{購入価格}}\times 100（\%）$$

計算問題編

◎演習問題◎

利率年3.0%、残存期間８年、購入価格105.60円の利付国債の直接利回りはいくらか。（小数点第４位以下を切捨てる。）

$$\frac{3.0}{105.60}\times 100=2.840\%$$

注意

最終利回り、応募者利回り、所有期間利回りに加え、直接利回りも頻出であり注意すること。

2．単価計算 重要

希望する利回りから、債券単価（購入価格）を求める方法である。

$$購入価格=\frac{償還価格+利率\times残存期間}{1+\dfrac{利回り}{100}\times残存期間}=\frac{100+\textbf{利率}\times\textbf{残存期間}}{100+\textbf{利回り}\times\textbf{残存期間}}\times100$$

計算問題編

◎演習問題◎

残存期間５年、利率年4.0%の利付国債を最終利回り1.5%になるように買うとすると購入価格はいくらか。（小数点第４位以下を切捨てる。）

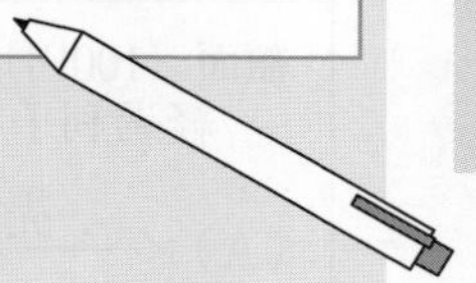

$$\frac{100+4.0\times5}{1+0.015\times5}=111.627円$$

又は

$$\frac{100+4.0\times5}{100+1.5\times5}\times100=\underline{111.627円}$$

3．債券売買の実務

◎店頭取引と取引所取引

公社債流通市場は、店頭市場と取引所市場との２つで構成されている。株式の売買が、主に取引所に集中されているのに対して、**公社債の流通市場**の大きな特徴は、**店頭取引の比重が圧倒的に大きい**ことである。

店頭市場では、どんな債券でも売買できるが、取引所で売買できる債券は、上場債に限られる。

店頭取引は、仕切売買であり、債券単価は、手数料相当分を含んで決められているが、取引所取引では、別枠で委託手数料を徴収される場合がある。なお、委託手数料は、各金融商品取引業者（証券会社）が独自に決めることとされている。

4. 経過利子

重要

債券の売買時に、**直前の利払日の翌日から受渡日までの経過日数に応じて、買手から売手に経過利子**（「経過利息」ともいう）を支払うことになっている。

経過日数は、前回の**利払日の翌日から受渡日まで**数える（いわゆる片端入れ）。この経過日数を年365日で日割計算する。

従来、経過利子を計算する際は、源泉税相当額（20.315％）を差し引くこととなっていたが、当該源泉税相当額を差し引かない取扱いとなっている。

$$\text{額面（100円）当たり経過利子（A）} = \text{額面（100円）当たり}\textbf{年利子} \times \frac{\text{経過日数}}{365}$$

$$\text{（A）} \times \frac{\text{売買額面総額}}{100} = \text{売買額面総額の経過利子}$$

【注】Aは小数点以下８位以下は切捨て、７位まで算出する。

計算問題編

◎演習問題◎

受渡日９月１日、額面100万円、利率年2.0％、利払日６月20日及び12月20日の利付国債を売却した場合、経過利子はいくらか。
（円未満を切捨てる。）

経過日数は、直前の利払日６月20日の翌日から受渡日９月１日までの73日となる。
（６月：10日、７月：31日、８月：31日、９月：１日）

$$\text{額面（100円）当たり経過利子} = 2 \times \frac{73}{365} = 0.4$$

$$\text{額面100万円に対する経過利子} = 0.4 \times \frac{\text{100万円}}{\text{100円}} = \underline{4,000\text{円}}$$

売却した者は、経過利子4,000円を受け取ることができる。

■簡便法…………………………………………………………………

経過利子を求める問題は、ほとんどが額面100万円で出題される。そこで、まず100万円に対する１年当たりの利子を計算する。

本問の場合、利率年２％なので２万円となる。したがって例題は、次の数式で求められる。

$$\text{額面100万円に対する経過利子} = 20,000\text{円} \times \frac{73}{365} = 4,000\text{円}$$

■経過日数について…………………………………………………

直前の利払日の翌日から受渡日まで数える。本問の場合、直前の利払日６月20日の翌日である６月21日から９月１日までの73日となる。

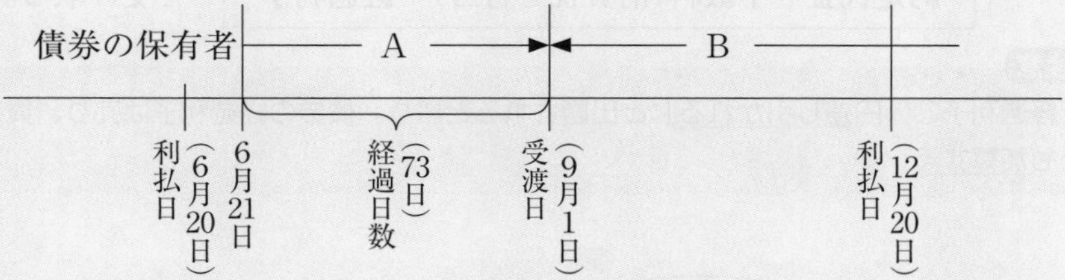

■経過利子について…………………………………………………

Ａは、直前の利払日の翌日から受渡日までの利子を受け取ることができない。一方、Ｂは次回の利払日12月20日には６月21日からまるまる半年分の利子を受け取ることになる。これを調整するためにＡが保有していた期間分（Ｂが保有していない期間分）の利子相当分をＢがＡに立替払いする。つまり、買手であるＢが売手であるＡに経過利子を支払う。

5．債券の受渡代金

重要

債券を取引所取引で購入した場合、**約定代金に手数料と経過利子を**加算し**た金額を支払う**。債券を取引所取引で売却した場合、**約定代金から手数料が**差し引かれる**が、経過利子を**加算**した金額を受け取る**。

○債券の購入時の受渡代金

約定代金＋手数料（消費税を含む）**＋経過利子**	を支払う。

○債券の売却時の受渡代金

約定代金－手数料（消費税を含む）**＋経過利子**	を受け取る。

注意

「経過利子○○円差し引かれる」と出題されると誤り。債券の経過利子は売り、買いとも加算する。

計算問題編

◎演習問題◎

額面100万円の長期利付国債を、取引所取引により単価103円で購入したときの受渡代金を求めなさい。

なお、経過利子は2,400円、委託手数料は額面100円につき40銭（消費税相当額を考慮しないこと）で計算すること。

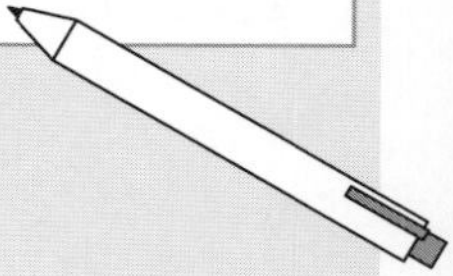

$$約定代金＝1,000,000円×\frac{103円}{100円}＝1,030,000円$$

$$委託手数料＝\frac{1,000,000円}{100円}×0.4$$

$$＝4,000円$$

経過利子＝2,400円

受渡代金＝1,030,000円＋4,000円＋2,400円＝1,036,400円

したがって、1,036,400円を支払う。

なお、消費税10％を考慮した場合、委託手数料が4,400円になるため、受渡代金は1,036,800円となる。

これは必須！

◎演習問題◎

次の文章について、正しい場合は○へ、正しくない場合は×の方へマークしなさい。

1．特例国債は、建設国債を発行してもなお歳入不足が見込まれる場合に、公共事業費等以外の歳出に充てる資金を調達することを目的として各年度における特例公債法により発行される国債で、いわゆる赤字国債である。
2．店頭取引に当たっては、合理的な方法で算出された時価（社内時価）を基準として、適正な価格により取引を行い、その取引の公正性を確保しなければならない。
3．コール市場、手形市場、CD（譲渡性預金証書）市場などの短期金利が上昇すると、一般に債券の利回りは上昇し、債券価格は下落する。
4．選択権付債券売買取引の最低売買額面金額は、売買対象証券である債券の額面1億円、外貨建債券の場合は、1億ドルである。
5．ダンベル型（バーベル型）ポートフォリオとは、流動性確保のための短期債と、収益性追求のための長期債のみを保有するポートフォリオをいう。
6．利率2.0%、発行価格104.50円、購入価格103.00円、残存期間6年の債券の最終利回りは2.427%である。（小数点以下第4位切捨て）
7．利率3.4%、残存期間1年の利付債券を、利回り1.37%となるように買おうとすれば、購入価格は102円である。（円未満切り捨て）
8．社債管理者となることができる者は、金融商品取引業者に限られている。
9．転換社債型新株予約権付社債は、新株予約権を社債から分離して譲渡することができる。
10．現先取引ができる債券に国債は含まれるが、社債は含まれない。
11．現先取引の対象顧客は、上場会社又はこれに準ずる法人と経済的、社会的に信用のある個人に限られる。
12．スプレッド・プライシング方式とは、格付の高い社債を中心に採用され、投資家の需要状況を調査する際に、国債等の金利に対する上乗せ分（スプレッド）を提示することで、金利変化に対応すると同時にきめ細かく投資家の需要を探ろうとするものである。

解答

1．○
2．○
3．○
4．×　外貨建債券の場合は、１億円相当額である。
5．○
6．×

$$\frac{2+\frac{100-103}{6}}{103}\times 100=\underline{1.456（\%）}$$

7．○

$$\frac{100+利率\times残存期間}{100+利回り\times残存期間}\times 100$$

$$=\frac{100+3.4\times 1}{100+1.37\times 1}\times 100\fallingdotseq\underline{102（円）}$$

8．×　社債管理者となることができる者は、銀行、信託銀行等に限られる。
9．×　転換社債型新株予約権付社債は、新株予約権を分離譲渡できない。
10．×　現先取引できる債券に、国債、社債は含まれる。
11．×　現先取引の対象顧客に、個人は含まれない。
12．○

第10章
投資信託及び投資法人に関する業務

証券投資信託の分類、仕組み、運用手法、販売についての理解が必須です。ETF、J-REITは、指値注文又は成行注文により市場価格で売買され、信用取引もできることを覚えておきましょう。目論見書・運用報告書の記載内容など投資信託のディスクロージャーも重要です。投資信託の税制の概要についても理解しましょう。

一種（34点）	
○×	五肢選択
7問	2問

二種（34点）	
○×	五肢選択
7問	2問

予想配点

1 投資信託の概念

1．投資信託制度の本質

投資信託制度の本質は、多数の投資者から資金を集め、第三者である専門家が運用・管理する仕組みにある。このような仕組みを「**集団投資スキーム**」という。

2．投資信託の特徴

①少額の資産で分散投資が可能なこと

投資信託は、複数の投資家から資金を募ってファンド（基金）を組成するため、少額の資金で分散投資の効果を享受することが可能である。

②専門家による運用

投資信託は、専門家による運用により、一投資家には求め難い利益を求めるスキームを提供できる。

③適切な投資者保護

投資信託の資産運用会社には、**忠実義務･善管注意義務**が課せられており、適切な投資者保護がなされている。

④市場を通じた資金供給への寄与

投資信託は、いわゆる市場型間接金融における中核商品であり、市場参加者の厚みを増し、リスク配分の効率化とリスク負担能力の向上を図るという国民経済的な課題に対して重要な役割を果たしている。

3．投資信託の主なコスト

費用名	発生時期	内容
販売手数料（募集手数料）	購入時	手数料は販売会社ごとに決めるので、同じ銘柄でも販売会社によって違う場合もある
運用管理費用（**信託報酬**）	保有時	**運用管理の報酬として**、所定の率を日割計算し、**日々**、**投資信託財産から控除**し、投資信託委託会社と受託会社が受け取る 投資信託委託会社は、自らの報酬の一部を代理事務手数料として販売会社に支払う
信託財産留保額	換金時／購入時	受益者の間でコスト負担の公平性を保つために投資者から徴収する費用

2 投資信託の種類

◆**投資信託の全体像**

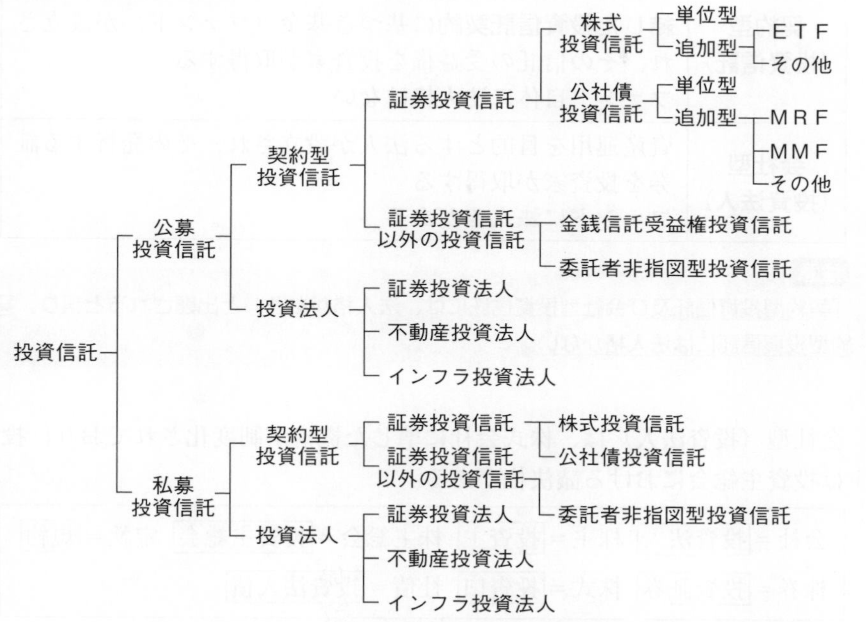

（一般社団法人投資信託協会ＨＰより一部加工）

1．公募投資信託と私募投資信託

公募投資信託	不特定かつ多数（**50名以上**）の投資家が対象
私募投資信託	以下の①②のような限られた投資家が対象 ①少数の投資家を対象とする一般投資家私募 ②適格機関投資家又は特定投資家のみを対象とする適格機関投資家私募

私募投資信託は、オーダーメイド的な性格が強いことから、運用やディスクロージャーに関する**規制は、公募投資信託よりも緩やか**なものとなっている。

注意

「私募投資信託に関する規制は、公募投資信託よりも厳しいものとなっている」と出題されると誤り。私募投資信託の規制は、緩やかである。

2. 契約型（投資信託）と会社型（投資法人）

投資家が拠出する基金（ファンド）に関する、法的スキームの違いによる分類である。

契約型（投資信託）	委託者（投資信託委託会社）と受託者（信託銀行）が**締結した投資信託契約**に基づき基金（ファンド）が設立され、その信託の受益権を投資家が取得する ファンド自体に**法人格はない**
会社型（投資法人）	資産運用を目的とする法人が設立され、その発行する証券を投資家が取得する ファンドに**法人格がある**

注意

「契約型投資信託及び会社型投資信託には、法人格がある」と出題されると誤り。契約型投資信託には法人格がない。

会社型（投資法人）は、株式会社に準じた機構が制度化されており、投資主は投資主総会における議決権がある。

会社＝投資法人　株主＝投資主　株主総会＝投資主総会　定款＝規約
株券＝投資証券　株式＝投資口　社債＝投資法人債

＜投資信託の分配金＞

預金と投資信託の利益を図るには、利子（率）と分配金（分配率）で比較することはできない。

預金の元本は一定であるので、預金者の得られる利益はその利子率のみで計算できるが、投資信託の基準価額は、常に変動しているため、投資家が得られる利益を計るには、分配金の額と基準価額の変動の両者を併せて考える必要がある。

3．委託者指図型投資信託と委託者非指図型投資信託

契約型投資信託は、法律上、投資信託を運営する当事者の役割により、委託者指図型投資信託と委託者非指図型投資信託に分類される。

（1）　委託者指図型投資信託

委託者と受託者の間で締結された投資信託契約に基づき、**委託者が運用の指図を行い、その受益権を分割して複数の者が取得する。**

◆契約型投資信託（委託者指図型）の仕組み

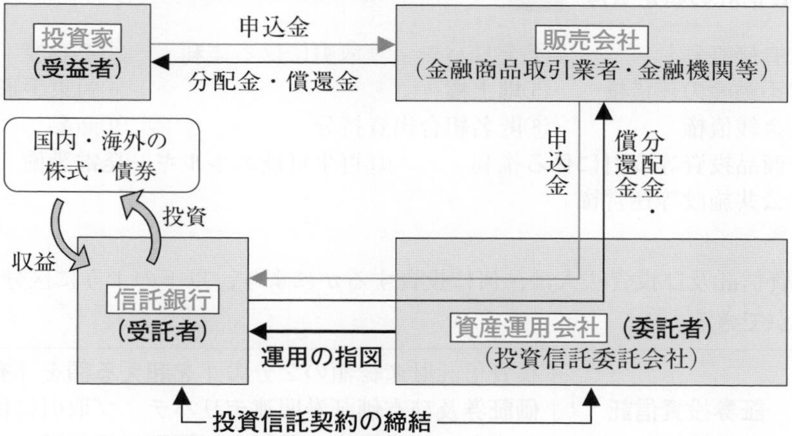

（2）　委託者非指図型投資信託

一個の信託約款に基づき、受託者が**複数の委託者**との間で信託契約を締結し、委託者の指図に基づかずに受託者自らが運用を行う。

なお、2024年３月末現在、公募の委託者非指図型投資信託の残高はない。

◆委託者指図型投資信託と委託者非指図型投資信託

	委託者指図型投資信託	委託者非指図型投資信託
受益者	投資家	
委託者	資産運用会社 （投資信託委託会社）	投資家 （委託者兼受益者）
受託者	信託会社等（信託会社又は信託業務を営む金融機関）	
運　用	資産運用会社 （投資信託委託会社）	信託会社等 （運用者兼受託者）
販売会社	金融商品取引業者・金融機関等	

4．証券投資信託（証券投資法人）、不動産投資信託（不動産投資法人）、証券投資信託以外の投資信託、インフラ投資信託（インフラ投資法人）

投資信託及び投資法人の主たる投資対象（「特定資産」という）は、その資産の性格により、以下の12種類の資産に区分することができる。

特定資産は、有価証券や不動産等で投資を容易にすることが必要であるものとして、投資信託及び投資法人に関する法律施行令に定められている。

◆投資信託の特定資産 重要

①有価証券	②デリバティブ取引に係る権利	③不動産
④不動産の賃借権	⑤**地上権**	⑥約束手形
⑦金銭債権	⑧匿名組合出資持分	⑨商品
⑩商品投資等取引に係る権利	⑪再生可能エネルギー発電設備	
⑫公共施設等運営権		

投資信託及び投資法人は、何に投資するかにより、以下のように区分することができる。

証券投資信託【※】（証券投資法人）	投資信託財産総額の**2分の1を超える額**を「**有価証券**及び有価証券関連デリバティブ取引に係る権利」**に投資**する**委託者指図型投資信託**（及び投資法人）
不動産投資信託（不動産投資法人）	主たる投資対象が「**不動産**、不動産関連の権利及び不動産関連商品」である投資信託及び投資法人（J-REITともいう）
証券投資信託以外の投資信託	主たる投資対象が「有価証券以外の金銭債権、約束手形及び匿名組合出資持分並びに有価証券関連デリバティブ取引以外のデリバティブ取引に係る権利」「商品、商品投資等取引に係る権利」である投資信託
インフラ投資信託（投資法人）	主たる投資対象が「インフラ設備（再生可能エネルギー発電設備及び公共施設等運営権）」である投資法人（及び投資信託）

【※】信託の受益権が複数の者に分割されず特定人にのみ与えられるものは、たとえ有価証券への投資運用を目的とするものであっても証券投資信託には該当しない。

5. 株式投資信託と公社債投資信託

証券投資信託は、株式投資信託と公社債投資信託に大別される。

重要

株式投資信託	法律上、公社債投資信託**以外の証券投資信託が**株式投資信託と定義されている。株式と債券の両方を組み入れるファンドや公社債を中心に運用する投資信託で、全く株式を組み入れずに運用するとしても、投資信託約款の投資対象に株式を加えれば株式投資信託である
公社債投資信託	公社債投資信託は、国債、地方債、社債、コマーシャル・ペーパー（CP）、外国法人が発行する譲渡性預金証書、国債先物取引などに投資対象が限定されている証券投資信託と定義されている。 また、株式**を一切組み入れることができない**もの（約款の投資対象に株式がないもの）とされている

注意

「株式投資信託は、債券を一切組み入れない証券投資信託である」と出題されると誤り。株式投資信託は、債券を組み入れることができる。

注意

「公社債投資信託は、株式の組み入れ比率が３%以下の証券投資信託である」と出題されると誤り。公社債投資信託は、株式を一切組み入れることはできない。

＜公社債投資信託の代表例と特徴＞

公社債投資信託の代表例には、**MRF**（証券総合口座用ファンド）、MMFなどの**日々決算型ファンド**と、いわゆる長期公社債投信などがある。なお、2024年３月末現在、MMFの設定はない。

また、以下のような特徴がある。

- 決算の度ごと（日々決算型ファンドであれば毎日）にファンドの純資産が元本額を超過する額（収益）をすべて分配すること
- **決算日の基準価額でしか購入（追加設定）できない**こと
- 日々決算型ファンドにおいては、基準価額が単位当たり元本価格（例えば10,000円）以外のときには追加設定できないこと

10・投信業務

6．単位型と追加型

単位型投資信託	○当初集まった資金でファンドが設定された後は、資金の追加は行わない ○継続して定期的に同じ仕組みで設定していく**ファミリーファンド・ユニット**（定期定型投資信託）と投資家のニーズ等に応じてタイムリーに設定する**スポット投資信託**がある
追加型投資信託	○オープン型投資信託と称する場合がある ○最初に募集された資金（ファンド）に次々と追加設定を行い、一個の大きなファンドとして運用する ○原則、時価に基づく設定、解約及び売買は自由に行われる

7．ETF（上場投資信託） 重要

ETFは、**証券投資信託**に分類されるが取引所に**上場**しており、投資成果が東証株価指数、日経平均株価などの株価指数や商品価格、REIT指数などに連動するように設定され、以下のような特徴がある。

売買価格	基準価額に基づく価格で購入・換金せず、取引所において上場株式と同様に**市場価格**で**売買**される	
購入・換金等	一般投資家	換金する場合は、取引所において**市場価格**で**売却**する
	大口投資家	現物拠出型の株価指数に連動するETFの場合、対象株価指数に連動するように選定された現物株式を拠出して受益権を取得（**設定**）できる
取引単位	10口単位・１口単位など、**ファンドごとに設定**されている	
売買注文	**指値注文**や**成行注文**が可能で、**信用取引**も行うことができる	
税制上の取扱い	譲渡損益、分配金に対する税制上の取扱いは、基本的に上場株式と同じで、**普通分配金と元本払戻金**（特別分配金）**の区別はない**	

注意

「ETFの売買は、基準価額に基づき行われる」と出題されると誤り。取引所における市場価格で売買される。その他、ETFの特徴をよく理解すること。

なお、連動対象となる指標が存在しないアクティブ運用型ETFも認められている。

8．クローズドエンド型とオープンエンド型 重要

クローズドエンド型 （解約できない）	換金するためには、**市場で売却**するしかなく、その価格は市場の情勢に左右され、純資産価格（基準価額）とは必ずしも一致しない
	基金の**資金量が安定**しているので、運用者はこの点の心配なく運用に専念できる
オープンエンド型 （解約できる）	発行者が発行証券を買い戻すことができる（投資家が解約できる）ファンド
	換金は純資産価格（基準価額）**に基づいて**行われる
	基金の減少が絶えず行われるので**資金量が安定**していない

投資対象資産の流動性が低い場合には、**クローズドエンド型が向いている。**

注意

オープンエンド型とクローズドエンド型の入れ替えに注意すること。わが国の契約型投資信託は、オープンエンド型である。一方、不動産を主な投資対象とする会社型投資信託（投資法人）は、クローズドエンド型である。

9．外国投資信託・外国投資法人

- ○**外国**において**外国の法令に基づいて設定された投資信託**に類するもの
- ○基準価額は通常、外貨で表示する
- ○日本で販売する場合には、日本で設定された投資信託と同様に金商法と投信法が適用される
- ○募集・売出しの取扱いに当たっては目論見書を用いること、決算に際しては運用報告書の作成・交付することが義務付けられている
- ○日本証券業**協会の定める選別基準に合致**したものである必要がある

注意

「外国投資信託とは、<u>外国の資産に投資する信託</u>である」と出題されると誤り。<u>外国において外国の法律に基づいて設定された信託</u>で投資信託に類するもので、日本で設定された投資信託と同じルールで販売される。

10. その他

マザーファンド	○受益権を投資信託委託会社が運用の指図を行うほかの投資信託（ベビーファンド）に取得させることを目的とする投資信託 ○ベビーファンドにおいては、マザーファンドの組入れの調整のみが行われる
ファンド・オブ・ファンズ	○投資信託（投資法人）及び外国投資信託（外国投資法人）への投資を目的とする投資信託（又は投資法人）をいい、既存の複数の投資信託（ファンド）に投資を行うもの ○株式や債券には直接投資できない
確定拠出年金向けファンド	○確定拠出年金の運用商品として提供されることを目的としたファンド ○個人型（iDeCo：イデコ）と企業型があり、企業型では従業員は企業が用意した運用商品の中から、個人型では加入者が加入手続きした運営管理機関が扱う運用商品の中から商品を選択できる
毎月分配型投資信託	○毎月決算を行い、毎月分配金を支払おうとするファンド ○**分配金が支払われないこともあること**、ファンドが得た**収益を超えて分配金が支払われることもあること**、分配金の一部又はすべてが元本の一部払戻しに相当する場合があること等に留意
通貨選択型投資信託	○株式や債券などの投資対象資産に加えて、為替取引の対象となる円以外の通貨も選択できるように設計された投資信託 ○投資対象資産の価格変動リスクに加え、換算する通貨の為替変動リスクを被ること、為替取引における収益も必ずしも短期金利差に一致するわけではないことに注意

レバレッジ投資信託（レバレッジ投信）	○基準価額の変動率を特定の指標又は価格の変動率にあらかじめ定めた倍率（２倍以上又はマイナス２倍以下に限る）を乗じて得た数値に一致させるよう運用される投資信託であって、上場投資信託以外のものをいう ○基準となる指数が**上昇すると**一定の倍率で連動して**上昇する**ように設計されたものを**ブル型**ファンド、逆に一定の倍率で**下落**するように設計されたものを**ベア型**ファンドという
店頭デリバティブ取引に類する複雑な投資信託（複雑投信）	○店頭デリバティブ取引に類する複雑な仕組債（複雑仕組債）で運用することにより、当該複雑仕組債と同様の商品性又は同様の効果を有することとなる投資信託をいう
ノックイン投信	○複雑投信の一種であり、典型例としては、株価指数（日経平均株価）を対象としたノックイン投信があげられる

注意

「毎月分配型投資信託は、運用で得た収益の範囲内でのみ分配が行われる」と出題されると誤り。収益を超えて分配金が支払われることもある。

注意

「ファンド・オブ・ファンズは、信託財産の一部については株式や債券に投資することができる」と出題されると誤り。株式や債券に直接投資することはできない。

3 証券投資信託の仕組み

委託者指図型投資信託は、投資信託約款に運営の基礎が定められており、運営の機構は、**委託者**、**受託者**及び**受益者の三者**で構成されている。また、販売会社は直接の当事者ではないが、投資信託の運営上、重要な役割を担っている。

1．投資信託契約

（1）投資信託契約の締結

投資信託委託会社（＝**委託者**＝資産運用会社）は、**受託者**（**信託会社等**）と投資信託契約を締結しようとするときは、あらかじめ、当該投資信託契約に係る投資信託**約款**の内容を内閣総理大臣（金融庁長官）に**届け出る**ものとされている。

委託者指図型投資信託の仕組みは、基本的には投信法で規定されているが、具体的な仕組みは、この投資信託約款で定められることとなる。

◆投資信託約款の主な記載事項

①委託者及び受託者の商号又は名称並びにその業務
②信託の**元本の償還及び収益の分配**に関する事項
③受託者及び委託者の受ける**信託報酬その他の手数料の計算方法**
④投資信託約款の変更に関する事項
⑤**委託者における公告の方法**　など

注意

「投資信託約款には、委託者における公告の方法が含まれる」と出題されると正しい。

投資信託委託会社は、投資信託を取得しようとする者に対して、**投資信託約款の内容を記載した書面を交付**しなければならない。

ただし、以下の場合は、約款の交付を省くことができる。

①目論見書にその内容が記載されている場合
②適格機関投資家私募の場合
③現に所有する投資信託と同一の投資信託のファンドを取得する場合

なお、公募投資信託の場合には、通常、目論見書に投資信託約款の内容を記載し、書面の交付を省略している。

(2) 投資信託契約の変更及び解約

変　更	あらかじめ、その旨及び内容を金融庁長官に届け出なければならない
重大な内容変更	①受益者の**書面による決議**が必要となる ②書面による決議とは、議決権を行使できる受益者の議決権の３分の２以上の多数によって行わなければならない ③変更に反対した受益者は、原則、公正な価格で自己の有するファンドの買取りを請求することができる
解　約 (ファンドの償還)	あらかじめ、その旨を内閣総理大臣に届け出なければならない

2. 関係者

(1) 投資信託委託会社

重要

内閣総理大臣（金融庁長官）から**投資運用業の登録**を受けた者でなければ、投資信託委託会社になることはできない。

注意

「投資運用業を行おうとする者は、内閣総理大臣の認可を受けなければならない」と出題されると誤り。登録である。

◆投資信託委託会社の主な業務 重要

①投資信託契約の締結、投資信託約款の届出・変更
②投資信託財産の設定
③**投資信託財産の運用の指図**
④ファンドの基準価額の計算、公表
⑤**目論見書、運用報告書**などの**ディスクロージャー作成**
⑥投資信託契約の解約（ファンドの償還）
⑦受益証券の発行（ペーパーレス化により振替口座等で管理）

「**直販業務**」とは、投資信託委託会社が、自ら発行するファンドの受益権の募集を行うことをいい、投資信託委託会社自身が販売会社の役割を担う場合である。直販業務を行う場合は、**第二種金融商品取引業者**として金融庁長官の**登録**を受ける必要がある。

(2) 受託会社

受託者は、**信託会社等**（信託会社又は信託業務を営む認可金融機関）でなくてはならない。

◆受託会社の主な業務

①投資信託財産の管理
②ファンドの基準価額の計算（投資信託委託会社との照合）
③投資信託約款の内容及び内容の変更に関する承諾・同意

受託会社は投資信託財産の名義人となって、投資信託財産を分別保管し、**自己の名で管理**する。

(3) 受益者

受益者は、信託の利益を受ける権利、すなわち**受益権を有する者**（投資者）である。

◆受益権の主な内容

①分配金、償還金の受領
②解約・買取りによるファンドの換金請求

受益者は、**受益権の口数に応じて、均等の権利**を持っている。

注意

「受益者は、投資金額に応じて、均等の権利を持っている」と出題されると誤り。

（4） 販売会社

投資信託の募集・販売は、証券会社などの金融商品取引業者、登録金融機関などの「販売会社」を通じて行われている。

このため、販売会社は、**投資信託契約の直接の当事者ではないが、実際の投資信託の運営上、重要な役割を担っている。**

投資信託委託会社は、投資信託約款に基づき、契約によって特定の販売会社（指定販売会社）を指定し、指定販売会社は投資信託委託会社の代理人として、主に以下のような業務を行う。

①投資信託の募集の取扱い及び売買
②**分配金、償還金の支払の取扱い**
③受益者から買い取ったファンドの投資信託委託会社への解約請求及び受益者からの解約請求の取次ぎ
④**目論見書、運用報告書の顧客への交付**のほか、募集・販売に関する必要事項について、投資信託委託会社との相互連絡

注意

「目論見書、運用報告書の発行及び顧客への交付は、販売会社の業務である」と出題されると誤り。目論見書、運用報告書の発行は、委託者の業務であり、顧客への交付は販売会社の業務である。

4 証券投資信託の運用

1．証券投資信託の運用手法

◆運用手法の分類

- インデックス運用
  ：ベンチマークに近い
- アクティブ運用
  ：ベンチマークを上回る
  - トップダウン・アプローチ
    ：マクロ経済
  - ボトムアップ・アプローチ
    ：個別企業
    - グロース株運用
      ：成長性
    - バリュー株運用
      ：割安

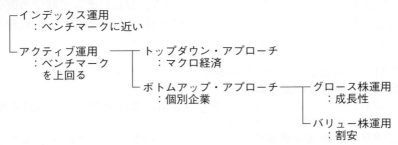

(1) インデックス運用（パッシブ運用）とアクティブ運用

重要

インデックス運用（パッシブ運用）	東証株価指数や日経平均株価などのインデックスを**ベンチマーク**【※】とし、**ベンチマークに**できるだけ近い**運用成果を目指す**運用手法 【※】ベンチマークとは、ファンドの運用の目安や運用成果を測るための基準となるもので、株価指数や債券指数などが用いられている
アクティブ運用	経済、金利、企業の調査・分析結果等を踏まえ、ベンチマークとは異なるリスクを取りにいき、**ベンチマークを**上回る**運用成果を目指す**運用手法

注意

「アクティブ運用は、日経平均などのベンチマークにできるだけ近い運用成果を目指す運用手法である」と出題されると誤り。ベンチマークを上回る運用成果を目指す運用手法である。アクティブ運用、インデックス運用の入れ替えに注意すること。

(2)　トップダウン・アプローチとボトムアップ・アプローチ

アクティブ運用には、大別して**トップダウン・アプローチ**と**ボトムアップ・アプローチ**がある。

重要

トップダウン・アプローチ	ベンチマークを上回る収益の源泉を**マクロ経済に対する調査・分析結果**に求め、ポートフォリオを組成していく手法
ボトムアップ・アプローチ	**個別企業に対する調査・分析結果**の積み重ねでポートフォリオを組成し、ベンチマークを上回る収益を目指していく手法

(3)　グロース株運用とバリュー株運用

株式のアクティブ運用は、ベンチマークを上回る収益の源泉をどこに見出すかによって、「運用スタイル」による分類ができる。

重要

グロース株運用	**企業の成長性を重視して**ポートフォリオを組成する運用手法
バリュー株運用	株式の価値と株価水準を比較し、**割安と判断される銘柄**を中心にポートフォリオを組成する運用手法

注意

アクティブ運用における、トップダウン・アプローチとボトムアップ・アプローチの運用手法の違い、グロース株運用とバリュー株運用の運用スタイルの違いをよく理解すること。

10・投信業務

2. 投資信託委託会社の義務

（1） 忠実義務、善管注意義務

忠実義務とは、投資信託委託会社は投資信託の運用に当たって、専ら権利者＝受益者の利益のみを考えなければならないということであって、一般論として、以下のような行為が禁止されている。

①受益者の利益と自己の利益が衝突するような事態に自らの身を置くような行為
②受益者の利益に反する行為
③自己又は第三者の利益を図る行為

善管注意義務は、投資信託委託会社は専門家としての注意をもって行動しなければならないというものである。

（2） 禁止行為

忠実義務に関して、金商法は以下のような禁止行為を定めている。

①自己取引
②運用財産相互間の取引
③いわゆるスカルピング行為【※】
④自己又は第三者の利益を図るために受益者の利益を害する取引
⑤第三者等の利益を図るための市場の状況等に照らして不必要な取引
など

【※】スカルピング行為とは、投資信託財産を用いて、有価証券等の運用の指図をした取引に基づく価格指標等の変動を利用して、当該投資信託の受益者以外の第三者（当該投資信託会社も含む）の利益を図る行為をいう。

3. 証券投資信託の投資制限

1社の投資信託委託会社が運用している投資信託財産合計で、同一の法人の発行する株式に係る議決権総数の**50%超保有することとなる場合は、投資信託財産で取得することを受託会社に指図してはならない。**

4. 議決権等の指図行使 重要

投資信託委託会社は、投資信託財産に組み入れられている有価証券に係る**議決権を始めとする一定の株主権等について、受益者に代わって受託会社に対してその行使を指図する。**

5 証券投資信託の販売

1. 販売に関する規制等

投資信託の販売に当たっては、投資家の自己責任原則の確立のために、投資家にその商品内容を十分に説明し、理解を得た上で投資してもらうことが極めて重要である。

(1) 投資信託説明書（目論見書）の作成

投資信託の販売に際して、受益証券の発行者である投資信託委託会社は、目論見書を作成しなければならない。

(2) 投資信託説明書（目論見書）及び契約締結前交付書面の交付

重要

投資信託説明書（目論見書）には、以下の２つがある。

○**投資信託説明書（交付目論見書）**

投資信託を取得してもらう場合に、あらかじめ**又は**同時に交付しなければならない目論見書

○**投資信託説明書（請求目論見書）**

投資信託を取得してもらうまでに交付の請求があったときに、直ちに交付しなければならない目論見書

①あらかじめ投資家の同意を得た上で、目論見書の交付に代えて、当該目論見書に記載された事項を電子情報処理組織を使用する方法その他内閣府令で定める方法（インターネットのホームページ、電子メールなど）による提供ができるとされる。この場合、当該提供者は当該目論見書を交付したものとみなされる。

②目論見書に契約締結前交付書面に記載すべき事項が記載されており、契約締結前交付書面に記載すべき事項で、目論見書に記載のない事項について記載した補完書面を目論見書と一体のものとして交付するといった実務が行われている場合もある。

（3） 金融サービス提供法による説明義務

金融サービスの提供に関する法律（以下「金融サービス提供法」という）は、金融商品の販売業者が金融商品のもっている**リスク**などの**重要事項**について顧客に説明する義務を定めており、投資信託の販売についても同法が適用されている。

（4） 顧客が負担する費用、分配金の説明及び通貨選択型ファンドに関する顧客の理解を確認する措置

投資信託は、専門知識や経験等が十分でない一般顧客を含めて幅広い顧客層に対して勧誘・販売が行われることから、顧客の知識、経験、投資意向に応じて適切な勧誘を行うことが重要であり、販売会社が特に留意すべき事項は以下のとおりである。

①投資信託の勧誘を行う際、販売手数料等の顧客（特定投資家を除く。以下②及び③において同じ）が負担する費用について、次に掲げる事項を分かりやすく説明すること。

ア）勧誘を行う投資信託の**販売手数料の料率**及び購入代金に応じた**販売手数料の金額**（勧誘時点で確定できない場合は概算額）

イ）勧誘する投資信託の購入後、顧客が負担することとなる費用（信託報酬（ファンド・オブ・ファンズ方式での運用を行う投資信託については投資対象とするファンドの運用管理費用を含めた実質的な負担率）、信託財産留保額等）

②投資信託の分配金に関して、分配金の一部又はすべてが元本の一部払戻しに相当する場合があることを、顧客に分かり易く説明すること。

③**通貨選択型ファンド**については、投資対象資産の価格変動リスクに加えて複雑な為替変動リスクを伴うことから、通貨選択型ファンドへの投資経験がない顧客との契約締結時において、顧客から、商品特性・リスク特性を理解した旨の**確認書**を受け入れ、これを保存するなどの措置を取ること。

(5) NISA制度の口座開設及び投資信託の勧誘並びに販売時等における留意点

NISA制度の利用者への勧誘に当たっては、投資信託において支払われる分配金のうち元本払戻金（特別分配金）は非課税であり、NISA制度によるメリットを享受できないことについて、NISA制度の利用者に必要に応じて、適時適切に説明を行う必要がある。また、NISA制度には、年間投資枠の上限があるので、短期間に金融商品の買換え（乗換え）を行う投資手法ではNISAを十分利用できない場合がある。

(6) 投資信託に係るトータルリターンを通知する制度の導入

協会員である投資信託の販売会社は、顧客に対し投資信託に係る**トータルリターン**（損益）**を年1回以上通知しなければならない。**

通知するのは、投資家が取得したときの基準価額（一部換金していれば換金したときの基準価額）、利益・損失の計算基準日における基準価額、受け取った分配金の累計額などである。

なお、トータルリターンは、比率ではなく金額で表示される。

(7) 乗換え勧誘時の説明義務

金融商品取引業者等は、ファンド（MRF、MMF等を除く）の換金に併せて、他のファンドへの取得の申込みを勧誘（乗換え勧誘）する場合には、乗換えに関する重要な事項の説明を行なわなければならない。

重要 **解約と取得をセットで勧誘する行為が乗換え**である。

◆乗換えの合理性を顧客が判断するための必要事項の例

・販売にかかる一般的な説明事項 ・解約する投資信託等の概算損益 ・解約する投資信託等と取得する投資信託等の商品性や費用等の比較など

個別事案毎に顧客の知識、経験、財産の状況、投資目的や投資信託等の性質に応じて異なり得ることに留意する必要がある。

（8）　レバレッジ投信、複雑投信に対する勧誘・販売規制

①レバレッジ投信の勧誘・販売規制

個人顧客への販売の勧誘を行うに当たっては、勧誘開始基準を定め、当該基準に適合した者でなければ勧誘を行ってはならない。

②複雑投信の勧誘・販売規制

レバレッジ投信と同様に勧誘開始基準の制定のほか、「注意喚起文書の交付」、「顧客の知識、経験、財産の状況及び契約を締結する目的に照らした当該顧客に理解されるために必要な方法及び程度による注意喚起文書の説明」、及び「顧客からの確認書の徴求」が必要となる。

（9）　預金等との誤認防止措置

元本が保証されている預金等を取り扱っている金融機関が投資信託を販売する場合には、顧客に対し、書面交付等の適切な方法により、投資信託と預金等との誤認を防止するための説明を行わなければならない。

（10）　広告宣伝の規制

販売会社又は投資信託委託会社が、投資信託について広告又はこれに類似する行為をする場合には、次に掲げる事項を明瞭かつ正確に表示しなければならない。

①販売会社又は／及び投資信託委託会社の商号、名称
②販売会社又は／及び投資信託委託会社の登録番号
③手数料、報酬その他の対価に関する事項
④**元本割れが生じるおそれがある旨、その理由、その原因となる指標（最も大きな文字又は数字と著しく異ならない大きさで表示）**
⑤**重要な事項について顧客の不利益となる事実**
⑥販売会社又は／及び投資信託委託会社が金融商品取引業協会に加入している旨及び当該協会の名称

（11）　「顧客本位の業務運営に関する原則」に基づく「重要情報シート」の活用

顧客にとって分かりやすく、各業法の枠を超えて多様な商品を比較することが容易となるように配慮した「重要情報シート」を積極的に用いることが望ましい。

重要情報シートには、金融事業者編と個別商品編がある。

＜金融事業者編＞

1．当社の基本情報
2．取扱商品
3．商品ラインナップの考え方
4．苦情・相談窓口

＜個別商品編＞

1．商品等の内容
2．リスクと運用実績
3．費用
4．換金・解約の条件
5．当社の利益とお客様の利益が反する可能性
6．租税の概要
7．その他参考情報

2．単位型投資信託

(1) 募 集

単位型投資信託は、２週間から１ヵ月程度の期間を区切って資金を募る。

販売会社は、募集期間内に投資家から申込金を受け入れ、集まった資金は、まとめて信託設定日に投資信託財産として受託会社に信託される。

(2) 募集（申込）価格、募集（申込）単位

１口当たり**元本価格**（額面）は、ファンドごとに決められているが、単位型投資信託の場合には、一般的には、１口当たり**１万円**である。

この１口当たり元本価格で、投資家から取得の申込みを募る。募集（申込）単位は、原則として販売会社が定め、例えば、「10口以上１口単位」というように決まっている。

(3) 募集（販売）手数料

募集（販売）手数料は、**販売会社が定める（同じファンドでも販売会社により異なることがある）**。主たる投資対象が株式のファンドの場合、元本１万円当たり100～300円程度の募集手数料を徴収するのが一般的である。

募集手数料の徴収の仕方には、**内枠方式**と外枠方式がある。

注意

「単位型投資信託の販売手数料は、販売会社により異なることはない」と出題されると誤り。販売手数料は、販売会社ごとに定めるので異なることがある。

3. 追加型株式投資信託

(1) 当初募集と追加募集

追加型株式投資信託の募集には、当初募集と追加募集（継続募集）がある。

当初募集	ファンドを新規に設定するための募集行為であり、2週間から1ヵ月程度の期間を区切って資金を募る
追加募集（継続募集）	ファンドが設定された後、ファンドに資金を追加する形式で行われる募集行為である

(2) 募集（申込）価格、募集（申込）単位

1口当たり元本価格（額面）はファンドごとに決められているが、追加型株式投資信託の場合には、1口当たり1円のものが主流を占めている。

また、当初募集は、例えば1万口当たり1万円で資金を募るが、追加募集は基準価額に基づいた募集（申込）価格で募集することになるため、募集（申込）単位については、以下の場合がある。

①投資家が申込口数を指定する場合
②投資家が申込金額を指定する場合
③投資家が申込代金[※]を指定する場合

【※】申込金額に販売手数料及びこれに対する消費税等を加えた額。

なお、募集単位は、原則として販売会社が定める。

(3) 追加募集時の募集（申込）価格

追加型株式投資信託の追加募集時の募集（申込）価格は、通常の場合には基準価額であるが、追加設定時に**信託財産留保金**[※]を徴収するファンドについては、これに信託財産留保額を加えた**販売基準価額**となる。

【※】信託期間の途中に投資信託を換金した場合に徴収する金額のこと。信託期間中に投資信託を買付け又は中途換金する者と、その投資信託を継続的に保有する受益者との公平性を確保するために設けられている。信託財産留保金は、信託財産に組み入れられる。

募集価格に適用される基準価額は、通常の場合、国内の資産を主な投資対象とするファンドについては申込日の基準価額、外国の資産を組み入れたファンドについては申込日の翌営業日の基準価額である。

募集価格に適用される基準価額の計算日のことを**基準価額適用日**ということがある。

（4） 募集（販売）手数料 重要

募集(販売)手数料は**販売会社が定める**（そのため、**同じファンドでも販売会社により異なることがある**)。主たる投資対象が株式のファンドの場合、募集価格の２～３％程度の募集手数料を徴収するのが一般的である。

近年、募集手数料が不要のファンド（ノーロードファンド）が増加傾向である。つみたてNISA向けファンドは、ノーロードが要件のひとつになっている。

（5） 申込締切時刻

追加型株式投資信託の追加募集の受付は、遅くとも**午後3時**と定められている。これは**ブラインド方式**[※]を維持するためのものである。

【※】 ブラインド方式とは、申込時点において、基準価額は明らかになっていないという方式のことをいう。追加型株式投信の申込は、取引所の売買立会による取引終了時までに締め切らせる一方、基準価額は当該取引所の引値で計算される。
ブラインド方式の採用は、フリーランチ（ただ飯食い）を防止し、金融商品市場の取引の公平性を保つためである。

4．追加型公社債投資信託

（1） 募集期間

追加型公社債投資信託については、決算日の基準価額でのみ追加設定を受け付けるので、追加型株式投資信託の場合とは異なり、当初募集時同様、決算日を終了日とする一定の募集期間を設け、期間を区切って資金を募る。

ただし、日々決算型ファンド（MRF、MMF）の場合は、毎日決算を行うので、毎営業日継続的に募集を行う。

（2） 募集（申込）価格、募集（申込）単位

公社債投資信託の１口当たり元本価格（額面）は、ファンドごとに決められており、通常の場合、１口当たり１円である。

（3） 募集（販売）手数料

従前から、募集（販売）手数料を徴収しているファンドはない。ただし、いわゆる長期公社債投信は、換金時に換金手数料を徴収しているものもある。

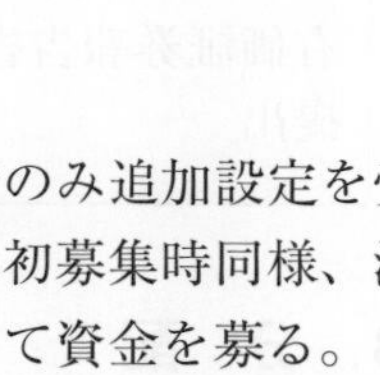

6 証券投資信託の基準価額の計算、決算、分配

1．基準価額

基準価額	$\dfrac{\text{資産総額【※】－負債総額}}{\text{受益権口数}}$ 【※】資産総額は、投資信託に組み入れられている株式や債券等を、原則として、時価で評価して求める

基準価額は原則、日々計算される。

2．決　算

計算期間	1年、６ヵ月、３ヵ月、２ヵ月（隔月決算）1ヵ月（毎月決算）、１日（日々決算型）など
運用報告書の作成	原則、計算期間ごと ※計算期間が６ヵ月未満のファンドは６ヵ月ごと
有価証券報告書の提出	**決算及び中間決算終了後３ヵ月以内に、監査証明**を受けた財務諸表を記載した有価証券報告書（半期報告書）を財務局長に提出

3．分　配

	分配の上限額のルール
単位型投資信託	①決算期末の純資産総額（経費控除後）が元本額以上の場合、超過額と期間中の配当等収益額とのいずれか多い額の範囲内で分配できる ②決算期末の純資産総額（経費控除後）が元本に満たない場合、配当等収益額の範囲内で分配できる
追加型株式投資信託	経費控除後の配当等収益の全額と、期中の実現売買損益と期末時価で評価替えした評価損益との合計額から経費を控除し、前期から繰り越された欠損金がある場合、欠損金を補填した後の額を分配できる
追加型公社債投資信託	期末における元本超過額の全額を分配する

7 換金、償還

1. 換　金

(1)　解約と買取り

投資信託を保有している投資家（受益者）が、信託期間の途中で換金する方法には、解約、買取りの２種類がある。

解　約	直接投資信託財産を取り崩すことにより換金する方法
買取り	販売会社にファンドを買い取ってもらう（受益者が販売会社に受益証券を譲渡する）方法 投資家の買取請求により行われる

(2)　解約受付日・クローズド期間

重要

わが国の投資信託は、原則として、毎営業日解約を受け付ける。しかし、あらかじめ投資信託約款で**解約請求することができない期間**を定めている場合があり、この期間を**クローズド期間**と呼んでいる。

これは、投資された資金を安定させる目的で設けられている。

注意

「投資信託においてあらかじめ解約請求することができない期間を定める場合があり、この期間を無分配期間という」と出題されると誤り。クローズド期間である。

(3)　換金の制限

金融商品取引所における取引の停止、外国為替取引の停止その他やむを得ない事情があるときは、投資信託委託会社は、換金の受付を中止することができる。

(4)　換金請求の受付時限

株式投資信託については、販売会社の換金請求の受付時限は遅くとも**午後3時**と定められている。これは、ブラインド方式を維持するためのものである。

(5) 換金価格

解約請求による換金の場合、原則として、投資信託の換金価格は基準価額である。ただし、**換金時に信託財産留保額を徴収するファンドについては、**信託財産留保額（実績報酬を徴収するファンドは実績報酬）**を控除した額**となる。これらを控除した価格を**解約価格**という。

換金価格に適用される基準価額は、以下のとおりである。

国内の資産を主な投資対象とするファンド	申込日の基準価額
外国の資産を組み入れたファンド	申込日の翌営業日の基準価額
ファンド・オブ・ファンズ	申込日の翌々営業日以降の基準価額
日々決算型ファンド	換金申込受付日の翌営業日の前日の基準価額（午前中に換金を受け付けたMRFは前日の基準価額）

(6) 換金代金の支払

解約又は買取によりファンドを換金した代金の支払いは、通常の場合、以下のとおりである。

国内の資産を主な投資対象とするファンド	換金申込受付日から４営業日**目**から
外国の資産を組み入れたファンド	換金申込受付日から５営業日目から

2. 償　還

投資信託は、投資信託約款に定められた信託期間の終了とともに償還となるが、投資信託委託会社の判断により、信託期間の更新（償還延長）も可能である。

また、多くのファンドはその投資信託約款において、残存元本額が一定の水準を下回れば、**信託期間中でも償還することができる**よう定めている（繰上償還）。

なお、投資信託委託会社は、投資信託契約を解約し、償還しようとするときは、あらかじめ、その旨を内閣総理大臣（金融庁長官）に届け出る必要がある。

◆追加型公社債投資信託の特徴

種類	MRF	MMF[※1]	長期公社債投信（追加型）
信託期間	無期限		
クローズド期間	なし		
募集単位	1口（1口1円）		1万口（1口1円）
収益分配	重要 日々決算を行い、元本超過額を分配、**分配金は月末に再投資**		年1回決算を行い元本超過額を分配。分配金の自動再投資も可
解　約	常時可能	買付日から30日未満の解約は1万口につき10円の信託財産留保額を控除	常時可能
解約手数料	無手数料		1万口につき100円以内の手数料を控除[※2]
換金代金の支払	重要 **午前中に解約を受付け、かつ投資家が当日支払を希望した場合のみ当日から** 上記以外は翌営業日	翌営業日	4営業日目
キャッシング	**キャッシング制度有**（それぞれ最大**500万円**まで）		なし

【※1】2024年3月現在設定はない。
【※2】解約手数料がないものもある。

キャッシングとは、「即日引出」のこと。MRFについては、翌営業日支払となる午後からの換金請求分について、キャッシングが可能となっている。

注意

追加型公社債投資信託の特徴をよく理解すること。特に、代金の支払い可能日やキャッシングの上限金額等については確実に覚えること。

注意

「MRFは、毎日決算が行われ毎日自動再投資される」と出題されると誤り。毎月末に自動再投資される。

8 分配、換金及び償還に伴う課税

1. 追加型株式投資信託の個別元本、普通分配金、元本払戻金（特別分配金）

追加型株式投資信託の分配金、換金代金及び償還金に対する課税について理解するためには、個別元本方式の仕組み及び普通分配金と元本払戻金（特別分配金）の区分が重要となる。

個別元本とは、投資家ごとの平均取得基準価額のことで、その投資家がそのファンドを取得する都度、取得口数により加重平均され、分配が行われる都度、調整される。

重要

分配金に対する課税は、各投資家の個別元本と分配落後の基準価額との関係で、分配金は、以下のとおり普通分配金と元本払戻金（特別分配金）に分けられる。

①分配落後の基準価額がその投資家の個別元本と同額又は上回る場合
………**分配金の全額を普通分配金**とする。

②分配落後の基準価額がその投資家の個別元本を下回る場合
………**下回る部分に相当する分配金額を元本払戻金（特別分配金）**、残余の分配金額を普通分配金とする。
また、元本払戻金（特別分配金）の支払いを受けた投資家については、分配金発生日（決算日）において、個別元本から元本払戻金（特別分配金）を控除した額が、当該受益者のその後の個別元本とされる。

普通分配金は課税の対象となり、**元本払戻金（特別分配金）は各受益者の個別元本の払戻しとみて非課税**となる。

計算問題編

◎演習問題◎

ある個人が、以下の追加型株式投資信託の分配金を受け取った。そのうち普通分配金はいくらか。

・分配落前の基準価額：10,700円
・個別元本：　　　　　10,300円
・1万口当たりの分配金：　700円

分配落後の基準価額＝10,700円－700円＝10,000円

「個別元本＞分配落後の基準価額」なので「個別元本－分配落後の基準価額」が元本払戻金（特別分配金）となる。

元本払戻金（特別分配金）＝10,300円－10,000円＝300円

普通分配金＝700円－300円＝400円

※分配落後の個別元本（新個別元本）は10,000円となる。

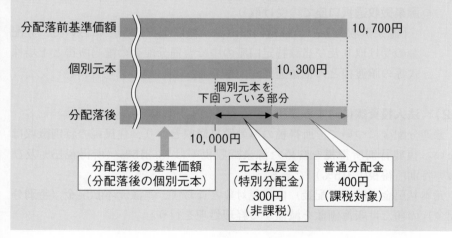

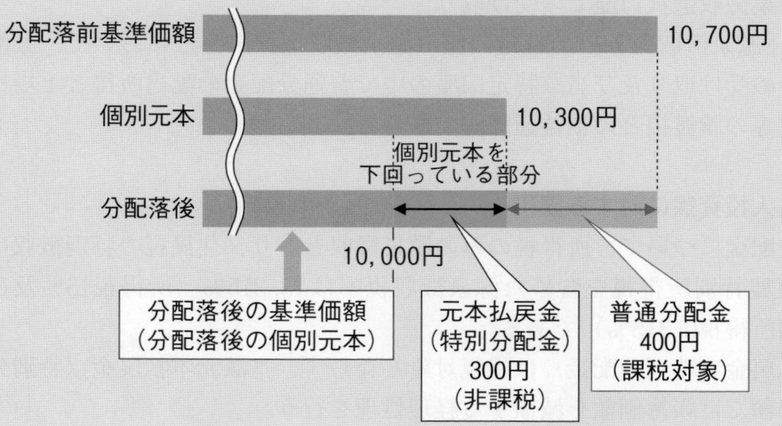

2．株式投資信託の分配金に対する課税

株式投資信託の分配金は、**配当所得**の取扱いとなる。

（1） 個人投資家に対する課税

○普通分配金の源泉徴収等

普通分配金については、20.315%（所得税15%、復興特別所得税0.315%及び住民税５%）の税率で源泉徴収される。

※追加型株式投資信託の元本払戻金（特別分配金）は、非課税である。

○確定申告不要制度の選択

源泉徴収により、金額にかかわらず確定申告不要制度を選択できる。

○総合課税の選択

確定申告を行い、総合課税を選択することもできる。この場合、配当控除の適用が可能な場合もある。

○**申告分離課税**の選択

確定申告を行い、申告分離課税を選択した場合には、普通分配金の配当所得を上場株式等の譲渡損益等と損益通算ができる。

○**源泉徴収選択口座**での受け取り

「源泉徴収あり」の特定口座（源泉徴収選択口座）において、分配金の受け取り及び当該特定口座の中で普通分配金の配当所得と上場株式等の譲渡損との損益通算ができる。

（2） 法人投資家に対する課税

普通分配金について、所得税のみの源泉徴収となり、住民税の特別徴収はない。復興特別所得税を含めた源泉徴収税率は15.315%（所得税15%及び復興特別所得税0.315%）である。

元本払戻金（特別分配金）は課税対象とならず、当該元本払戻金（特別分配金）の額だけ帳簿価額を減額する経理処理を行う。

（3） 分配時調整外国税相当額の控除制度（二重課税調整）

証券会社等が販売する公募投資信託等を通じて外国資産に投資した場合において受け取る分配金について、外国と国内での二重課税を調整するため、源泉徴収においても所得税額の控除が行われる。証券会社等が、分配金に係る源泉所得税額を上限としてその投資信託がその期に外国で課税された所得税額を控除する仕組みである。ただし、**住民税への適用はない**。

◆二重課税調整のイメージ

【二重課税調整のイメージ】

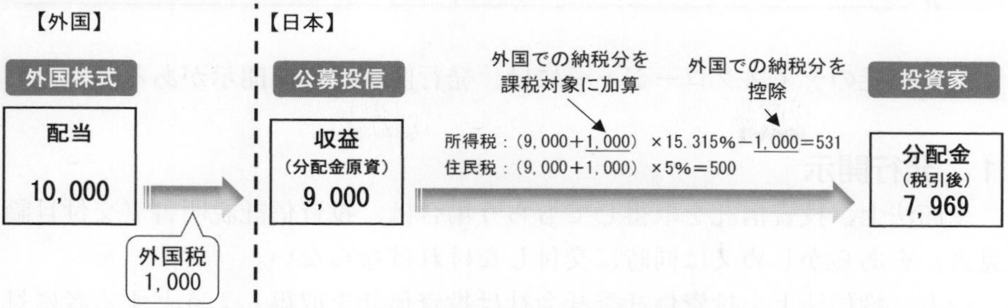

※外国株式からの配当金を10,000円、外国での税率を10%、日本の所得税を15.315%、住民税を5%とした場合のイメージである。（円未満は切り捨て）

※各段階での数値は、保有している商品やその投資先に関する税制、投資家の属性等によって異なる。

3．株式投資信託の換金差益・償還差益に対する課税

（1） 個人投資家に対する課税

株式投資信託を解約、買取にかかわらず換金した場合の換金差益又は株式投資信託の償還を受けた場合の償還差益については、**譲渡所得**（申告分離課税）の対象となり、換金･償還価額と取得価額の差額について、上場株式の売買損益等と通算した上で譲渡益課税が行われる。

原則として確定申告により納税するが、源泉徴収ありの特定口座を利用することも可能である。

（2） 法人投資家に対する課税

法人投資家が受け取る株式投資信託の解約差益・償還差益については、個人投資家の場合と異なり、配当所得としての取扱いを受ける。

したがって、解約価額又は償還価額が、受益者の個別元本を上回る額について、株式投資信託の場合には、所得税及び復興特別所得税（15.315％）のみの源泉徴収となる。

4．公社債投資信託に対する課税

公社債投資信託は特定公社債等に分類され、分配金は申告分離課税の利子所得、解約差益・償還差益は申告分離課税の譲渡所得となる。税率は**20.315％**（所得税15％、復興特別所得税0.315％及び住民税５％）である。

なお、法人に住民税の特別徴収は行われない。

9 証券投資信託のディスクロージャー

投資信託のディスクロージャーには、発行開示と継続開示がある。

1．発行開示

金商法上、投資信託を取得してもらう場合は、投資信託説明書（交付目論見書）をあらかじめ又は同時に交付しなければならない。

一方、投信法上、投資信託委託会社は投資信託を取得しようとする者に対して、投資信託約款の内容を記載した書面を交付する必要がある。ただし、**投資信託説明書（目論見書）に投資信託約款の内容が記載されている場合は、当該書面を交付しなくてよい。**

◆投資信託説明書（交付目論見書）の本文

①ファンドの目的・特色
②投資リスク
③運用実績
④手続・手数料等

2．継続開示

（1） 金商法上の継続開示

投資信託委託会社は、各投資信託財産の決算期ごと、**公認会計士又は監査法人による監査を受けた後、決算経過後３ヵ月以内に有価証券報告書を**財務局長に**提出しなければならない。**

（2） 投信法上の継続開示

投資信託委託会社は、各投資信託財産の決算期末ごと（決算が６ヵ月未満のファンドについては６ヵ月ごと）に遅滞なく交付運用報告書と運用報告書（全体版）を作成し、受益者に交付しなければならない。

交付運用報告書は、**運用報告書のきわめて重要な事項を記載した書面**で、販売会社を通じて知れている受益者に**交付しなければならない。運用報告書**（全体版）は、約款に定めることにより、**電磁的方法により提供した場合は、交付したものとみなされる。**ただし、受益者から請求があった場合は交付しなければならない。

◆交付運用報告書の主な記載事項

①当該投資信託財産の**運用方針**
②当該投資信託財産の計算期間中における**資産の運用の経過**
③**運用状況の推移**
④当該投資信託財産の計算期間中における投資信託委託会社及び受託会社に対する報酬等並びに当該投資信託財産に関して受益者が負担するその他の費用並びにこれらを対価とする役務の内容
⑤**株式のうち**主要なものにつき、**銘柄ごとに**、当期末現在における**時価総額**の投資信託財産の純資産額に対する**比率**
⑥**公社債のうち**主要なものにつき、**銘柄ごとに**、当期末現在における**時価総額**の投資信託財産の純資産額に対する**比率**
⑦投資信託の受益証券（親投資信託の受益証券を除く）、親投資信託の受益証券及び投資法人の投資証券のうち主要なものにつき、銘柄ごとに、当期末現在における時価総額の投資信託財産の純資産額に対する比率　など

ただし、以下の場合には運用報告書の交付等が免除される。

①適格機関投資家私募のファンドであって、投資信託約款に運用報告書を交付しない旨を定めている場合
②受益者の同居者が確実に運用報告書の交付を受けると見込まれる場合であって、受益者が交付を受けないことについて作成期日までに同意している場合
③MRF及び金融商品取引所に上場されているファンドの場合

10 投資法人

投資法人制度は、社団（資産を主として特定資産に対する投資として運用することを目的として設立）を創設し、（契約型）投資信託と同様の集合的な資産運用スキームを設けようとするものである。

投信法において、「投資法人は、**資産の運用以外の行為を営業としてすることができない**」と規定されている。

なお、投資法人は、運用業務、資産保管業務、投資主総会・役員会の運営、計算等の**業務について、すべて外部委託しなければならず**、その商号中に**投資法人**という文字を用いなければならない。わが国では主に不動産投資法人（J-REIT）として利用されている。

◆投資法人の仕組み図

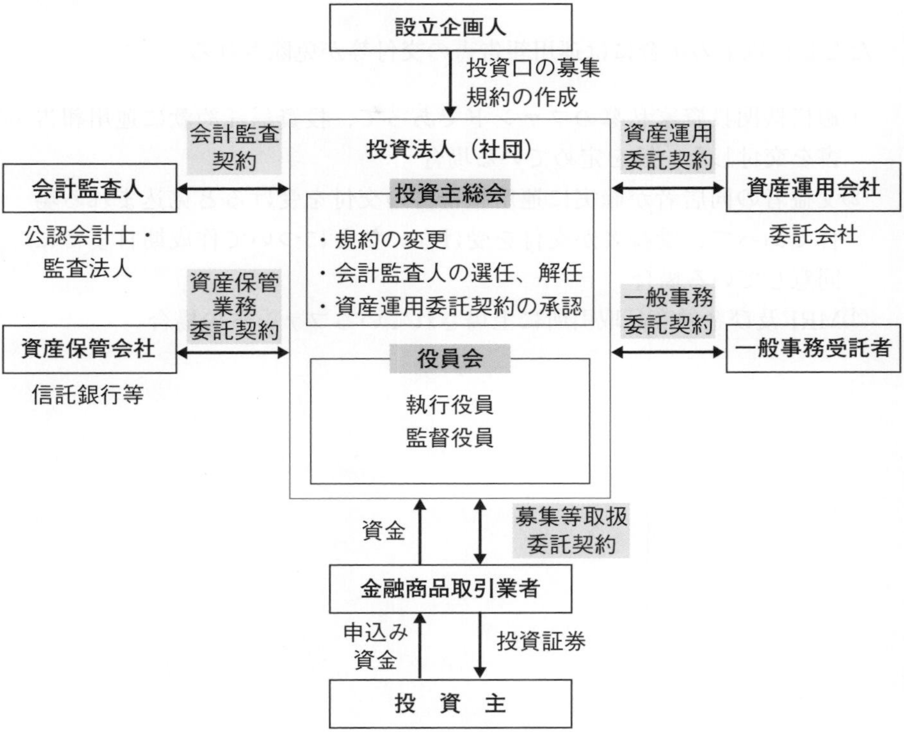

1．投資法人の設立・募集

（1） 設　立

投資法人は、設立企画人が規約を作成し、内閣総理大臣に届出を行い、一定の手続を経て登記することにより設立される。

①設立企画人は、主として投資の対象とする特定資産と同種の資産を運用の対象とする資産運用業の登録を受けた金融商品取引業者又は信託会社等に限られる。

②設立企画人の少なくとも１名は、主として投資の対象とする特定資産と同種の資産の運用事務経験などが必要。

③規約は投資法人の基本的事項を定めたもので、契約型投資信託の約款、株式会社の定款に該当する。

ア）**投資主の請求により投資口の払戻しをする旨、又はしない旨**
イ）**投資法人が常時保持する最低限度の純資産額**（5,000万円以上）
ウ）資産運用の対象及び方針
エ）**金銭の分配の方針**
オ）オープンエンド型の場合に、一定の場合において払戻しを停止する旨
カ）投資法人が発行することができる投資口の総口数　　　　　など

④成立時の出資総額 **重要**

投資法人の成立時の出資総額は、設立の際に発行する**投資口の払込金額の総額**であり、**１億円以上**と定められている。

（2） 投資法人の登録 **重要**

投資法人は、**設立については届出制**を採用しているが、**業務については登録制**を採用している。

（3） 募集投資口の募集

投資法人は、規約に定められた投資口の総口数の範囲内で、募集投資口の募集をすることができる。ただし、投資法人に係る業務は外部委託することになっているので、投資法人の執行役員は投資証券等の募集等に係る事務をしてはならないことになっている。

2．投資法人の機関

(1) 投資主総会

投資主総会は、原則として執行役員が招集し、投資主総会では投信法又は規約に定められた事項についてのみ決議する。主な決議事項は次のとおりである。

普通決議【※1】	①執行役員、監督役員及び会計監査人の選任及び解任 ②資産運用業務委託契約の承認
特別決議【※2】	①規約の変更 ②投資口の併合 ③合併 ④解散

【※1】発行済投資口の過半数の投資口を有する投資主が出席し、その議決権の過半数をもって決議する

【※2】発行済投資口の過半数の投資口を有する投資主が出席し、その議決権の3分の2以上の多数をもって決議する

(2) 執行役員、監督役員、役員会

	執行役員	監督役員	役員会
役割等	○投資法人の業務を執行し、投資法人を代表する ○3ヵ月に1回以上、業務の執行状況を役員会に報告しなければならない	執行役員の業務を監督する	執行役員が重要な業務執行を行う場合は、役員会が承認しなければならない
構成（人数）	**1人又は2人以上**	**執行役員の数に1を加えた数以上**でなければならない	投資主総会で選任された執行役員と監督役員

監督役員と執行役員との兼任は、認められない。

注意

「投資法人の執行役員は3人以上必要である」と出題されると誤り。1人でもよい。

注意

「監督役員と執行役員は兼務できる」と出題されると誤り。兼務できない。

3. 投資法人の運用

投資法人は、資産運用のための器（導管）としての機能しか果たさず、**資産運用業務は資産運用会社、資産保管業務は資産保管会社、一般事務は一般事務受託者に委託**することが義務付けられている。

また、以下のような規則がある。

主　体	資産運用会社は、投資運用業を行う金融商品取引業者でなければならない
認可等	**投資対象に不動産が含まれる場合**は、**宅地建物取引業法上**の**免許・認可**が必要
再委託	資産運用会社は、資産運用に係る権限の全部を再委託することは禁止されているが、投資法人との契約でその一部を再委託することは可能
義　務	投資法人に対する忠実義務と善管注意事務（善良な管理者の注意をもって業務を遂行する義務）が課されている

4. 不動産投資法人（J-REIT）

不動産投資法人（J-REIT）は、主として不動産等（**賃借権、地上権も含む**）や不動産等を主たる投資対象とする資産対応証券等に投資し、賃料収入等の運用益を投資者に分配するものであり、その運用は不動産運用の専門家である資産運用会社（投資信託委託会社）が行う。

（1） 上場基準と販売

不動産投資法人は、金融商品取引所に上場されて投資家に売買の場が提供されており、その基準はファンドの運用資産全体の70％以上が不動産等で占められることなどの要件を満たす必要がある。

一般投資家が上場不動産投資法人を売買する場合には、**上場株式と同様、指値注文、成行注文及び信用取引**が可能であり、**手数料は販売会社が独自に定めている**。

(2) 資産の保管等

資産の保管	投資法人は、**資産保管会社**[※]**に保管業務を委託**しなければならない
一般事務の受託	投資法人は、**資産の運用及び保管に係る業務以外の業務**に係る事務（以下の①～④等）を**一般事務受託者に委託**しなければならない ①投資法人の会計 ②投資口及び投資法人債の募集 ③投資主名簿、新投資口予約権原簿及び投資法人債原簿の作成等 ④役員会の運営等
金銭の分配	投資法人が税法上支払分配金を損金（収益が非課税）にするには、原則、**配当可能利益の90％超を分配する必要**がある
	投資信託協会は不動産投資法人が当期中に得た**利益額の全額を分配できる**旨定めている
	計算期間の末日に算定された減価償却累計額の合計額から前計算期間の末日に計上された**減価償却累計額の合計額を控除した額の60％を上限に**、税法上の出資等減少分配に該当する**出資の払戻しとしての分配が認められる**（**利益超過分配金**）
資 金 調 達	投資法人債の募集、借入れ及び短期投資法人債（CP）の発行　　など

【※】信託会社等、有価証券等管理業務を行う金融商品取引業者などに限定される

注意

「投資法人は、一般事務受託者に資産の保管業務を委託しなければならない。」と出題されると誤り。一般事務受託者は、資産の運用及び保管に係る業務以外の業務に係る事務を行う者をいう。

(3) J-REITのディスクロージャー

投資法人の執行役員は、決算ごとに資産運用報告を作成し、貸借対照表等他の財務諸表とともに**会計監査人の監査**を受け、役員会で承認の後、遅滞なく投資主に通知しなければならない。

これは必須！

◎演習問題◎

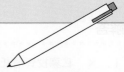

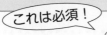

次の文章について、正しい場合は○、正しくない場合は×にマークしなさい。

1．私募投資信託に関する規制は、公募投資信託よりも厳しい。
2．契約型投資信託及び会社型投資信託には、法人格がある。
3．株式投資信託は、債券を一切組み入れない投資信託である。
4．公社債投資信託は、株式の組み入れは３％までできる。
5．ETFの売買は、純資産価格（基準価額）に基づき行われる。
6．外国投資信託とは、外国の資産に投資する信託である。
7．ファンド・オブ・ファンズは、信託財産の一部については株式や債券に投資することができる。
8．投資運用業を行おうとする者は、内閣総理大臣の許可を受けなければならない。
9．受益者は、投資金額に応じて均等の権利を持っている。
10. 目論見書、運用報告書の発行及び顧客への交付は、販売会社の業務である。
11. アクティブ運用は、日経平均などのベンチマークにできるだけ近い運用成果を目指す運用手法である。
12. 株式投資信託の募集手数料は、販売会社により異なることがある。
13. MRFは、毎日決算が行われ、毎日自動再投資される。
14. ETFの分配金は、基本的には上場株式と同様であり、普通分配金と元本払戻金（特別分配金）の区別はない。
15. 毎月分配型投資信託は、毎月一定の分配金が支払われる訳ではなく、分配金が支払われないこともある。
16. 投資法人は、設立については届出制を採用しているが、業務については登録制を採用している。
17. 投資法人の成立時の出資総額は、5,000万円以上とされている。
18. 投資法人は、資産の保管業務を一般事務受託者に委託しなければならない。
19. 不動産投資法人の売買注文において、成行注文はできるが、指値注文はできない。
20. 投資法人の監督役員である者は、当該法人の執行役員を兼任することができない。

解答

1．× 私募投資信託の規制は、公募投資信託よりも緩やかである。
2．× 契約型投資信託には、法人格はない。
3．× 株式投資信託は、債券の組み入れは可能である。
4．× 公社債投資信託は、株式の組み入れは一切できない。
5．× ETFの売買は、取引所における市場価格で売買される。
6．× 外国投資信託は、外国において外国の法律に基づいて設定された信託で投資信託に類するものをいう。
7．× ファンド・オブ・ファンズは、株式や債券に直接投資することはできない。
8．× 投資運用業を行うとする者は、内閣総理大臣の登録が必要である。
9．× 受益者は、投資金額ではなく、受益権の口数に応じて均等の権利を持っている。
10. × 目論見書、運用報告書の発行は、委託者の業務である。顧客への交付は、販売会社の業務である。
11. × アクティブ運用は、ベンチマークを上回る運用成果を目指す運用手法である。アクティブ運用、インデックス運用の入れ替えに注意すること。
12. ○
13. × MRFは毎日決算が行われ、毎月末に再投資される。
14. ○
15. ○
16. ○
17. × 成立時の出資総額は、１億円以上と定められている。
18. × 資産の保管業務は、資産保管会社に委託しなければならない。
19. × 上場株式と同様に、指値注文、成行注文のほか、信用取引も可能である。
20. ○

第11章
付随業務

付随業務は、第一種金融商品取引業者又は投資運用業者が内閣総理大臣への届出や承認を受けることなく行うことができる業務です。
付随業務を覚えるより、付随業務でないものを見つけることが重要です。ドル・コスト平均法による買付けを行う株式累積投資と株式ミニ投資の入れ替え問題も要注意です。

一種（10点）	
○×	五肢選択
—	1問

二種（10点）	
○×	五肢選択
—	1問

予想配点

1 金融商品取引業以外の業務

金融商品取引法では、**第一種金融商品取引業者又は投資運用業者**（以下「金融商品取引業者」という）が、金融商品取引業と切り離すことが難しい業務、又は切り離すことが合理的でない業務を金融商品取引業者の業務として認めている。

（1） 金融商品取引業以外の業務

付随業務	金融商品取引業に付随する業務として**内閣総理大臣への届出や承認を受けることなく行うことができる業務**
届出業務	内閣総理大臣に届け出て行うことができる貸金業や宅地建物取引業などの特定の業務
承認業務	内閣総理大臣の承認を受けて行うことができる業務であって、金融商品取引業、付随業務及び届出業務以外の業務

（2） 付随業務の例 重要

①**有価証券の貸借又はその媒介若しくは代理**
②**信用取引に付随する金銭の貸付け**
③顧客から保護預りをしている**有価証券を担保とする金銭の貸付け**
④**有価証券に関する顧客の代理**
⑤投資信託委託会社の発行する投資信託又は外国投資信託の受益証券に係る収益金、償還金若しくは解約金の支払又は当該有価証券に係る信託財産に属する有価証券その他の資産の交付に係る業務の代理
⑥投資法人の発行する有価証券に係る金銭の分配、払戻金若しくは残余財産の分配又は利息若しくは償還金の支払いに係る業務の代理
⑦**累積投資契約の締結**
⑧有価証券に関連する情報の提供又は助言
⑨**他の金融商品取引業者等の業務の代理**
⑩登録投資法人の資産の保管
⑪**他の事業者の経営に関する相談に応じること**　など

重要　**有価証券の保護預り**は、金融商品取引業者の**本来の業務**である。

注意
「元引受けは、付随業務に含まれる」と出題されると誤り。元引受けは、付随業務ではなく、本来の業務である。付随業務に該当するか否かの問題に注意すること。

2 金融商品取引業に付随する業務の内容

1．有価証券の貸借又はその媒介若しくは代理

貸出者が借入者に有価証券を貸し出し、合意された期間を経た後、借入者が貸出者に、対象銘柄と同種、同等、同量の有価証券を返還するという有価証券の消費貸借取引又はその媒介若しくは代理を行う業務である。有価証券の消費貸借取引には、貸借の対象とする有価証券により**株券等貸借取引**や債券貸借取引がある。

2．キャッシング業務

MRFの解約請求を行った顧客に対し、解約に係る金銭が支払われるまでの間、金融商品取引業者が当該MRFを担保として、解約代金相当額を解約請求日に融資する業務である。

◆キャッシング業務の概要

対象	MRFの解約請求を行った顧客
貸付限度額	MRFの残高に基づき計算した返還可能金額又は**500万円**のいずれか少ない額を基準に、各金融商品取引業者が定める金額
貸付利息	**解約請求日から翌営業日前日まで**のMRFの分配金手取額
貸付期間	貸付けが行われた日の**翌営業日**までの間
担保	解約請求に係る当該MRF
返済の方法	貸付けが行われた日の翌営業日に顧客に支払われる解約代金により弁済充当
利用申込み	**書面による申込みは不要**であるが、顧客に「キャッシングを利用する」旨の意思確認を行う必要がある

11・付随業務

3．累積投資契約の締結

（1） 累積投資契約とは

金融商品取引業者が顧客から金銭を預かり、当該金銭を対価として、あらかじめ定めた期日に、当該顧客に有価証券を定期的、継続的に売り付け、取得させることを内容とする累積投資契約を締結する業務である。

（2） 累積投資契約の対象有価証券

累積投資契約において取り扱うことができる有価証券の種類は、上場株券、国債・地方債等の債券、単位型・追加型投資信託等の投資信託受益証券、投資法人の投資証券などである。

（3） 株式累積投資とは

投資者から金銭を預かり、当該金銭を対価として、**毎月一定日**に特定の銘柄の株式等を買い付ける（共同買付累積投資）制度をいう。

◆株式累積投資と株式ミニ投資との相違

	株式累積投資	株式ミニ投資
契約の締結	株式累積投資契約	株式ミニ投資契約
取扱対象銘柄	選定銘柄（金融商品取引業者が選定する銘柄）から選択	
買付日	**毎月一定日**に継続買付け	**任意の日** （約定日は翌営業日）
買付単位	1万円以上、1,000円単位など**一定の金額**（1銘柄100万円未満）	取引所の定める**1売買単位の10分の1単位**
買付価格	買付日の始値、指定取引所の一定時における最良気配の範囲内の価格又は売買高加重平均価格（VWAP）	
売付け	任意のときに**単元未満株のまま売付け**できる	
その他	**ドル・コスト平均法**[※]**による買付け**	注文の都度 ①銘柄、②買付け又は売付けの区別、③数量　を明示

【※】ドル・コスト平均法とは

株価の値動きやタイミングに関係なく、株式を定期的に継続して一定金額ずつ購入していく方法である。

この方法によると、株価が高いときには少ない株数を、株価が安いときには多くの株数を買うことになり、長期にわたって買い続けていくと、一般的に、一定株数を定期的に購入する方法に比べて1株当たりの平均取得価格が安くなる。

（4） 株式累積投資とインサイダー取引規制について

株式累積投資を通じた株式の買付けについて、**定時定額の払込金をもって機械的にその株式を買い付けている場合には、インサイダー取引規制の適用が除外される。**

4． 累積投資業務に係る代理業務

累積投資業務を行う金融商品取引業者（以下「委託金融商品取引業者」という）へ顧客（取次顧客）を取り次ぎ、委託金融商品取引業者に代わって、取次顧客との間の買付代金の受渡し等、以下の事務を代行する業務である。

・累積投資申込書、その他の関係書類の受入れ
・有価証券の買付けの申込みの受入れ
・払込金の受入れ
・累積投資契約の解約の申込みの受入れ
・有価証券の返還又は売付けに伴う返還金の支払

注意

「有価証券の買付けの代理は、累積投資業務に係る代理業務に含まれる」と出題されると誤り。有価証券の買付けの代理は、付随業務（累積投資業務に係る代理業務）ではなく、第一種金融商品取引業者の本来の業務である。

これは必須！

◎演習問題◎

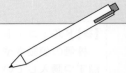

次の文章について、正しい場合は○、正しくない場合は×にマークしなさい。

1．元引受けは、付随業務に含まれる。
2．有価証券の保護預りは、付随業務に含まれる。
3．顧客から保護預りをしている有価証券を担保とする金銭の貸付けは、付随業務に含まれる。
4．累積投資契約の締結は、付随業務に含まれる。
5．株券等貸借取引は、付随業務に含まれる。
6．累積投資業務に係る代理業務に、有価証券の買付けの申込みの受入れは含まれる。
7．有価証券の買付けの代理は、累積投資業務に係る代理業務に含まれる。
8．株式累積投資は、任意の時に買い付けた単元未満株を単元未満株のまま売り付けることができる。
9．ドル・コスト平均法は、特定の銘柄を株価の値動きに関係なく、一定の金額で買い付ける方法である。
10．累積投資契約の対象有価証券には、非上場株式は含まれない。

解答

1．× 元引受けは、金融商品取引業者の本来の業務である。
2．× 有価証券の保護預りは、金融商品取引業者の本来の業務である。
3．○
4．○
5．○
6．○
7．× 有価証券の買付けの代理は、金融商品取引業者の本来の業務である。
8．× 株式累積投資は、毎月一定日に、特定の銘柄を株価水準に関係なく一定の金額で買い付ける、いわゆるドル・コスト平均法による買付けを行うものである。
9．○
10．○

第12章

株式会社法概論

会社法は、法律用語が多く難しく感じますが、株式会社についての基本的な事項を学習していきます。無限責任社員、大会社の定義、会社設立の要件、株主の権利、特に少数株主のほか、株主総会・取締役会の決議、会計監査人の要件、会社の再編など理解しましょう。

一種（20点）	
○×	五肢選択
5問	1問

二種（20点）	
○×	五肢選択
5問	1問

予想配点

1 会社の種類と特色

1．会社の種類

会社法では、株式会社・合名会社・合資会社・合同会社の４種類を認めている。

重要

株式会社	社員（株主）は、会社の債務について責任を負わない	
持分会社	合名会社	無限責任社員のみ
	合資会社	無限責任社員及び有限責任社員がそれぞれ１名以上
	合同会社	有限責任社員のみ

注意

「株式会社は合資会社に組織変更できない」と出題されると誤り。株式会社は、その組織を変更して、合名会社、合資会社又は合同会社に変更することができる。反対に合名会社などが株式会社に組織変更することもできる。

無限責任社員	会社の債務につき、債権者に対して直接・連帯・無限の責任を負う社員
有限責任社員	会社の債務につき、登記した金額を限度として責任を負う社員

用語解説

社員……一般に社員といえば会社の従業員のことだが、法律用語でいう「社員」は、会社の構成員（出資者）を指す。株式会社では株主が社員である。

2．株式会社の特色

（1）株　式

株式会社では、株主を社員といい、その地位（持分）を株式という。

株主は有限責任社員であるため、**株主が会社債権者に対して弁済の責任を負うことはない**（「株主有限責任の原則」）。

(2)　資本金

株式会社の財産を維持する目標の働きをするのが、資本金である。

○会社設立時に、どれだけの出資を確保するかを定款で定める。

○資本金が何円以上でなければならないという定めはない。

○**資本金１円の株式会社も設立できる。**

注意

「株式会社は資本金が1,000万円以上必要である」と出題されると誤り。会社法では資本金の制限がないため、資本金１円の会社も設立できる。

(3)　大会社

重要

資本金の額が５億円以上又は負債総額が200億円以上の株式会社を**大会社**という。

注意

大会社の定義については「かつ」と出題されると誤り。「又は」が正解である。

○大会社は必ず会計監査人を置かなければならない。

○大会社のうち公開会社は、監査等委員会、指名委員会等又は監査役会のうち、いずれかを置く必要があり、取締役会を欠かすことはできない。

(4)　公開会社

発行する株式の一部にでも、譲渡に会社の承認が要るという定款の定めのない会社が、会社法のもとで公開会社となる。

(5)　△△設置会社

株式会社の機関には、以下の機関がある。

株主総会	取締役	取締役会	監査役	監査役会
会計監査人	会計参与	監査等委員会		
指名委員会等（指名／監査／報酬）			執行役	

このうち、**すべての株式会社が備えなければならないのは株主総会と取締役**だけである。

2 株式会社の設立

● 設立の手続

（1） 定款の作成 重要

株式会社を設立するには、**発起人（1人でもよく、法人でもよい）**が定款を作って、それに署名（記名＋押印）する。

定款には、会社の目的・商号・本店所在地など法定の事項（**絶対的記載事項**）を記載しなければならない。

絶対的記載事項の記載が1つでも欠けると定款全体が無効となる。

注意
「株式会社を設立するには、複数の発起人が必要である」や「発起人は個人に限られる」と出題されると誤り。

（2） 株式の発行・役員の選任・登記

発起設立	**発行する株式の全部を発起人だけで引き受ける**
募集設立	発起人が一部を引き受け、残りについて株主を募集する

上記の株式全部について、出資全額の履行が完了すると（募集設立の場合は創立総会を開催して）、取締役を選任し、設立が適正に行われたか否かを調査する。以上の手続が完了すると設立の登記をする。

（3） 設立の自由

原則、誰でも自由に会社を設立できる。また、**発起人は1人でもよい**。よって、**株主が1人だけの会社**を設立することもできる。

（4） 設立の無効

会社の設立の無効を主張できるのは、株主と取締役（会社によっては監査役・執行役・清算人も）に限られ、設立登記の日から**2年以内**に裁判所へ訴えることによってしか主張できない。

3 株式の数・大きさと内容

1. 株式の分割・併合と消却

重要 株式の分割	・１株を分けて複数の株式にすること ・**株式を分割すれば発行済株式は増えるが、**資産は増えず、**１株当たりの実質的価値は小さくなる** ・**取締役会**（取締役会のない会社は株主総会）**の決議で決まる**
株式無償割当て	・新たな払込みなしで株主に株式を割当てること ・原則として取締役会（取締役会のない会社は株主総会）の決議が必要
株式の併合	・複数の株式をまとめて、それより少ない数の株式に（例えば２株を１株に）すること ・併合の理由を示し、**株主総会の特別決議**が必要 ・**株式を併合すると、発行済株式は減るが、１株当たりの実質的価値は大きくなる**
株式の消却	・発行されている株式をなくしてしまうこと ・**どの種類の株式を何株消却するかは取締役会の決議で定める（取締役会のない会社は取締役が決める）**

2. 単元株制度

ひとくくりにした数（の整数倍）の株式を持つ株主にだけ議決権を認めることを、単元株制度という。単元株制度を採用すること、採用した場合に１単元の大きさをいくらにするかは定款で定める。ただし、**単元株式数は1,000以下かつ発行済株式総数の200分の１以下**とされている。

上場会社では、証券取引所の取組みにより、単元株式数が100（売買単位が100株）に統一された。

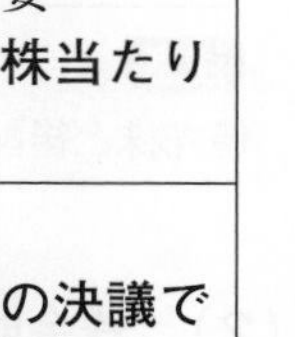

単元株制度をとる会社の株主は、１単元の株式ごとに１個の議決権を持つ。つまり、**単元未満株式しか持っていない株主には議決権がなく、**株主総会の招集通知もされない。

なお、会社が解散したときの残余財産分配請求権などは、単元未満株式にもある。

3. 株式の種類

株式は、社債と違って満期はなく、会社が解散した時に残余財産の分配を受けて消滅するまで、剰余金の分配を受ける権利や株主総会での議決権を備えている。

定款で定めれば、数種の株式を発行できる。

重要 **2種類以上の株式が併存する会社を種類株式発行会社という。**

(1) 剰余金の分配に関する種類株式

(配当)優先株	・一定率の**配当を優先的に受けられる**種類の株式 ・優先株に一定率の配当を支払い、残った剰余金から他の株式に配当する
後配株(劣後株)	・一般の株式に配当した**残りの剰余金**からしか**配当**を受けられない種類の株式
普通株	・標準となる一般の株式

注意

優先株と後配株の入れ替えに注意すること。

(2) 残余財産の分配に関する種類株式

会社が解散したときの残余財産分配について、扱いの異なる種類の株式を発行することもできる。

(3) 譲渡制限株式

譲渡制限株式とは、譲渡に会社の承認が必要な株式をいう。**全部の株式について譲渡を制限することも、ある種類の株式だけ譲渡を制限することもできる。**

注意

「株式会社は、すべての株式を譲渡制限株式にすることはできない」と出題されると誤り。

(4) その他の種類株式

議決権制限株式、取得請求権付株式、取得条項付株式、全部取得条項付種類株式、拒否権付種類株式、役員選任に関する種類株式等がある。

4 株主の権利と譲渡

1．株主平等の原則

株式にはすべて同じ内容の権利があり、株主はそれぞれの持株数に比例して会社に対する権利を持っている。種類株式発行会社では、この原則に対する例外が認められるが、同じ種類の株式の間では平等である。

2．単独株主権と少数株主権 重要

単独株主権	・1株しか持たない株主でも行使できる権利 ・特に議決権の割合や数を法律が定めていなければ、単独株主権となる
少数株主権	・**一定割合以上の議決権を持った株主**（数人の持株を合わせてもよい）**だけが行使できる権利** ※例えば、株主**提案権**、**取締役**・会計参与・監査役の**解任を求める権利**、**帳簿閲覧権**など

注意

単独株主権と少数株主権の入れ替えに注意すること。

3．自己株式（金庫株）と親会社の株式

（1） 自己株式の規制

会社が自社の発行する株式を取得すると、出資の払戻しと同じ結果になる。ただし、その価格によっては株主間に不平等をもたらすため、自己株式の取得や処分については、手続、財源、買付け方法や取締役の責任などが定められている。

注意

「自己株式を取得することは禁じられている」と出題されると誤り。

（2） 取得の手続

株主総会が株式数・対価や期間（1年以内）を定めて決議すれば、会社は自己株式を取得することができる。この**総会決議**は、その定めた枠の範囲内で**自己株式を取得することを取締役会**（設置しない会社では取締役）**に授権するもの**である。なお、この場合、取得の相手株主を特定しない限り、普通決議で足りる。

（3）　自己株式の保有

会社が取得した自己株式には、**議決権や剰余金の配当を受ける権利などはない。**

4．株式の譲渡制限

会社の設立登記前や、新株発行の効力発生前にはまだ株式はない。この段階で、株主となる権利（権利株）を譲渡しても**譲渡そのものは有効だが、会社に対抗することは**できない。つまり、譲受人が「自分を株主として扱ってくれ」と会社に主張することはできない。

また、株式会社は、発行する株式について、自由な譲渡を認めるか、**譲渡には会社の承認が必要だと定款で定める**ことができる。

5．株式譲渡の方法

株式は、当事者の合意だけで譲渡できる。

会社その他の第三者に対抗するには、株主名簿の名義書換が必要である。振替株式は口座の振替によって譲渡する。

6．株式の質入れ

株主は、その有する株式に質権を設定することができる。

株券発行会社の株式の質入れは、当該株式に係る株券を交付しなければ、その効力を生じない。

株式の質入れは、その質権者の氏名又は名称及び住所を株主名簿に記載しなければ、株式会社その他の第三者に対抗することができない。

7．株券と株主名簿

（1）　株券

会社法は、株券のない会社を原則にしている。**株券の発行を定款に定めている会社を「株券発行会社」と呼ぶ。**

（2）　名義の書換

株主名簿の名義が書換えられるまでは、自分が株主になったと主張できない。

（3）　株主名簿と基準日

一定の日（基準日）に株主名簿に載っている株主に権利を行使させることができる。基準日と権利行使日との間は３ヵ月間以内でなければならない。

5 株式会社の機関

1．株主総会

株主総会は、株主全員が構成する会議体の機関の１つであり、会社の基本的な方針や重要な事項を決定する株式会社の最高意思決定機関である。

（1） 招集と株主提案権

①**定時総会**……毎決算期ごとに1回、その期の成果を検討するために開く。

②**臨時総会**……定時総会以外に、必要に応じて開く。

どちらの場合も、総会の開催日時・場所・議題を取締役会が決め、代表取締役が株主に宛て**２週間前までに招集通知を出す。**

◆株主総会の招集の権利

- 公開会社の場合、引続き**６ヵ月以上**
- 議決権総数の**３%以上**　…を有する**少数株主**

⇩

株主が取締役に招集を請求し、拒否された場合、裁判所の許可を得て自分で招集することが可能

◆提案権の行使の権利

- 公開会社の場合、引続き**６ヵ月以上**
- 議決権総数の**１%以上又は300個以上の議決権**　…を有する**少数株主**

⇩

株主総会に議題を追加させることが可能

（2） 議決権

株主総会では、株主の頭数によらず、**投下した資本の額に比例**して議決権を持つ。ただし、**会社が持っている自己株式には議決権がない。**

また、Ｐ社がＱ社の議決権総数の１／４以上を持っているとき、Ｑ社がＰ社株を持っても、それには議決権がない。

なお、株主本人は総会に出席する必要はなく、代理人に議決権を行使させても構わない。

また、株主が同一の**株主総会で提案できる議案の数は、10個まで**である。

12・株式会社法概論

（3） 議事と決議

①招集通知に議題として掲げていない事項について不意打ちに決議することはできない。

②普通**決議**は、議決権の過半数を持つ株主が出席し（定足数）、出席株主の議決権の過半数**が賛成**すれば成立する。ただし、この要件は、定款により変更できる。

③特別**決議**は、議決権の過半数（定款で１／３まで下げてよい）を持つ株主が出席し、出席株主の議決権の２／３**以上の賛成**が必要である。

◆主な株主総会の特別決議事項 重要

• 定款変更	• 事業譲渡	• 株式の併合	• 合併
• 監査役**の解任**及び監査等委員である取締役の解任			• 解散
• 資本金の額の減少	• 会社分割	• 株式交換	• 株式移転
• 株式交付			

注意

株主総会の特別決議か普通決議かに注意すること。

④総会の議事録は、本店（10**年間**）・支店（写しを５年間）に備え置き、株主と会社債権者の請求に応じて見せる。

2．取締役

（1） 取締役の地位

①取締役会設置会社には、取締役が３**名以上**いなければならない。
取締役会を置かない会社では１**人**いれば足りる。

②取締役は株主総会の決議で選任する。

③任期は**原則**２**年**以内であるが、短くすることもできる。

○公開会社でない会社では、定款で10年まで伸ばすことも可能である。

○監査等委員会設置会社では監査等委員以外の取締役の任期が１年、指名委員会等設置会社では全取締役の任期が１年である。

④取締役は任期中でも、株主総会の普通決議で解任できる。

○不正行為をした取締役の解任が否決されたとき、議決権又は発行済株式の３％以上を持つ少数株主は、裁判所にその取締役の解任を請求できる。

○取締役に欠員が出た場合、新取締役が就任するまでの間、退任取締役が職務を続ける。

（2）　社外取締役

公正な立場で判断し、執行部に対して直言できる取締役として存在する。

その**会社又は子会社**の業務執行**取締役**・執行役、**従業員**、あるいは過去**10年以内**にそういう地位についたことがある人等は、**社外取締役になれない**。

監査等委員会設置会社や指名委員会等設置会社では、**委員である取締役の過半数は社外取締役でなければならない**。

また、公開会社かつ大会社で、有価証券報告書を提出しなければならない**監査役会設置会社は、社外取締役の設置が義務付けられている**。

（3）　競業取引・利益相反取引と報酬　重要

取締役が会社の事業と同種の取引をするとか、競争会社の代表者として取引をするには、取引の重要事実を説明して、**取締役会（設置しない会社では株主総会）の承認**を受けなければならない。

取締役が会社と取引する、あるいは取締役の債務を会社が保証する等、両者の利益が相反する取引についても、**同様である**。

取締役の報酬は、定款か株主総会決議で決めることになっている。

（4）　取締役など役員の責任

取締役その他の役員が任務を怠ったために会社に損害が発生すると、その賠償責任を負う。**賠償責任を免除するには**、原則として**株主全員の同意が必要**である。

会社が、賠償請求しない場合は、株主が会社に代わって、取締役の責任を追及する訴訟を提起できる。

（5）　取締役会

取締役会は、すべての取締役で組織する会議体の機関であるが、設置しなければならない会社と置かなくてもよい会社がある。

取締役会の決議は頭数の多数による。**代理人の投票は許されない**。また、決議に特別の利害関係をもつ取締役は投票できない。

◆主な取締役会の決議事項　重要

・株主総会の招集	・代表取締役の選定、解職	・自己株式の消却
・募集株式の発行	・社債の発行	・株式の分割

12・株式会社法概論

3. 代表取締役

代表取締役は、会社の日常業務を行い、株主総会や取締役会の決議を執行するとともに対外的に会社の代表者として行動する。

指名委員会等設置会社では、（代表）執行役がこの役割を担うので、代表取締役を置かない。

重要 **取締役会設置会社には、代表取締役が 1 名以上必要**である。代表取締役は、取締役会で取締役の中から選定する。取締役会はいつでも代表取締役を解職できる。

4. 監査役と監査役会

（1） 監査役の地位

取締役会設置会社には監査役が必要だが、全部の株式に譲渡制限をつけていると、会計参与を置けば監査役を置かなくてもよい。会計監査人設置会社にも監査役が必要である。

監査等委員会設置会社と指名委員会等設置会社には**監査役は置かない。**

監査役の選任・解任は株主総会で決議する。任期は**原則 4 年**である。

会社又は**子会社の**取締役・会計参与・**執行役**や使用人**を兼任できない**。

（2） 監査役の職務権限

監査役は、取締役や会計参与の職務の執行を監査する職責を負う。

（3） 監査役会

> 監査役会は、監査役全員で組織する会議体の機関である。これを置く会社の監査役は３名以上で、その半数以上**は社外監査役**でなければならない。

公開会社である大会社が監査等委員会設置会社・指名委員会等設置会社のどちらでもない場合は、監査役会の設置が必要である。

監査役会設置会社では、監査範囲を会計監査に限定することはできない。

注意

「監査役会設置会社の監査役は３名以上で、その過半数は社外監査役でなければならない」と出題されると誤り。半数以上と過半数はイコールではない。例えば、監査役が４名のとき、過半数は３名以上であり、半数以上は２名以上である。

5．会計監査人 重要

大会社は必ず会計監査人を置かなければならず、監査等委員会設置会社と指名委員会等設置会社にも会計監査人が必要である。

会計監査人になることができるのは、公認会計士か監査法人に限られ、会社と利害関係が密な者は除かれる。

会計監査人の選任・解任は、株主総会の決議で決まる。ただし、職務の遂行に支障がある場合などには、監査役全員の同意で解任することができる。

任期は1年だが、定時総会が特に不再任を決議しない限り自動更新される。

6．会計参与

会計参与は取締役と共同して計算書類などを作成する。

会計参与になることができるのは、公認会計士・監査法人・税理士・税理士法人に限られる。会計参与の設置を強制される会社はなく、どの会社も定款に定めれば設置できる。

任期は原則として2年であり、**選任・解任は株主総会の決議**で行う。

7．指名委員会等設置会社

(1)　指名委員会等設置会社

指名委員会等設置会社の業務を執行するのは、取締役会が選任する執行役である。取締役も執行役も任期は1年である。

指名委員会等設置会社では、**3つの委員会**を置く。どの委員会も、そのメンバーは取締役会が選ぶ**3名以上**の取締役であり、**過半数は社外取締役**でなければならない。

また、指名委員会等設置会社では、(代表) 執行役が代表取締役の役割を担うので、**代表取締役を置かない**。

(2)　3つの委員会

委員会には、**監査委員会**、**指名委員会**、**報酬委員会**の3つがある。

重要 **指名委員会等設置会社には、監査役及び監査役会を置かない**。

8．監査等委員会設置会社

監査役会設置会社と指名委員会等設置会社の中間形態といえる。

監査等委員会設置会社には取締役会と代表取締役を置き、取締役会内部の監査等委員会が監査の職務を行うので**監査役を置かない**。

監査等委員会は、**3名以上で過半数が社外取締役**でなければならない。

12・株式会社法概論

6 会社の計算

1．計算書類

(1) 作成と承認

株式会社は、決算期になると、以下の計算書類を作成しなければならない。

①貸借対照表　②損益計算書　③事業報告
④株主資本等変動計算書　⑤個別注記表　⑥附属明細書

これらの書類は、それぞれの会社が備える監査機関の監査を受けなければならない。

(2) 開示（ディスクロージャー）

株式会社は、定時株主総会が終った後、**貸借対照表**（**大会社**は**損益計算書**も）を公告する。

注意
「大会社は、定時総会後、貸借対照表のみ公告すればよい」と出題されると誤り。貸借対照表のほか損益計算書も公告しなければならない。

公告の方法は、ホームページなどの電子公告でもよく、官報や新聞を使う会社は要旨を公告すればよい。

帳簿書類の閲覧権は、議決権又は発行済株式の３％以上を持つ**少数株主だけに認められている。**

2．法定準備金

法律が積立てを強制しているのが法定準備金で、利益準備金と資本準備金がある。

利益準備金	配当などを剰余金から支出するたびに、その１／10以上を積立てなければならないが、資本準備金との合計が資本金の１／４に達した後は積立てなくてよい
資本準備金	株主の出資分で構成されており、その積立てには限度はない。株式の払込金額のうち、資本金に組み入れない部分、合併・会社分割・株式交換・株式移転・株式交付の差益金はすべて資本準備金に入れる

３．剰余金の配当

（１）　配当の財源

株式会社では、剰余金があるときしか配当は認められない。**分配可能額がないのに行った配当（たこ配当）は無効**である。

なお、会社債権者は、株主にそれを会社へ返還せよと要求できる。取締役も違法配当額を会社に弁済する責任を負う。

（２）　配当の決定

剰余金の配当はその都度株主総会で決議する（定時総会である必要はない）。

なお、会計監査人設置会社は、定款の定めにより取締役会限りで配当を決めてよいこととなっている。定款でこのことを定めれば、株主総会では配当のことを決議しないようにすることもできる。

また、株主総会の特別決議により、**金銭以外の財産を支給する方法をとることもできる（現物配当）**。

（３）　中間配当・四半期配当

要件を満たせば取締役会で承認すると、それに基づいて年に何度でも配当をすることができる。

また、取締役会設置会社では、定款に定めておけば、期央に１回、取締役会の決議で配当（中間配当）をすることができる。

注意

「株式会社は、期末配当及び中間配当以外の配当をすることはできない」と出題されると誤り。四半期配当等、年に何度も配当をすることができる。

7 新株発行・社債の発行

1．授権資本制度

会社を設立する時は、定款に定めた発行可能株式総数の１／４以上を発行すれば足りる。

2．新株発行の手続（募集株式の発行等）

①株主割当て 現在の株主に、持株数に比例して新株を割り当てる方法

新株予約権を株主全員に無償で割り当て、新株予約権を行使して新株に出資するか、それを見送って新株予約権を売却するかを株主に選択させる方法をライツ・オファリングという。

株主は新株予約権の内容・数の通知を受けてから最低２週間の行使期間を保障され 、会社は目論見書の作成・交付義務を一定の範囲で免除される。

②公募又は**第三者割当て** 提携先・取引先・従業員などに、時価より著しく低い発行価額で新株を割り当てる場合には、なぜそれが必要なのかの理由を示して、株主総会の特別決議を経なければならない

3．新株予約権

新株予約権は、それを会社に対して行使すれば、同社の株式の交付を受けることができる権利である。新株予約権者がそれを行使すると、会社はその者に新株を発行するか、手持ちの自己株式を移転しなければならない。

4．新株予約権付社債

新株予約権と社債**のどちらかが消滅するまで**は、**両方を一体**としてしか譲渡できない。

5．担保付社債

社債は債権者が多数で絶えず変動しているので、個別の担保を付けることはできない。そのため、発行会社と社債権者の間に信託会社（担保の受託会社）を入れ、両者の間で信託契約を結ぶ。

社債の担保には、工場抵当・不動産抵当・鉄道抵当・企業担保などがある。

8 組織の再編等

1. 合　併

◎合併の種類

新設合併	当事会社の全部が解散して新会社を設立する方法
吸収合併	当事会社の１つが存続して他の会社を吸収する方法

どちらの場合も解散する会社の財産が包括的に新設会社又は存続会社に移転する。

注意

「新設合併は、解散する会社の財産のみが新設会社に移転する」と出題されると誤り。負債を含め包括的に移転する。

合併は各会社の**株主総会の特別決議**による承認が必要である。

吸収合併をする場合、吸収合併消滅会社の債権者は、吸収合併について異議を述べることができ、異議を述べた債権者には弁済などの措置を取らなければならない。

2. 会社の分割

(1)　会社分割の種類

新設分割	分割会社が事業の１部門を切り離し、別会社として独立させる方法
吸収分割	切り離した部門を既存の別会社に承継させる方法

(2)　会社分割の手続

新設分割	分割会社の**株主総会の特別決議**による承認
吸収分割	分割会社・承継会社両社の**株主総会の特別決議**による承認

分割に反対の株主は株式買取請求権を行使できる。また、**分割の無効は６ヵ月内に起こす訴えによらないと主張できない。分割を無効とする判決の効力は過去に遡らない。**

３．株式交換と株式移転

（1） 株式交換

株式交換は、完全親会社となる株式会社が、完全子会社となる株式会社の株主が持っている株式と、新株又は自己株式とを交換することをいう。株式交換には両社の**株主総会の特別決議**による承認が必要である。

株式交換に反対の株主は、株式買取請求権を行使できる。株式交換の無効は６ヵ月内に起こす訴えによらないと主張できない。株式交換を無効とする判決の効力は過去に遡らない。

（2） 株式移転

株式移転は、完全親会社となる**株式会社を新しく設立**する手続である。

（3） 株式交付

Ａ社がＢ社を（完全子会社ではなく）子会社にしようとする場合、Ｂ社株主からＢ社株式を譲り受ける対価として、新株発行の手続きによることなく、Ａ社株式をＢ社株主に交付することができる。

Ａ社は株式交付計画を作成し、株主総会決議による承認を受けなければならず、反対株主には株式買取請求権が与えられる。

４．事業の譲渡・譲受け

合併と違い、事業を構成する財産を個別に移転することが必要である。なお、**事業の全部を譲渡したとしても、その会社は当然には解散しない**（**解散するとは限らない**）。

事業の譲渡・譲受けに反対の株主は株式買取請求権を行使できる。

５．会社の倒産

清算型倒産処理	破産、特別清算
再建型倒産処理	会社更生、民事再生、私的整理

６．会社の解散

会社は、合併や破産、定款に定めた存続期間の満了などのほか、**株主総会の特別決議**によっても解散する。

これは必須！

◎演習問題◎

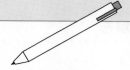

次の文章について、正しい場合は○、正しくない場合は×にマークしなさい。

1．会社法上の会社は、株式会社、合名会社、合資会社、合同会社である。
2．会社法では、株式会社の資本金は300万円以上でなければならないと定められている。
3．会社法において、大会社とは、資本金の額が10億円以上又は負債総額100億円以上の株式会社をいう。
4．株式会社を設立するには、発起人が２人以上必要で、定款を作ってそれに署名する。
5．株式を分割すれば発行済株式は増え、１株当たりの実質的価値は大きくなる。
6．単元株制度において、単元株式数は1,000以下かつ発行済株式総数の200分の１以下とされている。
7．複数の種類の株式を発行する会社を、種類株式発行会社という。
8．１株しか持たない株主でも行使できる権利を、少数株主権という。
9．株式会社が自己株式を取得することは、出資の払い戻しと同じことになるので、全面的に禁止されている。
10．取締役会設置会社には、取締役が１名以上いなければならない。
11．監査等委員会設置会社及び指名委員会等設置会社には、会計監査人が必要である。
12．大会社が定時総会後公告しなければならないのは、貸借対照表のみである。
13．配当は、要件を満たせば取締役会の承認で年間何回でも行うことができる。
14．新株予約権付社債は、社債部分と新株予約権のいずれかが消滅しない限り、分離して譲渡することができない。
15．会社は、事業の全部を譲渡した場合、必ず解散しなければならない。

解答

1．〇
2．×　資本金が何円以上なければならないという定めはなく、資本金１円の株式会社も設立できる。
3．×　大会社とは、資本金の額が５億円以上又は負債総額200億円以上の株式会社をいう。
4．×　株式会社を設立するための発起人は、１人でもよい。また法人でもよい。
5．×　１株当たりの実質的価値は小さくなる。
6．〇
7．〇
8．×　１株しか持たない株主でも行使できる権利を、単独株主権という。
9．×　自己株式の取得は、禁止されているわけではない。
10．×　取締役会設置会社には、取締役が３名以上いなければならない。
11．〇
12．×　大会社は、貸借対照表のほか、損益計算書も公告しなければならない。
13．〇
14．〇
15．×　事業の全部を譲渡しても、その会社は解散するとは限らない。

第13章
財務諸表と企業分析

貸借対照表と損益計算書の理解が重要です。損益計算書から当期純利益を求められるようにしましょう。配当性向や配当率は頻出で、配当性向を求めるには当期純利益を使用します。また、他の分析計算もできるようにしてください。

一種（20点）	
○×	五肢選択
5問	1問

二種（20点）	
○×	五肢選択
5問	1問

予想配点

1 財務諸表の意義と役割

● 会計と財務諸表

会計とは、広く利害関係者（投資者や債権者、取引先など）の要求にこたえて、企業活動の様々な状況を貨幣金額で把握し、これらすべてを描き出した結果を一覧表示して、特定の媒介手段で伝達する一連の活動なり仕組み（システム）のことである。その一覧表としてアウトプットしたものが財務諸表であり、財務諸表は正に企業の素顔といえる。

財務諸表（会社法では計算書類という）には、**貸借対照表**、**損益計算書**、**キャッシュ・フロー計算書**の３つの基本的財務諸表があり、さらに包括利益計算書がある。

◎３つの財務諸表の関係

重要

①貸借対照表

一定時点（決算日）における資金の源泉と使途の関係を一覧表示するもので、「**財政状態**」を把握することができる。

これを分析することによって、企業の安全性や流動性の程度を判断することができる。

重要

②損益計算書

一定期間における企業の利益稼得過程を表示するものであり、「**経営成績**」の評価が把握できる。

また、企業の収益性の程度を分析することが可能になる。

注意

「損益計算書は一定期間の経営成績、貸借対照表は一定時点の財政状態を表すものである」と出題されると正しい。入れ替えに注意すること。

③キャッシュ・フロー計算書

一定期間におけるキャッシュの出入りの状況を活動領域と関連付けて明示するものである。

この計算書を通じて、キャッシュの変動状況を把握し、企業の安全性や流動性の程度を評価することが可能になる。

2 貸借対照表の仕組みと読み方

1. 貸借対照表の仕組み

貸借対照表は、大きく「資金の使途（お金の運用状況）」と「資金の調達源泉（お金の出所）」から構成されている。

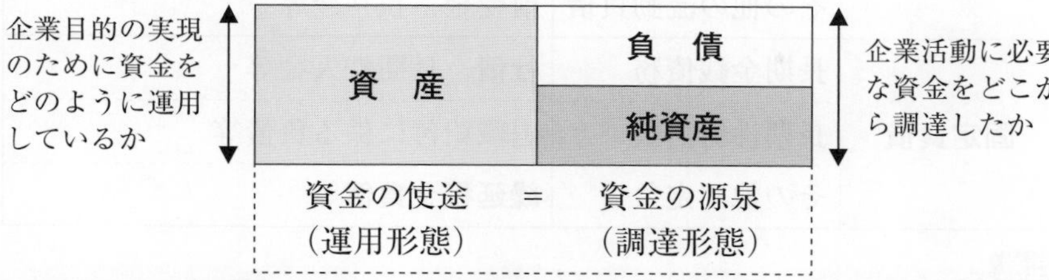

金融機関からの借入による資金調達をデット・ファイナンスといい、株式を発行することによる資金調達をエクイティ・ファイナンスという。

2. 貸借対照表項目の分類

(1) 資産の分類

資産は、以下のような項目に分類される。

重要

◆資産の分類一覧（抜粋）

流動資産	**当座資産**	現金、預金、**受取手形**、**売掛金**等
	棚卸資産	製品・商品、**半製品**、**仕掛品**、**貯蔵品**等
	その他の流動資産	前渡金、短期前払費用等
固定資産	**有形固定資産**	**土地**・**建物**・構築物、**機械**及び装置等
	無形固定資産	**のれん**、**特許権**、借地権等
	投資その他の資産	投資有価証券、長期前払費用、退職給付に係る資産等、**繰延税金資産**等
繰延資産	―	創立費、開業費等

○**当座資産**………**販売過程を経ることなく、比較的短期間に、容易に現金化する資産のこと。**

○**棚卸資産**………いわゆる「在庫」のこと。販売資産となるために生産過程の途中にある資産（**仕掛品**）や原材料**も含む**。

（2） 負債の分類

負債は、以下のような項目に分類される。

◆負債の分類一覧（抜粋）

流動負債	短期金銭債務	支払手形、買掛金、短期借入金等
	短期性引当金	返品調整引当金等
	その他の流動負債	前受金、預り金等
固定負債	長期金銭債務	**社債**、長期借入金等
	長期性引当金	退職給付に係る負債等
	その他固定負債	**繰延税金負債**等

注意

貸借対照表における資産や負債の分類には注意すること。

（3） 純資産の分類

純資産は、以下のような項目に分類される。

◆純資産の部の区分

純資産	自己資本	株主資本	資本金、**資本剰余金**、**利益剰余金**等
		その他の包括利益累計額	その他有価証券評価差額金等
	株式引受権		
	新株予約権		
	非支配株主持分		（連結貸借対照表の固有の項目）

○資本剰余金のうち資本準備金[※1]、及び利益剰余金の中の利益準備金[※2]を法定準備金[※3]という。

【※1】法定準備金の1つ。原則として、株式会社において株式の発行価額がそのまま資本金とされるが、発行価額の2分の1を超えない額を資本準備金とすることができる。

【※2】法定準備金の1つ。法定準備金の合計額が資本金の4分の1に達するまでは、配当金の10分の1を資本準備金又は利益準備金として積み立てなければならない。

【※3】企業の準備金（積立金）のうち、法律で積み立てることを義務付けている準備金をいう。

3 損益計算書の仕組みと読み方

1．損益計算書の仕組み

損益計算書は、「売上総利益」「営業利益」「経常利益」「当期純利益」の4種の利益を段階的に区分表示する。

重要

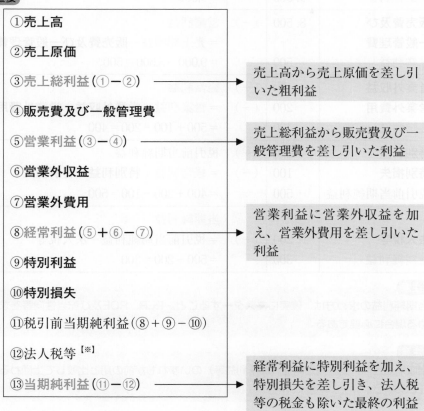

①売上高	
②売上原価	
③売上総利益（①－②）	→ 売上高から売上原価を差し引いた粗利益
④販売費及び一般管理費	
⑤営業利益（③－④）	→ 売上総利益から販売費及び一般管理費を差し引いた利益
⑥営業外収益	
⑦営業外費用	
⑧経常利益（⑤＋⑥－⑦）	→ 営業利益に営業外収益を加え、営業外費用を差し引いた利益
⑨特別利益	
⑩特別損失	
⑪税引前当期純利益（⑧＋⑨－⑩）	
⑫法人税等【※】	
⑬当期純利益（⑪－⑫）	→ 経常利益に特別利益を加え、特別損失を差し引き、法人税等の税金も除いた最終の利益

○営業外収益…受取利息、受取配当金等
○営業外費用…支払利息等
○特別利益……有価証券売却益、固定資産売却益等
○特別損失……有価証券売却損、固定資産売却損等

【※】法人税等とは、法人税、法人住民税及び法人事業税をいう。

2．損益計算書の具体例

自○１年４月１日　至○２年３月31日

（単位：百万円）

売上高 売上原価 売上総利益	20,000 11,000 9,000	 （－） 	売上総利益 ＝売上高－売上原価 ＝20,000－11,000 ＝9,000
販売費及び 一般管理費 営業利益	8,500 500	（－）	営業利益 ＝売上総利益－販売費及び一般管理費 ＝9,000－8,500＝500
営業外収益 営業外費用 経常利益	100 200 400	（＋） （－）	経常利益 ＝営業利益＋営業外収益－営業外費用 ＝500＋100－200＝400
特別利益 特別損失 税引前当期純利益	200 100 500	（＋） （－）	税引前当期純利益 ＝経常利益＋特別利益－特別損失 ＝400＋200－100＝500
 法人税等 当期純利益	 200 300	 （－）	当期純利益 ＝税引前当期純利益－法人税等 ＝500－200＝300

注意

当期純利益の求め方は、確実にマスターすること。PER、ROE及び配当性向等を求める場合に必要である。

注意

増収増益とは、売上高と利益（経常利益等）のいずれもが前の期と比較して上回わることをいう。

4 連結財務諸表の仕組みと読み方

1．連単倍率

連単倍率とは、グループ全体の売上高や利益、資産等の規模が親会社単独の場合の何倍あるかを示す。

2．連結の範囲

（1） 持株基準と支配力基準

連結財務諸表に含まれる企業の範囲（連結の範囲）を決定する基準として、「持株基準（議決権の**50%超**の所有）」と「支配力基準」がある。

「支配力基準」とは、所有割合が**50%以下**であっても、当該会社を**事実上支配している場合には連結の範囲に含めようとする**ものである。

（2） 親会社・子会社

親会社とは「他の会社を支配している会社」をいい、子会社とは当該他の会社のことをいう。

（3） 非支配株主持分

非支配株主持分とは、「子会社の資本のうち**親会社に帰属しない部分**」のことをいう。

（4） 非連結子会社

親会社は、原則としてすべての子会社を連結の範囲に含まなければならないが、次に掲げる会社（**非連結子会社**）は、**連結の範囲に含めてはならない**。

○**支配が一時的**であると認められる会社等 ○連結することにより**利害関係者の判断を著しく誤らせるおそれ**のある会社

注意
「すべての子会社を連結対象としなければならない」と出題されると誤り。

3．連結貸借対照表の作り方

連結財務諸表の作成は、**親会社が他の会社を支配するに至った日**（支配獲得日）において行われる。ただし、支配獲得日に作成される連結財務諸表は、**連結貸借対照表**のみである。

5 収益性分析

収益性を測る指標（利益率）には、ストック量としての資本をベースとする「**資本利益率**」と、フロー量としての売上高をベースとする「**売上高利益率**」がある。

資本利益率	総資本（純）利益率、（使用）総資本事業利益率、 自己資本利益率、資本金（純）利益率、 資本経常利益率
売上高利益率	売上高（純）利益率、売上高総利益率、 売上高営業利益率、売上高経常利益率

1．資本利益率

資本利益率は、資本の利用によって、どれほどの利益をあげることができたかを示すものである。なお、分母の各資本には、平均資本（一定期間に運用した資本量の平均）が用いられるが、その簡便法として「**期首・期末平均**」の資本が一般に用いられる。

注意

資本利益率の資本は、原則として期首（前期末）、期末の平均である。

◆3種の資本概念（総資本・自己資本・資本金）

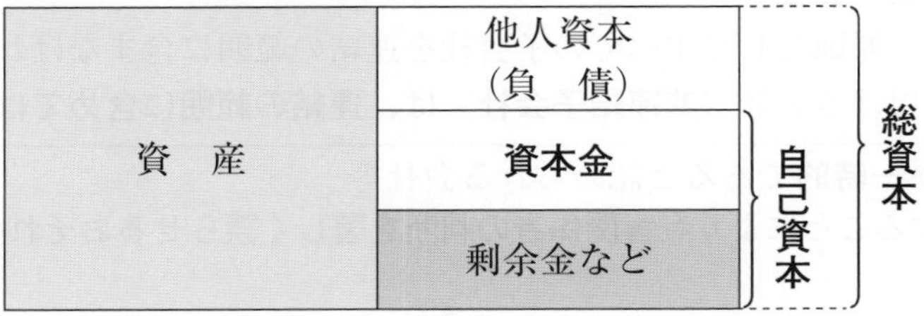

(1)　総資本（純）利益率（リターン・オン・アセット；ROA）

総資本（純）利益率とは、企業に投下された資本全体（総資本）の効率的利用を判定する最も一般的かつ基本的比率である。

$$総資本(純)利益率(\%)=\frac{当期(純)利益}{総資本(期首・期末平均)}\times 100$$

(2)　自己資本利益率（リターン・オン・エクィティ；ROE）

自己資本利益率とは、株主が拠出した自己資本を用いて企業が株主のためにどれほどの利益をあげたかを示す指標である。

重要 $$自己資本利益率(\%)=\frac{当期(純)利益}{自己資本(期首・期末平均)}\times 100$$

一般に、**自己資本利益率の高い企業は、収益力の高い企業**といえる。

(3)　資本金（純）利益率

資本金（純）利益率は、当期純利益と資本金との割合を示し、どの程度の配当ができるのかといった配当の可能範囲を大まかに示すものである。

$$資本金(純)利益率(\%)=\frac{当期(純)利益}{資本金(期首・期末平均)}\times 100$$

自己資本（純）利益率を一定としても、**資本金の割合が高い企業ほど**、逆にいえば、内部留保（剰余金）の割合が低い企業ほど**資本金（純）利益率は低く**なる。

(4)　資本経常利益率

$$総資本経常利益率(\%)=\frac{経常利益}{総資本(期首・期末平均)}\times 100$$

$$自己資本経常利益率(\%)=\frac{経常利益}{自己資本(期首・期末平均)}\times 100$$

$$資本金経常利益率(\%)=\frac{経常利益}{資本金(期首・期末平均)}\times 100$$

2．売上高利益率

売上高利益率は、売上高に対して、どれほど利益をあげることができたかを示すものである。

(1) 売上高（純）利益率

売上高（純）利益率は、売上高に対する当期純利益の割合を示すものである。分母の売上高として、総売上高から戻り高・値引き高等を控除した純売上高が用いられる。

重要 $$売上高(純)利益率(\%)=\frac{当期(純)利益}{(純)売上高}\times 100$$

(2) 売上高総利益率

売上高総利益率は、売上高に対する売上総利益（粗利益）の割合を示すものである。

売上原価率（売上高に対する売上原価の割合）**が低下すれば、売上高総利益率は上昇することになる。**

$$売上高総利益率(\%)=\frac{売上総利益}{(純)売上高}\times 100$$
$$=\frac{(純)売上高-売上原価}{(純)売上高}\times 100$$

(3) 売上高営業利益率

売上高営業利益率は、売上高に対する営業利益（売上総利益－営業費）の割合を示すものであり、企業本来の営業活動による収益力を表すものである。

$$売上高営業利益率(\%)=\frac{営業利益}{(純)売上高}\times 100$$

(4) 売上高経常利益率

売上高経常利益率は、売上高に対する経常利益の割合を示すものであり、企業の経常的な操業活動の収益力を表すものである。

重要 $$売上高経常利益率(\%)=\frac{経常利益}{(純)売上高}\times 100$$

注意

(純)売上高とは、総売上高から戻り高・値引き高等を控除したものである。

計算問題編

◎演習問題◎

損益計算書の金額（単位百万円）から①売上高（純）利益率、②売上高経常利益率、③売上高総利益率、④自己資本利益率を求めなさい。
（注）答えは、小数第２位以下を切捨てること。

売上高	40,000	営業外損益	▲300
売上原価	34,000	特別損益	500
販売費及び一般管理費	4,500	法人税等	900
前期末自己資本	24,000	今期末自己資本	26,000

①売上高（純）利益率
当期純利益＝40,000－34,000－４,500－300＋500－900＝800

$$売上高純利益率 = \frac{800}{40,000} \times 100 = \underline{2.0\%}$$

②売上高経常利益率
経常利益＝40,000－34,000－４,500－300＝１,200

$$売上高経常利益率 = \frac{1,200}{40,000} \times 100 = \underline{3.0\%}$$

③売上高総利益率
売上総利益＝40,000－34,000＝６,000

$$売上高総利益率 = \frac{6,000}{40,000} \times 100 = \underline{15.0\%}$$

④自己資本利益率
当期純利益＝800（①より）
自己資本（期首【※】・期末平均）＝（24,000＋26,000）÷２＝25,000

$$自己資本利益率 = \frac{800}{25,000} \times 100 = \underline{3.2\%}$$

【※】今期の期首の数値は提示されていないが、前記の期末の数値と同じになる。

13・財務諸表と企業分析

6 安全性分析

安全性分析とは、企業が長期的に事業を継続させていくことができるかどうかの判断指標を提供するものであり、企業の短期的な債務の弁済能力の分析、長期的な財務構造の安全性・健全性の分析を含む。

安全性分析の中心となるのは、貸借対照表である。

◆安全性分析の体系

流動性分析	支払能力	流動比率、当座比率
財務健全性分析	資金源泉と使途との適合性	固定比率、固定長期適合率
	資本構造の健全性	負債比率、自己資本比率

◆安全性分析の３つの視点

【※】安全性分析では、「自己資本」を使用する。

＜自己資本等の扱い＞

貸借対照表のみ――――静態分析
自己資本等を平均しない

貸借対照表・損益計算書｝両方――動態分析
自己資本等を加重平均する
（簡便法として期首・期末の平均をする）

1．流動性分析

(1) 流動比率

流動比率は、１年以内に返済しなければならない「流動負債」を、現預金などの「流動資産」でどれだけ賄えるかをみるものである。

重要 $$流動比率(\%)=\frac{流動資産}{流動負債}\times 100$$

この比率は**高い方がよい**とされ、理想的には**200%以上**あることが望ましいとされる。

(2) 当座比率

流動資産のうち、特に短期間に現金化される当座資産に注目し、当座資産による流動負債の返済能力をみるものである。

$$当座比率(\%)=\frac{当座資産}{流動負債}\times 100$$

この比率は、一般に**100%以上**あることが望ましいとされている。

注意
流動性分析では、「高い」又は「低い」、「○%以上」又は「○%以下が望ましい」などに注目すること。

2．財務健全性分析

(1) 固定比率

固定資産に投資した金額と、自己資本の額との関係を示すものである。

重要 $$固定比率(\%)=\frac{固定資産}{自己資本}\times 100$$

この比率は、**100%以下**であることが理想的とされる。

(2) 固定長期適合率

固定資産に投資した金額と、長期性資本（**自己資本**と**固定負債**との合計）の額との関係を示すものである。

> 重要　$$固定長期適合率(\%)=\frac{固定資産}{自己資本+固定負債}\times 100$$

【注】連結貸借対照表の場合、分母は「自己資本＋非支配株主持分＋固定負債」となる。

固定長期適合率は**100％以下**が望ましいとされる。

固定長期適合率が100％であるとすれば、貸借対照表の構成において、「固定資産＝自己資本＋固定負債」が成り立つ。この場合「流動資産＝流動負債」の関係が存在する。

つまり、**流動比率が100％の場合、固定長期適合率は100％となる**。

(3) 負債比率

自己資本に対する負債（流動負債と固定負債との合計）の割合を示すものである。

$$負債比率(\%)=\frac{負債}{自己資本}\times 100=\frac{流動負債+固定負債}{自己資本}\times 100$$

負債比率は**100％以下**であることが望ましいとされている。

3. 自己資本比率

自己資本比率は、総資本、つまり、負債（他人資本）と自己資本との合計に占める自己資本の割合を示すものである。

> 重要　自己資本比率(％)
> $$=\frac{自己資本}{総資本}\times 100=\frac{自己資本}{自己資本+負債}\times 100$$

【注】新株予約権がある場合の連結貸借対照表の分母は、「自己資本＋新株予約権＋被支配株主持分＋負債」となる。

この比率が高いほど、企業財務は安定しており、**財務内容の良い会社**といえる。つまり、自己資本比率の高い企業とは、不況に対する抵抗力が強く、長期的観点から健全な発展が期待できる企業といえる。

計算問題編

◎演習問題◎

貸借対照表の金額（単位百万円）から①流動比率、②自己資本比率、③負債比率、④固定長期適合率を求めなさい。

（注）答えは、小数第３位以下を切捨てること。

流動資産	50,000
固定資産	95,000
流動負債	59,000
固定負債	46,000
自己資本	40,000

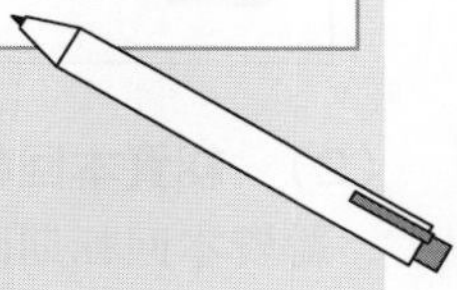

①流動比率

$$流動比率 = \frac{50,000}{59,000} \times 100 = \underline{84.74\%}$$

②自己資本比率

総資本＝流動資産+固定資産＝流動負債+固定負債+自己資本

145,000＝50,000＋95,000＝59,000＋46,000＋40,000

$$自己資本比率 = \frac{40,000}{145,000} \times 100 = \underline{27.58\%}$$

③負債比率

$$負債比率 = \frac{59,000 + 46,000}{40,000} \times 100 = \underline{262.50\%}$$

④固定長期適合率

$$固定長期適合率 = \frac{95,000}{40,000 + 46,000} \times 100 = \underline{110.46\%}$$

7 資本効率性・損益分岐点分析

1．資本効率性分析の意義と体系

資本効率性分析とは、資本（資産）がどれほど効率よく運用されているかを判定しようとするもので、「**回転率**」や「**回転期間**」によって表現される。**回転率が**高く、**回転期間が**短いほど**資産効率（資本効率）は**高いことになる。

（1） 総資本回転率

企業活動に投下された平均的な総資本有高が、売上高を通じて何回転するかを計ることによって、資本の効率的な利用度を把握するものである。

重要 $$総資本回転率(回／年)=\frac{(年間)売上高}{総資本(期首・期末平均)}$$

（2） 総資本回転期間

総資本回転期間は、総資本回転率の逆数である。

$$総資本回転期間(月)=\frac{総資本(期首・期末平均)}{(年間)売上高}\times 12$$

計算問題編

◎演習問題◎

売上高1,250億円、期首総資本900億円、期末総資本1,100億円の場合の①総資本回転率、②総資本回転期間を求めなさい。

①総資本回転率

$$総資本回転率=\frac{1,250億円}{(900億円+1,100億円)\div 2}=\underline{1.25回}$$

②総資本回転期間

$$総資本回転期間=\frac{1,000億円}{1,250億円}\times 12=\underline{9.6月}$$

(3) 総資本回転率と総資本回転期間の関係

総資本回転率と総資本回転期間は逆数の関係であるため、以下の算式が成り立つ。

$$総資本回転率 \times 総資本回転期間 = 12$$

$$総資本回転率 = \frac{12}{総資本回転期間}$$

$$総資本回転期間 = \frac{12}{総資本回転率}$$

(4) 総資本利益率と総資本回転率との関係

総資本（純）利益率＝売上高（純）利益率×総資本回転率

$$\frac{当期(純)利益}{総資本} = \frac{当期(純)利益}{売上高} \times \frac{売上高}{総資本}$$

売上高（純）利益率を一定とした場合、**総資本回転率を高めることによって、総資本（純）利益率**を**高める**ことができる。

2. 損益分岐点分析

売上高、費用、利益相互間の分析に用いられるのが、損益分岐点分析である。

(1) 損益分岐点の計算式の求め方

損益分岐点とは、売上高と費用とが均衡し（等しく）、損益がゼロとなるときの売上高のことである。損益分岐点を算定するためには、すべての費用を**固定費**と**変動費**に区分しなければならない。

固定費	売上高の増減に**関係なく**発生する費用
変動費	売上高の増減に**比例して**発生する費用

売上高から**変動費**を差し引いた額を「**限界利益**」といい、売上高に占める限界利益の割合を「**限界利益率**」という。**損益分岐点の売上高は、固定費を限界利益率で割ったものとなる。**

限界利益＝売上高－変動費

$$限界利益率(\%)=\frac{限界利益}{売上高}\times 100=\left(1-\frac{変動費}{売上高}\right)\times 100$$

$$損益分岐点の売上高=\frac{固定費}{限界利益率}=\frac{固定費}{1-\dfrac{変動費}{売上高}}$$

（2）　損益分岐点比率

損益分岐点比率とは、損益分岐点を売上高で割った比率である。

$$損益分岐点比率(\%)=\frac{損益分岐点}{売上高}\times 100$$

この比率が**100%を上回れば損失**となり、**100%を下回れば利益**が生じる。

計算問題編

◎演習問題◎

売上高1,000億円、変動費200億円、固定費500億円の場合の、①限界利益、②限界利益率、③損益分岐点、④損益分岐点比率を求めなさい。

①限界利益

限界利益＝1,000億円－200億円＝<u>800億円</u>

②限界利益率

$$限界利益率=\frac{800億円}{1,000億円}\times 100=\underline{80\%}$$

③損益分岐点

$$損益分岐点の売上高=\frac{500億円}{80\%}=\underline{625億円}$$

④損益分岐点比率

$$損益分岐点比率=\frac{625億円}{1,000億円}\times 100=\underline{62.5\%}$$

8 キャッシュ・フロー分析

1．キャッシュ・フローとは

企業が実際に得られた収入から外部への支出を差し引いて手元に残る資金のことをいう。営業活動によるもの、財務活動によるもの、投資活動によるものがある。

2．キャッシュ・フロー計算書とは

一会計期間における現金及び現金同等物の出入り状況を活動領域と関連付けて明示した書類をいう。企業の現金の変動状況が把握でき、安全性や流動性を分析するために用いられることが多い。

キャッシュ・フロー計算書は、キャッシュ・フローを、企業活動に関連付けて、次の３つの領域に区分して表示する。

①**営業活動**によるキャッシュ・フロー
②**投資活動**によるキャッシュ・フロー
③**財務活動**によるキャッシュ・フロー

なお、キャッシュ・フロー計算書における**キャッシュ概念**は、「**現金及び現金同等物**」を意味する。

現　　金	手許現金及び要求払預金を含む
現金同等物	容易に換金可能であり、かつ、価値の変動について僅少なリスクしか負わない短期投資が含まれる

3．キャッシュ・フロー分析

キャッシュ・フロー分析は、企業がいかにキャッシュ・フローを有効に獲得し、配当や借入金の原資を確保しているかを明らかにするものである。

キャッシュ・フロー分析は、①**収益性分析**、②**支払能力の分析**、③**配当性向の分析**の３つに区分される。

（1） 収益性分析

収益性分析とは、一定期間の売上高に対してどの程度のキャッシュ・フローを生み出したかの分析である。

○**売上高営業キャッシュ・フロー比率**

一定期間の売上高に対して営業活動でどの程度のキャッシュ・フローを生み出したかを表すものである。

$$\text{売上高営業キャッシュ・フロー比率(\%)} = \frac{\text{営業活動によるキャッシュ・フロー}}{\text{売上高}} \times 100$$

この比率は、高ければ高いほどよいとされている。

(2) 支払能力の分析

支払能力の分析とは、その年度に生み出されたキャッシュ・フローによって、負債がどの程度返済可能かの分析である。

①**営業キャッシュ・フロー有利子負債比率**

企業がその年度の営業活動によるキャッシュ・フローによって、有利子負債がどの程度返済可能かという企業の支払能力を示すものである。

なお、有利子負債には、短期と長期の借入金、社債などが含まれ、買掛金や支払手形、退職給付に係る負債（退職給付引当金）は含まれない。

この比率は、高いほど、負債に対する支払能力が優れていると判断される。

$$\text{営業キャッシュ・フロー有利子負債比率(\%)} = \frac{\text{営業活動によるキャッシュ・フロー}}{\text{有利子負債残高}} \times 100$$

②**営業キャッシュ・フロー流動負債比率**

企業がその年度の営業活動によるキャッシュ・フローによって、流動負債（1年以内に返済しなくてはならない負債）がどの程度返済可能かという企業の支払能力を示すものである。

$$\text{営業キャッシュ・フロー流動負債比率(\%)} = \frac{\text{営業活動によるキャッシュ・フロー}}{\text{流動負債残高}} \times 100$$

(3) 配当性向の分析

配当性向の分析とは、その年度に生み出されたキャッシュ・フローから、どの程度が配当金として支払われるかをみるものである。

関連項目：【p.352】配当政策と配当率・配当性向

計算問題編

◎演習問題◎

貸借対照表とキャッシュ・フロー計算書の金額（単位百万円）から①売上高営業キャッシュ・フロー比率、②営業キャッシュ・フロー有利子負債比率、③営業キャッシュ・フロー流動負債比率を求めなさい。

（注）答えは、小数第３位以下を切捨てること。

流動負債	短期借入金	14,500
	支払手形	20,000
	買掛金	14,000
固定負債	長期借入金	53,000
	社債	10,000
	退職給付に係る負債	2,000

売上高	310,000
営業活動によるキャッシュ・フロー	18,500
投資活動によるキャッシュ・フロー	29,000

①売上高営業キャッシュ・フロー比率

$$売上高営業ＣＦ比率 = \frac{18,500}{310,000} \times 100 = \underline{5.96\%}$$

【※】ＣＦはキャッシュ・フローの略である。

②営業キャッシュ・フロー有利子負債比率

$$\frac{営業ＣＦ}{有利子負債比率} = \frac{18,500}{14,500 + 53,000 + 10,000} \times 100 = \underline{23.87\%}$$

【※】有利子負債に支払手形や買掛金、退職給付に係る負債は含まれない。

③営業キャッシュ・フロー流動負債比率

$$\frac{営業ＣＦ}{流動負債比率} = \frac{18,500}{14,500 + 20,000 + 14,000} \times 100 = \underline{38.14\%}$$

9 成長性分析

1．成長性の一般的尺度

成長性の判断尺度として、一般に前期と比べて当期の数値が伸びているか否かという対前年度比が用いられている。

（1） 売上高成長率

$$\text{売上高成長率}(\%) = \frac{\text{当期売上高}}{\text{前期売上高}} \times 100$$

（2） 利益成長率

$$\text{利益成長率}(\%) = \frac{\text{当期利益}}{\text{前期利益}} \times 100$$

利益成長率の主たるものとして経常利益成長率、純利益成長率がある。

2．増収率と増益率

企業の成長性を表現するものとして、売上高の伸び率である「**増収率**」や、経常利益等の利益の伸び率である「**増益率**」が使われる。

$$\text{増収率}(\%) = \left(\frac{\text{当期売上高}}{\text{前期売上高}} - 1 \right) \times 100$$

$$\text{増益率}(\%) = \left(\frac{\text{当期経常利益}}{\text{前期経常利益}} - 1 \right) \times 100$$

注意

増収増益とは、売上高と利益（経常利益等）のいずれもが前の期と比較して上回ることをいう。

計算問題編

◎演習問題◎

損益計算書の金額（単位百万円）から①売上高成長率、②純利益成長率、③増収率を求めなさい。また、④増収・増益（経常利益ベース）であるか答えなさい。

（注）答えは、小数第３位以下を切捨てること。

前期		当期	
売上高	40,000	売上高	50,000
売上原価	34,000	売上原価	40,000
販売費及び一般管理費	4,500	販売費及び一般管理費	8,500
営業外損益	▲300	営業外損益	800
特別損益	500	特別損益	▲500
法人税等	900	法人税等	950

経常利益＝売上高－売上原価－販売費及び一般管理費＋営業外損益
当期経常利益＝50,000－40,000－8,500＋800＝2,300
前期経常利益＝40,000－34,000－4,500－300＝1,200
純利益＝経常利益＋特別損益－法人税等
当期純利益＝2,300－500－950＝850
前期純利益＝1,200＋500－900＝800

①売上高成長率

$$売上高成長率 = \frac{50,000}{40,000} \times 100 = \underline{125.00\%}$$

②純利益成長率

$$純利益成長率 = \frac{850}{800} \times 100 = \underline{106.25\%}$$

③増収率

$$増収率(\%) = \left(\frac{50,000}{40,000} - 1 \right) \times 100 = \underline{25.00\%}$$

④増収・増益（経常利益ベース）の判断

売上高は、当期50,000＞前期40,000なので、増収である。
経常利益は、当期2,300＞前期1,200なので、増益である。
したがって、増収・増益（経常利益ベース）である。

13・財務諸表と企業分析

10 配当政策と配当率・配当性向

企業の配当の良否を判定する尺度として、配当率と配当性向がある。

1. 配当率

株主が拠出した資本金に対して、どれだけの配当金を支払ったかを示すものである。

重要

$$配当率(\%)=\frac{配当金(年額)}{資本金(期中平均)}\times 100$$

2. 配当性向

当期（純）利益に対する配当金の割合を示すものである。**配当性向が低ければ、内部留保率が**高い**ことを意味し、配当性向が高ければ、内部留保率が**低いことを意味する。

重要

$$配当性向(\%)=\frac{配当金(年額)}{当期(純)利益}\times 100$$

計算問題編

◎演習問題◎

Ａ社の資本金は250億円、当期純利益は80億円、年間配当金総額は25億円である。Ａ社の配当率及び配当性向を求めなさい。

（注）答えは、少数第３位以下を切捨てること。

$$配当率（\%）=\frac{25億円}{250億円}\times 100=\underline{10.00\%}$$

$$配当性向（\%）=\frac{25億円}{80億円}\times 100=\underline{31.25\%}$$

注意

配当性向を求めるときは、損益計算書から当期純利益を計算する必要がある。

計算問題編

◎演習問題◎

下記の資料から、①配当率及び②配当性向を求めなさい。

発行済株式総数　22百万株	
中間配当／8.5円	期末配当／8.5円

（単位：百万円）

売上高	8,000
売上原価	6,000
販売費及び一般管理費	1,300
営業外損益	400
特別損益	600
法人税等	500

純資産合計	資本金	10,000
	その他	6,000

①配当率

配当金（年額）＝（中間配当＋期末配当）×発行済株式総数

＝（8．5円＋8．5円）×22百万株

＝374百万円

$$\text{配当率（\%）}=\frac{\text{配当金（年額）}}{\text{資本金（期中平均）}}\times 100$$

$$=\frac{374\text{百万円}}{10,000\text{百万円}}\times 100 \fallingdotseq \underline{3.7\%}$$

②配当性向

当期純利益＝売上高－売上原価－販売費及び一般管理費＋営業外損益

＋特別損益－法人税等

＝8,000－6,000－1,300＋400＋600－500

＝1,200百万円

$$\text{配当性向（\%）}=\frac{\text{配当金（年額）}}{\text{当期純利益}}\times 100$$

$$=\frac{374\text{百万円}}{1,200\text{百万円}}\times 100 \fallingdotseq \underline{31.1\%}$$

これは必須！

◎演習問題◎

次の文章について、正しい場合は○、正しくない場合は×にマークしなさい。

1．貸借対照表は、一定時点（決算日）における「財政状態」を把握することができる。
2．損益計算書には経常利益、当期利益が記載されており、これらにより企業の経営成績が把握できる。
3．収益性を測る指標として資本利益率や流動比率がある。
4．固定比率は、100%以上が望ましい。
5．負債比率は、100%以下が望ましい。
6．総資本回転率は、資本の効率的な利用度を把握するものである。
7．売上高（純）利益率が一定である場合、総資本回転率を高めることにより、総資本（純）利益率は低下する。
8．親会社は、すべての子会社を連結対象としなければならない。
9．配当性向が低ければ、内部留保率が低いことを意味する。
10．配当性向は、配当金年額を当期純利益で除して求められる。

解答

1．○
2．○
3．× 収益性を測る指標としては、資本利益率や売上高利益率がある。流動比率は、安全性を測る指標である。
4．× 固定比率は、100%以下が理想的である。
5．○
6．○ 総資本回転率が高く、回転期間が短いほど、資本効率は高い。
7．× 売上高（純）利益率が一定である場合、総資本回転率を高めることにより、総資本（純）利益率は上昇する。
8．× 親会社は、原則としてすべての子会社を連結対象としなければならないが、支配が一時的であると認められる会社等、連結することにより利害関係者の判断を著しく誤らせるおそれのある会社は、連結の範囲に含めてはならない。このような会社を非連結子会社という。
9．× 配当性向が低ければ、内部留保率が高いことを意味する。
10．○

第14章
証券税制

上場株式等の利子所得、配当所得、譲渡所得を確実に理解しましょう。税率は、20.315%です。非課税所得や確定申告不要制度についても確認しましょう。特定口座及びNISAについても基本的なことは理解しましょう。上場株式の相続税評価額は頻出です。

一種（22点）	
○×	五肢選択
6問	1問

二種（20点）	
○×	五肢選択
5問	1問

予想配点

1 所得税

所得税は、個人の１年間（暦年：１月１日から12月31日まで）の所得金額を算定し、その所得金額に対して課税される税金（国税）である。

１．所得税の納税義務者

所得税の納税義務者である個人は、居住者と非居住者に区分され、それぞれの区分に応じて、次の所得に課税される。

居住者、非居住者にかかわらず、国内源泉所得には課税される。

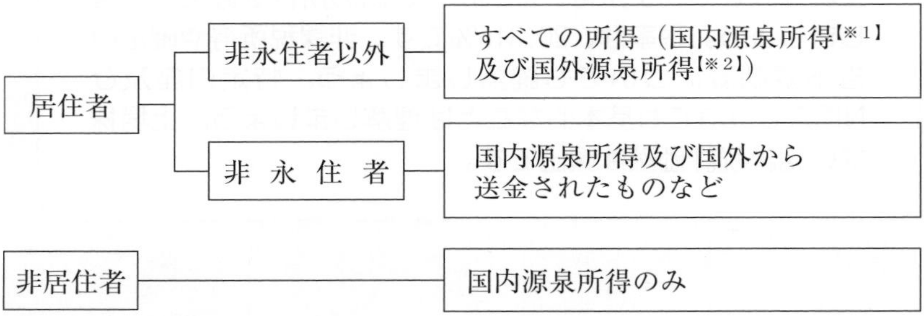

【※１】国内源泉所得：国内で稼得した所得のこと。
【※２】国外源泉所得：国外で稼得した所得のこと。

居 住 者	国内に住所を有し、又は現在まで引き続いて1年以上居所（生活の本拠）を有する個人
非永住者	居住者のうち日本国籍を有しておらず、かつ、過去10年以内において国内に住所又は居所を有していた期間の合計が５年以下である個人
非居住者	居住者以外の個人（国内に住所を有せず、かつ、現在まで引き続いて１年以上居所を有しない個人）

2013年１月１日から2037年12月31日までの25年間に生ずる所得税に係る基準所得税額に対して、**復興特別所得税**が課される。課税標準は、基準所得税額として、その年分の**基準所得税額に2.1%の税率を乗じて計算した金額**となる。源泉徴収においても同様である。

2. 所得の種類

所得税法では、個人の1年間の所得を、それぞれ性質の似ているものをグループ化して、**10種類**（**利子**、**配当**、不動産、**事業**、給与、退職、山林、**譲渡**、一時、**雑**の各所得）に分類し、その種類ごとに定められている方法によって所得金額を計算することとされている。

このうち、利子、配当、事業、譲渡、雑の5つが証券関係の所得である。

所得の種類	有価証券に係る所得の概要
利子所得	公債・社債の利子、**公社債投資信託の収益の分配**などの所得
配当所得	株式等の配当、**株式投資信託の収益の分配**などの所得
事業所得	株式等有価証券の譲渡や先物・オプション取引を事業的規模で行う継続的取引から生ずる所得
譲渡所得	株式等有価証券の譲渡による所得、償還差益による所得
雑 所 得	株式などの継続的取引による所得、先物取引・オプション取引から生ずる所得

注意

「株式等の譲渡による所得は、事業所得や雑所得になることはない」と出題されると誤り。事業的規模で行う場合や継続的に行う場合は、事業所得や雑所得に分類されることがある。

3. 所得金額の計算

源泉徴収された所得税や復興特別所得税の額があっても、これらの税額が差し引かれる前の金額（いわゆる「**税引前の金額**」）**が収入金額となる。**

利子所得	収入金額そのまま（経費はないものとされる）
配当所得	収入金額－負債利子（その元本取得に要した負債の利子で、元本を所有した期間対応分に限る）
譲渡所得	**〔収入金額－（取得価額等＋譲渡経費）〕－特別控除** ※事業所得、雑所得を計算する際は、必要経費を差し引くことができる。

注意

「所得金額の計算において源泉徴収された所得税額がある場合、税引後の金額が、収入金額となる」と出題されると誤り。税引前の金額である。

4. 総合課税と分離課税

総合課税	各種所得の金額を計算した後、これらの所得金額を合計して課税する 原則として、確定申告を通じて納税する申告納税	
分離課税	他の所得と分離して（総合課税の対象から外して）課税する	
	申告分離課税	確定申告を通じて納税する 株式等の譲渡に係る所得など
	源泉分離課税	源泉徴収だけで納税が完了する 預貯金の利子など

（1） 源泉徴収

源泉徴収	支払者がその支払の際に所定の税率により所得税を天引きして、国に納付する制度

（2） 確定申告不要制度（申告不要制度）

納税者が確定申告をする際に、総所得金額等に含めて課税所得金額及び税額を計算して確定申告書を提出するか、含めないで確定申告書を提出するかを選択してよいとする制度である。

◆証券関係の所得で確定申告不要制度の対象とされるもの 重要

ア）特定公社債等[※1]の利子、収益分配金
イ）内国法人から支払いを受ける上場株式等の配当等
　（ただし大口株主等[※2]**が支払を受けるものを除く**）
ウ）内国法人から支払いを受ける公募証券投資信託（**株式投資信託**）**の分配金**及び上場不動産投資信託の分配金等
エ）内国法人から支払いを受ける非上場株式の少額配当等[※3]
オ）源泉徴収選択口座内保管上場株式等の譲渡**による所得**

【※1】特定公社債等とは、特定公社債（**国債**、地方債、外国国債、外国地方債、公募公社債など）及び**公募公社債投資信託**の受益権をいう。
【※2】**発行済株式総数の**３％以上**の株式**を有する個人株主等をいう。
【※3】少額配当とは、非上場会社の配当等の金額のうち、１銘柄につき１回に支払いを受ける金額が、10万円に配当計算期間の月数を乗じてこれを12で除して計算した金額以下の配当金をいう。

◆特定公社債等の課税

利子等	○利子所得に分類される ○20.315％の申告分離課税 ○確定申告不要制度を選択可能 ○原則支払調書の提出あり ○特定口座に預入れが可能
譲渡損益・償還差損益	○譲渡所得に分類される ○20.315％の申告分離課税 ○譲渡損失及び償還差損は、譲渡所得及び利子所得の申告分離課税の中で損益通算可能 ※控除しきれない金額は翌年以後３年間の繰越控除可能 ○原則支払調書の提出あり ○特定口座に預入れが可能

上場株式等に特定公社債等を加えた上場株式等のグループ内での損益通算及び繰越控除ができる。なお、非上場株式（一般株式）に私募公社債等の一般公社債を加えた一般株式等もグループ内で損益通算できるが、繰越控除は適用されない。

５．非課税所得 重要

所得税、住民税とも課税されない。

①利子所得関係

- 障害者等のマル優（元本350万円以内）、特別マル優（額面350万円まで）
- 財形住宅貯蓄（元本550万円まで）、財形年金貯蓄（元本550万円まで、生命保険型385万円まで）、**財形住宅貯蓄と財形年金貯蓄と合算して累積元本550万円まで**

②配当所得関係

- オープン型証券投資信託（**追加型株式投資信託**）の元本払戻金（**特別分配金**）
- NISA（成長投資枠・つみたて投資枠、一般NISA・つみたてNISA・ジュニアNISA）の配当所得

③譲渡所得関係

- NISA（②のNISAのカッコ内と同様）の譲渡所得等

2 利子所得等の課税

1．利子所得とは

利子所得とは、以下の所得をいう。

◎国債等の特定公社債及び公募公社債投資信託（特定公社債等）の利子・収益分配金

◎預貯金の利子

◎合同運用信託の収益の分配（収益分配金）

◎特定公社債等以外の公社債（一般公社債）の利子（一般利子等）

2．一般利子等と特定公社債等の利子等

一般利子等の源泉分離課税	○原則として、利子等の支払の際に**20.315%**（所得税15%、復興特別所得税0.315%及び住民税５%）の税率による源泉徴収で課税関係が終了する**源泉分離課税** ○預貯金の利子、私募公社債及び私募公社債投資信託など一般公社債等の利子及び収益分配金に適用
特定公社債等の利子等の申告分離課税	○申告分離課税の対象 ○税率20.315%（所得税15%、復興特別所得税0.315%及び住民税５%）の源泉徴収 ○確定申告不要制度を選択可能 ○特定口座内で利子等の受取りが可能

3．国外発行の公社債等の利子所得等の課税

国外特定公社債等の利子等は、その支払いを受けるべき利子等の額から外国所得税の額を控除した金額に対して20.315%（所得税15%、復興特別所得税0.315%及び住民税５%）の源泉徴収が行われる。

確定申告不要制度を選択できるが、控除された外国所得税の還付を受けるためには、確定申告により外国税額控除の適用を受けなければならない。

3 配当所得等の課税

1．配当所得の原則的な課税方法

（1） 配当所得の範囲

配当所得とは、法人から受ける剰余金の配当・利益の配当（株式の配当）、基金利息並びに株式投資信託及び特定受益証券発行信託の収益の分配等（以下「配当等」という）に係る所得をいう。

注意

「株式投資信託の収益分配金は、利子所得に分類される」と出題されると誤り。配当所得である。公社債投資信託と株式投資信託の入れ替えに注意すること。

注意

「オープン型投資信託の元本払戻金（特別分配金）は、所得税法上の非課税所得に該当しない」と出題されると誤り。非課税所得である。

（2） 配当所得の金額の計算

配当所得＝配当所得（源泉徴収前）－株式を取得するための負債利子

（3） 配当所得の源泉徴収（原則）

原則として、配当の支払いの際、20.42％（所得税20％及び復興特別所得税0.42％）の税率で源泉徴収される。配当所得は、原則として総合課税の対象となるため、源泉徴収された税額は、確定申告により精算される。

（4） 上場株式等の配当所得の源泉徴収税率の特例

上場株式等の配当等とは以下に掲げるものをいう。

①金融商品取引所に上場されている株式等その他これに類するものに係る配当等で**大口株主等が受けるもの以外**のもの。ETF（上場投資信託）も含まれる。

②公募株式投資信託の受益権の収益の分配に係る配当等

③**投資法人の投資口**、つまりJ-REIT（上場不動産投資信託）等の配当等

④外国株式、外国株式投資信託の配当等

原則として、**上場株式等の配当**は、20.315％（所得税15％、復興特別所得税0.315％及び住民税５％）の税率で**源泉徴収**される。

また、**確定申告不要制度**を選択できる。

14・証券税制

（5） 配当控除 重要

株式等の配当等は、発行法人の法人税引後の利益等から支払われる。個人株主の配当課税と法人税との二重課税の調整として、**確定申告**により、**総合課税に含められた配当所得**については、**税額控除**としての**配当控除**（その年分の税額が限度）が認められる。

その年分の税額を限度として税額控除されるが、控除しきれない金額があっても還付の対象とならない。

なお、**確定申告不要制度**や**申告分離課税**を選択した場合、また**外国法人の配当金、J-REITの分配金**は、**配当控除の対象とならない**。

◆株式の配当控除額

課税総所得金額等	所得税	住民税
1,000万円以下の部分	10%	2.8%
1,000万円超の部分	5％	1.4%

注意

「配当控除は、確定申告をしなくても適用を受けることができる」と出題されると誤り。配当控除の適用は、総合課税による確定申告が要件である。

2．上場株式等に係る配当所得の申告分離課税（選択制）

上場株式等の譲渡損失と配当所得との間の**損益通算制度**により、**上場株式等に係る配当所得**について**申告分離課税を選択できる**。

①総合課税又は申告分離課税を選択可能。銘柄ごとの選択はできない。

②**大口株主等**（**発行済株式総数の3％以上**を保有する個人株主）**が受け取る配当金については、申告分離課税を選択できない**。
申告分離課税を選択できないので、上場株式等の譲渡損失との損益通算及び繰越控除の適用を受けることができない。
また、**確定申告不要制度も適用されない**。

③申告分離課税を選択すると、他の所得と区分して20.315％（所得税15％、復興特別所得税0.315％及び住民税5％）の税率による課税となる。

【注】 上場株式等に係る配当所得については、大口株主等を除き、①確定申告不要、②総合課税、③申告分離課税の3つの方式を納税者が任意に選択できるが、所得税と住民税において異なる課税方式を選択することはできない。

4 株式等の譲渡による所得等の課税

1．上場株式等と一般株式等 重要

居住者が株式等を譲渡した場合、**上場株式等と一般株式等に区分**し、譲渡所得等としてそれぞれ**20.315%**（所得税15%、復興特別所得税0.315%及び住民税５%）の税率による**申告分離課税**が適用される。

上場株式等に係る譲渡所得と一般株式等に係る譲渡所得との間の損益通算はできない。

(1) 上場株式等の範囲

金融商品取引業者で取扱われている株式、公社債、投資信託をいう。

①**金融商品取引所に上場されている株式等**（ETF、J-REITなどを含む）
②日本銀行出資証券
③外国金融商品取引において売買されている株式等
④**公募株式投資信託**
⑤**特定公社債等**（国債、地方債、公募公社債、公募公社債投資信託等）
など

(2) 一般株式等の範囲

上場株式等以外の株式等をいう。同族会社等の関係者等を除き、一般株式等を購入する機会はほとんどないと思われる。

①非上場株式（取引相場のない株式）
②合名会社、合資会社、合同会社の持分
③私募投資信託
④私募社債
など

なお、株式形態のゴルフ会員権の譲渡による所得は、申告分離課税の対象となる「株式等」の範囲から除かれる。

(3)　株式等に係る譲渡所得等の金額の計算

株式等の譲渡所得の基本的な計算式は、以下のようになる。

譲渡所得の金額 ＝ 譲渡による総収入金額 － 譲渡資産の取得費、譲渡費用[※]

【※】譲渡費用は、その株式等を取得するための負債利子、売却手数料などの費用をいう。また買付手数料は取得費に含まれる。

(4)　２回以上にわたり同一銘柄を取得した場合の取得費の計算方法

同一銘柄を２回以上にわたって取得している場合には、「**総平均法に準ずる方法**」により、取得費（取得価額）を計算する。

計算問題編

◎演習問題◎

ある個人（居住者）が上場銘柄Ａ社株式を金融商品取引業者に委託して、現金取引により、下表のとおり令和○○年１月から同年３月までの間に10,000株を新たに買付け、同年４月に5,000株売却を行った。この売却による譲渡益の額はいくらか。

（注）令和○○年中には、他に有価証券の売買はない。また、売買に伴う手数料その他の諸費用等は考慮しない。

年　月	売買の別	単　価	株　数
令和○○年１月	買い	2,500円	2,000株
令和○○年２月	買い	2,800円	4,000株
令和○○年３月	買い	2,700円	4,000株
令和○○年４月	売り	3,000円	5,000株

○令和○○年４月譲渡時点の１株当たりの取得費

$$\frac{2{,}500\text{円} \times 2{,}000\text{株} + 2{,}800\text{円} \times 4{,}000\text{株} + 2{,}700\text{円} \times 4{,}000\text{株}}{10{,}000\text{株}} = 2{,}700\text{円}$$

○令和○○年４月譲渡時点の譲渡益

（3,000円－2,700円）×5,000株＝<u>1,500,000円</u>

(5)　概算取得費

取得費が不明又は計算することが困難な場合は、**譲渡収入金額の5％に相当する金額を取得費**とすることができる。

(6)　信用取引等の場合の特例

信用取引等による株式の売買から生じる所得は、その**信用取引等の決済の日の属する年分の所得**として課税される。

2．上場株式等に係る譲渡損失の損益通算 重要

上場株式等の譲渡による損失は、上場株式等の譲渡に係る事業所得の金額、譲渡所得の金額及び雑所得の金額と損益通算できる。

また、**上場株式等に係る譲渡損失の金額は、申告分離課税を選択した上場株式等の配当所得等の金額と損益通算できる。**

◆損益通算の対象となる上場株式等の譲渡損失及び上場株式等の配当等

上場株式等の譲渡損失	上場株式及び公募株式投資信託の譲渡損失、特定公社債及び公募公社債投資信託の譲渡損失及び償還差損
上場株式等の配当等	申告分離課税を選択した上場株式の配当及び公募株式投資信託の普通分配金、特定公社債の利子、公募公社債投資信託の収益分配金

注意
大口株主等が受取る上場株式の配当については、申告分離課税を選択できないので、上場株式等の譲渡損失との損益通算及び繰越控除の適用を受けることができない。

3．上場株式等の譲渡損失の繰越控除の特例

【原則】……	株式等の譲渡益課税に当たっては、「株式等の譲渡所得等の金額の計算上生じた損失の金額」は、原則として「なかったもの」とされている。
【特例】……	**上場株式等**を譲渡したことにより生じた**譲渡損失**については、一定の要件の下で、その年の翌年以後**3年**以内の上場株式等の譲渡所得等の金額から**繰越控除できる**。

なお、譲渡損失とは、損益通算の結果、その年の上場株式等に係る譲渡所得の金額の計算上控除しきれなかった損失の金額をいう。

（1） 繰越控除の対象となる上場株式等の譲渡損失の金額

繰越控除の対象となる「上場株式等の譲渡損失の金額」は、「上場株式等」を金融商品取引業者等を通じた譲渡により生じた損益通算後の損失の金額をいう。

（2） 適用要件

繰越控除の適用を受けるためには、譲渡損失が生じた年分の確定申告書に譲渡損失の金額の計算に関する明細書等を添付して提出し、かつ、その後も連続して確定申告書を提出し、控除を受ける年分について、繰越控除を受ける金額の計算に関する明細書等を添付して提出しなければならない。

＜上場株式の配当金の受取方法＞

上場株式の配当金の受取方法には、以下の４つがある。

株式数比例配分方式	各証券会社に保護預りしている株式などの数量に応じて、配当金を顧客の証券口座で受け取る方法
登録配当金受領口座方式	保有する全ての株式などの配当金を１つの銀行預金口座で受け取る方法
配当金領収証方式	発行会社から郵送される配当金領収証を、ゆうちょ銀行などの窓口に持参し、配当金を受け取る方法
個別銘柄指定方式	指定の銀行預金口座などで配当金を受け取る方法 （銘柄ごとの手続きが必要）

・配当金受取方法の指定がない場合は、「配当金領収証方式」となる。

・NISAで購入した株式等の配当金等を非課税とするため、及び源泉徴収選択口座に配当金を受け入れるためには、「株式数比例配分方式」を選択しなければならない。

5 特定口座内保管上場株式等の特例

1．特例の概要

居住者等が、「特定口座」に保管の委託等をしている**上場株式等**（特定口座内保管上場株式等）**の譲渡による所得は、他の上場株式等と区分**して、以下に掲げる特例が適用される。

（1） 特定口座内保管上場株式等の所得金額の計算の特例

特定口座内保管上場株式等の所得金額の計算は、金融商品取引業者から交付を受けた「**特定口座年間取引報告書**」**に記載された収入金額、取得費及び経費に基づき計算**をすることができる。

（2） 特定口座内保管上場株式等の源泉徴収の特例 重要

◆特定口座のイメージ

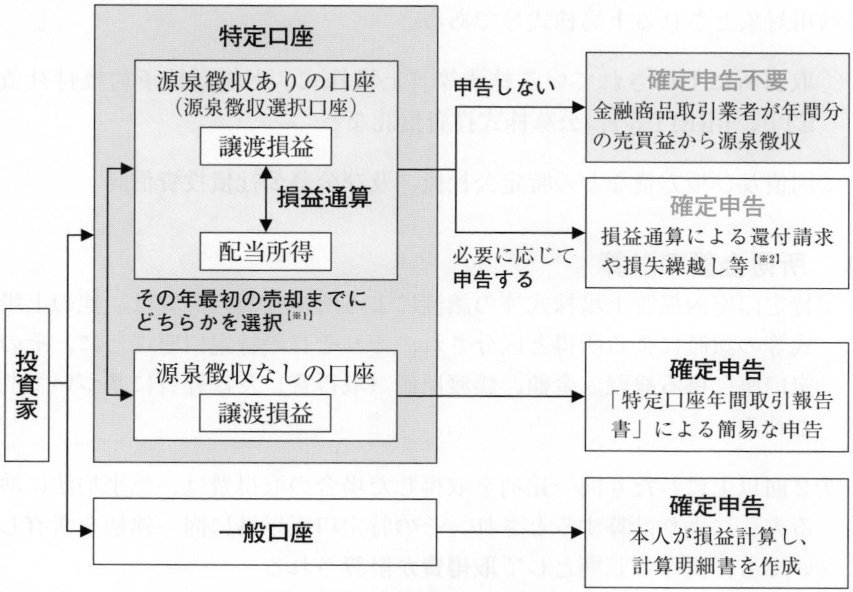

【※1】一度選択された源泉徴収制度は、翌年まで変更できない。

【※2】複数の特定口座や一般口座で生じた損益との通算や損失の繰越控除の適用を受ける場合には、確定申告が必要となる。

２．特定口座の開設、特定口座の設定と保管の委託

特定口座の特例を受けようとするためには、金融商品取引業者等の営業所（国内にある営業所に限る）に「特定口座開設届出書」を提出して、「上場株式等保管委託契約」を締結しておかなければならない。

①特定口座は、この特例の適用要件を満たす上場株式等の取引のみを管理する専用の口座であり、特例の適用されない上場株式等の取引は、別の口座（一般口座）で管理されることになる。

②**特定口座は**、個人１人につき「**１業者・１口座**」とされている。

③同一の金融商品取引業者等においては１口座しか設定ができないが、金融商品取引業者等が異なれば、それぞれの金融商品取引業者等ごとに設定できる。

３．特定口座に組み入れられる上場株式等

特定口座（特定保管勘定）に組み入れられる上場株式等は、申告分離課税の適用対象とされる上場株式等である。

①取引所に上場されている株式等（上場株式、上場新株予約権付社債、ETF、J-REIT等）、公募株式投資信託など

②国債及び地方債などの特定公社債、及び公募公社債投資信託

４．所得金額の計算

①特定口座内保管上場株式等の譲渡による所得金額の計算は、他の上場株式等の譲渡による所得と区分され、それぞれの特定口座ごとに、その特定口座に係る総収入金額、譲渡原価（取得費）及び経費に基づいて計算される。

②２回以上にわたり同一銘柄を取得した場合の取得費は、総平均法に準ずる方法により計算するとされ、その特定口座以外に同一銘柄を所有していても、**異なる銘柄として取得費が計算**される。

5. 特定口座年間取引報告書の提出

①金融商品取引業者等は、特定口座開設者ごとに上場株式等の譲渡対価の額、取得費、譲渡費用、所得金額その他所定の事項を記載した「特定口座年間取引報告書」を２通作成する。

②特定口座年間取引報告書のうち１通を**税務署に提出**し、他の１通をその特定口座開設者に交付する（特定口座開設者の承諾を得て、報告書に記載すべき事項を電磁的方法により提供することもできる）。

6. 特定口座内保管上場株式等の譲渡所得等に対する源泉徴収等

特定口座を開設している個人は、特定口座を設定している金融商品取引業者等に「**特定口座源泉徴収選択届出書**」を提出又はその記載事項の電磁的方法による提供をし、**源泉徴収の適用**を受けることができる（**源泉徴収選択口座**）。

①この選択届出書は、特定口座ごとに、かつ、各年ごとに、その年最初に特定口座内保管上場株式等の譲渡をするときまでに提出又は提供しなければならない。

②その年に選択された特定口座について、年の中途で選択の変更はできない。

③源泉徴収税率は、**20.315％**（所得税15％、復興特別所得税0.315％及び住民税５％）となる。

④**上場株式等の配当等は、源泉徴収選択口座に受入れることができる**。なお、上場株式等の配当金の受取方法を**株式数比例配分方式**にしなければならない。

⑤源泉徴収選択口座内で上場株式等の配当等と譲渡損失の**損益通算**ができる。

7. 確定申告不要の特例 重要

源泉徴収が選択された特定口座（**源泉徴収選択口座**）に係る上場株式等の譲渡所得等の金額又は損失の金額は、**確定申告不要制度**の対象とされる。

6 NISA（少額投資非課税制度）

1．NISA口座の概要

居住者等（その年の１月１日において、18歳以上である者に限る）が、金融商品取引業者等の営業所に開設した非課税口座内の上場株式や株式投資信託などに係る配当等や譲渡益を非課税とする制度である。当制度には、特定累積投資勘定（**「つみたて投資枠」**）と特定非課税管理勘定（**「成長投資枠」**）がある。

つみたて投資枠と成長投資枠の併用は可能だが、別々の金融機関で利用することはできない。

2．NISA口座の内容

（1） 非課税口座内の少額上場株式等に係る配当所得及び譲渡所得等の非課税措置

非課税口座に設定した「つみたて投資枠」及び「成長投資枠」に受け入れた上場株式等（上場株式、上場ETF、上場REIT、公募株式投資信託等）について、その配当等や譲渡益については所得税及び個人住民税が**非課税**となる。

なお、株式、ETF及びREITの配当金については、証券会社で配当金を受け取る**株式数比例配分方式**を選択しなければ非課税とならない。

（2） 年間投資枠・非課税保有限度額

NISA口座では、年間に投資できる上限額（年間投資上限額）が定められており、その金額は「つみたて投資枠」で**120**万円、「成長投資枠」で**240**万円となっている。

ただし、年間投資枠のほかに、**1,800**万円（うち成長投資枠は**1,200**万円）の非課税保有限度額が設定されており、これを超過して投資することはできない。

なお、非課税保有額は、NISA口座で保有する商品を売却することで減少する。減少した分は、翌年以降、年間投資枠の範囲内で新たに投資することが可能である。

（3） NISA口座の主な注意点【第２章　金商法　p.35参照】

①金融機関と対象商品

NISA口座を開設できるのは、証券会社及び銀行などである。

特定公社債等（国債、地方債、公募社債、公募公社債投資信託等）は、対象外である。

【注】NISA口座で新たに買い付けた上場株式等が対象で、特定口座や一般口座で既に保有している上場株式等をNISA口座に移管することはできない。

②中途換金

中途換金はいつでも可能である。ただし、特定口座や一般口座で保有する他の有価証券の売買益や配当金との**損益通算**ができず、当該損失の**繰越控除**もできない。

③その他

- **非課税保有期間**は**無期限**である。
- 同一年において**１人１口座**に限られる。
- NISA口座を開設する金融機関を年単位で変更することはできる。

参考

2023（令和５）年度税制改正

NISAは2014年１月にスタートしたが、2023（令和５）年の税制改正で大幅な制度の見直しが行われ、2024年から導入された。

＜制度見直しの概要＞

- 制度の恒久化
- 非課税保有期間の無期限化
- 成長投資枠とつみたて投資枠の併用
- 年間投資上限額の拡大
- 非課税保有限度額の新設

※2023年12月までの旧制度は、p.373参照。

◆NISA（少額投資非課税制度）の概要

<table>
<tr><th rowspan="2"></th><th>成長投資枠</th><th>つみたて投資枠</th></tr>
<tr><td colspan="2">併用可能</td></tr>
<tr><td>対　象　者</td><td colspan="2">18歳以上の居住者等</td></tr>
<tr><td>口座開設期間</td><td colspan="2">恒久化</td></tr>
<tr><td>非課税保有期間</td><td colspan="2">無期限化</td></tr>
<tr><td>年間投資枠</td><td>240万円</td><td>120万円</td></tr>
<tr><td rowspan="2">非課税保有限度額
（総枠）【※1】</td><td colspan="2">1,800万円
※簿価残高方式・非課税枠の再利用が可能</td></tr>
<tr><td>1,200万円（内数）</td><td></td></tr>
<tr><td>投　資　方　法</td><td>制限なし</td><td>契約に基づき、
定期的かつ継続的な方法で投資</td></tr>
<tr><td>非課税対象商品</td><td>上場株式・公募株式投資信託等
（①整理・監理銘柄②信託期間が20年未満、高レバレッジおよび毎月分配型の投資信託等を除外）</td><td>長期の積立・分散投資に適した公募・上場株式投資信託</td></tr>
<tr><td>現行制度との関係</td><td colspan="2">2023年末までに旧制度の一般NISAおよびつみたてNISA制度において投資した商品は、新しい制度の外枠で、旧制度における非課税措置を適用
※旧制度から新しい制度へのロールオーバーは不可</td></tr>
</table>

【※1】利用者それぞれの非課税保有限度額については、金融機関から一定のクラウドを利用して提供された情報を国税庁において管理

なお、2023年までにジュニアNISAにおいて投資した商品は、５年間の非課税期間が終了しても、所定の手続きを経ることで、18歳になるまでは非課税措置が受けられることとなっているが、今回、その手続きを省略することで、利用者の利便性向上を手当てすることとなる。

◆（参考）旧NISA（少額投資非課税制度）の概要

	一般NISA	つみたてNISA	ジュニアNISA
	いずれかを選択（1年単位で変更可）		
対象者	18歳【※1】以上の居住者等		18歳【※2】未満の居住者等
年間投資金額	120万円	40万円	80万円
	※未使用枠の翌年以降の使用不可		
非課税期間	最長5年間	最長20年間	最長5年間
非課税投資総額	600万円	800万円	400万円
口座開設可能期間	2014年～2023年	2018年～2042年	2016年～2023年
投資方法	制限なし	契約に基づき、定期かつ継続的な方法で投資	制限なし
非課税対象商品	上場株式・公募株式投資信託等	長期の積立・分散投資に適した公募・上場株式投資信託等	上場株式・公募株式投資信託等
払出し制限	なし		18歳【※3】まで払出し制限
非課税口座開設可能数	一人1口座　※重複開設不可		
金融機関の変更	年単位で変更可		原則変更不可
非課税期間終了後の取扱い	①特定口座や一般口座に移管【※4】 ②上記①のほか、非課税期間終了後、翌年の非課税投資枠への移管(ロールオーバー)による継続保有が可能。	特定口座や一般口座に移管。 ※ロールオーバー不可	①課税未成年口座に移管 ②上記①のほか、非課税期間終了後、翌年の非課税投資枠への移管(ロールオーバー)による継続保有が可能。

【※1】口座開設の年の1月1日現在。なお、2023年1月1日前は20歳以上
【※2】口座開設の年の1月1日現在。2023年1月1日前は20歳未満
【※3】3月31日時点で18歳である年の前年の12月31日。ただし、2024年以降は払出制限解除
【※4】この場合の取得費は、当該非課税口座で5年を経過した日の終値に相当する金額

7 その他の課税

1．ストック・オプション制度に係る課税の特例

ストック・オプション制度に係る課税の特例に関して、新株予約権を行使して株式を取得した場合の経済的利益、いわゆる**株価と権利行使価額との差額**については、一定の要件の下で、**所得税及び復興特別所得税を**課さないとされている。

2．割引債の償還差益に対する課税

割引債（割引金融債）は、支払を受けるべき償還金額と発行価額との差額（**償還差益**）に対して、税率20.315％（所得税15％、復興特別所得税0.315％及び住民税５％）の**申告分離課税**（株式等の譲渡所得等）が適用される。

3．先物取引に係る雑所得等の課税の特例

先物取引の差金決済及びオプション取引の差金に対する税金（雑所得等）については、他の所得と区分して税率20.315％（所得税15％、復興特別所得税0.315％及び住民税５％）の申告分離課税とされる。

市場デリバティブ取引の決済差金及び店頭デリバティブ取引の決済差金は、損益通算できる。上場株式等の譲渡所得とは損益通算できない。

4．支払調書の提出

配当や譲渡の対価を支払う者は、当該対価の額にかかわらず支払調書を所轄税務署に提出することとなっている。

なお、特定口座は「特定口座年間取引書」を、NISA口座の場合は「非課税口座年間取引書」を提出又は提供するので、支払調書の提出はない。

5．国外転出時課税制度（国外転出をする場合の譲渡所得等の特例）

国外転出をする一定の居住者が、１億円以上の有価証券等（対象資産）を所有等している場合、その**対象資産の**含み益**に所得税**及び復興特別所得税**が課せられる**。対象資産には、上場株式のほか、投資信託や未決済の信用取引・デリバティブ取引が含まれる。

また、１億円以上の有価証券等を所有している者が、国外に居住する親族等へ有価証券の贈与等を行う場合も同様である。

8 上場株式の相続税評価額

● 上場株式の相続税評価額 重要

相続、遺贈、贈与により取得した上場株式は以下の①～④のうち、**最も低い価額**で評価する。

①課税時期の終値
②課税時期の属する月の毎日の終値の平均額
③課税時期の属する月の前月の毎日の終値の平均額
④課税時期の属する月の前々月の毎日の終値の平均額

} **最も低い価額**

・原則、金融商品取引所が公表する課税時期の終値で評価する。
・課税時期[※]において終値がない場合には、課税時期前後で最も近い日の値。最終価格が２以上ある場合には、その平均額。
【※】課税時期とは、被相続人が死亡した日や贈与を受けた日をいう。
・国内の２以上の金融商品取引所に上場されている株式については、納税義務者が選択した金融商品取引所とする。

注意

「上場株式の相続税評価額は、（中略）最も高い価額である」と出題されると誤り。最も低い価額である。

計算問題編

◎演習問題◎

Ａさんは父親の死亡により上場銘柄Ｂ社株式を相続することになった。当該株式の１株当たりの相続税の評価額として正しいものを１つ選びなさい。なお、課税時期は10月30日とする。

１．10月30日の終値　2,720円
２．10月中の終値平均株価　2,560円
３．９月中の終値平均株価　2,850円
４．８月中の終値平均株価　2,540円
５．７月中の終値平均株価　2,320円

５は相続税評価額の算定価格にはない。したがって、相続税の評価額は一番低い価額である４の2,540円である。

これは必須！

◎演習問題◎

次の文章について、正しい場合は○、正しくない場合は×にマークしなさい。

1．所得金額の計算において源泉徴収された所得税額がある場合、税引後の金額が収入金額になる。
2．課税総所得金額にかかわらず、配当控除の控除率は所得税の場合、10%である。
3．申告分離課税、総合課税にかかわらず、配当控除の適用を受けるためには確定申告が必要である。
4．上場株式の３%以上を保有する個人株主（いわゆる大口株主等）は、当該株式の配当等について申告分離課税を選択できないので、上場株式等の譲渡損失と損益通算できない。
5．上場株式等の譲渡損益と非上場株式等との譲渡損益は、損益通算できる。
6．オープン型投資信託の元本払戻金（特別分配金）は、所得税法上の非課税所得に該当しない。
7．「源泉徴収選択口座」を選択した特定口座に保管されている上場株式等の譲渡所得については、確定申告が必要である。
8．財形住宅貯蓄の利子所得の非課税所得の非課税限度額は、財形年金貯蓄の非課税限度額とは別々に設けられている。
9．NISA（少額投資非課税制度）の非課税口座内に生じた損失については、特定口座や一般口座で保有する他の有価証券の売買益や配当金と損益通算及び当該損失の繰越控除ができる。
10．国外転出時課税は、株式等の譲渡益に適用される。

解答

1．×　税引前の金額である。
2．×　1,000万円超の部分は５%である。
3．×　申告分離課税を選択すると配当控除を受けることはできない。
4．○
5．×　損益通算できない。それぞれ上場株式等のグループの中で、また非上場株式等（一般株式等）のグループの中での損益通算は可能である。
6．×　非課税所得に該当する。
7．×　確定申告不要制度を選択できる。
8．×　財形住宅貯蓄と財形年金貯蓄の非課税限度額を合わせて550万円となる。
9．×　NISAの非課税口座内に生じた損失はないものとされ、損益通算及び繰越控除の適用を受けることはできない。
10．×　株式等の含み益に対して適用される。

第15章
デリバティブ取引の概説

一種のみ

先物取引の概要、ヘッジ取引、裁定取引及びスペキュレーション取引の相違を理解しましょう。オプションのコール（買う権利）、プット（売る権利）の相違とストラドル等の投資戦略について理解しましょう。プレミアムの特性、感応度は必須です。デリバティブ取引では、店頭デリバティブ取引のリスクを理解しましょう

一種のみ（106点）	
○×	五肢選択
8問	9問

15-16章の予想配点

1 先物取引の概要

1．先物取引とは

先物取引とは、
- 将来のあらかじめ定められた期日（**期限日**）**に**
- 特定の商品（**原資産**）**を、**
- 取引の時点で定めた価格（**約定価格**）**で**

売買することを契約する取引である。

> **重要**　この契約により、**買方は**売方より**期限日に**原資産を**約定価格で購入する義務**を、逆に**売方は**買方へ**売却する義務**を負うこととなる。
> 　ただし、期限日まで待たずに、**反対売買**（**買方**の場合は**転売**、**売方**の場合は**買戻し**）**を行うことで**、先物の建玉（ポジション）を相殺して契約を**解消**することも可能である。

2．先物取引の決済方法

（1）　反対売買

取引最終日までに買建て（買方）の場合は転売、売建て（売方）の場合は買戻しを行うことにより、**先物の建玉を解消**する。

（2）　最終決済

①現物受渡しの可能な商品の場合

買方は売方に約定金額を支払い、売方は買方に現物を受け渡す。

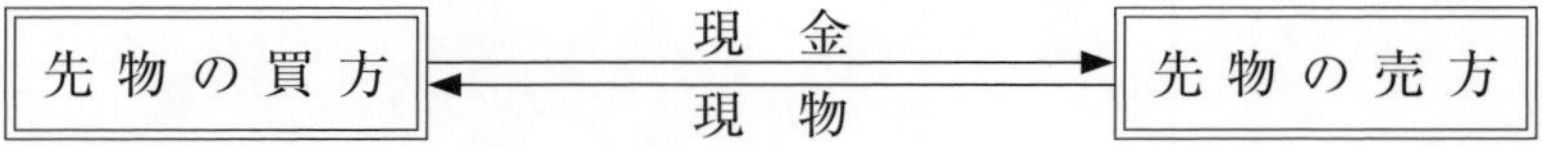

②現物受渡しのできない商品の場合

約定価格と最終決済価格との差額を受け渡す**差金決済**を行う。

◆買方：約定値＞決済値の場合

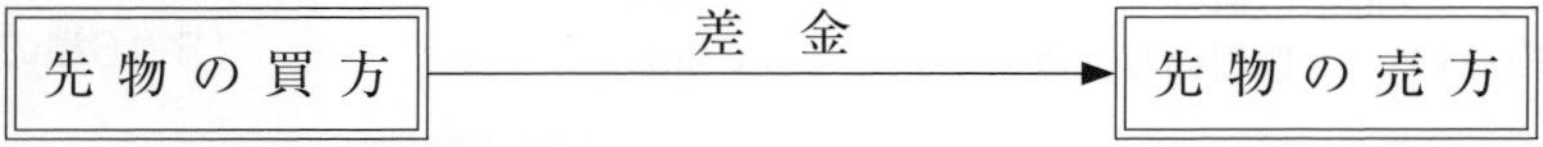

◆買方：約定値＜決済値の場合

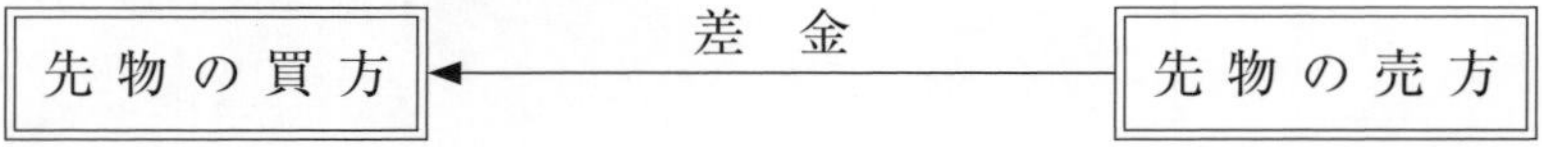

3．先物取引の特徴

◎反対売買を自由に行うことができる

先物契約の買方	原資産価格が上昇すれば利益が、下落すれば損失が発生する。当初の予想に反して相場が下落したとしても、早期に反対売買（転売）を行い契約を解消すれば、損失の拡大を抑えることができる
先物契約の売方	原資産価格が下落すれば利益が、上昇すれば損失が発生する。当初の予想に反して相場が上昇したとしても、早期に反対売買（買戻し）を行い契約を解消すれば、損失の拡大を抑えることができる

4．先物の価格形成

（1）　金融デリバティブの価格形成

先物取引は、現物取引とは別に価格付けが行われる。

先物の価格は、理論的には現物価格に現物を所有するためにかかるコスト（キャリーコスト＝ベーシス）を加えた値段になる。

先物価格＝現物価格＋キャリーコスト

キャリーコストは具体的には、次の式で表される。

（今、現物を取得するために必要な資金額 × 短期金利 × 期日までの期間）－（今、現物を取得することにより得られる収入）

「今現物を取得することにより得られる収入」とは、株式なら配当金、債券なら期間利息のことである。

配当利回りが短期金利よりも低い場合は、キャリーコストは正の値になり、配当利回りが短期金利よりも高い場合はキャリーコストは負の値になる。

重要　このため、**前者の場合は、先物価格が現物価格よりも高くなり**、これを**「先物がプレミアム」**といい、**後者の場合は、先物価格が現物価格より低くなり**、これを**「先物がディスカウント」**という。

注意

「先物価格が現物価格よりも高い状態を先物がディスカウントという」と出題されると誤り。先物がプレミアムである。

◆先物理論価格算出式 重要

$$先物理論価格＝現物価格×\left\{1＋(短期金利－配当利回り)×\frac{満期日までの日数}{365}\right\}$$

計算問題編

◎演習問題◎

TOPIXの価格が1,050ポイントで、短期金利が1.2%である時の、３ヵ月後のTOPIX先物の理論価格を計算しなさい。

なお、配当利回りは考慮しなくてもよい。また、金利の計算は月単位で行い、小数点以下は切り捨てること。

先物理論価格＝現物価格×{1＋（短期金利－配当利回り）×期間}
＝1,050×（1＋0.012×3／12）
＝1,050×1.003＝1,053ポイント

（2） 商品関連市場デリバティブ取引の価格形成

①リースができない商品の場合

コモディティ先物価格＝コモディティ現物価格＋金利＋保管コスト －コンビニエンス・イールド

②リースが可能な商品の場合

コモディティ先物価格＝コモディティ現物価格＋金利－リース料 －コンビニエンス・イールド

（注）劣化しない貴金属などのリースができる商品については保管コストを負担することなしにリース料を獲得することも可能。

5．先物取引の利用方法

（1）　価格変動リスクの移転機能と市場参加者

取引の種類	先物市場参加者	取引の目的
ヘッジ取引	ヘッジャー	価格変動リスクを回避
裁定取引（アービトラージ取引）	アービトラージャー	先物と現物又は先物と先物の間の価格乖離をとらえて収益を狙う（サヤ取り）
スペキュレーション取引	スペキュレーター	リスクを覚悟のうえで単に先物を売買して高い収益を狙う投機的な取引

重要

先物取引のもつ価格変動リスクの移転機能は、市場での取引を通じて、**相互に逆方向のリスクをもつヘッジャーの間でリスクが移転され合う又はヘッジャーからスペキュレーターにリスクが転嫁されること**により果たされる。

先物市場は、ヘッジャーに対してはリスク回避の手段を、スペキュレーターに対しては投機利益の獲得機会を、アービトラージャーに対しては裁定利益の獲得機会を提供する。

（2） ヘッジ取引 重要

ヘッジ取引とは、**先物市場において現物と反対のポジション**[※]**を設定することによって、現物の価格変動リスクを回避しようとする取引**である。

【※】ポジションとは、買建て・売建て等の未決済の状態をいう。

ヘッジ取引には、**売ヘッジと買ヘッジ**がある。

売ヘッジ	保有する現物について相場の下落が予想される場合に、先物を売り建て、予想どおり相場が下落したときは先物を買い戻して利益を得ることによって、現物の値下がりによる損失を相殺しようとする取引
買ヘッジ	将来取得する予定の現物について相場の上昇が予想される場合に、あらかじめ先物を買い建てておき、予想どおり相場が上昇したときは先物を転売して利益を得、これを現物購入資金に加えることにより、その期間中の現物価格の値上がり分をカバーしようとする取引

（3） 裁定取引（アービトラージ取引） 重要

裁定取引とは、あるものの価格関係において、一時的に乖離が生じた場合、**割高なものを売って、同時に割安なものを買い**、後に価格差が解消したところでそれぞれ決済を行い、利益を得る取引である。

有価証券を対象とした先物取引においては、先物と現物又は先物と先物との間の価格乖離をとらえて利益を得る取引である。

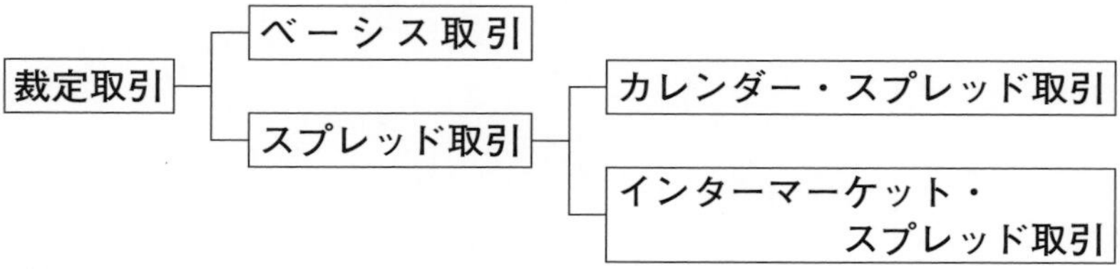

代表的な裁定取引として、スプレッド取引とベーシス取引がある。

スプレッド取引	**２つの先物の価格較差を利用してサヤをとる取引**
ベーシス取引	**先物と現物との価格較差を利用してサヤをとる取引**

スプレッド取引の２つの先物の価格差を**スプレッド**という。スプレッド取引とは、**スプレッドが一定水準以上に乖離した時に、割高な方を売り建て、同時に割安な方を買い建てる。**

その後、乖離が縮小し、割高・割安の状態が解消された場合に**それぞれの先物取引について決済を行い、利益を得る。**

スプレッド取引には、**カレンダー・スプレッド取引**と**インターマーケット・スプレッド取引**の２つがある。

重要 **カレンダー・スプレッド取引（限月間スプレッド取引）**	**同一商品の先物の異なる２つの限月**（期近限月と期先限月）**間の取引の価格差**が一定の水準近辺で動くことを利用した取引で、スプレッドが拡大ないし縮小したときにポジションをとり、予想どおりスプレッドが戻った時点で、それぞれの決済を行い利益を得る
インターマーケット・スプレッド取引	**異なる商品間の先物価格差**（例えば、TOPIX先物と日経225先物）を利用した取引で、乖離した価格差もやがて、一定の価格差に近づくことを前提としている

①国債先物取引におけるカレンダー・スプレッド取引

カレンダー・スプレッドの買い	**期近限月の買い＋期先限月の売り**
カレンダー・スプレッドの売り	期近限月の売り＋期先限月の買い

②指数先物取引におけるカレンダー・スプレッド取引

カレンダー・スプレッドの買い	期近限月の売り＋期先限月の買い
カレンダー・スプレッドの売り	期近限月の買い＋期先限月の売り

注意

カレンダー・スプレッド取引は、国債先物取引と指数先物取引では逆となるので注意すること。

（4） スペキュレーション取引 重要

先物の価格変動をとらえて利益を獲得することのみ**に着目する**投機的な**取引**である。先物が値上がりすると判断したら買い、値下がりすると判断したら売る。このような取引は現物でも行われているが、先物取引には、少額の証拠金を預けるだけで多額の取引ができるという現物取引にはない特色がある。これをレバレッジ効果という。

このため、現物のスペキュレーション取引に比べ、先物のスペキュレーション取引は、より**ハイリスク・ハイリターン**である。

先物取引には、少ない元手（資金）で大きな取引ができるという利点があり、先物市場は、価格の変動を積極的に利用して利益を得ようとする投機家に対して取引機会を提供する。

①順張りと逆張り

投機取引のタイプとしては「順張り」と「逆張り」に分けることができる。

順張り	相場が上昇している時にそのまま上昇すると見込んで買い、反対に下落している時にそのまま下落すると見込んで売るというような取引方法
逆張り	相場が上昇してきたからこれからは下がると見込んで売り、反対に下落しているからこれからは上がると見込んで買うというような取引方法

②ファンダメンタル分析とテクニカル分析

ファンダメンタル分析	景気動向、金融・財政政策、国際収支、物価動向、商品の需給動向等の要素を分析して、相場の行方を判断する方法
テクニカル分析	価格や出来高等の過去の相場データを様々な方法で分析し、それによって将来の相場を予測する方法

2 先渡取引の概要

1. 先渡取引とは

ある商品のある特定された数量について、将来の一定日を受渡日として現時点で定めた価格で売買することを契約する取引である。

2. 先渡取引の特徴

重要 **先渡取引**は商品の種類、取引単位、満期、決済方法等の条件を、**すべて売買の当事者間で任意に定めることができる相対取引**である。
※**先物取引**は諸条件がすべて標準化された**取引所取引**である。

決済について期限日の**現物受渡しが原則**で、期限日前に契約を解消する場合には相手方との交渉が必要となる。

ただし、いわゆる為替証拠金取引（FX）や株価指数などを対象とした証拠金取引（CFD）などの差金決済を前提とした取引も個人を中心に行われている。

3 オプション取引の概要

1. オプション取引とは

(1) オプション取引とは 重要

オプション取引とは、

- ある商品（**原証券**・**原資産**）**を**
- **将来のある期日**（**満期日**：権利行使の期限）**までに、**
- その時の市場価格に関係なく、**あらかじめ決められた特定の価格**（**権利行使価格**）**で**

「**買う権利**」、又は「**売る権利**」**を売買する取引**のことをいう。

買う権利	コール・オプション
売る権利	プット・オプション

注意

「オプション取引において、買う権利をプット、売る権利をコールという」と出題されると誤り。入れ替えに注意すること。

各々の権利には価格が付いている。

オプション取引の権利に付けられる価格	プレミアム

オプションの**買方は、売方にプレミアムを支払い、**この権利を取得する。

売方は、買方からプレミアムを受取り、買方に権利を与える。

重要

買方	買った権利を行使すると、対象とする商品を、権利行使価格で入手できる（コール・オプション）、又は、売却できる（プット・オプション）
売方	買方の**権利行使に応ずる義務**がある

権利行使のタイミングにより、以下の2タイプがある。

アメリカン・タイプ	**満期日以前にいつでも権利行使可能** 代表例：長期国債先物オプション
ヨーロピアン・タイプ	**満期日のみ権利行使可能** 代表例：指数オプション

注意

アメリカン・タイプとヨーロピアン・タイプの入れ替えに注意すること。

（2）　原資産価格と権利行使価格の関係

オプションの権利行使価格は、その時々の市場価格に関係なく、あらかじめ決められる。そのため、原資産の価格は、権利行使価格より高くなったり、安くなったりする。

このような**原資産価格**と**権利行使価格**との関係は、「イン・ザ・マネー」、「アット・ザ・マネー」、「アウト・オブ・ザ・マネー」に大別される。

なお、**権利行使したときに手に入る金額を**ペイオフという。

重要

イン・ザ・マネー	権利行使したとき、手に入る金額（**ペイオフ**）**が**プラスである（利益を得られる）状態のこと
アット・ザ・マネー	原資産価格と権利行使価格が等しい（権利行使したとしても、利益も損失も発生しない）状態のこと
アウト・オブ・ザ・マネー	権利行使しても何も手に入らない（損失が発生する）状態のこと

原資産価格と権利行使価格の関係は、以下のとおりとなる。

	コール	プット
イン・ザ・マネー	**原資産価格＞権利行使価格**	原資産価格＜権利行使価格
アット・ザ・マネー	原資産価格＝権利行使価格	
アウト・オブ・ザ・マネー	原資産価格＜権利行使価格	原資産価格＞権利行使価格

(3) オプションの決済

<table>
<tr><td>現物決済</td><td colspan="2">権利行使に係る金額を受け取り、原資産を引き渡す</td></tr>
<tr><td rowspan="4">差金決済</td><td colspan="2">・差額分の資金のみを授受する
・ヨーロピアン・オプション取引では、買方が期初にプレミアムを支払い、満期で売方がペイオフを支払う取引</td></tr>
<tr><td>買方の損益</td><td>ペイオフ － プレミアム</td></tr>
<tr><td>売方の損益</td><td>プレミアム － ペイオフ</td></tr>
<tr><td>ペイオフ</td><td>ゼロ又はプラスの値しかとらない（マイナス値にはならない）</td></tr>
</table>

(4) オプションの特徴

①リスクの限定・移転 重要

オプションの買方	見込みが外れて、権利行使を放棄せざるを得なくなっても、損失は当初支払った資金に限定される。「リスクが限定される」という **利益無限定、損失限定**
オプションの売方	当初プレミアムを手に入れる代わりに、将来、権利行使があった場合に応じる義務がある。つまり**ペイオフの支払い義務を、プレミアムを対価として引き受けていることになる** **利益限定、損失無限定**

②レバレッジ効果

オプション取引を行うことで少ない資金で大きなリターンを目指すことができる。このことを、「**レバレッジ効果がある**」という。

③ヘッジ効果

オプション取引と先物取引によるヘッジ効果の大きな違いは、先物が価格変動リスクと同時に収益機会をも消してしまうのに対して、オプションを使うことで**リスク・ヘッジとリターン追求が同時に行える**点である。

2．オプション・プレミアム

(1) オプション・プレミアムの形成

◆コール・オプション・プレミアム ◆プット・オプション・プレミアム

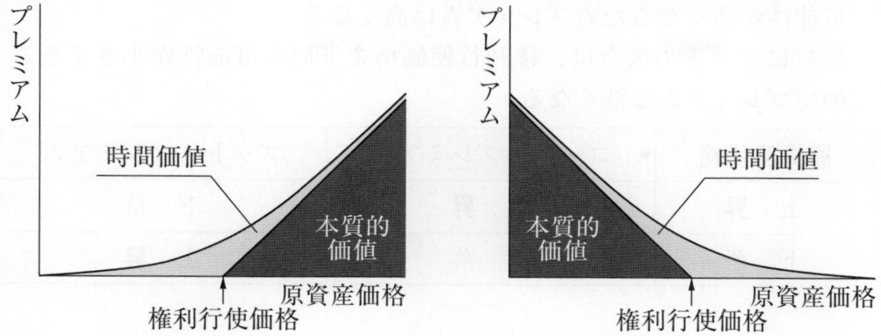

①オプション・プレミアム

重要 **本質的価値**（インストリンシック・バリュー）**と時間価値**（タイム・バリュー）**の２つの部分で成り立つ。**

オプション・プレミアム＝本質的価値＋時間価値

重要 イン・ザ・マネーの状態でのオプション・プレミアムは、本質的価値と時間価値の合計である。

②本質的価値と時間価値

本質的価値	イントリンシック・バリュー	原資産価格と権利行使価格の差額分の価値
時間価値	タイム・バリュー	プレミアム全体とイントリンシック・バリューの差に当たり、満期までの長さや原資産価格の変動性の大きさ（**ボラティリティ**）、さらに金利や配当率によって決定される部分

重要 アット・ザ・マネーやアウト・オブ・ザ・マネーの状態では、**イントリンシック・バリュー**（本質的価値）は**ゼロ**である。

(2) オプション・プレミアムの特性

①プレミアムと**原資産価格**の関係 重要

原資産価格が上昇すれば、コールの場合は、権利行使価格を超える可能性が高くなるためプレミアムは高くなる。
反対にプットの場合は、権利行使価格を下回る可能性が小さくなるのでプレミアムは低くなる。

原資産価格	コール・プレミアム	プット・プレミアム
上　昇	**上　昇**	下　落
下　落	下　落	**上　昇**

②プレミアムと**権利行使価格**の関係 重要

現在の原資産価格に対して、高い権利行使価格のコールの場合、市場価格が権利行使価格を超えてイン・ザ・マネーに入る可能性は小さいためプレミアムは低くなる。
反対にプットは、イン・ザ・マネーに入る（市場価格が権利行使価格を下回る）可能性が高いのでプレミアムは高くなる。

権利行使価格	コール・プレミアム	プット・プレミアム
高　い	低　い	**高　い**
低　い	**高　い**	低　い

③プレミアムと**残存期間**の関係

満期までの残存期間に対しては、コールもプットも残存期間が短くなるほどプレミアムも低くなる。
残存期間が短くなるほど、原資産の市場価格が権利行使価格を超えて上昇あるいは下落する可能性が小さくなるからである。

残存期間	コール・プレミアム	プット・プレミアム
長　い	**高　い**	**高　い**
短　い	低　い	低　い

④プレミアムと**ボラティリティ**の関係 重要

コールもプットも**ボラティリティ**（価格の変動性）が上昇すれば、そのプレミアムは上昇し、逆にボラティリティが下落すれば、プレミアムも下落する。

ボラティリティが高いほど、原資産価格が権利行使価格を超えて上昇あるいは下落する可能性が高くなるため、プレミアムは高くなる。

ボラティリティ	コール・プレミアム	プット・プレミアム
上　昇	**上　昇**	**上　昇**
下　落	下　落	下　落

⑤プレミアムと**短期金利**の関係

短期金利が上昇すれば、コールの場合は、原資産を買う資金調達コストが上昇するためプレミアムは高くなる（先物オプションの場合は、先物に資金調達コストがかからないため下落する）。反対にプットは、低コストになるため、プレミアムは下落する。

短期金利	コール・プレミアム	プット・プレミアム
上昇	**上昇**	下落
下落	下落	**上昇**

（3）　プレミアムの各要因に対する感応度

①**デルタ** 重要

オプションの**デルタ**（δ）とは、**原資産価格の微小変化**（Δ原資産価格：この時のΔは変化幅を示す）に対する**プレミアムの変化**（Δプレミアム）**の比**（割合）のことを指す。

$$\text{デルタ} = \frac{\Delta\text{プレミアム}}{\Delta\text{原資産価格}}$$

コールのデルタは0～1、プットのデルタは−1～0の範囲で動く。

②ガンマ 重要

オプションのガンマ（γ）とは、**原資産価格の微小変化**に対する**デルタの変化の比**のことを指す。

$$ガンマ=\frac{\Delta デルタ}{\Delta 原資産価格}$$

③ベガ（カッパ） 重要

オプションのベガ（ν）とは、**ボラティリティの微小変化**に対する**プレミアムの変化の比**を表す指標である。

$$ベガ=\frac{\Delta プレミアム}{\Delta ボラティリティ}$$

④セータ

オプションのセータ（θ）とは、満期までの**残存期間の微小変化**に対する**プレミアムの変化の比**のことを指す。

$$セータ=-\frac{\Delta プレミアム}{\Delta 残存期間}$$

⑤ロー 重要

オプションのロー（ρ）とは、**短期金利の微小変化**に対する**プレミアムの変化の比**のことを指す。

$$ロー=\frac{\Delta プレミアム}{\Delta 短期金利}$$

⑥オメガ 重要

オプションのオメガ（ω）とは、**原資産価格の変化率**（変化ではなく変化率で、原資産の投資収益率に当たる）に対する**プレミアムの変化率の比**を指す。

$$オメガ=\frac{プレミアムの変化率}{原資産価格の変化率}$$

◆現物・先物・オプションの感応度特性

	コールの買い	プットの買い	先物の買い	現物の買い
デルタ	0～1	−1～0	ほぼ1	1
ガンマ	＋	＋	0	0
ベガ	＋	＋	0	0
セータ	−	−	−	0

3．オプションの利用方法

オプション取引の利用方法（投資戦略）にはいろいろな方法があり、複雑に見えるが、基本は**コールの「買い」**及び**「売り」**、**プットの「買い」**及び**「売り」**の４つの取引（アウトライト取引）である。この４つの取引を組み合わせることで様々な投資戦略が可能となる。

つまり、市場価格の値動きの方向性やボラティリティの大きさなど、強気なストラテジー（戦略）に立つのか、又は逆に弱気なストラテジーに立つのか等により、「利益を多くとる」「リスクを少なくする」など様々な投資戦略を立てることができる。

◆オプション取引の４つの基本の取引

投資戦略	呼び名	市場価格の予想
コールの買い	ロング・コール	上がると予想
コールの売り	ショート・コール	やや軟化すると予想
プットの買い	ロング・プット	下がると予想
プットの売り	ショート・プット	緩やかに上昇すると予想

「買い」を「ロング」、「売り」を「ショート」という。

次ページ以降のコールの買い、コールの売り、プットの買い、プットの売りは、オプション取引の投資戦略の基本中の基本である。原資産の満期時の、損益のグラフの形を確実に理解し、覚えて欲しい。

そのほかの投資戦略は、これら４つの基本的な投資戦略の組合せである。

(1) コールの買い：市場価格が上がると予想する

重要

権利行使価格100円のコールを、1円のプレミアムで買った場合

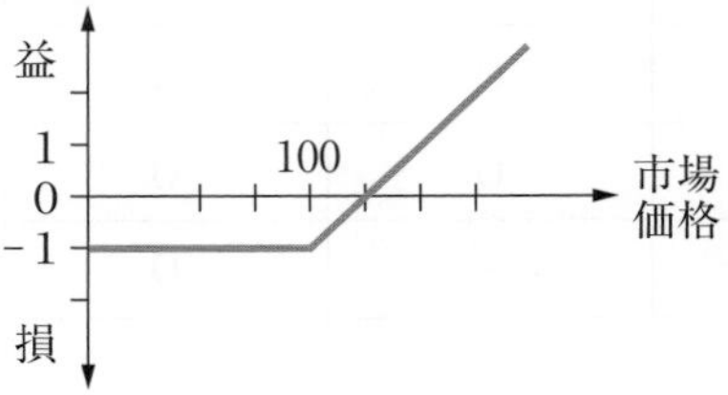

最大利益：限界なし
最大損失：　－1円
損益分岐点：　101円

※	98	99	100	101	102	103
損　益	－1	－1	**－1**	0	1	2

※満期時の市場価格

◉市場価格が101円より上昇した場合、上昇分だけ利益増大
（最大**利益**無限定）

◉市場価格が100円から101円の場合、支払ったプレミアムの一部回収
（損失はプレミアムの一部）

◉市場価格が100円より下落した場合、支払ったプレミアムの全額損失
（**損失はプレミアム分に**限定）

(2) コールの売り：市場価格がやや軟化すると予想する

重要

権利行使価格100円のコールを、1円のプレミアムで売った場合

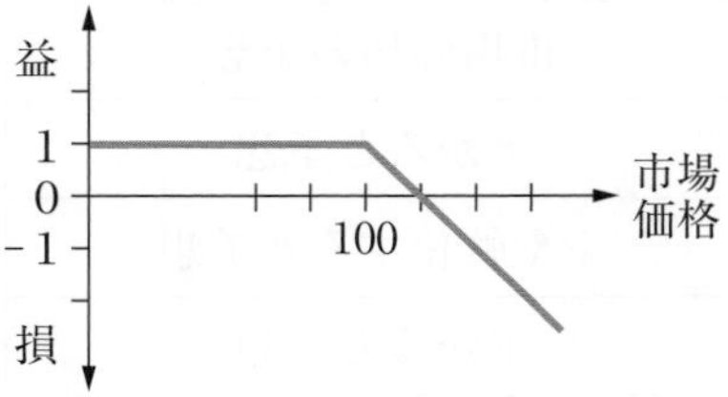

最大利益：　1円
最大損失：限界なし
損益分岐点：　101円

※	98	99	100	101	102	103
損　益	1	1	**1**	0	－1	－2

※満期時の市場価格

◉市場価格が101円より上昇した場合、上昇分だけ損失増大
（最大**損失**無限定）

◉市場価格が100円から101円の場合、受取ったプレミアムの範囲内から一部支払い（利益はプレミアムの一部）

◉市場価格が100円より下落した場合、受取ったプレミアムの全額利益
（**利益はプレミアム分に**限定）

(3) プットの買い：市場価格が下がると予想する

重要

権利行使価格100円のプットを、1円のプレミアムで買った場合

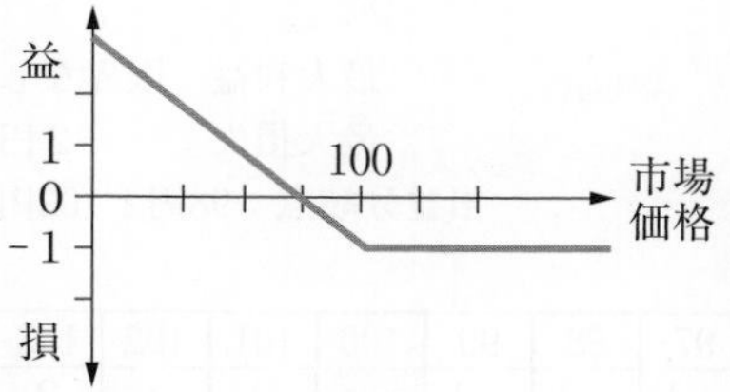

最大利益： 99円
最大損失： －1円
損益分岐点： 99円

※	97	98	99	100	101	102
損益	2	1	0	－1	－1	-1

※満期時の市場価格

◉市場価格が99円より下落した場合、下落分だけ利益増大
（最大**利益99円**）
⇒最大利益は99円であるが、外務員試験では、「**利益無限定**」とされる。

◉市場価格が99円から100円の場合、支払ったプレミアムの一部回収
（損失はプレミアムの一部）

◉市場価格が100円より上昇した場合、支払ったプレミアムの全額損失
（**損失はプレミアム分に限定**）

(4) プットの売り：市場価格が緩やかに上昇すると予想する

重要

権利行使価格100円のプットを、1円のプレミアムで売った場合

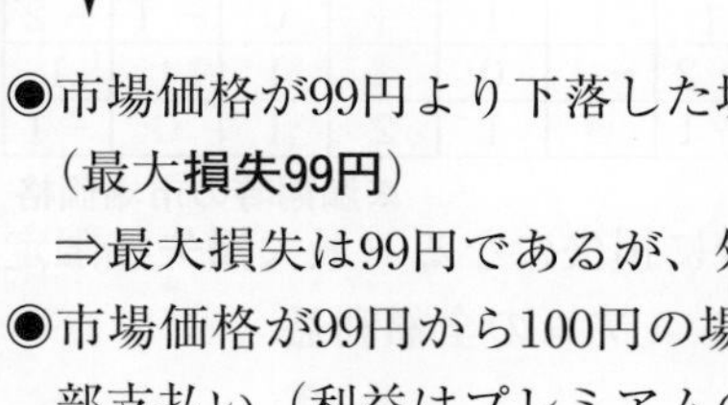

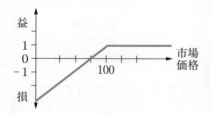

最大利益： 1円
最大損失： －99円
損益分岐点： 99円

※	97	98	99	100	101	102
損益	－2	－1	0	1	1	1

※満期時の市場価格

◉市場価格が99円より下落した場合、下落分だけ損失増大
（最大**損失99円**）
⇒最大損失は99円であるが、外務員試験では「**損失無限定**」とされる。

◉市場価格が99円から100円の場合、受取ったプレミアムの範囲内から一部支払い（利益はプレミアムの一部）

◉市場価格が100円より上昇した場合、受取ったプレミアムの全額利益
（**利益はプレミアム分に限定**）

(5) ストラドルの買い：市場価格が大きく変動すると予想する

同じ権利行使価格のコールとプットを組み合わせて同量買う戦略

権利行使価格100円のコールとプットを、１円のプレミアムで買った場合

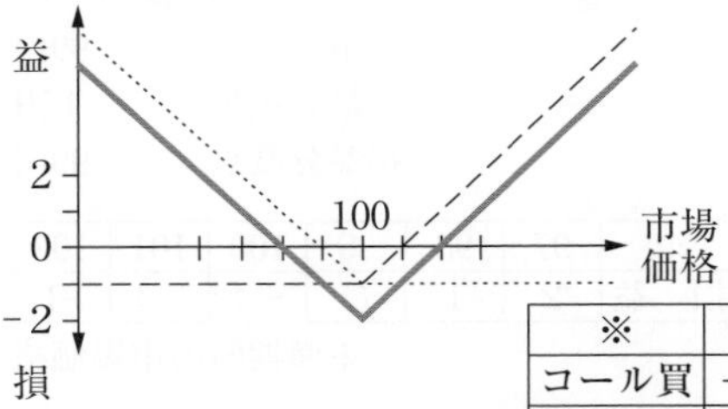

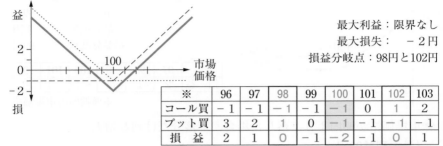

最大利益：限界なし
最大損失：　－２円
損益分岐点：98円と102円

※	96	97	98	99	100	101	102	103
コール買	－１	－１	－１	－１	－１	０	１	２
プット買	３	２	１	０	－１	－１	－１	－１
損　益	２	１	０	－１	－２	－１	０	１

※満期時の市場価格

◉市場価格が上下に大きく変動した場合に利益が出る
（最大**利益**無限定）

◉市場価格が100円の場合、支払ったプレミアムの全額損失
（**損失はプレミアム分に**限定）

◉**損益分岐点**が２つある

(6) ストラドルの売り：市場価格が小動きになると予想する

同じ権利行使価格のコールとプットを組み合わせて同量売る戦略

権利行使価格100円のコールとプットを、１円のプレミアムで売った場合

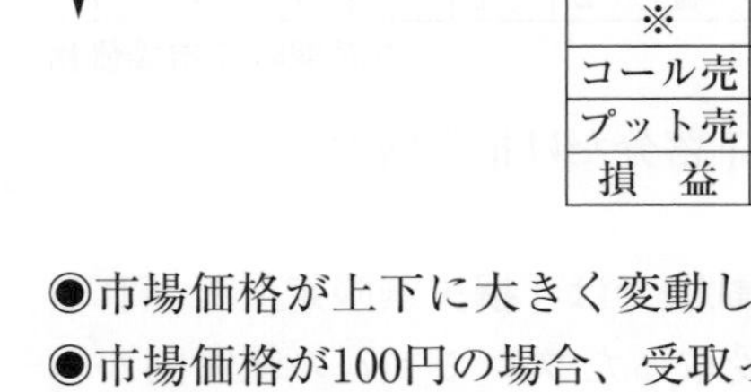

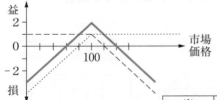

最大利益：　２円
最大損失：限界なし
損益分岐点：98円と102円

※	96	97	98	99	100	101	102	103
コール売	１	１	１	１	１	０	－１	－２
プット売	－３	－２	－１	０	１	１	１	１
損　益	－２	－１	０	１	２	１	０	－１

※満期時の市場価格

◉市場価格が上下に大きく変動した場合に損失になる（最大**損失**無限定）

◉市場価格が100円の場合、受取ったプレミアムの全額利益
（**利益はプレミアム分に**限定）

◉**損益分岐点**が２つある

（7） ストラングルの買い：市場価格が大きく変動すると予想する

異なった権利行使価格のコールとプットを同量買う戦略

権利行使価格102円のコールと98円のプットを1円のプレミアムで買った場合

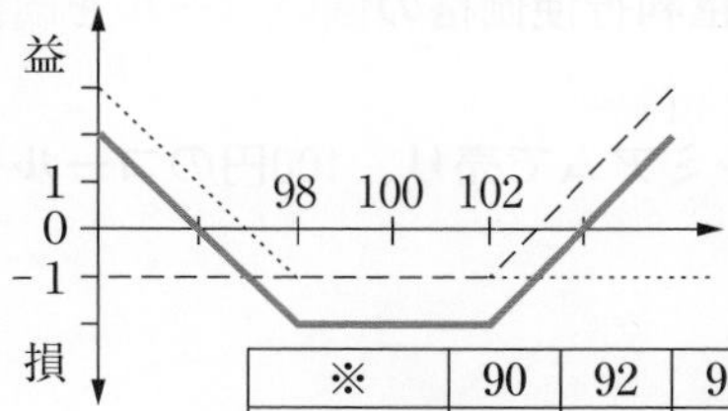

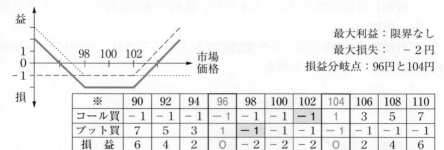

最大利益：限界なし
最大損失：－2円
損益分岐点：96円と104円

※	90	92	94	96	98	100	102	104	106	108	110
コール買	－1	－1	－1	－1	－1	－1	－1	1	3	5	7
プット買	7	5	3	1	－1	－1	－1	－1	－1	－1	－1
損　益	6	4	2	0	－2	－2	－2	0	2	4	6

※満期時の市場価格

◉市場価格が上下に大きく変動した場合に利益が出る（最大**利益**無限定）

◉市場価格が98円から102円の場合、支払ったプレミアムの全額損失
（**損失はプレミアム分に限定**）

◉**損益分岐点**が２つある

（8） ストラングルの売り：市場価格が小動きになると予想する

異なった権利行使価格のコールとプットを同量売る戦略

権利行使価格102円のコールと98円のプットを1円のプレミアムで売った場合

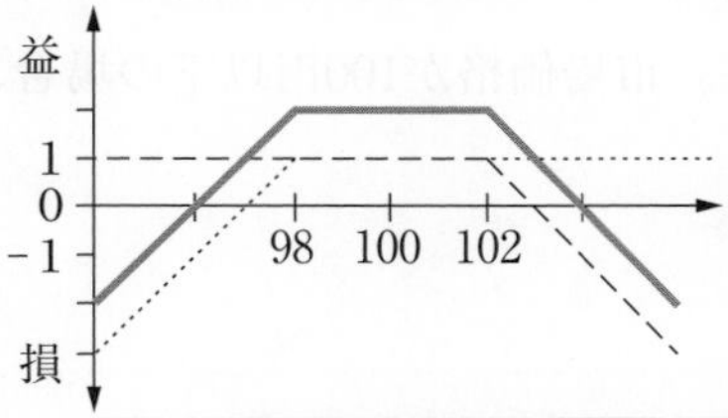

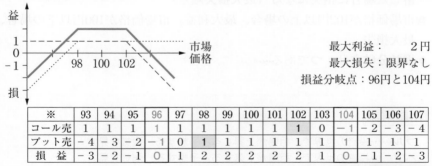

最大利益：　　2円
最大損失：限界なし
損益分岐点：96円と104円

※	93	94	95	96	97	98	99	100	101	102	103	104	105	106	107
コール売	1	1	1	1	1	1	1	1	1	1	0	－1	－2	－3	－4
プット売	－4	－3	－2	－1	0	1	1	1	1	1	1	1	1	1	1
損　益	－3	－2	－1	0	1	2	2	2	2	2	1	0	－1	－2	－3

※満期時の市場価格

◉市場価格が上下に大きく変動した場合に損失になる（最大**損失**無限定）

◉市場価格が98円から102円の場合、受取ったプレミアムの全額利益
（**利益はプレミアム分に限定**）

◉**損益分岐点**が２つある

（9） バーティカル・ブル・スプレッド

①バーティカル・ブル・コール・スプレッド

：市場価格がやや上昇すると予想する

権利行使価格の高いコールを売り、権利行使価格の低いコールを同量買う戦略

権利行使価格102円のコールを50銭のプレミアムで売り、100円のコールを1円のプレミアムで買った場合

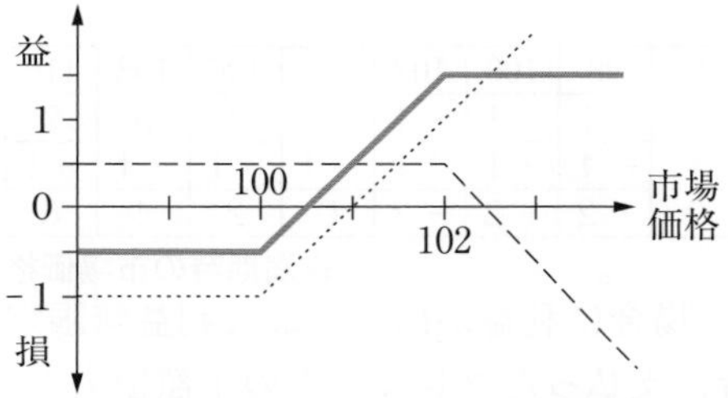

最大利益：　1.5円
最大損失：　−0.5円
損益分岐点：　100.5円

※	97	97.5	98	98.5	99	99.5	100	100.5	101	101.5	102	102.5	103	103.5	104
コール売	0.5	0.5	0.5	0.5	0.5	0.5	0.5	0.5	0.5	0.5	0.5	0	−0.5	−1	−1.5
コール買	−1	−1	−1	−1	−1	−1	−1	−0.5	0	0.5	1	1.5	2	2.5	3
損　益	−0.5	−0.5	−0.5	−0.5	−0.5	−0.5	−0.5	0	0.5	1	1.5	1.5	1.5	1.5	1.5

※満期時の市場価格

◉市場価格が上昇した場合に利益となり（最大**利益**限定）、市場価格が下落した場合に損失になる（最大**損失**限定）

◉市場価格が102円以上の場合、最大利益。市場価格が100円以下の場合、最大損失

◉**損益分岐点**は１つである

用語解説

ブル……投資の世界で、相場が上昇すると予想する、強気な見方。
ベア……投資の世界で、相場が下落すると予想する、弱気な見方。
損益分岐点……損益がゼロとなるときの価格(ブレーク・イーブン価格とも言う)。

②バーティカル・ブル・プット・スプレッド

：市場価格がやや上昇すると予想する

権利行使価格の高いプットを売り、権利行使価格の低いプットを同量買う戦略

権利行使価格102円のプットを２円50銭のプレミアムで売り、100円のプットを１円のプレミアムで買った場合

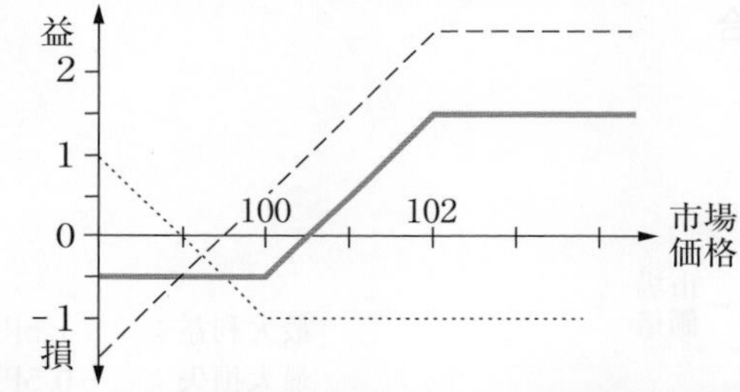

最大利益：　1.5円
最大損失：　−0.5円
損益分岐点：　100.5円

※	97	97.5	98	98.5	99	99.5	100	100.5	101	101.5	102	102.5	103	103.5	104
プット売	−2.5	−2	−1.5	−1	−0.5	0	0.5	1	1.5	2	2.5	2.5	2.5	2.5	2.5
プット買	2	1.5	1	0.5	0	−0.5	−1	−1	−1	−1	−1	−1	−1	−1	−1
損　益	−0.5	−0.5	−0.5	−0.5	−0.5	−0.5	−0.5	0	0.5	1	1.5	1.5	1.5	1.5	1.5

※満期時の市場価格

◉市場価格が上昇した場合に利益となり（最大**利益**限定）、市場価格が下落した場合に損失になる（最大**損失**限定）

◉市場価格が102円以上の場合、最大利益。市場価格が100円以下の場合、最大損失

◉**損益分岐点**は１つである

(10) バーティカル・ベア・スプレッド

①バーティカル・ベア・コール・スプレッド

：市場価格がやや下落すると予想する

権利行使価格の高いコールを買い、権利行使価格の低いコールを同量売る戦略

権利行使価格100円のコールを１円のプレミアムで買い、98円のコールを２円50銭のプレミアムで売った場合

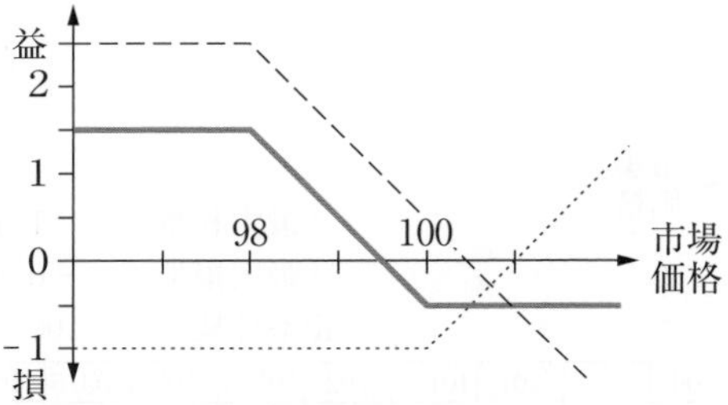

最大利益：　1.5円
最大損失：　−0.5円
損益分岐点：　99.5円

※	96	96.5	97	97.5	98	98.5	99	99.5	100	100.5	101	101.5	102
コール買	−1	−1	−1	−1	−1	−1	−1	−1	**−1**	−0.5	0	0.5	1
コール売	2.5	2.5	2.5	2.5	**2.5**	2	1.5	1	0.5	0	−0.5	−1	−1.5
損　益	1.5	1.5	1.5	1.5	1.5	1.0	0.5	0	−0.5	−0.5	−0.5	−0.5	−0.5

※満期時の市場価格

◉市場価格が下落した場合に利益となり（最大**利益**限定）、市場価格が上昇した場合に損失になる（最大**損失**限定）

◉市場価格が98円以下の場合、最大利益。市場価格が100円以上の場合、最大損失

◉**損益分岐点**は１つである

②**バーティカル・ベア・プット・スプレッド**
：市場価格がやや下落すると予想する

権利行使価格の高いプットを買い、権利行使価格の低いプットを同量売る戦略

権利行使価格100円のプットを1円のプレミアムで買い、98円のプットを50銭のプレミアムで売った場合

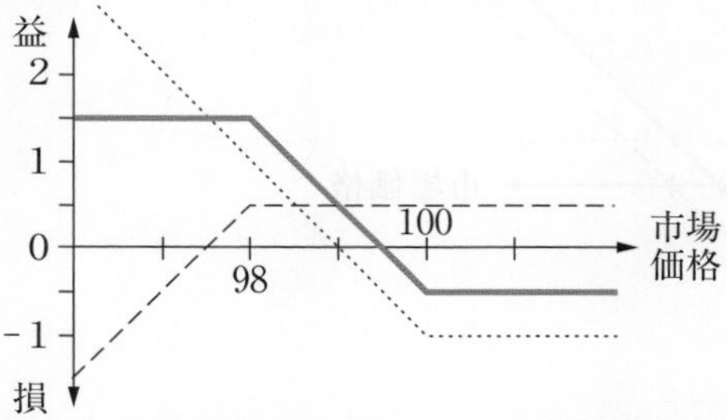

最大利益：　1.5円
最大損失：　−0.5円
損益分岐点：　99.5円

※	96	96.5	97	97.5	98	98.5	99	99.5	100	100.5	101
プット買	3	2.5	2	1.5	1	0.5	0	−0.5	−1	−1	−1
プット売	−1.5	−1	−0.5	0	0.5	0.5	0.5	0.5	0.5	0.5	0.5
損　益	1.5	1.5	1.5	1.5	1.5	1.0	0.5	0	−0.5	−0.5	−0.5

※満期時の市場価格

◉市場価格が下落した場合に利益となり（最大**利益限定**）、市場価格が上昇した場合に損失になる（最大**損失限定**）

◉市場価格が98円以下の場合、最大利益。市場価格が100円以上の場合、最大損失

◉**損益分岐点**は**1つ**である

重要

バーティカル・ブル・スプレッドは、市場価格が上昇すると予想するもので、コール、プット共に権利行使価格の高い方を売り、権利行使価格の低い方を買う戦略である。一方、バーティカル・ベア・スプレッドは、逆に、市場価格が下落すると予想するもので、コール、プット共に権利行使価格の高い方を買い、権利行使価格の低い方を売る戦略である。

(11)　**合成先物の買い**：先行き強気を予想する

同じ**権利行使価格**、同じ**限月**で同量**のコールの買い**と**プットの売り**を合わせて合成先物を作ると、あたかも先物の買い**ポジション**を持ったかのようになる。同じ限月物で組み合わせればよいから、先物取引にない限月物の先物をオプションを用いて作ることが可能となる。

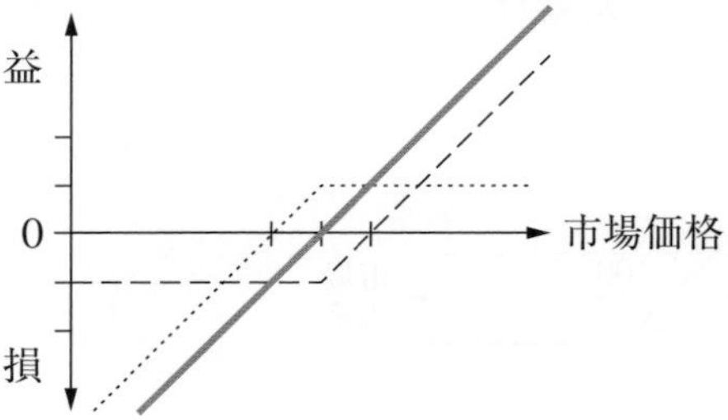

(12)　**合成先物の売り**：先行き弱気を予想する

同じ権利行使価格、同じ限月で同量のコールの売りとプットの買いを組み合わせると、先物の売りと同じポジションを作ることができる。

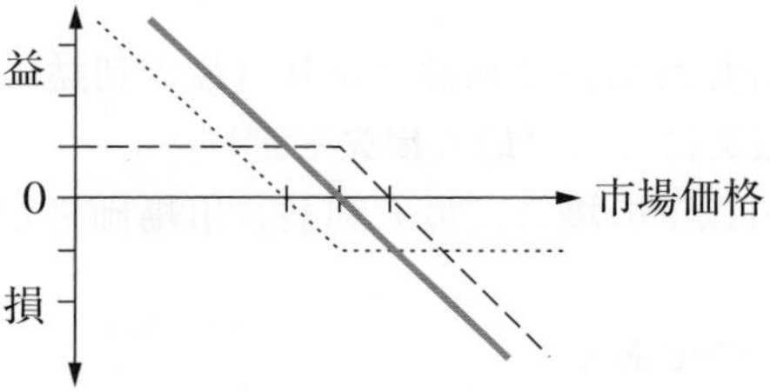

(13)　カバード・コール：市場の上値が重いと予想する

「原資産買い持ち＋コールの売り」で作るポジションで、**原資産が値下がりしても、プレミアム分を得て利回りアップを望む**投資家に用いられる。

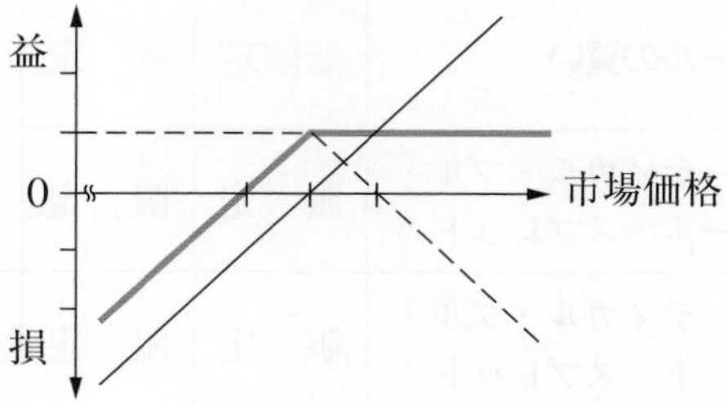

(14)　プロテクティブ・プット：目先市場は調整局面になりそうだと予想する

「原資産買い持ち＋プットの買い」で作るポジションで、**コストを支払ってもよいからダウンサイド・リスクのヘッジをしたい**投資者に用いられる。

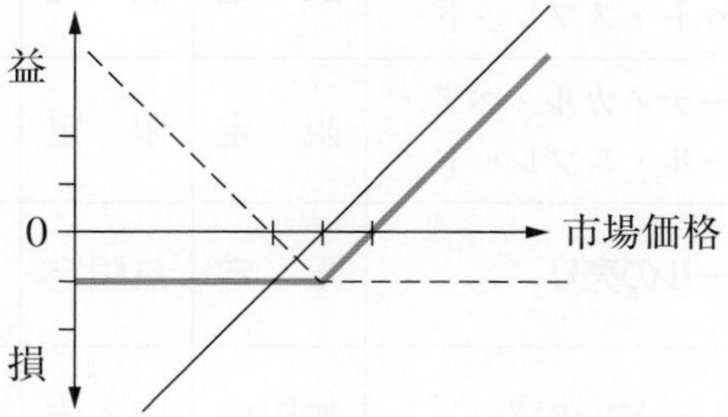

◆主なオプション投資戦略

オプションの投資戦略		利 益	損 失	損益線の形状	損益分岐点の数
市場価格について**強気**の投資戦略	**コールの買い**	無限定	限 定		1
	バーティカル・ブル・コール・スプレッド	限 定	限 定		1
	バーティカル・ブル・プット・スプレッド	限 定	限 定		1
	プットの売り	限 定	無限定	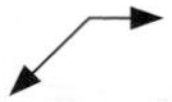	1
市場価格について**弱気**の投資戦略	**プットの買い**	無限定	限 定	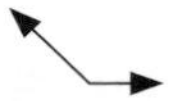	1
	バーティカル・ベア・プット・スプレッド	限 定	限 定	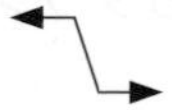	1
	バーティカル・ベア・コール・スプレッド	限 定	限 定		1
	コールの売り	限 定	無限定	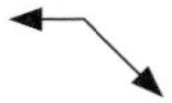	1
ボラティリティについて強気の投資戦略	ストラドルの買い	無限定	限 定	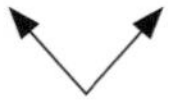	2
	ストラングルの買い	無限定	限 定		2
ボラティリティについて弱気の投資戦略	ストラドルの売り	限 定	無限定	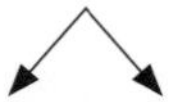	2
	ストラングルの売り	限 定	無限定		2

4 スワップ取引の概要

1. スワップ取引とは

契約の当事者である二者間で、スタート日付から満期までの一定間隔の**支払日（ペイメント日）**にキャッシュ・フローを交換する取引のことであり、店頭デリバティブの中で最も一般的に扱われている。

スワップ取引は必ずしも元本の交換を伴わないため、スワップの取引規模を**想定元本**として表示するのが一般的である。

2. ベンチマークとして用いられる金利

店頭デリバティブで使われる、つまり、ベンチマークとして参照される金利は、2021年後半まで円やドル、ユーロのLIBORやスワップレートがほとんどであった。

◆金利の表示法

表示法	分子	分母	慣習例
Act/365	対応期間の実日数	365 （閏年は366に調整）	日本、英国の短期金利 円-円スワップレート
Act/360	対応期間の実日数	360	ユーロ円LIBOR 米国の短期金利
30/360	対応期間の月数×30 ＋月中日数の加減	360 （30/360、30Ｅ/360）	ボンド・ベース

Actとは、「アクチュアル（Actual）」の略であり、カレンダー上の実日数を意味する。分母の数字は１年間を何日とみなしているかを表示している。これをもとに、以下の計算式で受け払いされる金額が決まる。

（実際の）受払金額＝額面×レート（年率表示）×年数（比率）

2021年末を以ってLIBORは恒久的な公表停止となった（米国のUSドルLIBORは2023年６月末に延期）。したがって、対象となる既存のLIBOR関連のデリバティブ取引について、取引の当事者は、①LIBORフォールバックという代替金利に変更するか、②既存取引を解約し、RFR（リスクフリーレート）ベースの同様の新規取引をするかの二択を選び対応しなければならなくなった。

なお、日本円LIBORの代替金利指標として以下の３つが候補となっている。

◆日本円LIBORの代替金利指標

	TONA複利/後決め	TORF	TIBOR【※】
金利指標が依拠するレート	TONA（無担保コールO/N物金利）	日本円OIS金利	TIBOR
テナー（金利期間）	—	1M、3M、6M	1W、1M、2M 3M、6M、12M
年率表示（day count）	Act/365	Act/365	Act/365
金利決定のタイミング	後決め	前決め	前決め
（銀行の）信用リスク	含まない	含まない	含む
システム・オペレーション負荷	高い	低い	低い

【※】東京における銀行間貸出金利であり、「タイボー」と呼ぶ。

LIBORが、「先決め」（契約時点で金利が決まっている）であるのに対し、RFRは「後決め」（金利期間最終日になるまで金利がわからない）であることから、LIBORフォールバックレートの適用は「後決め」となる。なお、日本円LIBORの代替金利指標であるTONA複利も「後決め」である。

３．スワップ取引の特徴

スワップ取引は、金利スワップ、通貨スワップ、クレジット・デフォルト・スワップ（CDS）及びトータル・リターン・スワップ（TRS）、エクイティ・スワップ、あるいは、保険スワップなどに分かれる。

スワップは上場物として取引所で取引されるものではなく、**相対取引**（店頭物／OTC）である。

5 デリバティブ取引のリスク

市場デリバティブも店頭デリバティブも、様々な種類のリスクにさらされている。

1. リスクの分類

リスクの種類	内　容
市場リスク	市場価格や金利や為替レートなどが予見不能な、あるいは、確率的に変動するリスク（マーケット・リスク）
信用リスク	信用力の予期しない変化に関連して、価格が確率的に変化するリスク（融資先、発行企業、カウンターパーティ・リスク）
流動性リスク	ポジションを解消する際、十分な出来高がなく取引できないリスク、潜在的にかかるアンワインド・コスト（解消するためのリスク）など
オペレーショナル・リスク	犯罪、システム・トラブル、トレーディング・ミスなどのリスク
システミック・リスク	マーケット全体の流動性の崩壊や、連鎖倒産などのリスク
複雑性リスク	時価評価でのモデル・リスク、パラメータ・リスク、規制や制度変更対応のリスク

2. マーケット（市場）リスク

「マーケット（市場）リスク」とは、**市場価格**や**ファクター**（金利・為替レート）の変動から**生じるリスク**である。

ロングでもショートであっても、デリバティブを単体でポジションを持っている場合、市場リスクが最大のリスク要因になる。

3．信用リスク

（1） カウンターパーティ・リスク

「**カウンターパーティ**」とは、デリバティブ取引におけるその**取引の相手方**をいい、**カウンターパーティの信用リスク**のことを「カウンターパーティ・リスク」という。

市場**取引**	証拠金や追証（マージンコール）などの制度が整備されているため「カウンターパーティ・リスク」**を考慮する必要はほとんどない**
店頭**取引**	**相対取引**であるため、必然的に「カウンターパーティ・リスク」**にさらされる**

注意
カウンターパーティ・リスクの有無について、市場取引と店頭取引の入れ替えに注意すること。

（2） 店頭デリバティブのリスク

店頭デリバティブの場合は、相対取引のため必然的に**相手先の**デフォルト・リスク（信用リスク）にさらされる。

取引先が評価損を負っている（当方に評価益がある）場合、取引先がデフォルトすると、評価益を実現できなくなる。

仮に、スワップ契約先がデフォルトした場合、同様の経済効果を享受するためには、同種のスワップを別の取引相手と再度締結し直さなければならず、その再構築にはコストがかかってしまう。

このような期待損失額を「**エクスポージャー**（exposure）」と呼ぶ。

エクスポージャーとは、特定のリスクにどの程度さらされているかを示す量を指すが、カウンターパーティ・リスクの場合では、予期される損害金（再構築コスト）を意味する。

4. 流動性リスク

市場デリバティブ取引	店頭デリバティブ取引
ヨーロピアン・コールやプットといった**プレーンバニラ**(基本的)・オプションが用いられるケースが大半であり市場**流動性は店頭デリバティブに比べて**高い	顧客ニーズに沿った商品設計などオーダーメイド的な要素を含んだオプション(エキゾティック・オプション)を内包しているものが多いため、**流動性は市場デリバティブに比べて**低い

エキゾティックなデリバティブ商品は、店頭デリバティブであるケースがほとんどであるため、一般的に市場流動性はさほど大きくないと思われる。しかし、金融商品の種類によっては、例えば、プレーンバニラな金融商品(標準化された定型商品、典型的なヨーロピアン・オプションなど)については、市場デリバティブよりも店頭デリバティブの方が需要があり流動性が高いといったケースもあり得る。

5. その他のリスク

オペレーショナル・リスク	業務活動に係る包括的なリスク、すなわち、内部プロセス、人、システムが不適切であることや機能不全、又は外生的事象に起因する損失にかかわるリスク
システミック・リスク	単一の企業やグループがデフォルトを起こしたとき、あるいは特定の市場での機能不全が、市場又は金融システム全体に波及するリスク
複雑性リスク	店頭デリバティブに特徴的な、金融商品の複雑性に伴う個別的リスク

これは必須！

◎演習問題◎

次の文章について、正しい場合は○、正しくない場合は×にマークしなさい。

1. 先物価格が現物価格より高い状態を「先物がプレミアム」という。
2. ヘッジ取引とは、先物市場において現物と反対のポジションを設定することによって、現物の価格変動リスクを回避しようとする取引である。
3. カレンダー・スプレッド取引とは、異なる商品間の先物価格差を利用した取引である。
4. 裁定取引とは、あるものの価格関係において、一時的に乖離が生じた場合、割高なものを売って、同時に割安なものを買い、後に乖離が縮小し、割高・割安の状態が解消されたところでそれぞれ決済を行い、利益を取る取引である。
5. スペキュレーション取引とは、先物の価格変動をとらえて利益を獲得することのみに着目する取引である。
6. 先物取引とは、商品の種類、取引単位、満期、決済方法等の条件を、すべて売買の当事者間で任意に定めることができる相対取引である。
7. オプション取引において、買う権利のことを「プット」、売る権利のことを「コール」という。
8. オプション取引の権利行使のタイミングで、満期日のみ権利行使可能なものをアメリカン・タイプという。
9. 原資産価格が上昇すれば、コール・オプション、プット・オプション共にプレミアムは高くなる。
10. 原資産価格に対して、高い権利行使価格のコール・オプションのプレミアムは高くなり、プット・オプションのプレミアムは低くなる。
11. 残存期間が短くなるほど、コール・オプション、プット・オプション共にプレミアムは高くなる。
12. ボラティリティが上昇すれば、コール・オプションのプレミアムは高くなり、プット・オプションのプレミアムは低くなる。
13. 短期金利が上昇すれば、コール・オプションのプレミアムは高くなり、プット・オプションのプレミアムは低くなる。
14. オプションのデルタとは、原資産価格の微小変化に対するプレミアムの変化の比のことを指す。
15. オプションのオメガとは、短期金利の微小変化に対するプレミアムの変化の割合のことを指す。
16. オプションのガンマとは、ボラティリティの微小変化に対するプレミアムの変化の比を表す指標である。

17. オプションのローとは、短期金利の微小変化に対するプレミアムの変化の割合のことを指す。
18. オプションのベガとは、原資産価格の微小変化に対するデルタの変化の比のことを指す。
19. コールのデルタは0～1、プットのデルタは、－1～0の範囲で動く。
20. バーティカル・ブル・コール・スプレッドは、市場価格がやや下落すると予想するときの投資戦略である。

解答

1．○　先物価格が現物価格より低い状態を「先物がディスカウント」という。
2．○
3．×　カレンダー・スプレッド取引とは、同一商品の先物の異なる２つの限月の取引の価格差が一定の水準近辺で動くことを利用した取引である。
4．○　２つの先物の価格差を利用してサヤを取る取引のことをスプレッド取引といい、先物と現物との価格差を利用してサヤを取る取引のことをベーシス取引という。
5．○
6．×　先物取引は、諸条件がすべて標準化された取引所取引である。問題文は、先渡取引の記述である。
7．×　オプション取引において、買う権利のことを「コール」、売る権利のことを「プット」という。
8．×　オプション取引の権利行使のタイミングで、満期日のみ権利行使可能なものをヨーロピアン・タイプ、満期日以前にいつでも権利行使可能なものをアメリカン・タイプという。
9．×　原資産価格が上昇すれば、コール・オプションのプレミアムは高くなるが、プット・オプションのプレミアムは低くなる。
10．×　原資産価格に対して、高い権利行使価格のコール・オプションのプレミアムは低くなり、プット・オプションのプレミアムは高くなる。
11．×　残存期間が短くなるほど、コール・オプション、プット・オプション共にプレミアムは低くなる。
12．×　ボラティリティが上昇すれば、コール・オプション、プット・オプション共にプレミアムは高くなる。
13．○
14．○
15．×　オプションのオメガとは、原資産価格の変化率に対するプレミアムの変化率の割合を指す。
16．×　オプションのガンマとは、原資産価格の微小変化に対するデルタの変化の比のことを指す。
17．○
18．×　オプションのベガとは、ボラティリティの微小変化に対するプレミアムの変化の比を表す指標である。
19．○
20．×　バーティカル・ブル・コール・スプレッドは、市場価格がやや上昇すると予想するときの投資戦略である。

第16章
デリバティブ取引の商品

一種のみ

先物取引では、国債先物取引や指数先物取引及び商品先物取引の制度概要や損益及び証拠金の計算について理解しましょう。オプション取引では、指数オプションのSQ値との最終決済の計算問題が必須です。店頭デリバティブ取引では、クレジット・デリバティブ、保険デリバティブをはじめ、各スワップ取引の商品性を理解しましょう。

1 市場デリバティブ取引について

1．市場デリバティブ取引について

デリバティブ取引には、取引所において取引制度（原資産・限月など）が規定化された**市場デリバティブ取引**と、取引制度が当事者間のオーダーメイドにより自由に設定することが可能な**店頭デリバティブ取引**がある。

市場デリバティブの取引対象には、株価指数、国債、金利などがあり、2020年７月以降、金や白金等の商品が加わった。株価指数や国債、個別の有価証券及び商品は、**大阪取引所（以下「OSE」という）**で、また、金利などの取引については東京金融取引所においても取引が行われている。

2．市場デリバティブ取引の制度（大阪取引所）

（1） 個別競争取引と立会外取引

市場デリバティブ取引の立会市場においては、現物株式市場と同様に価格優先及び時間優先の原則に従い個別競争売買により取引が行われている。

また、価格決定方式は、ザラ場方式と板寄せ方式の２種類がある。

OSEでは、**立会外取引（J-NET。**あらかじめ取引相手を指定し、同一限月取引の売付けと買付けを同時に行う取引）も可能で、大口数量の注文などで用いられる。

（2） 呼値の刻み及び取引単位

投資家は、取引所が商品ごとにあらかじめ定めた呼値の刻み（ティック）、取引単位に従って注文を行う。

商品		呼値の単位	取引単位
先物取引	日経225先物	10円	1,000円
	TOPIX先物	0.5ポイント	10,000円
	国債先物（中・長期）	1銭	1億円
オプション取引	日経225オプション	100円以下：1円 100円超　：5円	1,000円
	TOPIXオプション	20ポイント以下：0.1ポイント 20ポイント超　：0.5ポイント	10,000円
	国債先物オプション	1銭	1億円

(3) 限　月

限月とは、ある先物・オプション取引の**期**限**が満了となる**月のことである。取引所では取引される市場デリバティブ取引は、あらかじめ取引所が限月を指定して取引が行われる。例えば、限月が○○年３月といえば、○○年３月に取引が終了する先物やオプションのことである。

例えば「四半期限月の**3限月取引**」とは、現在を○○年４月とすれば、○○年6**月限**、9**月限**、12**月限**の**3つの限月**が上場されていて、取引できるということである。

その他、各週で満了日を迎える週次限月取引や毎営業日ごとに期限が満了となる日（**限日**）をもつ先物取引もある。

(4) 制限値幅・取引の一時中断措置

通常、市場デリバティブ取引では、取引所により１日の価格変動幅に一定の制限（制限値幅）が設けられている。１日の間の過度な価格の上昇や下落を防ぐことが制度の趣旨だが、これにより、相場が激変したとき等に市場参加者の混乱を抑える効果が期待されており、ひいては投資者保護にもつながるものとなっている。

重要　相場過熱時に投資家に冷静な投資判断を促し、相場の乱高下を防止するため、各限月取引の中心限月取引の価格が取引所の定める変動幅（**制限値幅**）に達した場合、他の限月取引を含むすべての限月取引において**取引の一時中断措置**が実施される（**サーキット・ブレーカー制度**）。

(5) ギブアップ制度

重要　注文の**執行業務**とポジション・証拠金の管理といった**清算業務を異なった取引参加者に依頼することができる制度**をいう。

顧客、注文執行参加者及び清算執行参加者の３者間でギブアップ契約を締結することにより可能となる。

OSEの指定清算機関である日本証券クリアリング機構（以下「**クリアリング機構**」という）では、建玉をある参加者から別の参加者に移管する建玉移管制度が導入されている。

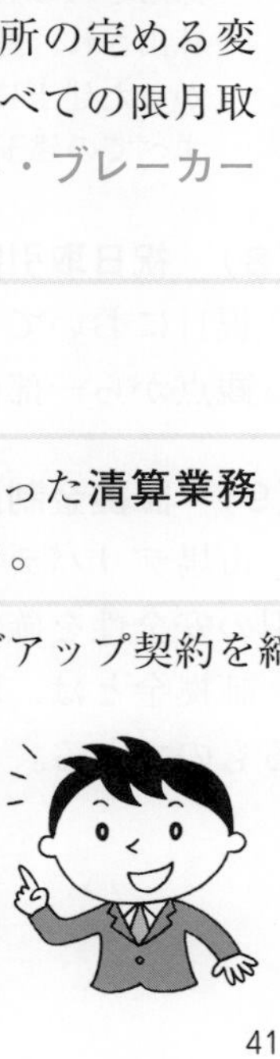

（6） マーケットメイカー制度

重要 取引所が指定するマーケットメイカーが、特定の銘柄に対して一定の条件で継続的に**売呼値**及び**買呼値**を**提示する**ことにより、投資者がいつでも取引できる環境を整える制度である。

マーケットメイカーは気配提示を行うことにより、充足要件を満たした場合にはインセンティブを受領する。大阪取引所では一部の商品を除き、同制度が導入されている。

注意
「ギブアップ制度」と「マーケットメイカー制度」の入れ替えに注意すること。

（7） 清算値段

市場で取引されている銘柄について、清算機関により取引日ごとに評価額（商品により清算値段、清算価格又は清算数値と呼ばれている）が決定されており、投資家の保有するポートフォリオの時価評価等に用いられている。

指数先物取引等の最終決済は、取引最終日の翌営業日に算出される特別清算数値（SQ値）[※] により行われる。

【※】特別清算数値（SQ値）又は最終清算数値とは、指数先物取引等の権利行使の際に採用される数値で、取引最終日の翌営業日に、各指数の採用銘柄の始値に基づいて算出され、当日の立会終了時以降に公表される。取引最終日までに決済が行われなかった建玉については、取引最終日の翌営業日にSQ値で強制的に決済が行われ、すべての建玉が解消される。

（8） 祝日取引制度

祝日においてもヘッジ取引機会を提供することで投資家の利便性向上を図る観点から一部の商品を除き、祝日取引制度が導入されている。

（9） 証拠金制度

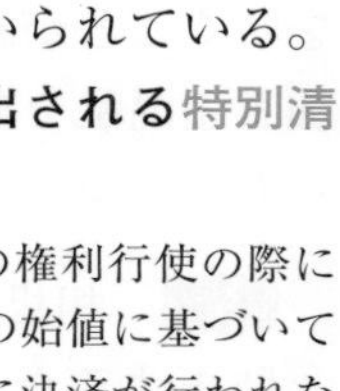

市場デリバティブ取引においては、決済履行を保証し取引の安全性を確保するため、証拠金制度が採用されている。

証拠金とは、取引契約の履行を担保するために差し入れるものである。

顧客が取引を行った場合には、**翌営業日**までの清算参加者である**金融商品取引業者**（以下「証券会社」という）**が指定する日時までに**、当該証券会社に**証拠金**を差し入れなくてはならない。

証拠金は、通貨（円又は米ドル）のほか、**有価証券での代用**が可能である。

顧客が差し入れた**証拠金**は、清算参加者を通じて清算機関（OSEにおける取引の場合指定清算機関である**クリアリング機構**）へ差し入れられる。

①証拠金所要額計算方法

証拠金所要額とは、ポートフォリオ全体の建玉について必要とされる証拠金額である。現在、大阪取引所の指定清算機関であるクリアリング機構は、証拠金所要額の計算に**VaR**（Value at Risk）**方式**を採用している。VaR方式はヒストリカル・シミュレーション方式（HS-VaR方式）と代替的方式（AS-VaR方式）の２つの方式があり、HS-VaR方式では、過去のマーケットデータ等を基にシナリオを作成し、これらのシナリオに応じてポートフォリオ単位の損益額を計算し、損益額のうち99%をカバーする金額を証拠金所要額とする。また、AS-VaR方式では、想定する価格変動等のパラメータをあらかじめ設定し、パラメータを基に作成したシナリオに応じてポートフォリオ単位の損益額を算出し、損失が最大となるシナリオの損失額を証拠金所要額とする。

②顧客と証券会社等の間の受払い

受入証拠金[※1]の総額が証拠金所要額を下回っている場合は、顧客は不足額を現金又は有価証券にて証券会社等の請求に基づき、当該証券会社等に差し入れる。逆に超過の場合は引出しが可能である。

【※1】受入証拠金は、先物取引及びオプション取引について顧客が証拠金として差し入れている金銭及び代用有価証券の額に、顧客の現金（受取り又は支払い）予定額を加減し計算する。

ただし、顧客が差し入れている金銭の額が顧客の現金支払予定額[※2]を下回った場合は、不足額を現金にて差し入れる。

> **重要**　証拠金の受払いは、**過不足が生じた日の翌営業日**（非居住者は翌々営業日）までの証券会社等が指定する日時までに、当該証券会社等に差し入れる（**値洗い制度**）。

【※2】顧客の現金(受取り又は支払い)予定額とは、先物取引における計算上の損益額及び未決済の決済損益額並びにオプション取引の未決済の取引代金の合計額。

重要

証拠金不足額	代用有価証券の値下がりによる証拠金不足	⇨ 全額有価証券で代用できる
現金不足額	先物建玉の評価損による証拠金不足	⇨ 全額現金で差し入れる

③日中取引証拠金・緊急取引証拠金

市場デリバティブ取引においては、日々授受を行う通常の証拠金制度に加え、清算参加者破綻時における想定損失削減の観点から日中取引証拠金制度が、同一日のなかでの相場が大きく変動した際の決済履行を保証する観点から、緊急取引証拠金制度が導入されている。

日中取引証拠金は毎営業日の午前11時時点（長期国債先物は午前立会終了時点）にリスク額の再計算を行い、リスク額が拡大した場合において、証券会社等に日中に追加の預託を求める制度である。

緊急取引証拠金はOSEの午後１時までの立会状況において相場が異常に大きく変動し、清算機関が必要と認める場合に証券会社等が預託するものである。

自己分の日中取引証拠金所要額・緊急取引証拠金所要額の適用により取引証拠金預託額に不足が生じた場合は、それぞれ午後２時・午後４時までに預託しなければならない。

なお、両証拠金とも**有価証券による代用が可能**である。

注意

「市場デリバティブ取引における緊急取引証拠金は、必ず現金で差し入れなければならない。」と出題されると誤り。

2 先物取引

1．国債先物取引

（1） 特徴と商品

国債を取引対象とする市場デリバティブ取引においては、個々の国債銘柄を原資産とするのではなく、**標準物**という**利率と償還期限を常に一定とする架空の債券**を原資産とすることによって行われている。

現在わが国で行われている国債先物取引は、すべてこの標準物を原資産としている。そして、期限満了の際の受渡決済では、受渡しの対象となる国債銘柄を複数定める**バスケット方式**によって行われている。

◆標準物を原資産とするメリット

ア）対象銘柄を変更する必要がない
イ）個別銘柄の属性に影響されない
ウ）価格の継続性が維持される

（2） 決済 重要

国債先物取引の決済方法は、以下の２つの方法がある。

差金決済	取引最終日までに**反対売買により売り値と買い値の差額で決済**する方法
受渡決済	**先物の売方が手持ちの現物債を渡して（現渡し）代金の支払いを受け、買方が代金を支払うと同時に現物債を引き取る（現引き）という決済**

取引最終日までに反対売買により決済されなかった場合、その建玉はすべて現渡し・現引きにより決済される（ミニ取引は差金決済のみ）。

注意

国債先物取引の決済方法には、差金決済と受渡決済の２とおりがあることを理解すること。

注意

「国債先物取引における差金決済では、約定価格の全額を受渡しする」と出題されると誤り。

重要 取引所は、現存する国債のうち一定の条件を満たしたものを「受渡適格銘柄」として、この中から現渡し・現引きするよう定めている。

なお、受渡決済においては、売方（現渡し側）が**銘柄の**選択権を持ち、買方（現引き側）は銘柄を指定できない。

注意

「国債先物取引の受渡決済においては、買方が銘柄の選択権を持ち、売方は銘柄を指定できない」と出題されると誤り。入れ替えに注意すること。

国債先物取引の対象は、架空の債券（**標準物**）であるので、実際に現渡し・現引きを行う場合には、標準物と受渡適格銘柄の価値を同一にするための調整が必要になる。この調整を行う比率をコンバージョン・ファクター（**交換比率**）という。

◆国債先物取引の制度概要 重要

商品名	中期国債先物	長期国債先物	超長期国債先物(ミニ)
原資産	中期国債標準物（償還期限５年 利率年３％）	長期国債標準物（償還期限10年 利率年６％）	超長期国債標準物（償還期限20年 利率年３％）
限　月	3、6、9、12月（**3限月取引**・最長９ヵ月）		
取引単位	額面１億**円**		額面１千万円
受渡決済期日	各限月20**日**（ただし、休日に当たる時は順次繰下げ）		
取引最終日	受渡決済期日の５**営業日前**に終了する取引日（午後立会まで）		
新限月の取引開始日	直近限月の取引最終日の**翌営業日**		
受渡適格銘柄	売方**が選定**		
呼値の刻み	額面100円当たりにつき１銭		
最終決済方法	受渡**決済**		
注文方法	指値及び成行		
差金の授受	反対売買を行った日の翌営業日		
委託手数料	顧客と証券会社との合意により決定		

ミニ長期国債先物の取引単位は10万円に長期国債標準物の価格を乗じて得た額（額面1,000万円）、呼値の単位は額面100円当たり0.5銭となる。また、最終決済方法は、差金決済となる。

計算問題編

◎演習問題◎

現在、Aさんは長期国債現物を額面10億円保有している。長期国債現物の価格は現在108.00円、長期国債先物の価格は142.00円であるが、先行き金利が上昇し債券相場が値下がりすることが懸念されている。１ヵ月後、懸念したとおり金利は上昇、長期国債現物の価格は値下がりし104.00円、長期国債先物価格は138.00円になった。しかし、２ヵ月後には、長期国債現物価格は108.50円、長期国債先物価格は142.20円になった。この場合、Aさんが以下の投資を行った場合に、結果として最も収益をあげる投資方法を記述しているものとして、正しいものの番号を１つマークしなさい。なお、手数料、税金等は考慮しないものとする。

1. そのまま長期国債10億円を保有し、２ヵ月後に売却した。
2. 直ちに保有する長期国債現物と同額面の長期国債先物を売り、２ヵ月後に長期国債先物を全額買戻し、長期国債現物も全額売却した。
3. 直ちに保有する長期国債現物と同額面の長期国債先物を売り、１ヵ月後に長期国債先物を全額買戻し、長期国債現物も全額売却した。
4. １ヵ月後に長期国債現物と同額面の長期国債先物を売り、２ヵ月後に長期国債先物を全額買戻し、長期国債現物も全額売却した。
5. １ヵ月後に長期国債現物と同額面の長期国債先物を買い、２ヵ月後に長期国債先物を全額売却し、長期国債現物も全額売却した。

	長期国債現物	長期国債先物
現在の価格	108.00円	142.00円
１ヵ月後の価格	104.00円	138.00円
２ヵ月後の価格	108.50円	142.20円

①保有している長期国債現物は、最も高い２ヵ月後の108.50円で売却すると、最も収益を獲得できる。
②長期国債先物は、最も安い１ヵ月後の138.00円で買建て、最も高い２ヵ月後の142.20円で転売すると、最も収益を獲得できる。
③したがって、上記①及び②を組み合わせた投資を行っているのは、選択肢５である。

計算問題編

◎演習問題◎

10年長期国債（現物）を額面10億円保有している顧客が、今後の金利上昇を懸念して、同額面の長期国債先物を売り建てることにした。現在の先物価格は141.20円である。その後、先物価格が138.50円になったところで買い戻した場合の損益はいくらか。

$$(141.20円-138.50円)\times\frac{1億円}{100円}\times 10単位=\underline{2,700万円}$$

<解答のポイント>

①額面10億円ではなく10単位と表記された場合は10単位を10億円に置き換える。
②先物の損益は「売り－買い」の値がプラスなら利益、マイナスなら損失となる。
③②の数値を相殺した数値×額面(10億円)÷100（損益を求める簡便法）

計算問題編

◎演習問題◎

現在、長期国債先物の期近限月が110.50円、期先限月が110.00円である。先行き金利水準が低下し、長・短金利差が拡大してスプレッドが拡大すると考えられるので、額面10億円のスプレッドの買いを行った。その後、予想したように債券相場は上昇し、長期国債先物の期近限月は115.70円、期先限月は114.90円となった。ここで反対売買した場合の損益はいくらか。

	期近限月	期先限月	スプレッド
開始時	買建て　110.50円	売建て　110.00円	0.50円
終了時	転　売　115.70円	買戻し　114.90円	0.80円
損　益	＋5.20円	－4.90円	

期近限月＝115.70円－110.50円＝5.20円　………②
期先限月＝110.00円－114.90円＝－4.90円　………②

$$損益=(5.20円-4.90円)\times\frac{1億円}{100円}\times 10単位=\underline{300万円}\quad\cdots\cdots\cdots③$$

期近限月の利益と期先限月の損失を相殺することにより、300万円の利益になる。

計算問題編

◎演習問題◎

長期国債先物を100円で額面10億円買い建てた。対応する証拠金所要額は6,000万円と計算され、全額代用有価証券で差し入れたとする。翌日、長期国債先物の清算値段が98円50銭に下落し、代用有価証券に200万円の評価損が出た場合、差し入れる証拠金の額はいくらか。

なお、建玉残10単位に対する証拠金所要額は6,000万円で変わらなかったものとする。

値洗後の差入証拠金＝現金＋代用有価証券
＝０＋(6,000万円－200万円)
＝5,800万円

計算上の損益額＝（98円50銭－100円）×１億円÷100円×10単位
＝▲1,500万円

先物決済損益等＝０万円

受入証拠金＝値洗後の差入証拠金＋計算上の損益額＋先物決済損益等
＝5,800万円－1,500万円＋０
＝4,300万円

証拠金所要額＝6,000万円

証拠金余剰・不足額＝受入証拠金－証拠金所要額
＝4,300万円－6,000万円
＝▲1,700万円

証拠金不足の発生により<u>1,700万円</u>を差し入れる必要がある。

なお、現金余剰・不足額＝差入証拠金の現金＋計算上の損益額＋先物決済損益等
＝０－1,500万円＋０
＝▲1,500万円

上記より、1,500万円は現金で差し入れる必要があるが、200万円（1,700万円－1,500万円）は有価証券の代用が可能となる。

注意

先物建玉の評価損は全額現金で差し入れる必要があるが、代用有価証券の値下がり分は全額有価証券で代用できる。

2．金利先物取引

(1) 特徴と商品

金利先物取引は金銭債権の利率に基づいて算出された金融指標等を対象とする先物取引であり、OSEのほかに東京金融取引所においても取引されている。

(2) 決　済

金利先物取引における決済には、以下の２つの方法があり、いずれも差金決済により行われる。

反対売買	取引最終日前に反対売買し、差金の授受が行われる（転売又は買戻し）
最終決済	取引最終日の翌営業日に算出される最終清算数値により決済される

◆金利先物取引の制度概要

商品名	TONA３ヵ月金利先物
原資産	無担保コールオーバーナイト物レート（TONA）（取引対象は、100から３ヵ月間のTONA複利を差引いて得られる数値）
限月	３、６、９、12限月：直近の20限月
取引単位	250,000円×（100－３ヵ月間のTONA複利）
取引最終日	各限月の３ヵ月後の第３水曜日の前日に終了する取引日（休業日に当たる場合は、順次繰り上げる）
呼値の刻み	0.0025ポイント
最終決済方法	差金決済

3．指数先物取引

（1） 特徴と商品

指数先物取引は株価指数などを対照する先物取引であり、国内外の様々な指数を対象とする先物取引が可能である。

（2） 決 済

指数先物取引の決済方法は、以下の２つの方法があり、いずれも**差金**決済が行われる。

①反対売買

期限日までに買建ての場合は転売、売建ての場合は買戻しを行うことにより先物契約を解消し、「**売り値－買い値**」の差金で決済を行う。差金の受渡しは、約定日の**翌営業日**に行う。

買建ての場合	（転売価格－買建て価格）×乗数×数量
売建ての場合	（売建て価格－買戻し価格）×乗数×数量

②最終決済

新規取引を行った後、期限日までに反対売買を行わなかった場合に、約定価格と**特別清算数値（スペシャル・クォーテーション：SQ値）**との**差金で決済**を行う。

差金の受渡しは、取引最終日から起算して**３営業日目**の日（非居住者は取引最終日から起算して４営業日目）に行う。

計算問題編

◎演習問題◎

日経225先物を19,500円で10単位売り建て、その後SQ値（特別清算数値）18,500円で決済したときの損益はいくらか。

売建て時の手数料は110,000円、決済時の手数料は100,000円とし、消費税は10%として計算する。その他の税金等については考慮しない。

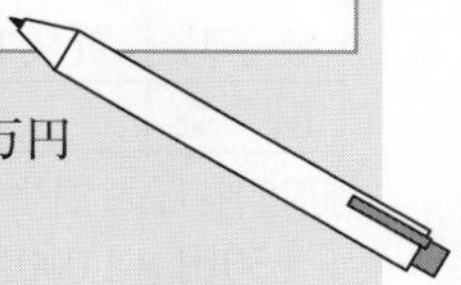

①売買益 （19,500円－18,500円）×1,000円×10単位＝1,000万円
②売建て時手数料 110,000円＋消費税相当額＝121,000円
③決済時手数料 100,000円＋消費税相当額＝110,000円
④利益 1,000万円－121,000円－110,000円＝9,769,000円

◆主な指数先物取引の制度概要 重要

商品名	日経225先物	TOPIX先物	JPX日経 インデックス400先物
原資産	**日経平均株価 （日経225）**	**東証株価指数 （TOPIX）**	JPX日経 インデックス400
限月	6、12月限： 直近の**16限月** 3、9月限： 直近の**3限月**	3、6、9、12月限： 直近の**5限月**	3、6、9、12月限： 直近の5限月
取引単位	日経225×**1,000円**	TOPIX× **10,000円**	JPX日経400× 100円
取引最終日	各限月の**第２金曜日の前営業日**に終了する取引日		
呼値の刻み	**10円**	**0.5ポイント**	5ポイント
最終決済方法	**差金決済**		
最終清算数値	取引最終日の翌営業日における**特別清算数値（SQ値）**		
注文方法	指値及び成行		
差金の授受	反対売買：反対売買を行った日の翌営業日 最終決済：取引最終日から起算して３営業日目の日		
委託手数料	顧客と証券会社との合意により決定		

日経225miniの取引単位は日経225×100円、呼値の刻みは５円。
ミニTOPIXの取引単位はTOPIX×1,000円、呼値の刻みは0.25円。

計算問題編

◎演習問題◎

現在、日経225先物の期近限月は19,200円、期先限月は19,400円（スプレッド200円）とする。今後金利水準の上昇が予想され、スプレッドが広がると予想されるので、スプレッドの買いをすることにした。しばらくして、金利先高感が急速に強まり、期近限月は19,300円、期先限月は19,550円となった。この場合の１単位当たりの損益はいくらか。

	期近限月	期先限月	スプレッド
開始時	売建て　19,200円	買建て　19,400円	200円
終了時	買戻し　19,300円	転　売　19,550円	250円
損　益	－100円	＋150円	

期近限月の損失と期先限月の利益を相殺することにより、１単位当たり<u>５万円</u>（＝50円×1,000）の利益になる。

(3) フレックス先物取引

通常の先物取引のように決められた満期日がなく、限月を柔軟に設定可能とする仕組みである。

◆フレックス先物取引の概要

取引市場	J-NET市場のみ
原資産	日経平均株価（日経225） 東証株価指数（TOPIX） JPX　日経インデックス400　など
限月	最長５年
取引単位	対象先物取引の通常限月の取引単位と同様
取引最終日	設定可能間隔は日単位
呼値の刻み	小数点以下４桁
最終決済方法	差金決済（SQ値と取引最終日における対象指数の終値を選択可能）

4. 商品先物取引

(1) 特徴と商品

商品先物取引は金、白金等の商品を対象とする先物取引であり、貴金属のほかにもゴムや農産物を対象とする先物取引が可能である。

(2) 決済

商品先物取引の決済方法は、差金決済と最終決済の２つの方法がある。

①**差金決済**

取引最終日までに反対売買により売値と買値の差額分の金銭の授受を行い決済する方法

②**最終決済**

実際に商品の受渡しを行う受渡決済と、金銭の授受を行う差金決済の２通りがある

受渡決済	先物の売方が商品を渡して代金の支払を受け、買方が代金を支払うと同時にその商品を受け取る
差金決済	取引最終日の翌日の原資産の始値との差額で決済する

◆主な商品先物取引の制度概要

商品名	金標準先物	金ミニ	金限日先物	銀先物
原資産	金地金	金標準先物の価格	金地金	銀地金
限月	2、4、6、8、10、12月限：取引開始日の属する月の翌月以降における直近6限月		1限日制	2、4、6、8、10、12月限：取引開始日の属する月の翌月以降における直近6限月
取引単位	1kg	100g		30kg[※]
取引最終日	受渡日から起算して4営業日前に当たる日（日中立会まで）	金標準取引の取引最終日が終了する日の前営業日（日中立会まで）	－	受渡日から起算して4営業日前に当たる日（日中立会まで）
呼値の刻み	1g当たり1円	1g当たり50銭	1g当たり1円	1g当たり10銭
最終決済方法	受渡決済	差金決済	－(日々差金決済)	受渡決済

【※】2024年4月限以前の限月取引は10kg

商品名	白金標準先物	白金ミニ先物	白金限日先物	パラジウム先物
原資産	白金地金	白金標準先物の価格	白金地金	パラジウム地金
限月	2、4、6、8、10、12月限：取引開始日の属する月の翌月以降における直近6限月		1限日制	2、4、6、8、10、12月限：取引開始日の属する月の翌月以降における直近6限月
取引単位	500g	100g		3kg[※]
取引最終日	受渡日から起算して4営業日前に当たる日（日中立会まで）	白金標準取引の取引最終日が終了する日の前営業日（日中立会まで）	－	受渡日から起算して4営業日前に当たる日（日中立会まで）
呼値の刻み	1g当たり1円	1g当たり50銭	1g当たり1円	
最終決済方法	受渡決済	差金決済	－(日々差金決済)	受渡決済

【※】2024年4月限以前の限月取引は500g

3 オプション取引

1．国債先物オプション取引

（1） 特徴と商品

債券を対象としたオプション取引として、長期国債先物オプションがある。

長期国債先物オプションは、取引最終日までの間いつでも権利行使できるアメリカン・タイプのオプションで、権利の放棄も可能である。

権利行使すると、長期国債先物取引が成立する。

（2） 決済

長期国債先物オプションの決済には、取引最終日前の反対売買による決済と最終決済（権利行使）の２通りの方法があるほか、権利を放棄してオプションを消滅させることもできる。

最終決済（権利行使）では、権利行使日の取引終了時刻に長期国債先物取引が成立する。

取引最終日までに反対売買によって決済されなかったイン・ザ・マネーの未決済建玉については、権利を放棄しない限り自動的に行使される（自動権利行使制度）。

◆長期国債先物オプション取引の制度概要

商品名	長期国債先物オプション
原資産	長期国債先物
限月	3、6、9、12月限：直近の２限月 その他の限月：最大で直近の２限月
取引単位	１契約当たり長期国債先物取引の額面１億円分
権利行使タイプ	アメリカン・タイプ
権利行使価格	〈新規設定〉25銭刻みで41種類 その後、先物価格の変動等に応じて追加設定
呼値の単位	長期国債先物取引の額面100円につき１銭
取引最終日	各限月の前月の末日
最終決済方法	長期国債先物取引が成立

2．株式関連オプション取引

（1） 特徴と商品

株式関連オプションには、株価指数オプション、有価証券オプション、ETFオプションやREITオプションなどがある。2018年６月より取引が開始された、J-NET市場（立会外取引）のフレックス・オプション取引は、権利行使日（満期日）と権利行使価格の柔軟性、クリアリング機構による上場デリバティブ精算の利便性と安全性の双方の利点を兼ね備えたオプション取引で、ヘッジ戦略や投資戦略を実現できるオプション取引である。

（2） 決済

①指数オプション取引

指数オプション取引の決済には、取引最終日前の反対売買と最終決済（権利行使）の２通りの方法がある。このほか、権利を放棄してオプションを消滅させることもできる。

最終決済は、取引最終日の翌営業日に算出される**特別清算数値（SQ値）と権利行使価格の差額で決済**される（**差金決済**）。ただし、フレックス限月取引については特別清算数値（SQ値）のほかに、取引最終日における対象指数の終値を選択できる。

取引最終日までに反対売買によって決済されなかった**イン・ザ・マネーの未決済建玉**については、権利を放棄しない限り自動的に権利行使される（**自動権利行使制度**）。

②有価証券オプション取引

有価証券オプション取引の決済には、取引最終日前の反対売買による決済と最終決済（権利行使）の２通りの方法がある。このほか、権利を放棄してオプションを消滅させることもできる。**最終決済**は、オプション対象証券の受渡しを行う**受渡決済**による。ただし、フレックス・オプション取引については受渡決済のほかに後場終値ベースの差金決済を選択できる。

権利行使により成立するオプション対象証券の売買については、クリアリング機構が債務の引受けを行い、権利行使日から起算して**４日目の日**に、クリアリング機構において決済される。

株式分割等が行われた場合には、**権利行使価格、建玉及び受渡単位の調整が行われる**。

計算問題編

◎演習問題◎

ある顧客が、権利行使価格1,500ポイントのTOPIXプット・オプションをプレミアム10ポイントで10単位買建てるとともに、権利行使価格1,550ポイントのTOPIXプット・オプションをプレミアム20ポイントで10単位売建てた。その後、転売は行わず最終決済期日を迎え、SQ値（特別清算数値）が1,450ポイントとなった場合及び1,600ポイントとなった場合のそれぞれの場合における取引全体での損益を求めなさい。

（注）委託手数料、税金は考慮しないものとする。

	1,450	1,500	1,550	1,600
プット買	40	▲10	▲10	▲10
プット売	▲80	▲30	20	20
損　益	▲40	▲40	10	10

〔1,450ポイントになった場合〕

▲40ポイント×10,000円（取引単位）×10単位

＝▲4,000,000円　∴　4,000,000円の損失

〔1,600ポイントになった場合〕

10ポイント×10,000円（取引単位）×10単位＝1,000,000円

∴　1,000,000円の利益

◆主な株式関連オプションの概要

商品名	指数オプション		有価証券オプション
	日経225オプション	TOPIXオプション	
原資産	日経平均株価（日経225）	東証株価指数（TOPIX）	全国証券取引所の上場有価証券のうちOSEが選定する銘柄
限月	6、12月限：直近の16限月 3、9月限：直近3限月 それ以外：直近の8限月の27限月制 直近の連続4週次設定限月	6、12月限：直近の10限月 3、9月限：直近3限月 それ以外：直近の6限月の19限月制	直近の2限月 それ以外：3、6、9、12月のうち直近の2限月の4限月制
取引単位	オプション価格×1,000円	オプション価格×10,000円	オプション対象証券の売買単位に係る数量
権利行使タイプ	ヨーロピアン・タイプ		
権利行使価格の間隔・設定	〈新規設定〉 250円刻み 合計33種類設定 〈追加設定〉 直近3限月取引→125円刻み 直近3限月取引以外→250円刻み	〈新規設定〉 50ポイント刻み 合計13種類設定 〈追加設定〉 直近3限月取引→25ポイント刻み 直近3限月取引以外→50ポイント刻み	オプション対象証券の最終値段に最も近い権利行使価格を中心に上下2種類、合計5種類を設定
呼値の単位	オプション価格100円以下は1円、100円超は5円	オプション価格20ポイント以下は0.1ポイント 20ポイント超は0.5ポイント	原資産の売買単位及びオプションの価格に応じて変動
取引最終日	各限月の第2金曜日の前営業日		
最終決済方法	差金決済		受渡決済
一時中断措置	サーキット・ブレーカー制度あり		

【※】有価証券オプションでは、株式分割等が行われた場合には、**権利行使価格、建玉及び受渡単位の調整**が行われる。

◆フレックス・オプション取引の概要

商品名	有価証券オプション取引	指数オプション取引
取引市場	J-NET市場のみ	
原資産	通常限月取引の対象銘柄 ・株式 ・ETF	日経平均株価（日経225） 東証株価指数（TOPIX） JPX日経インデックス400など
限月	最長３年 （※日単位で設定。設定日から取引最終日までの最低日数を５営業日とする。）	最長５年 （※日単位で設定。設定日から取引最終日までの最低日数を５営業日とする。）
受渡単位/乗数	原則として、オプション対象証券の売買単位に係る係数 （※株式分割等が行われた場合に調整を行う場合がある。）	対象オプション取引の通常限月の取引単位と同様
権利行使タイプ	ヨーロピアン・タイプ	
権利行使価格	小数点以下２桁 （※現行は最低25円刻み。一部のオプション対象証券は小数点１桁まで又は整数）	小数点以下２桁 （※現行は最低125円刻み。一部のオプション対象証券は小数点１桁まで又は整数）
取引最終日	設定可能間隔は日単位 （※当該日が祝日となった場合には順次繰上げ）	
最終決済方法	受渡決済又は後場終値ベースの差金決済	差金決済（※SQ値と取引最終日における対象指数の終値を選択可能）

３．商品先物オプション取引

（1） 特徴と商品

商品先物オプション取引には、金先物オプションがある。

（2） 決　済

金先物オプション取引の決済方法は、取引最終日前の反対売買と最終決済（権利行使）の２つの方法がある。また、このほか、権利を放棄してオプションを消滅させることもできる。

最終決済は、オプションの清算数値（取引最終日における限月を同一とする金標準先物の日中立会始値）と権利行使価格の差額で決済される。

取引最終日までに反対売買によって決済されなかったイン・ザ・マネーの未決済建玉については、権利を放棄しない限り自動的に権利行使される。

◆金先物オプションの最終決済における計算方法

取引	差金
コール	（オプション清算数値－権利行使価格）×乗数×数量
プット	（権利行使価格－オプション清算数値）×乗数×数量

◆商品先物オプション取引の制度概要

商品名	金先物オプション
原資産	金標準先物
限月	2、4、6、8、10、12限月： 取引開始日の属する月の翌月以降における直近６限月
取引単位	100g
権利行使タイプ	ヨーロピアン・タイプ
権利行使価格の間隔・設定	（取引開始時） 取引開始日の前営業日における金標準取引の清算数値に近接する50円の整数倍の数値を中心に50円刻みで、上下20種類、合計41種類を設定 （追加設定） 毎営業日の金標準取引の清算数値に近接する50円の整数倍の数値を中心に50円刻みで連続して上下20種類となるように追加設定
取引最終日	金標準取引の取引最終日の終了する日の前営業日（日中立会まで）
最終決済方法	差金決済

4 店頭デリバティブ取引

1．店頭デリバティブ取引について

◆日本証券業協会の自主規制の対象範囲となる店頭デリバティブ取引

Ⅰ　有価証券関連店頭デリバティブ
　①　エクイティ・デリバティブ
Ⅱ　特定店頭デリバティブ
　①　金利デリバティブ
　②　為替デリバティブ
　（①②は、店頭金融先物取引等及び通貨指標オプション取引に当たるものを除く。）
　③　クレジット・デリバティブ
　④　天候デリバティブ、災害デリバティブ　等

なお、上記の取引のうち、いわゆるプロ同士の取引は金融商品取引業の対象外であるため、協会の自主規制の対象範囲からも除かれる。

注意
店頭デリバティブ取引は、カウンターパーティ・リスクを考慮する必要がある。

2．エクイティ・デリバティブ

エクイティ・デリバティブとは、個別株式の株価や株価指数の**変動リスクを内包したデリバティブを総称したもの**をいう。

(1)　エクイティ・デリバティブの決済方法　重要

原資産が**株価指数**である場合には、「**現金決済**」（キャッシュ・**セトル**）になり、個別株式の場合は、一部あるいはすべてが「**現物決済**（現物受渡し）」（フィジカル・**セトル**）となる。

(2)　トータル・リターン・スワップ（エクイティ・スワップ）

トータル・リターン・スワップ（TRS）とは、**投資家（金融機関）**と**証券会社が**変動金利**と**資産**のパフォーマンスを交換するスワップ取引**である。

つまり、株や債券などの資産のトータル・リターン[※]をLIBOR等の変動金利と交換するスワップを指す。

【※】キャピタル・ゲイン／ロス（価格の騰落）＋インカムゲイン（配当やクーポン）

特に、参照指標がエクイティ（株価指数や個別株価）であるTRSをエクイティ・スワップと呼ぶ。

投資家は、証券会社に変動金利を支払う一方、株価指数（個別株価）の上昇率を証券会社から受け取ることができる。

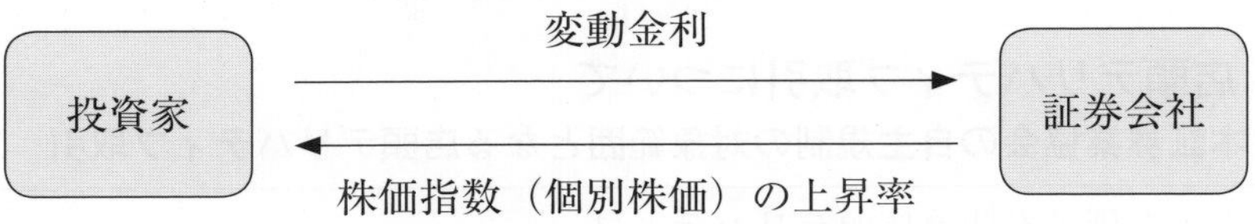

株価指数（個別株価）が下落した場合は、投資家が当該下落率を証券会社に支払う。

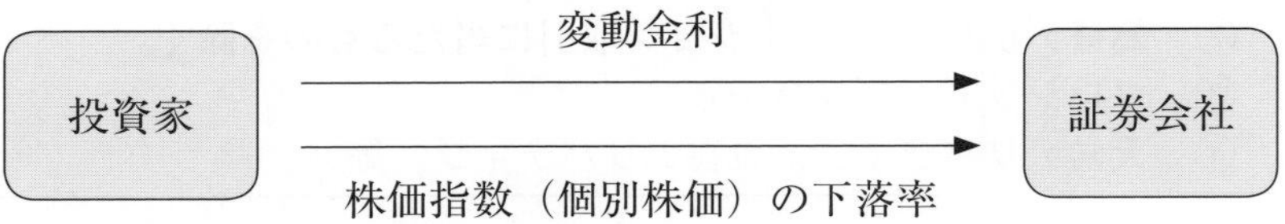

（3）　個別証券オプション、指数オプション

「個別証券オプション」、「指数オプション」のスキームは、取引所に上場しているオプションと基本的に同じであるが、「取引所にオプションが上場されていない銘柄のオプション」や「期間の長いオプション」、「現在株価○○％を行使価格とするオプション」などを含む、取引者のニーズに基づいた個別性の高い取引である。

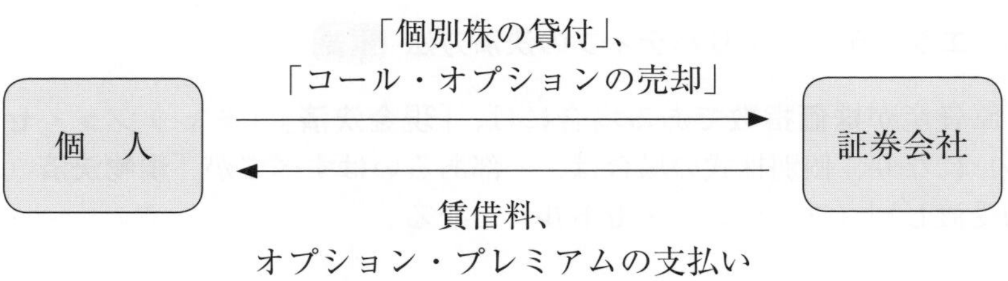

（4）　バリアンス・スワップ 重要

バリアンス・スワップとは、投資家（金融機関）と証券会社等が、日経平均株価等の株価指数（又は個別株価）の**価格変動性の実現値**と**固定価格**を交換するスワップ取引である。

バリアンスはボラティリティの２乗に相当する。

3. 特定店頭デリバティブ取引

(1) 金利デリバティブ

店頭デリバティブの残高合計（想定元本ベース）のうち最大（約７割）を占めているのが、金利デリバティブであり、そのうち最も基本的といえるものが金利スワップである。

①金利スワップ 重要

「金利スワップ」とは、取引者Ａと取引者Ｂが**同一通貨間**で変動金利と固定金利、**変動金利**と**異種の変動金利**、固定金利若しくは変動金利と一定のインデックス（参照指標）を**交換する取引**である。**元本の交換は行われない**。

注意
「金利スワップは、元本の交換が行われる」と出題されると誤り。元本の交換は行われない。

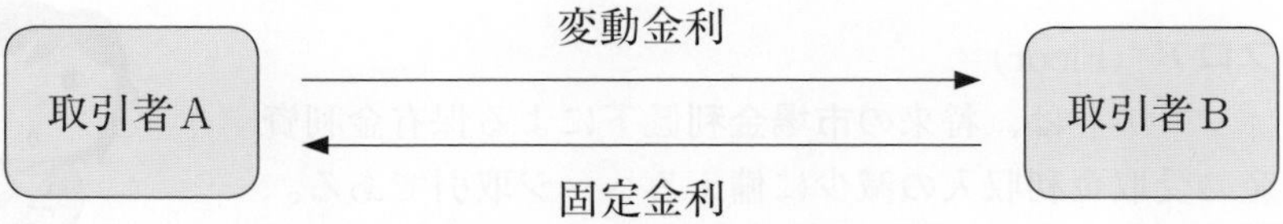

※同一通貨では、固定金利同士を交換する金利スワップ**は存在しない**。

注意
「同一通貨で、固定金利同士を交換する金利スワップも存在する」と出題されると誤り。

固定金利と変動金利を交換するスワップは最も基本的な金利スワップなので、**プレーンバニラ・スワップ**と呼ぶ。また、固定側のキャシュ・フローを**固定レグ**、変動側のキャシュ・フローを**変動レグ**と呼ぶ。

②オーバーナイト・インデックス・スワップ（OIS）

OISは金利スワップの一種であるが、LIBORスワップと異なり後決めであり、RFR（変動金利）を日次複利で累積した額を、OISレート（固定金利）を同様に累積した額と交換する。

③**キャップ**（Cap）

「キャップ」とは、変動金利（LIBOR等）を対象とした**コール・オプション取引**である。

正確には、各リセット日を満期とするヨーロピアン・コールをキャプレットと呼び、キャップはキャプレットの集合となる。買手は、キャップのプレミアム（オプション料）を支払うことで、LIBOR等が一定水準（ストライクレート、行使レートという）を上回った場合は、その差額を売手から受け取ることができ、これにより**金利上昇リスクのヘッジが可能**となる。

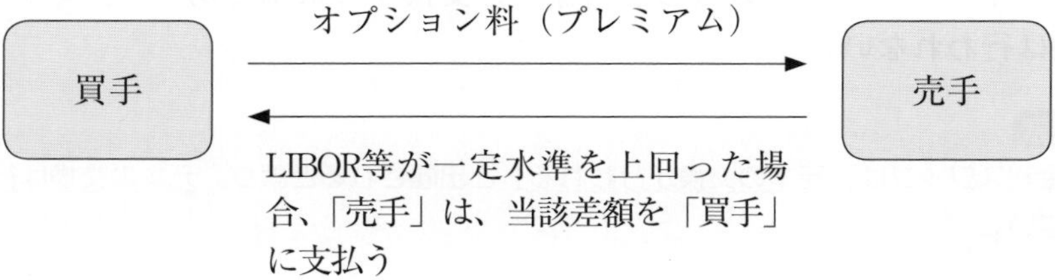
オプション料（プレミアム）
買手
売手
LIBOR等が一定水準を上回った場合、「売手」は、当該差額を「買手」に支払う

④**フロア**（Floor）

「フロア」は、将来の**市場金利低下**による保有金利資産の受取金利収入の減少に備えるヘッジ取引である。

重要

買手は、オプション料を支払う代わりに、LIBOR等が一定水準（ストライクレート）を下回った場合は、その差額を売手から受け取ることができ、これにより**金利下落リスクのヘッジが可能**となる。

フロアは、各々の期間に対応したヨーロピアン・プット（フロアレット）の集合である。

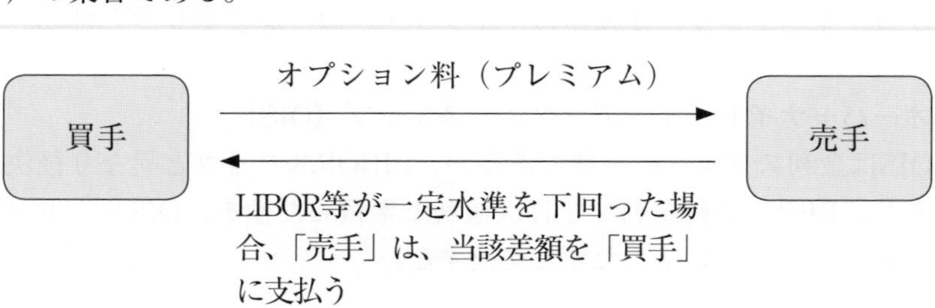
オプション料（プレミアム）
買手
売手
LIBOR等が一定水準を下回った場合、「売手」は、当該差額を「買手」に支払う

注意

「キャップ」と「フロア」の入れ替えに注意すること。

⑤**スワップション**（スワップ・オプション）

「スワップション」とは、将来スタートするスワップを行う「権利」を売買するオプション取引のことである。買手にとっては、期初にプレミアムを支払うだけで、将来の一定期間にわたり金利スワップを行う場合の固定レートなどの条件を保証する効果がある。

スワップションの種類として、対象となるスワップが、**固定受け・変動払いのタイプ**（**レシーバーズ・スワップション**）と、固定払い・変動受けのタイプ（**ペイヤーズ・スワップション**）の２種類がある。

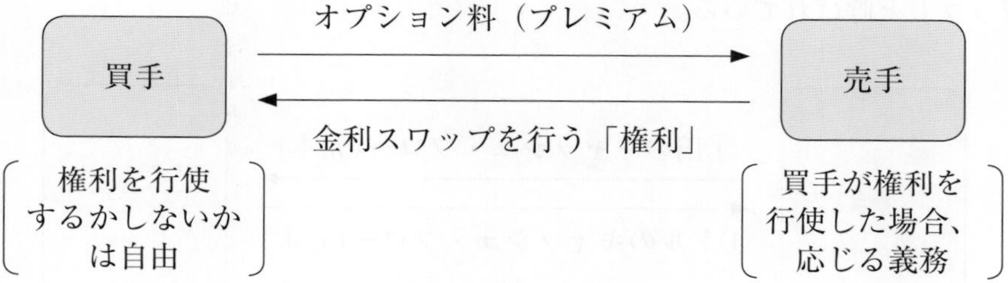

金利スワップにスワップションを組み合わせれば、中途で（スワップションの満期時点で）キャンセル可能な金利スワップ（**キャンセラブル・スワップ**）になる。

バミューダン・スワップションとは、予め定められた複数の期日で、任意に権利行使可能なスワップションである。これを組み込んで任意の期日でキャンセル可能にしたスワップを、**マルチ・コーラブル・スワップ**という。

注意

金利スワップ、キャップ、スワップションにおける「事業法人」（買手）のリスクには、取引相手方である「証券会社」（売手）の信用リスクが存在する。

⑥**ベーシス・スワップ**

金利スワップのうち、変動金利同士の受け払いのスワップをベーシス・スワップといい、ベーシス・スワップには、**同一通貨間の期間が異なる変動金利の受け払いのテナー・スワップ**がある。

(2) 為替デリバティブ

①通貨スワップ 重要

「**通貨スワップ**（クロス・カレンシー・スワップ）」とは、取引者Aと取引者Bが、異なる**通貨のキャッシュ・フロー**（元本**及び**金利）をあらかじめ合意した為替レート**で交換**する取引である。

元本交換は契約期間の期初・期末にある（期初と期末では反対）。

また、**元本交換のない**、金利の交換のみを行う場合では、「**クーポン・スワップ**」と呼ばれている。

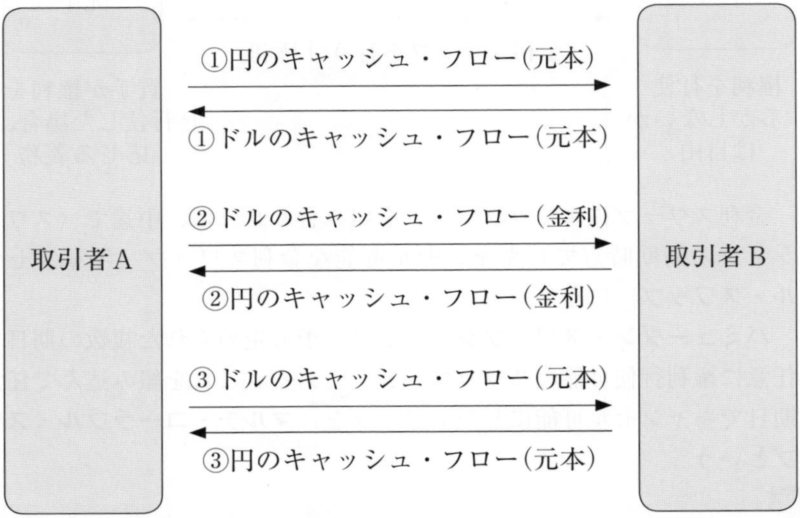

②為替スワップ

為替スワップ（FXスワップ）は、スポット取引と、同額でかつ逆のフォワード取引を同時に行う取引を指す。

なお、通貨スワップと為替スワップは別物であるので注意すること。

（3） クレジット・デリバティブ

クレジット・デリバティブは、信用リスクを移転する金融技術として開発された。

①トータル・リターン・スワップ（TRS）

「**トータル・リターン・スワップ**」は、プロテクション（保証）の買手（**プロテクション・バイヤー**：保証を受ける側）が、取引期間中、プロテクションの売手（**プロテクション・セラー**：保証する側）に買手が保有している社債等の参照資産から生ずるクーポン及び契約期間終了時に当該社債等が値上りしていれば、値上がり益（キャピタル・ゲイン）を支払い、代わりに値下りしていれば、**値下がり分**（キャピタル・ロス）、**及び想定元本に対して計算される短期金利**（LIBOR＋スプレッドα）**を受け取る**スワップ取引である。

TRSは、クレジット・デリバティブ以外の応用もあり、トータル・リターンを規定する変動レグを、債券などの資産でなく、運用戦略を模した一定の数式で定義した金融指標のパフォーマンスとすることもできる。先物を参照とする場合は、短期金利は含まない。

- 期初の初期投資額及び期末の元本償還はない。
- 取引期間中に社債等（参照資産）のデフォルトが生じた場合、プロテクション・セラーは額面で当該資産を引き取ることで、プロテクション・バイヤーの評価損を補償する。

重要

- プロテクション・バイヤーには、**社債等を保有したまま売却した場合と同様な経済効果を得られる**メリットがある。
- プロテクション・セラーは、資金の受け払いはネットで行われるので、**少ない資金負担で社債等を保有した場合と同様の経済効果が得られる**。

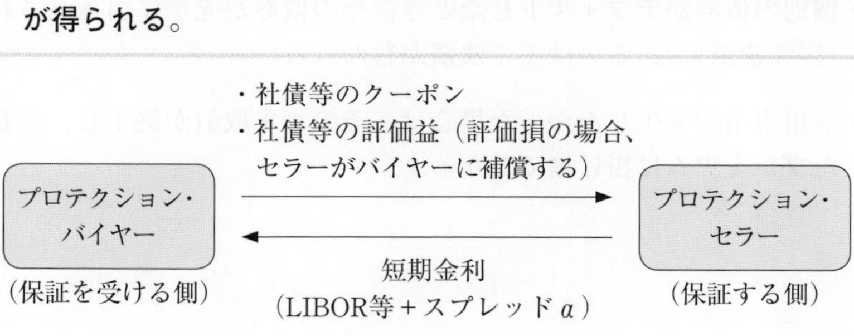

②クレジット・デフォルト・スワップ（CDS）

CDSは、クレジット・イベント（**信用事由**：端的にいえば**デフォルト**）**が発生したとき**、ペイオフ**が発生する**デリバティブである。

プロテクションの買手（プロテクション・バイヤー：信用**リスクを**ヘッジする**側**）が売手（プロテクション・セラー：信用リスクを取る側）に定期的に固定金利（「**プレミアム**」又は「保険料」ともいう）を**支払い、**その見返りとして、契約期間中に参照企業に**クレジット・イベントが発生した場合に、**損失に相当する金額**を売手から受け取る取引**である。

重要

プレミアム・**レグ**	**一種の保険料**のようにCDSプレミアムを支払い続けること
プロテクション・**レグ**	デフォルトが発生したとき、**損失を補償**すること

重要 **信用事由**（クレジット・イベント）**の具体的な要件は取引当事者間の双方合意で決められる**

取引で使用されるISDAの基本契約書（英語）には、①倒産・破産（バンクラプシー）、②債務不履行（デフォルト）、③債務リストラクチャリング（金利減免、元本返済繰延等）が定義されている。

注意

「CDSにおいて、参照企業にクレジット・イベントが発生した場合に、損失金額にかかわらず一定額が売手から支払われる」と出題されると誤り。支払われるのは損失に相当する金額である。また、売手、買手の入れ替えに注意すること。

- 個別の債券がデフォルトしたとき、その債券が売手に引き渡されるか（現物**決済**）、あるいは差金**決済**が行われる。

- 信用事由が発生しなかった場合は、そのまま取引が終了し、支払われた**プレミアム**は**掛け捨て**となる。

- CDSは、参照組織のデフォルト時での経済効果はTRSと同じだが、クレジット・リスクだけにかかわる取引であり、TRSよりも流動性が高い。
- **CDS**は、経済的にいえば、プレミアム（保険料）の見返りとして、損失が発生した場合にはそれに相当した金額を受け取る「参照組織の**生命保険**」といえる。
- CDSのプレミアムは参照企業のクレジットにより決定するが、**カウンターパーティ・リスクを考慮する**必要がある。

ここでは、参照組織が企業であるCDSの場合を考える。プロテクション・バイヤーは、定期的にプレミアムを支払うこととなるが、代わりに参照企業の信用リスクを補償してもらえるメリットがある。

◆参照企業にクレジット・イベントが発生しなかった

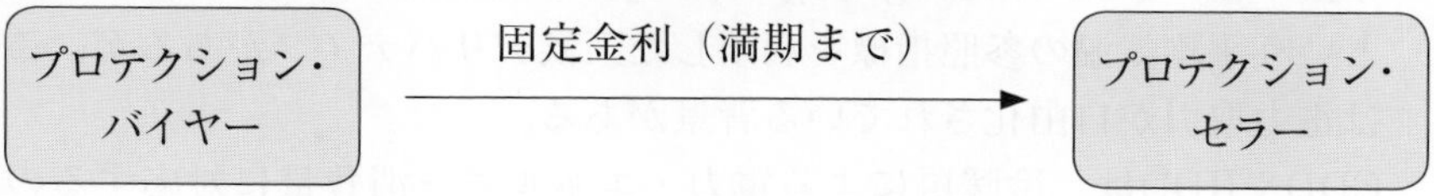

◆参照企業にクレジット・イベントが発生したとき

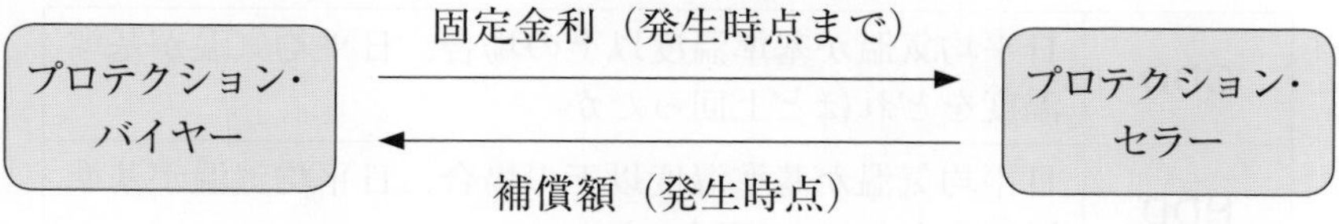

③**CDO** 重要

CDOとは、証券化商品の一種であり、ローン債権や債券（社債）、あるいはCDSを多数集めてプールしたポートフォリオを**裏付け**にした担保資産として**発行される証券**のことである。

注意

「CATボンドは、ローン債権や債券等を多数集めてプールし、これを裏付けに担保資産として証券化商品にしたものである」と出題されると誤り。CDOとCATボンドの入れ替えに注意。

(4) 天候デリバティブ・災害デリバティブ(保険デリバティブ) 重要

保険デリバティブは、プレミアムを保険料とみなすことで、保険に近い経済効果を得られるが、保険と異なり、**実損塡補を目的としていないため、一定の条件が満たされれば、実際に損害が発生しなくても**損害保険会社(損保)から**決済金が支払われる**。

そのため、異常気象等と損害の因果関係や、**損害金額に関する調査が**不要であり、利便性が高い。

①**天候デリバティブ**(ウェザー・デリバティブ)

天候デリバティブは、今世紀になって取り扱われるようになったデリバティブで、金商法でも、気象の観測による成果の数値を「金融指標」とみなせることが明記されている。

米国では、**CDD**(Cooling Degree Day)や**HDD**(Heating Degree Day)という平均気温の参照指標を利用した天候デリバティブがあるが、これは電力取引が自由化されている背景がある。

CDDやHDDは、冷暖房による電力・エネルギー消費量に対応するので、電力価格変動のヘッジツールとなる。

CDD	日平均気温が基準温度以上の場合、日平均気温が基準温度をどれほど上回ったか
HDD	日平均気温が基準温度以下の場合、日平均気温が基準温度をどれほど下回ったか

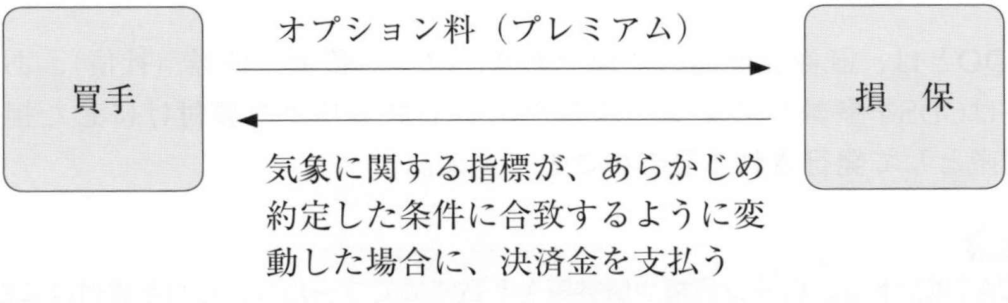

天候デリバティブにおいては、気温や降雪量、降水量といった様々な参照指標が使われるが、日本で契約されている天候デリバティブの多くは、降雪日数や降雨日数を参照指標(金融指標)としたものである。

注意

「天候デリバティブは、保険と同様に、実際に損害が発生しなければ決済金は支払われない」と出題されると誤り。

【例】降雪によって来客数が減少する恐れのある小売業（衣料品）の場合

［契約内容］

- 契約目的：降雪日数が平年に比べ多い場合の売上減少のリスクのヘッジ
- 観測期間：12月１日～２月28日（３ヵ月間）
- 観測対象日：観測期間中の土曜日、日曜日、祝日（合計30日）
- 観測指標：降雪量（対象日のうち、５cm以上の降雪があった日数）（以下、降雪日数）
- **ストライク値**：３日
- 補償金額：１日当たり100万円
- 補償金受取総額上限：1,000万円
- **ペイオフ**：降雪日数がストライク値（３日）を上回る場合に、「(降雪日数－ストライク値）×補償金額（１日当たり100万円)」が補償金受取総額上限（1,000万円）を限度に支払われる。
  降雪日数が**ストライク値に等しいか、それを**下回る**場合には支払金額は０**（ゼロ）である。

  降雪日数が３日以下の場合　０（ゼロ）
  降雪日数が３日超13日以下の場合
  　（降雪日数－３日）×100万円
  降雪日数が13日超の場合　1,000万円

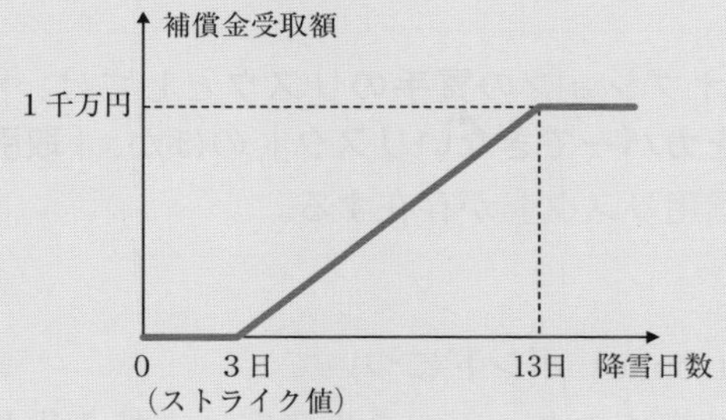

注意

天候デリバティブにおいて、降雪や降雨の日数により支払われる補償金額を求める問題が出題されることがある。

②災害デリバティブ

大規模災害（カタストロフィ）についての災害デリバティブは、数十年や数百年に１度発生する大地震など、非常にまれな事象（レア・イベント）を対象としたものである。

天候デリバティブ以上に、損害保険に近いものと思われる。

「**地震オプション**」は、地震による売上の減少や損害の発生に対するリスクヘッジ商品である。

保険と異なり、**実損填補を目的としていないため、損害が発生しなくても一定の条件下で決済金が支払われる**。そのため、地震と実損の因果関係や損害金額に関する**調査が不要**であり利便性が高いといえる。

注意

「地震オプションは、実損填補のため、損害が発生した場合損害額に応じて契約額を限度として決済金が支払われる」と出題されると誤り。あらかじめ設定する震度以上の地震があらかじめ設定する観測点で発生した場合に、損害の有無にかかわらず決済金が支払われる。

オプションの「買手」は、「一般事業法人（中小企業も多い）」であり、オプションの「売手」は「損害保険会社」である。

天候デリバティブと同様、直接販売するケースと地銀等が媒介するケースがある。

重要　地震オプションの**買手のリスク**としては、「**決済金では実際の損害金額をカバーできないリスク**」のほか、「**取引相手である損害保険会社の信用リスク**」が存在する。

③CAT（Catastrophe）**ボンド**について

CATボンドは高めのクーポンを投資家に支払う代わりに、元本毀損リスクを背負ってもらう仕組債である。

他の証券化商品のように、同質的で独立性の高い多数の資産からなるキャッシュ・フローをプールしたポートフォリオをバックアセット（裏付資産）としているわけではなく、極めて集中度の高い、分散化の困難な投資対象である。

これは必須！

◎演習問題◎

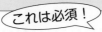

次の文章について、正しい場合は○、正しくない場合は×にマークしなさい。

1．国債先物取引の受渡決済において、買方が銘柄の選択権を持つ。
2．日経225先物取引の限月は、3限月である。
3．日経225先物取引の取引単位は、日経平均株価に10,000円を乗じたものになる。
4．日経225先物取引の取引最終日は、各限月の第2金曜日である。
5．日経225先物取引の呼値の刻みは、10円である。
6．日経225先物取引の最終決済は、特別清算数値（SQ値）との差金決済により行われる。
7．TOPIX先物は、6、12月限は直近の10限月、3、9月限は直近の3限月の13限月取引である。
8．TOPIX先物の取引単位は、TOPIXに10,000円を乗じたものである。
9．TOPIX先物の呼値の刻みは、0.5ポイントである。
10．TOPIX先物の最終決済は、現渡し、現引きにより行われる。
11．金利スワップでは、元本の交換が行われない。
12．金利デリバティブにおいて、同一通貨で、固定金利同士を交換する金利スワップが存在する。
13．金利デリバティブにおけるキャップとは、変動金利を対象としたコール・オプション取引であり、金利下落リスクのヘッジが可能になる。
14．クレジット・デフォルト・スワップにおいて、参照企業にクレジット・イベントが発生した場合に、損失金額にかかわらず一定額が売手から支払われる。
15．クレジット・デフォルト・スワップにおいて、信用リスクをヘッジする側がプロテクションの買手になる。
16．天候デリバティブは、保険と同様に、実際に損害が発生しなければ決済金は支払われない。
17．店頭デリバティブ取引において、クレジット・イベントの具体的な要件は当事者同士の双方合意で決められる。

解答

1．× 国債先物取引の受渡決済において、売方が銘柄の選択権を持つ。
2．× ６月限及び12月限が直近の16限月、３月限及び９月限が直近の３限月の合計19限月である。
3．× 日経平均株価（日経225）に1,000円を乗じたものになる。
4．× 各限月の第２金曜日の前営業日である。
5．○
6．○
7．× TOPIX先物は、３、６、９、12月限の直近の５限月取引である。
8．○
9．○
10. × TOPIX先物の最終決済は、特別清算数値（SQ値）との差金決済により行われる。
11. ○
12. × 同一通貨で、固定金利同士を交換する金利スワップは存在しない。
13. × 金利デリバティブにおけるキャップでは、金利上昇リスクのヘッジが可能になる。
14. × 支払われるのは損失に相当する金額である。
15. ○
16. × 天候デリバティブは、保険と異なり、実損塡補を目的としていないため、一定の条件が満たされれば、実際に損害が発生しなくても決済金が支払われる。
17. ○

索　引

~編者紹介~

株式会社 日本投資環境研究所（略称 J-IRIS）

（Japan Investor Relations and Investor Support, Inc.）

1980年４月設立。みずほフィナンシャルグループ。2017年４月１日の合併に伴い、旧社名みずほ証券リサーチ＆コンサルティングより商号変更。

コンサルティング・調査事業、教育事業（ＦＰ研修、外務員研修等）のサービス等を提供する総合調査研究機関。日本ＦＰ協会の認定教育機関として、認定研修や継続研修等を展開するほか、多くの金融機関で外務員資格取得研修等を行う。商工会議所などの公益法人などでの各種セミナー、ＦＰ関連の相談業務、レポートなどの情報も提供している。

https://www.j-iris.com/

2024～2025　証券外務員　学習テキスト

2024年５月15日　初版第１刷発行

編　者　株式会社日本投資環境研究所

発行者　延　對　寺　哲

発行所　株式会社ビジネス教育出版社

〒102-0074　東京都千代田区九段南4-7-13
TEL 03(3221)5361(代表)　FAX 03(3222)7878
E-mail:info@bks.co.jp　https://www.bks.co.jp

落丁・乱丁はお取替えします。　印刷製本：壮光舎印刷株式会社

ISBN 978-4-8283-1079-4